Mac OS X 10.3
Panther

Mac OS X 10.3
Panther

Der PowerFinder für den Mac

Uthelm Bechtel

 ADDISON-WESLEY

An imprint of Pearson Education

München • Boston • San Francisco • Harlow, England

Don Mills, Ontario • Sydney • Mexico City • Madrid • Amsterdam

Die Deutsche Bibliothek – CIP-Einheitsaufnahme

Ein Titelsatz für diese Publikation ist bei
der Deutschen Bibliothek erhältlich.

Die Informationen in diesem Produkt werden ohne Rücksicht
auf einen eventuellen Patentschutz veröffentlicht.
Warennamen werden ohne Gewährleistung der freien Verwendbarkeit benutzt.
Bei der Zusammenstellung von Texten und Abbildungen wurde mit größter Sorgfalt vorgegangen.
Trotzdem können Fehler nicht vollständig ausgeschlossen werden.
Verlag, Herausgeber und Autoren können für fehlerhafte Angaben und deren Folgen weder eine
juristische Verantwortung noch irgendeine Haftung übernehmen.
Für Verbesserungsvorschläge und Hinweise auf Fehler
sind Verlag und Herausgeber dankbar.

Fast alle Hardware- und Softwarebezeichnungen, die in diesem Buch erwähnt werden, sind gleichzeitig
auch eingetragene Warenzeichen oder sollten als solche betrachtet werden.

Umwelthinweis:
Dieses Buch wurde auf chlorfrei gebleichtem Papier gedruckt.
Die Einschrumpffolie – zum Schutz vor Verschmutzung – ist aus umweltverträglichem und
recyclingfähigem PE-Material.

10 9 8 7 6 5 4 3 2 1

06 05 04

ISBN 3-8273-2097-6

© 2004 Addison-Wesley Verlag,
ein Imprint der Pearson Education Deutschland GmbH
Martin-Kollar-Straße 10–12, 81829 München/Germany
Alle Rechte vorbehalten

Einbandgestaltung:	WEBWO Graphics, Parsdorf
Redaktion und Satz:	Almute Kraus, exclam!, Düsseldorf. Gesetzt aus der Thesis.
Lektorat:	Boris Karnikowski, bkarnikowski@pearson.de
Korrektorat:	exclam!, Düsseldorf (www.exclam.de)
Herstellung:	Philipp Burkart, pburkart@pearson.de
Druck und Verarbeitung:	Kösel Druck, Kempten (www.KoeselBuch.de)

Printed in Germany

»Der Vollständigkeit halber sollte ich erwähnen, dass, während all diese Dinge passierten, in einem parallelen Sonnensystem ein ganz anderer Computer entwickelt wurde. Er hieß Apfel und war ganz anders konzipiert, und zwar so, dass richtige Menschen ihn benutzen konnten. Man schaltete ihn ein und augenblicklich konnte man mit ihm arbeiten. Einfach so.«

Dave Barry

»Wir sind Künstler, keine Ingenieure.«

Steve Jobs

Inhalt

Geschichte

Technik

Praxis

Referenz

Anhang

Geschichte

Genesis

Die Geschichte des Macintosh

Der MacPlus
erschien
1986.

Das Power-
Book 150 ist
als letztes der
100er-Linie
im Juli 1994
erschienen.

Die Anfänge

Als der Macintosh der Welt präsentiert wurde (mit einem Werbespot, der nur ein einziges Mal lief – am 22. Januar 1984 im dritten Viertel der Super-Bowl-Übertragung), war die Firma Apple schon acht Jahre alt.

1976 hatte Stephen Wozniak einen Bausatzcomputer, den Apple I, gebaut. Der Apple I war der erste Computer, der aus nur einem Board mit einer gedruckten Schaltung bestand. Von ihrem Ersparten gründeten Stephen Wozniak und sein Freund Steve Jobs die Firma Apple Computer mit Sitz in der Garage von Jobs Eltern in Cupertino, Kalifornien. Wozniak verkaufte dafür seinen programmierbaren HP-Taschenrechner, Jobs seinen VW-Bus.

Es gibt verschiedene Legenden darüber, wie es zum Namen »Apple« kam. Manche sagen, dass Steve Jobs kurz vor der Firmengründung in der Apfelernte half, andere beziehen sich darauf, dass Jobs sich zu dieser Zeit schon länger ausschließlich von Rohkost ernährte.

1977 stellte die Firma den Apple II vor, der sich im Gegensatz zum Apple I in einem Kunststoffgehäuse mit Tastatur befand und einen farbigen Bildschirm besaß – es war der erste PC im heutigen Sinne. Nur fünf Jahre später hatte Apple schon mehrere tausend Angestellte.

Der Mac wird geboren

In der Computerindustrie begann man, sich Gedanken darüber zu machen, ob Computer nicht besser über eine grafische Benutzerschnittstelle als über Tastatureingaben gesteuert werden sollten. Apple entwickelte ein Modell, das durch seine Analogien zum wirklichen Arbeitsleben einen intuitiven Umgang mit dem Rechner ermöglichen sollte: das Modell des Schreibtischs.

Für den ersten kommerziellen Einsatz der grafischen Benutzeroberfläche entwickelte Apple die »Lisa«. Sie besaß einen 68000er-Prozessor mit 5 MHz, 1 MB RAM und eine 10-MB-Festplatte. Die Lisa wurde mit dem »Lisa 7/7 Office System« ausgeliefert, das präemptives Multitasking beherrschte und ein Office-Paket enthielt. Dieses Office-Paket – das den Vergleich mit heutigen Office-Programmen nicht zu scheuen braucht – bestand aus sieben integrierten Programmen. Da sie jedoch mit 9.990 $ sehr teuer war, war die Lisa ein kommerzieller Flop.

Apple entwickelte daraufhin einen preiswerteren Computer mit grafischer Oberfläche. Der »Macintosh« kostete nur 2.495 $, hatte einen 68000er-Prozessor mit 8 MHz, 128 kB RAM und ein 400-kB-Diskettenlaufwerk, jedoch keine

Quadra 700
und Quadra
900 aus dem
Jahre 1991

PowerBook
1400c aus
dem Jahre
1996

Festplatte. Die Lisa wurde wenig später noch einmal als »Macintosh XL« angeboten. Sie besaß dann einen Emulator für Mac-Software.

Die Entwicklung zur Mac-Familie

Der »Macintosh 128k« wurde bald vom »Macintosh 512k« abgelöst. Als Nächstes erschien der »Macintosh Plus«, der mit einer SCSI-Schnittstelle ausgestattet war und somit auch von einer Festplatte starten konnte. Der »Mac SE« kam im März 1987. Er war optional mit einer internen 40-MB-Festplatte ausgerüstet. Gleichzeitig wurde auch die modulare Mac-Familie, der »Macintosh II«, vorgestellt. Diese Geräte hatten keinen integrierten Bildschirm. Dafür besaßen sie Erweiterungsslots. Sie erhielten die neuen 32-bit-Prozessoren 68020 und 68030.

Im September 1989 wurde der erste tragbare Mac vorgestellt, der »Macintosh Portable«. Ihm war jedoch kein Erfolg beschieden, weil er zu unhandlich und zu teuer war. Er wurde im Oktober 1991 durch das deutlich kleinere und billigere »PowerBook 100« abgelöst, das Apple mithilfe von Sony entwickelt hatte. Dieses hatte zwar wie der Portable nur einen 16-MHz-68000er-Prozessor, konnte aber durch geringe Größe und Gewicht brillieren und war deshalb ein großer Erfolg auf dem Markt der tragbaren

Computer. Gleichzeitig stellte Apple auch das größere »PowerBook 140« mit einem 16-MHz-68030er-Prozessor vor.

Im Oktober 1991 kamen die Macintosh-»Quadra«-Modelle auf den Markt, die mit dem 68040er-Prozessor bestückt waren. In diesen Prozessor ist der Koprozessor schon eingebaut, und er ist auch sonst dem 68030er in der Geschwindigkeit überlegen.

Die Umstellung auf RISC-Technologie

Im März 1994 wagte Apple die Umstellung auf eine ganz andere, modernere Prozessortechnologie. Die PowerPC-Prozessoren der »PowerMacs« arbeiten mit einem reduzierten Befehlssatz (RISC), bei dem alle Befehle dieselbe Länge haben – anders als bei dem komplexen Befehlssatz (CISC) der 680x0-Prozessoren. Dadurch kann der Prozessor bei gleicher Taktgeschwindigkeit schneller arbeiten. Die PowerPC-Prozessoren waren jedoch von sich aus nicht in der Lage, die alten Programme, die noch im 680x0-CISC-Code geschrieben sind, ohne weiteres verarbeiten zu können. Deshalb wurde in die Systemsoftware des klassischen Mac OS der PowerMacs ein Emulator eingebaut. Dieser übersetzt die Instruktionen für 680x0-Prozessoren in Instruktionen für

Das Flaggschiff aus dem Jahre 1997 – der PowerMac 9600 und der 1998 erschienene, als Heimcomputer konzipierte iMac

PowerPC-Prozessoren. Apple ist mit der Einführung der PowerPCs ein echtes Meisterstück gelungen. Es gab so gut wie keine Probleme mit alter Software. Der Anwender merkt nicht einmal, ob ein 680x0- oder ein PowerPC-Programm läuft.

PCI-PowerMacs

Im Mai 1995 wurden die ersten PowerMacs mit PCI-Bus vorgestellt. Apple erreichte durch die Umstellung auf das Industriestandard-Bussystem PCI, dass mehr und billigere Erweiterungen für den Mac angeboten werden als je zuvor. Hersteller von Erweiterungskarten können durch eine einfache Änderung der Firmware – des Betriebssystems der Karte sozusagen – eine PC-PCI-Karte zu einer Mac-PCI-Karte umwandeln. Es gibt sogar PCI-Erweiterungskarten, die sowohl in den Mac als auch in PCs eingebaut werden können.

G3

Ende 1997 wurde der »PowerMac G3« mit dem neuen PowerPC-750-Prozessor eingeführt. Der Name G3 steht für die dritte Generation des PowerPC-Prozessors. Dieser kommuniziert

über einen eigenen Bus mit dem Level-2-Cache – dem Backside-Cache. Der Level-2-Cache ist ein besonders schneller RAM-Speicherbaustein, in dem häufig benötigte Daten abgelegt werden. Der Level-2-Cache kann schnell getaktet werden, und der Prozessor-Bus auf dem Board wird entlastet.

Durch seinen sparsamen Stromverbrauch kann der PowerPC-750-Prozessor auch in tragbaren Computern verwendet werden. Die PowerBooks sind erstmals genauso schnell wie die Desktop-Modelle. Die verschiedenen G3-PowerMacs waren mit Abstand die schnellsten Personalcomputer am Markt, jedoch bei weitem nicht die teuersten.

iMac

Mitte 1998 stellte Apple den ersten Rechner der neuen Consumer-Linie, den iMac, vor. Er sollte an die alte Kult-Tradition der ersten Macs anschließen. Dieser neue preiswerte Einstiegs-Mac fiel durch ein außergewöhnliches türkisblaues Gehäuse auf und war mit seinem G3-Prozessor schneller als jeder seiner Konkurrenten. Aufgrund des auffallend anderen Aussehens war der iMac bald über die Mac-Welt

Mit der Einführung des iMac der zweiten Generation hat sich Apple vollständig vom Röhrenmonitor verabschiedet

hinaus bekannt und wurde zum Sinnbild des »modernen« Computers. Das Design begründete eine ganz neue Designlinie weit über den Computerbereich hinaus. In den folgenden Versionen des iMac wurde das Farbspektrum immer mehr erweitert, sogar bunt gemusterte iMacs wurden angeboten.

Design

Mit dem iMac hob sich Apple nun auch wieder designerisch von der Masse der Computerhersteller ab. Dieser Trend wurde mit den neuen G3-PowerMacs fortgesetzt. Die Gehäuse fallen jedoch nicht nur durch Form und Farbe auf, sie können auch mit einem einzigen Handgriff – sogar im laufenden Betrieb – geöffnet werden und sind so leicht erweiterbar.

iBook

Mit dem iMac startete Apple seine 4-Modell-Strategie: jeweils einem Profi- und einem Consumer-Mac als Desktoprechner und als tragbares Gerät.

Mit dem iBook wurde das vierte Gerät, der tragbare Consumer-Mac, auf den Markt gebracht. Die ersten iBook-Baureihen zeigten sich wie der iMac in unterschiedlichen Farben, die späteren Baureihen in schlichtem Weiß.

G4

Ende 1999 führte Apple den PowerMac G4 ein, den die Firma als ersten Superrechner für den Schreibtisch ankündigte. Mit der neuen zusätzlichen Recheneinheit – der Velocity-Engine – erreichte schon der erste PowerMac G4 einen Gigaflop (eine Milliarde Fließkomma-Operationen pro Sekunde), was nach der – wenn auch veralteten – Definition des US-Verteidigungsministeriums einen Superrechner definiert. Der PowerMac G4 darf deshalb beispielsweise nicht nach China exportiert werden.

iMac G4 – Siegeszug des Flachbildschirms

Nachdem Apple bereits seit Anfang 2001 für die Desktoprechner nur noch Flachbildschirme anbot, erschien im Januar 2002 der iMac der zweiten Generation auf Basis eines 15"-Flachbildschirms mit G4-Prozessor. Das wiederum völlig neuartige Design des iMac ist sicher genauso revolutionär wie das des ersten iMac.

G5

Mitte 2003 stellt Apple den PowerMac G5 vor und bringt damit als erster Hersteller die 64-bit-Technologie, die vorher nur im Server- und Highend-Workstation-Bereich eingesetzt wurde, auf den Desktop.

Die Seele einer neuen Maschine

Die Geschichte des Mac-Systems

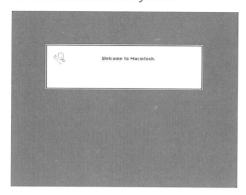

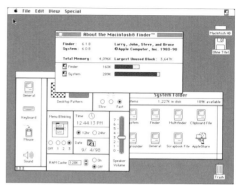

Das System

Jeder Computer braucht ein Betriebssystem. Es hat die Aufgabe, den Prozessor, die Ein- und Ausgaben und die Speichermedien zu verwalten. In der Regel beschränkt sich das Betriebssystem auf diese Aufgaben. Das Mac OS kann jedoch weit mehr. Es verwaltet den Mac als Ganzes und bietet dem Anwender eine leicht zu bedienende Oberfläche.

Mit dem ersten Mac erschien auch das erste Mac OS. Damals wurde es einfach »System« genannt, da es nicht unabhängig vom Mac vorstellbar – und auch nicht zu kaufen – war. Mit jedem neuen Mac erschien auch eine neue Version des Betriebssystems. Jeder neue Mac bekam eine neue ROM-Version. (Das ROM ist ein Speicherbaustein, in dem sich ein Teil der Systemsoftware befindet.) Außerdem gab es spezielle Systemzusätze in Form von »System-Enablern«. In der nächsten Version des Systems wurden diese Zusätze dann direkt integriert. Dabei wurden sowohl das ROM – von 64 kB im Mac 128k bis 4 MB in den PowerMacs – als auch das System immer größer. Auch der Finder – das Programm, das dem Anwender die Da-

teihierarchien übersichtlich darstellt – wurde laufend verbessert.

System 6

In den ersten Versionen des Mac-Systems lief entweder ein Anwendungsprogramm oder der Finder. Um in den Finder zu gelangen, musste das Anwendungsprogramm beendet werden. Das änderte sich mit der Einführung des »MultiFinders« in System 6. Mit diesem konnte der Benutzer zwischen mehreren aktiven Programmen wechseln. In System 6 konnte man sich noch zwischen dem Finder und dem MultiFinder entscheiden – denn der MultiFinder brauchte mehr RAM. Der Finder, mit dem wir heute arbeiten, ist ein MultiFinder.

System 7

Ein wirklich großer Sprung war die Einführung von System 7. Bis System 6 waren die Mac-Systeme in 16 bit breitem Code geschrieben worden. System 7 war das erste 32-bit-System für den Mac. Es wurde Mitte 1991 mit den ersten Quadras und den PowerBooks eingeführt. Mit dem System 7 wurde auch eine ganze Rei-

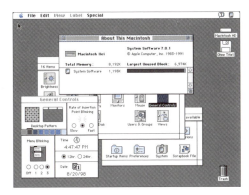

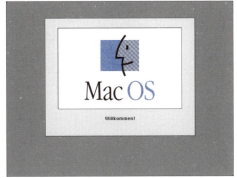

Mit System 7 wurden graue Fensterrahmen und farbige Symbole eingeführt.

Mac OS 7.5 erhielt als erstes System einen Markennamen – Mac OS.

he neuer Funktionen eingeführt: der virtuelle Speicher, File-Sharing, Alias-Dateien, Etiketten und vieles mehr. Der Systemordner enthält bei System 7 erstmals Unterordner für Zeichensätze, Systemerweiterungen, Kontrollfelder etc. Vorher gab es nur ein Kontrollfeld, mit dem alle erforderlichen Einstellungen vorgenommen wurden.

Mit System 7 wurden auch graue Fensterrahmen und farbige Symbole eingeführt. Von System 7.1 gab es für die Performa-Produktlinie, den Mac für die ganze Familie, eine spezielle »familienfreundlich« erweiterte Version. Einige der Performa-Funktionen, wie der »Klickstarter« oder der Ordner »Dokumente«, wurden in die nächste Systemversion übernommen.

System 7.5 oder Mac OS
Der nächste Schritt in der Entwicklung des Mac-Systems war Ende 1994 das System 7.5. Sein Codename war »Capone«, der »Chicago« (der Codename von Windows 95) in Angst und Schrecken versetzen sollte. Dieses System erhielt den Markennamen »Mac OS«. Es war das

erste System, das sowohl auf 680x0-Macs als auch auf PowerMacs lief – die ersten Power-Macs benötigten unter System 7.1 einen Power-Mac-Enabler. Mac OS 7.5 bot weitere neue Funktionen und verbesserte noch einmal den Bedienungskomfort.

(Mac OS 7.5 glänzte jedoch leider nicht gerade durch Stabilität. In den Vorgängerversionen war ein Systemabsturz schon ein ganz besonderes Ereignis.)

Mac OS 7.6
Nach einigen Updates erschien Mac OS 7.6, das lediglich die System-7.5-Update-Datei in den Systemkoffer integrierte. Eine Verbesserung brachte erst das Update auf Mac OS 7.6.1, mit dem der Fehler 11 – der häufigste Fehler auf PowerMacs unter Mac OS 7.5 – praktisch völlig eliminiert wurde. Programme, die im Begriff sind, diesen Fehler zu produzieren, werden rigoros aus dem Speicher gelöscht, so dass nicht das ganze System in Mitleidenschaft gezogen wird.

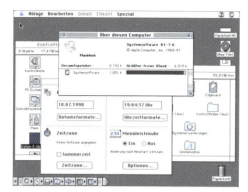

Mac OS 8

Mac OS 8 hat eine etwas eigentümliche Geschichte. Als Apple mit den PowerMacs auf
eine neue Technologie umgestellt hatte, plante
man, ein komplett neues System zu schreiben,
das keine Altlasten der langen Systemge-
schichte mit sich herumschleppen sollte.

Das Projekt wurde »Copland« genannt. Es
sollte die Anforderungen an ein modernes
System erfüllen, bei dem sich die einzelnen
Programme nicht gegenseitig stören können
und das Betriebssystem allein die Rechenzeit
des Prozessors verteilt. Bei der Entwicklung
des ersten Mac-Systems wurde zugunsten von
Geschwindigkeit und Speicherplatz auf diese
Sicherheitselemente verzichtet – denn der erste
Mac arbeitete mit nur 8 MHz und 128 kB RAM
und hatte die für damalige Verhältnisse enor-
me Aufgabe, eine grafische Benutzeroberfläche
zu berechnen. Alle folgenden Betriebssystem-
Versionen basierten auf diesem ersten System.
Die Entwicklungsarbeit an dem vorhandenen
Mac OS wurde zu Gunsten von »Copland« auf
ein Minimum beschränkt (daher wohl auch die
Probleme mit Mac OS 7.5 und 7.6).

Das Projekt »Copland« scheiterte jedoch bereits, als nur wenige Teile fertiggestellt waren,
darunter der komplett neue, in PowerPC-Code
geschriebene Finder. Man entschied sich für
eine zweigleisige Strategie. Für das neue System wurde die Firma NeXT gekauft. Deren
Betriebssystem NeXTStep stellt die Basis für
Mac OS X dar. Gleichzeitig wurde die Arbeit am
alten Mac OS forciert und der Finder aus dem
Copland-Projekt in das vorhandene System integriert. Daraus wurde dann Mac OS 8.

Das klassische Mac OS sollte fortan jedes
halbe Jahr ein kostenloses und jedes volle Jahr
ein kostenpflichtiges Update erhalten. Im Januar 1998 wurde dann auch mit Mac OS 8.1 das
erste kostenlose Update des Mac OS 8 herausgegeben. Neben kleinen Änderungen wurde
das neue Dateisystem, das »Mac OS Extended
Format« – auch HFS+ genannt – eingeführt.

Mac OS 8.5

Ende 1998 erschien das Mac OS 8.5, das nicht
nur weitere neue Funktionen bot. Es wurden
auch grundlegende Teile des Systems – z.B.
QuickDraw für die Grafikdarstellung auf dem

Seit Mac OS 8.6 zeigt das Startbild die Versionsnummer des Systems.

Mac OS 9 läuft – wie auch schon Mac OS 8.5 und 8.6 – nur noch auf Power-PC-Prozessoren.

Bildschirm – für den PowerPC-Prozessor neu geschrieben. Deshalb liefen alle Programme unter Mac OS 8.5 deutlich schneller als unter Mac OS 8. Mac OS 8.5 läuft jedoch als erstes System nur noch auf PowerPC-Macs.

Mitte 1999 erschien Mac OS 8.6 als kostenloses Update zu Mac OS 8.5. Es erhielt keinerlei neue Funktionen, jedoch einen neugeschriebenen »Nanokernel«, den innersten Teil des Systems. Der neue Nanokernel ist mit ca. 500 kB nur ein Viertel so groß wie der von Mac OS 8.5.

Mac OS 9

Ende 1999 kam mit Mac OS 9 ein kostenpflichtiges neues Betriebssystem auf den Markt, das um eine ganze Reihe neuer Funktionen erweitert worden war. Mit dem Kontrollfeld »Mehrere Benutzer« erhält Mac OS 9 eine Mehrbenutzerfähigkeit, diese ist jedoch – anders als in Mac OS X – nur aufgesetzt. Mit den »Karten« wird außerdem eine alternative Benutzeroberfläche eingeführt, mit der der Mac auch Personen zugänglich gemacht werden kann, die sich lediglich mit Anwendungsprogrammen, nicht aber mit den vielfältigen

Möglichkeiten des Mac OS beschäftigen wollen, sollen oder können.

Mac OS 9 erhält eine neue Dateiverwaltung, die es ermöglicht, mehr und größere Dateien geöffnet zu lassen. Im Januar 2001 wird zeitgleich mit Mac OS X ein Update für das klassische Mac OS vorgestellt. Mac OS 9.1 enthält nur wenige sichtbare Änderungen zu Mac OS 9, es wird für den Betrieb der Classic-Umgebung von Mac OS X vorausgesetzt. Weitere Updates folgen bis zur aktuellen und wohl letzten Version 9.2.2.

Carbon

Um Programmierern die Umwandlung vorhandener Mac-Programme in Programme für Mac OS X zu erleichtern, hat Apple mit Mac OS 9 die Programmumgebung »Carbon« eingeführt. Sie ermöglicht es, dass Programmierer für die Umwandlung eines Mac-OS-Programms in ein Carbon-Programm lediglich etwa fünf Prozent des Programmcodes zu verändern brauchen. Bestimmte Carbon-Programme (Carbon CFM) laufen sowohl im herkömmlichen Mac OS – mittels der Systemerweiterung »CarbonLib« – als auch in Mac OS X.

Die Geschichte des Mac-Systems **17**

Der gar nicht so neue Neuanfang

Die anderen Wurzeln von Mac OS X

NeXTStep bot eine komfortable Oberfläche auf einem leistungsfähigen UNIX.

Eine frühe Version von Mac OS X Server

Der Dämon, das Zeichen von BSD.

BSD

Die Firma AT&T Bell Labs entwickelte in den 60er Jahren ein Betriebssystem für Großrechenanlagen, das von vielen Benutzern gleichzeitig mittels Terminals genutzt werden konnte. Es vermochte mehrere Prozesse gleichzeitig auszuführen, den Benutzern unterschiedliche Rechte zu geben, und außerdem ließ es sich ohne großen Aufwand von einem Computersystem auf ein anderes übertragen. Das Betriebssystem wurde unter dem Namen UNIX bekannt.

Um Lizenzgebühren zu umgehen, entwickelten in den 80er Jahren Programmierer der University of California ein neues Betriebssystem mit den gleichen Eigenschaften wie UNIX und machten es unter dem Namen »Berkeley Systems Distribution« (BSD) der Öffentlichkeit frei zugänglich. Das originale UNIX SystemV wurde kommerziell weitergeführt und später in Form von Linux noch einmal nachprogrammiert, sodass es heute zwei grundlegende Linien von UNIX mit unzähligen Varianten gibt (BSD- und SystemV-Varianten). UNIX ist heute das Standardsystem für leistungsfähige Rechner vom Großrechner (z.B. IBM pSeries mit AIX)

über den Internetserver (z.B. SUN-Server mit Solaris oder x86-Server mit BSD oder Linux) bis zur leistungsfähigen Grafik-Workstation (z.B. Silicon Graphics mit Irix). Mittlerweile gibt es sogar schon Handys, die mit Linux laufen.

Programme, die auf der einen UNIX-Variante laufen, können, wenn der Quellcode zur Verfügung steht, mit geringem Aufwand auf jede andere UNIX-Variante portiert werden.

Der »Apache«-Web-Server beispielsweise – die weitverbreitetste Server-Software im Internet, die meist unter Linux oder BSD im Einsatz ist – übernimmt auch in Mac OS X das Websharing.

NeXT

Nachdem Steve Jobs im Jahre 1985 nach Meinungsverschiedenheiten seine eigene Firma Apple verlassen hatte, gründete er die Firma NeXT. Als deren erstes Produkt kam im Oktober 1988 der NeXTcube auf den Markt. Er beherbergte in einem würfelförmigen Magnesiumgehäuse einen 68040er-Prozessor, verfügte über ein eigenes Bussystem und war mit allem Wünschenswerten ausgestattet. Zusammen mit einem 17"-Monitor kostete er mehr als 6.500$.

Mit »Aqua« bekommt Mac OS X eine neue Oberfläche.

Der NeXTcube wurde mit einem eigenen Betriebssystems namens »NeXTStep« geliefert. NeXTStep basierte auf BSD-UNIX und bot eine grafische Benutzeroberfläche sowie eine visuell bedienbare objektorientierte Entwicklungsumgebung.

Im Laufe der Jahre wurde die NeXT-Hardware aus dem Programm genommen, das ursprüngliche Betriebssystem NeXTStep jedoch immer weiter entwickelt. Spätere Versionen kamen unter dem Namen »OpenStep« als Systemaufsatz für UNIX- und Windows-Betriebssysteme auf den Markt. OpenStep ermöglichte es, mit seiner Entwicklungsumgebung Programme zu erstellen, die sowohl auf Windows-basierten Rechnern als auch auf UNIX-basierten Computern liefen. OpenStep ist die Basis für die Cocoa-Programmumgebung in Mac OS X.

Mac OS X Server

Nachdem man sich bei Apple das Scheitern des Projekts »Copland« eingestehen musste, kaufte Apple die Firma NeXT mitsamt ihrem Gründer Steve Jobs. Steve Jobs übernahm wieder den Vorstandsvorsitz von Apple und die NeXT-Entwicklermannschaft begann, OpenStep mit

der vom Mac her bekannten Benutzeroberfläche zu verbinden. Das erste Produkt dieser Verschmelzung war Mac OS X Server, das sich jedoch trotz der grauen Mac-OS-8-Fenster und der Menüleiste am oberen Bildschirmrand in der Bedienung nicht wesentlich von NeXTStep unterschied.

Mac OS X

Nachdem mehrere Entwicklerversionen von Mac OS X Client mit dem bekannten Platinum-Look ausgeliefert worden waren, überraschte Apple die Öffentlichkeit mit einer ganz neuen Oberfläche, Aqua, mit halbdurchsichtigen Fenstern, pulsierenden Schaltern, Symbolen, die sich stufenlos skalieren lassen und einem Dock, in dem Programme und Dokumente verschwinden können.

Außerdem wurden Schritt für Schritt so gut wie alle Technologien in das neue System übernommen, die das Mac OS zu diesem einfach zu bedienenden Betriebssystem machen. Damit ist Mac OS X das erste UNIX-System für den ganz normalen Computeranwender.

Wie bei NeXTStep wird auch bei Mac OS X eine leistungsfähige Entwicklersoftware mitgeliefert.

Technik

Anatomie

Technisches zur Hardware der Macs

Mainboard und Karten

Das Mainboard

Auf dem Mainboard des Macintosh befinden sich alle Komponenten, die zum Betrieb eines vollwertigen Computers gebraucht werden. In den Boards sind beispielsweise bereits die Soundkarte und die Netzwerkkarte integriert. Durch die Integration der Komponenten werden Inkompatibilitäten ausgeschlossen und zugleich bleiben die Schnittstellen frei für Erweiterungen, die über die Norm hinausgehen. Die meisten Chips für das Board werden von Apple selbst entworfen. Die Steuerchips des Mainboards werden – je nach Board – zu zwei oder einem einzigen Chip zusammengefasst. Sie haben besondere Namen, nicht einfach nur Nummern wie bei vielen anderen Herstellern.

Sie sind nach der UMA (Unified Motherboard Architecture) aufgebaut. Alle Macs einer Generation verwenden die gleiche Boardarchitektur, jedoch fehlen bei einigen Modellen bestimmte Komponenten.

Uni-N bzw. U2 kontrolliert den Speicher, die FireWire- und die Ethernet-Schnittstelle und verbindet den Prozessor mit dem PCI- und AGP-Bus. Key Largo ist für die Verwaltung der Festplatten- und USB-Schnittstellen zuständig. Die Komponenten sind über den PCI-Bus verbunden. Im neuesten iMac wurden die Funktionen einen einzigen Chip zusammengefasst, Uni-North und Keylargo zu Pangea bzw. U2 und Keylargo zu Intrepid.

▶ 50
Systemstart

▶ 217
Praxis, Shell
▶ 279
Referenz,
Terminal

▶ 26ff
Schnittstellen

Open Firmware

Damit ein Computer starten kann, braucht das Mainboard ein eigenes kleines Betriebssystem, das das auf der Festplatte befindliche System starten kann. Die PowerMacs verwenden hierfür die »Open Firmware«, ein von der Firma SUN entwickelter Industriestandard, der es ermöglicht, auf einem Computer ohne Probleme unterschiedliche Betriebssysteme verwenden zu können (z.B. Mac OS, Mac OS X, BSD-UNIX, Linux etc).

Die Open Firmware überprüft das Board und bildet anhand der angemeldeten Komponenten einen Device-Tree – eine Baumstruktur, in der alle Komponenten verzeichnet werden. Anhand dieses Device-Trees lädt der Mac-OS-X-Kernel die für die Komponenten auf dem Board und die Steckkarten notwendigen Treiber. (Er lässt sich unter Mac OS X im Terminal mit dem Befehl »ioreg« betrachten.)

Die Open Firmware ist von Apple auf den jeweiligen Mac angepasst. Sie wird in einem speziellen Flash-Speicherchip gespeichert, mittels Updates kann Apple so eventuelle Fehler beheben oder Erweiterungen hinzufügen.

Einstellungen der Open Firmware werden im NV-RAM gespeichert, sie können auch im Terminal von Mac OS X mit dem Befehl »nvram -p« betrachtet werden. Die Open Firmware bietet eine eigene Shell-Benutzeroberfläche, mit der sie programmiert werden kann. Sie kann mit der Tastenkombination beim Rechnerstart ⌘⇧OF aufgerufen werden.

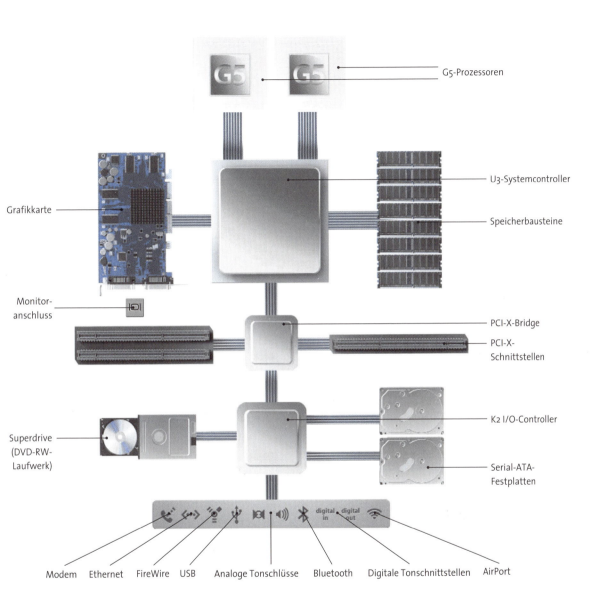

G5-Prozessoren

U3-Systemcontroller

Speicherbausteine

Grafikkarte

Monitor-
anschluss

PCI-X-Bridge

PCI-X-
Schnittstellen

K2 I/O-Controller

Superdrive
(DVD-RW-
Laufwerk)

Serial-ATA-
Festplatten

Modem   Ethernet   FireWire   USB   Analoge Tonschlüsse   Bluetooth   Digitale Tonschnittstellen   AirPort

Hier sehen Sie das Boarddesign des PowerMac G5. Die Komponenten des Chip-
satzes – U3, die PCI-X-Bridge und K2 – kommunizieren nicht mehr über den PCI-
Bus. Sie sind über HyperTransport Punkt-zu-Punkt-Verbindungen verbunden.
Abbildung: Apple Inc.

PowerPC-G3-Prozessorkarte

PowerPC-G4-Prozessor

Die Prozessoren

Der Prozessor ist die zentrale Recheneinheit eines Computers. Er führt Befehle aus, nimmt Berechnungen vor und verteilt Aufgaben an die verschiedenen Subsysteme.

Der im PowerMac verwendete PowerPC-Prozessor wurde von Apple, Motorola und IBM auf Basis des Power-Prozessors von IBM Anfang der 90er Jahre entwickelt.

Jede Prozessorfamilie arbeitet intern mit einem eigenen Satz von Prozessorbefehlen (nicht zu verwechseln mit den Befehlen, die der Anwender dem Betriebssystem oder einem Anwendungsprogramm gibt). Man unterscheidet zwei Gruppen: »CISC« und »RISC«. Die Prozessoren vom Typ 680x0 der ersten Mac-Generationen oder Intels x86-Architektur arbeiten mit dem »komplexen Befehlssatz« CISC (Complex Instruction Set Computing). Im Gegensatz dazu benutzt der PowerPC-Prozessor einen »reduzierten Befehlssatz« RISC (Reduced Instruction Set Computing). Die RISC-Technologie wurde ursprünglich für High-End-Workstations entworfen.

Moderne Prozessoren verwenden Techniken, die es ermöglichen, mehrere Befehle parallel auszuführen. Beim CISC, das mit unterschiedlich langen Befehlen arbeitet, muss der Prozessor manchmal warten, bis der längste Befehl abgearbeitet ist, bevor er wieder neue Befehle annehmen kann. Im RISC-Befehlssatz sind die allermeisten Befehle gleich lang (sie werden in einem Taktzyklus ausgeführt) und der Prozessor braucht nicht zu warten. In der Praxis ist also ein RISC-Prozessor bei gleicher Taktfrequenz deutlich schneller als ein CISC-Prozessor. (Auch ein 68040 oder Intels Pentium-Familie kann Befehle parallel abarbeiten. Die Pentium-Prozessoren arbeiten noch immer mit CISC und verschenken so manchmal bis zu 20 Taktzyklen mit Warten.)

Der PowerPC im Mac ist Teil einer großen Familie mit unterschiedlichsten Einsatzgebieten. PowerPCs werden unter anderem auch in Embedded-Computern (wie der Motorsteuerung im Auto), in PDAs und Handys, im Nintendo Gamecube oder auch in Supercomputern (beispielsweise arbeitete der IBM-Rechner Deep Blue, der als erster den Schachweltmeister Gary Kasparow besiegte, mit PowerPC-604-Prozessoren) und in Mainframes verwendet.

PowerPC-970-Prozessor (G5)

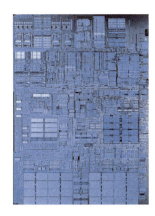

Blick in Innere des PowerPC-970-Prozessors. Hier kann man die unterschiedlichen Recheneinheiten erkennen. Der große Bereich ganz unten ist der Cache-Speicher.

AltiVec

Der G4 und der G5 enthalten zusätzlich zu den bekannten Recheneinheiten für Ganzzahl- und Fließkommaberechnungen eine weitere Recheneinheit, mit der multiple Daten gleichzeitig mit einem Befehl abgearbeitet werden können. Die AltiVec-Einheit – von Apple auch Velocity Engine genannt – ist 128 bit breit. Damit können beispielsweise 16 Datenworte à 8 bit Länge oder auch 4 Datenworte à 32 bit auf einmal ausgeführt werden.

32 bit – 64 bit

Mit dem PowerMac G5 wurde mit dem PowerPC 970 der 64-bit-PowerPC-Prozessor am Mac eingeführt. Alle älteren PowerMacs verwenden 32-bit-Prozessoren. Ein 64-bit-Prozessor bringt in erster Linie den Vorteil, dass mehr als 4 GB an Arbeitsspeicher adressiert werden können, es sind theoretisch 16 Exabyte möglich. Da der PowerPC schon von vornherein als 32- und 64-bit-Prozessor geplant worden war, gibt es keine Probleme mit der Kompatibilität zu den 32-bit-Prozessoren. Es können alle alten 32-bit-Programme ausgeführt werden, ohne dass ein Emulationsmodus benötigt wird.

Die 68k-Emulation in der Classic-Umgebung

In die ersten Macs wurden Prozessoren der Motorola-680x0-Serie eingebaut. Mit der zweiten Generation des Macintosh – dem PowerMacintosh – hat Apple den Mac auf den PowerPC-Prozessor umgestellt. Die Umstellung brachte ein Problem mit sich: PowerPC-Prozessoren sprechen eine andere Sprache als 680x0-Prozessoren. Die Mac-Programme waren ursprünglich alle für den 680x0-Prozessor geschrieben. Deshalb enthält die Classic-Umgebung einen Emulator, der den 680x0-Code in PowerPC-Code umrechnet.

Das 680x0-Programm »denkt« dabei, dass es auf einem 68020-Mac läuft. Der PowerPC-Prozessor erhält jedoch nur Befehle in seiner eigenen Sprache. So können (so gut wie) alle Programme, die für alte Macs geschrieben wurden, immer noch in der Classic-Umgebung auf dem PowerPC-Prozessor laufen.

Da die Emulation jedoch vergleichsweise langsam ist, sind klassische Mac-OS-Programme häufig in zwei Versionen erhältlich: als eine echte (native) PowerPC-Version und eine 68k-Version. Oder sie werden in »Fat Binary« geschrieben und enthalten den Code für beide Prozessortypen.

Interne Schnittstellen

PCI

► 222ff
Praxis, Fest-
platte instal-
lieren

Als interne Erweiterungssteckplätze stehen bei einigen Macs PCI-Steckplätze zur Verfügung. Es können 32- und 64-bit-PCI-Karten verwendet werden. Die Karten müssen dabei eine Mac-kompatible Firmware besitzen und es muss ein Treiber (Kernel-Extension) vorhanden sein, damit sie am Mac betrieben werden zu können. Einige Karten-Typen (z.B. Netzwerk-Karten) können jedoch auch in der normalen x86-PC-Version und ohne zusätzlichen Treiber betrieben werden.

Der PowerMac G5 unterstützt nur 3,3V-PCI-Karten. Einige ältere 5V-PCI-Karten passen dort nicht in den Steckplatz.

PCI-X

Der PowerMac G5 besitzt eine verbesserte Variante des PCI-Busses, PCI-X. Diese bietet deutlich höhere Geschwindigkeiten, ist aber auch zu PCI-Karten kompatibel.

AGP

Die Grafikkarte sitzt im AGP-Steckplatz, einer besonderen PCI-Variante, die einen höheren Datendurchsatz zulässt und der Grafikkarte die zusätzliche Möglichkeit gibt, direkt auf den Hauptspeicher zuzugreifen.

IDE

Die internen Festplatten, CD-Laufwerke etc. werden an die IDE-Schnittstelle angeschlossen. Die zwei internen Busse sind unterschiedlich schnell, ein langsamer (ATA33) für das CD-Laufwerk (und das ZIP-Laufwerk) und ein schneller (ATA66 oder ATA100) für die Festplatten. Es können zwei IDE-Geräte pro Bus angeschlossen werden. Eines muss als »Master«, das andere als »Slave« konfiguriert werden. Hängen zwei unterschiedlich schnelle Geräte an einem Bus, wird die Geschwindigkeit von dem langsameren Gerät bestimmt.

Serial ATA

Der neue PowerMac G5 verwendet Serial ATA als Festplatten-Schnittstelle. Hier werden die Daten seriell übertragen. An einen Anschluss kann nur eine Festplatte angeschlossen werden, sie braucht nicht konfiguriert zu werden.

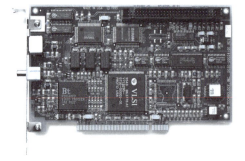

PCI-Karte

Peripherie-Schnittstellen

Jeder Mac besitzt eine Reihe von Schnittstellen, über die er mit der Außenwelt kommuniziert. Einige dieser Schnittstellen sind bei jedem Mac vorhanden, andere nur bei bestimmten Modellen. Hier werden alle Schnittstellentypen und ihre Stecker beschrieben.

USB

 Am Universal Serial Bus (USB) werden die Eingabegeräte – Tastatur, Maus – sowie andere »langsame« Geräte wie Modem, Drucker, Scanner usw. angeschlossen. USB ist ein serieller Bus, an dem die Geräte hintereinander, durch Hubs verbunden, angeschlossen werden. Beim USB-Anschluss lassen sich dieselben Geräte an Windows-Rechnern und am Mac betreiben. Es muss lediglich ein Mac-Treiber vorhanden sein. Im laufenden Betrieb können bis zu 127 Geräte angeschlossen werden.

USB 2

 USB 2 ist eine stark beschleunigte Variante von USB. Hier können auch schnelle Geräte, wie Festplatten etc. angeschlossen werden. Aufgrund der geeigneteren Bus-Topologie sollten Sie hierfür aber FireWire den Vorzug geben. Aufgrund der kostengünstigeren Hardware werden immer mehr Geräte anstelle mit einer FireWire- mit einer USB-2-Schnittstelle ausgestattet.

ADB

 Der blau/weiße PowerMac G3 besitzt zusätzlich noch den Apple Desktop Bus (ADB). Hier können ältere Eingabegeräte – Tastatur, Maus, Grafiktablett – hintereinander angeschlossen werden; Es werden MiniDIN-4-Stecker verwendet.

Bluetooth

 Bluetooth ist ein Kurzstreckenfunk, der eigentlich für die Kommunikation zwischen einem Mobiltelefon und Komponenten konzipiert ist. Hier können aber auch andere Peripheriegeräte angeschlossen werden. Die neuesten Macs haben Bluetooth eingebaut, ältere können mit einem Adapter nachgerüstet werden, der an die USB-Schnittstelle gesteckt wird. Bluetooth bietet eine Übertragungsgeschwindigkeit von maximal 723 kB.

IrDA

 Über den Infrarotanschluss können andere Computer oder Drucker drahtlos mit dem Mac verbunden werden. Dieser Anschluss ist bei einigen PowerBooks und beim ersten iMac-Modell vorhanden.

Monitor

 Die Macs der neuesten Generation verwenden für den Monitoranschluss die Industrienorm S**VGA**. Die Monitore melden sich über DDC am Mac an; so erkennt das Mac OS automatisch den Monitortyp. Bei den neuesten Macs, die nur mit ADC und DVI ausgestattet sind, liegt ein Adapter bei.

300 ►
Referenz,
Kontrollfeld
Monitore

Digitalmonitore werden bei neueren Macs über den Apple Display Connector (**ADC**) angeschlossen. Dieser vereint das digitale Monitorsignal mit der Spannungsversorgung und einem USB-Anschluss in einem Stecker. Zum Anschluss eines zweiten digitalen Monitors steht bei einigen Modellen eine **DVI**-Schnittstelle zur Verfügung.

Ton

▶ 319
Referenz,
Kontrollfeld
Ton
▶ 273
Referenz,
Audio-MIDI-
Konfigura-
tion

  Schon der erste Mac hatte eine integrierte »Soundkarte«. Alle neueren Macs können mit ihrer Soundausstattung CD-Qualität produzieren. Die meisten Macs haben einen Kopfhörerausgang und einen Mikrofoneingang, beide mit 3,5-mm-Miniklinken-Steckern. (Der Mikrofoneingang ist elektrisch ein 200-mV-Line-Eingang. Normale Mikrofone brauchen einen Vorverstärker, der bei Apples PlainTalk-Mikrofon schon eingebaut ist.) Der PowerMac G5 verfügt außerdem jeweils über einen optischen digitalen Audioeingang und einen Audioausgang mit Toslink-Anschlüssen.

Video

 Einige Macs haben als Zusatzausstattung einen Videoein- bzw. -ausgang. Für Composit-Video wird ein Chinch-Stecker verwendet, für S-Video ein MiniDIN8-Stecker. Einige PowerBooks brauchen einen Spezialstecker. Ein mitgelieferter Adapter löst die Normstecker auf.

FireWire

▶ 222ff
Praxis, Fest-
platte instal-
lieren

In den meisten neueren Macs ist mit FireWire (IEEE 1394) eine Hochgeschwindigkeitsschnittstelle zu finden. FireWire ist ein serieller Bus, an den im laufenden Betrieb bis zu 63 Geräte angeschlossen werden können. FireWire kann beispielsweise zum Anschluss von externen Festplatten und digitalen Camcordern verwendet werden. Am Mac werden die 6-Poligen Stecker verwendet, die auch die Stromversorgung enthalten.

FireWire 800

 Mit FireWire 800 wurde die Geschwindigkeit der FireWire-Schnittstelle noch einmal verdoppelt. Dabei werden aber auch andere (9-Polige) Stecker verwendet. FireWire-400-Geräte können jedoch mit einem Adapter angeschlossen werden.

SCSI

 SCSI (Small Computers System Interface) ist eine parallele Schnittstelle, die durch ihr Bussystem sehr hohe Datenraten übertragen kann. An sie werden meist externe Festplatten und Scanner angeschlossen. Es können zu sieben, bei Wide SCSI 15 Geräte angeschlossen werden, die über IDs angemeldet werden. Das Ende des Busses muss mit einem Terminator terminiert werden. Außerdem ist zu beachten, dass eine bestimmte, je nach SCSI-Version unterschiedliche, gesamte Kabellänge nicht überschritten werden darf.

Als einziges von Mac OS X 10.3 unterstütztes Gerät besitzt das PowerBook Lombard eine eingebaute SCSI-Schnittstelle. Es hat einen HDI30-Stecker, für den ein Adapter (SCSI-HDI30-Systemkabel) benötigt wird.

FireWire-Anschlussstecker:
FireWire 400 (6-Polig), FireWire 400 (4-Polig) und FireWire 800

USB-Anschlussstecker: große (für Anschlussbuchse am Mac) und kleine Form (bei einigen Peripheriegeräten verwendet)

PC-Card

PowerBooks sind mit einer PC-Card-Schnittstelle ausgestattet. In diese passen ein bis zwei PC-Cards vom Typ 2 oder eine PC-Card vom Typ 3. Die PC-Card-Schnittstelle bedient zwei Normen: **PCMCIA** und **Cardbus**. Das ältere, langsamere PCMCIA entspricht einer IDE-Schnittstelle, das neueren, schnellere CardBus entspricht einer PCI-Schnittstelle.

Netzwerk-Schnittstellen

Ethernet

Schon seit vielen Jahren werden Macs mit einer Ethernet-Schnittstelle ausgerüstet. Für den Anschluss an das 10BaseT-, 100BaseT- bzw. 1000BaseT-Netz steht eine Buchse für RJ45-Stecker zur Verfügung.

AirPort

Die neuen Macs haben mit der optionalen AirPort-Karte die Möglichkeit, Netzwerkverbindungen über Funk herzustellen. AirPort benutzt das Ethernet-Protokoll.

FireWire

Bei Bedarf kann auch die FireWire-Schnittstelle zur Übertragung von Ethernet-Paketen verwendet werden.

122ff ▶
Praxis, Netzwerk

302 ▶
Referenz, Kontrollfeld Netzwerk

Modem

Die meisten neueren Macs sind mit einem 56k-Modem ausgestattet. Dieses kann mit einem handelsüblichen Modemkabel mit RJ11-Stecker an das analoge Telefonnetz angeschlossen werden.

Ethernet-Stecker

Psychologie

Technisches zum Betriebssystem Mac OS X

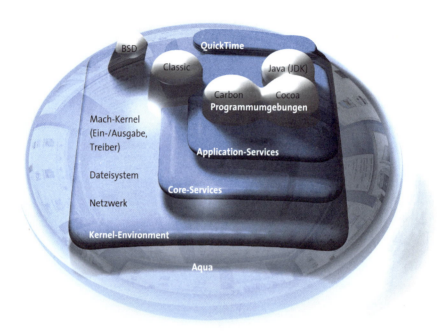

Das Schichtenmodell

Mac OS X ist aus verschiedensten Wurzeln zusammengewachsen. Ein Teil ist klassisches UNIX, ein Teil kommt von NeXTStep, wieder ein anderer Teil aus dem Mac OS.

Mac OS X ist in Schichten aufgebaut, die verschiedene Aufgaben bei der Verarbeitung der Daten übernehmen. Dabei liegen die Schichten jedoch nicht wirklich aufeinander, eine Schicht kann mit jeder anderen kommunizieren.

Die unterste Schicht ist der **Mach-Kernel**, ein so genannter Micro-Kernel. Der Kern selbst enthält lediglich die unbedingt nötigen Komponenten zum Betrieb des Rechners. Zusätzliche Treiber werden in Form von **Kernel-Extensions** (KEXT) dem Kernel hinzugefügt. Diese können dynamisch geladen und entladen werden. Nur das **Kernel-Environment** darf direkt mit der Hardware kommunizieren. Alle anderen Prozesse laufen abgeschirmt.

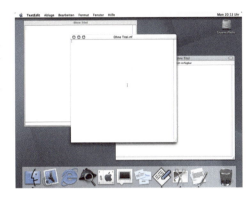

Die verschiedenen Programmumgebungen existieren friedlich nebeneinander. Links ein Fenster der Classic-Umgebung (SimpleText), in der Mitte Cocoa (TextEdit) und rechts Carbon (Finder).

Hier werden beispielsweise verschiedene Dateisysteme direkt oder über das Netzwerk angeschlossener Datenträger in ein gemeinsames virtuelles Dateisystem übersetzt, mit dem die Programme dann arbeiten können, ohne sich um die tatsächliche Struktur kümmern zu müssen.

Auf dem Kernel-Environment liegen die **Core-Services**, die den Programmumgebungen nicht-grafische Dienste anbieten. (Das Kernel-Environment zeigt sich zusammen mit einem ein Teil der Core-Services als Variante von BSD und ist von Apple unter dem Namen »Darwin« als Quellcode freigegeben worden. BSD ist ein im Quellcode frei verfügbares UNIX-artiges Betriebssystem.) Über den Core-Services liegen die **Application-Services**. Diese stellen den Programmen die grafische Umgebung zur Verfügung.

Die Programme selbst benutzen die verschiedenen, wiederum in einer übergeordneten Schicht liegenden **Programmumgebungen**. Jede Programmumgebung ist eine Sammlung so genannter »**API**s« (Application Programming Interfaces, Schnittstellen für Programme), auf die die Programme zugreifen können.

Wenn ein Programm eine bestimmte Funktion benötigt, die schon Teil des Systems ist,

kann es diese aufrufen. Dank dieser Technik müssen viele wichtige Routinen nicht für jedes Programm neu programmiert werden. Das Programm muss lediglich eine Anfrage an den zuständigen Teil seiner Programmumgebung richten. So braucht ein Programm beispielsweise keine Routinen, die ein Fenster erzeugen. Es muss lediglich das gelieferte Fenster mit Inhalt füllen. Ist der Inhalt einmal erzeugt, braucht das Programm ihn nicht mehr erneut aus dem Speicher auszulesen, sondern das System liest dieses Objekt aus dem Speicher aus, und das Programm kann es anschließend bearbeiten. Dafür benötigt das Programm keine Informationen darüber, an welcher Stelle sich das Objekt im Speicher befindet.

Hexley, ein Schnabeltier, ist das Maskottchen von Darwin.

Programmumgebungen

Da Mac OS X ein aus unterschiedlichen Wurzeln zusammengewachsenes System ist, existieren hier verschiedene Programmumgebungen nebeneinander. Welche Umgebung ein Programm benutzt hängt davon ab, welche Umgebung der Programmierer zum Programmieren bevorzugt. Für den Anwender macht es praktisch keinen Unterschied, in welcher Programmumgebung ein Programm läuft. Er kann

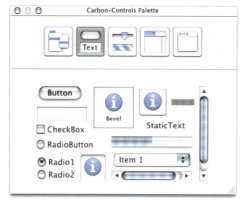

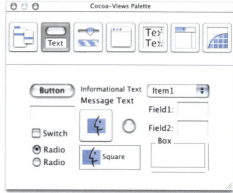

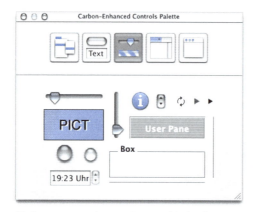

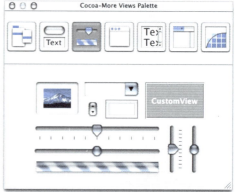

Die Programmumgebungen Cocoa und Carbon bieten den Programmen annähernd die gleichen Möglichkeiten. Sie sind jedoch unterschiedlich organisiert. Diese Abbildungen stammen aus dem »Interface Builder«, einem

Programm, mit dem die Benutzeroberflächen von Carbon- und Cocoa-Programmen zusammengestellt werden können. Es ist Teil der kostenlosen Entwicklersoftware auf der Developer-Tools-CD.

▶ 164ff
Praxis, Daten zwischen Programmen austauschen

einfach zwischen den Programmen wechseln oder Daten zwischen ihnen austauschen.

Cocoa

Cocoa ist die aus NeXTStep entstandene Programmumgebung. Sie verwendet die eigens mit NeXTStep zusammen entwickelte Programmiersprache Objective-C. Diese ist eine verhältnismäßig einfach zu programmierende und sehr leistungsfähige objektorientierte Programmiersprache, die jedoch nicht sehr

verbreitet ist. Alternativ kann aber auch Java, das dann vom Project-Builder in Objective-C übersetzt wird, und das neue Objective C++ als Programmiersprache verwendet werden.

Carbon

Carbon ist eine für das Mac OS X angepasste Version der Mac-OS-Programmumgebung. Etwa 70% der APIs entsprechen denen des klassischen Mac OS. In einer großen Testaktion hat Apple herausgefunden, dass die restlichen

Die Classic-Umgebung verwendet das Erscheinungsbild und die Bedienelemente von Mac OS 9.1.

30% kaum in Programmen verwendet werden. So kann ein Programmierer sein klassisches Mac-OS-Programm auf die Carbon-Umgebung anpassen, indem er lediglich etwa fünf Prozent seines Codes neu schreibt. Er kann dabei seine aus dem Mac OS vertrauten Programmierwerkzeuge benutzen.

Carbon-Programme können auf unterschiedliche Weise programmiert werden. Reine Mac-OS-X-Carbon-Programme werden direkt gegen den Mach-Kernel verlinkt (Carbon-Mach-O). Carbon-Programme, die sowohl auf Mac OS X als auch mit der Systemerweiterung »CarbonLib« auf Mac OS 8 und 9 laufen können sollen, werden gegen eine weitere Zwischenschicht, den »Code Fragment Manager«, verlinkt (Carbon-CFM). Der Code Fragment Manager ist ein essentieller Bestandteil des klassischen Mac-OS-Systems und ist in Mac OS X im Carbon-Framework für die Kompatibilität enthalten.

Java

Als weitere Programmumgebung steht eine Java-VM (Virtuelle Maschine) zur Verfügung. Java wurde von der Firma SUN mit dem Ziel entwickelt, dass Programmierer Programme schreiben können, die auf jeder beliebigen Plattform ausgeführt werden können. Solche in »100% pure Java« programmierten Programme laufen also ohne jede Änderung auch unter Windows oder Linux. Sie werden im Quelltext geliefert und erst bei der Programmausführung für den entsprechenden Prozessor übersetzt.

Classic

Classic ist eine Kompatibilitätsumgebung für Programme, die für das klassische Mac OS geschrieben wurden. In einem eigenen Speicherbereich wird hierfür ein komplettes Mac OS 9.x gestartet, auf dem dann die klassischen Mac-OS-Programme laufen. Die Programme verhalten sich nach dem Start des Systems für den Anwender wie andere Mac-OS-X-Programme; sie profitieren jedoch nicht von den Vorteilen des UNIX-Kerns. So kann beispielsweise ein Programm in der Classic-Umgebung die gesamte Classic-Umgebung – mitsamt den anderen Programmen innerhalb dieser Umgebung – zum Absturz bringen. Aus diesem Grunde sollten Sie, wenn Sie ein Programm häufig benutzen, besser die Mac-OS-X-Version des Programms installieren.

204ff ▶
Praxis, Classic
288 ▶
Referenz, Kontrollfeld Classic

Mit dem Interface-Builder lässt sich ganz einfach ein QuickTime-, Open GL- oder QuickDraw-Objekt in ein Cocoa-Programm einfügen.

QuickTime

▶ 308f
Referenz,
Systemein-
stellungen,
QuickTime

▶ 216ff
Praxis, BSD-
Subsystem

Für Multimedia-Inhalte bietet Apple sein bekanntes QuickTime. QuickTime kann mit unterschiedlichsten Arten von Multimedia-Daten umgehen. Diese werden dann in einem Container an die Programme weitergegeben. Das Programm selbst muss dafür nicht mit den Multimedia-Formaten umgehen. Der Quick-Time-Container kann beispielsweise mehrere parallele Video- und Audiospuren enthalten, die in verschiedenen Formaten mit unter-schiedlichen Codecs digitalisiert wurden. Im Programm wird lediglich ein Video abgespielt.

So können Programme, die die Dienste von QuickTime in Anspruch nehmen, mit einer neu-en Version von QuickTime auch Dateiformate verarbeiten, mit denen sie vorher nicht um-gehen konnten. Eine Liste der Dateiformate fin-den Sie unter <www.apple.com/de/quicktime/specifications.html>.

Auch QuickTime gibt es für verschiedene Computerplattformen, außer für Mac OS X und das klassische Mac OS auch für Windows und für Java.

BSD-Kommandos

Das BSD-Subsystem (Berkeley Software Dis-tribution) greift direkt auf das Kernel-Envi-ronment zu. Es umgeht damit die Core-Services und die Grafik-Layer. Die UNIX-Shell kann über das Terminal-Programm angesprochen werden.

X11

Optional kann in Mac OS X mit X11 eine weitere Programmumgebung installiert werden. X11 ist die Standard-Grafikumgebung für UNIX-Pro-gramme. Apples X11-Programm bildet dabei die X11-Grafiken in Aqua-Fenster ab.

Grafik

Mac OS X verwendet für die Darstellung der Objekte auf dem Bildschirm verschiedene Tech-nologien. Je nach Art des Objekts und vom Pro-grammierer bevorzugter Technologie kommen sie parallel zum Einsatz.

Quartz

Quartz basiert auf dem von Adobe entwickelten PostScript-Format »PDF« (Portable Document Format), in dem Layouts unabhängig von der verwendeten Computerplattform (oder dem

Drucker) immer gleich dargestellt werden. In PDF werden Objekte anhand von Vektoren und mathematischen Formeln beschrieben. Dadurch können alle Objekte beliebig skaliert werden. Sie werden in jeder Größe gleich scharf dargestellt.

QuickDraw

In Carbon-Programmen verwendet Mac OS X zur Darstellung von zweidimensionalen Objekten eine erweiterte Version von **QuickDraw**, dem Grafiksystem des klassischen Mac OS. In der Classic-Umgebung wird das herkömmliche QuickDraw des Mac OS 9.1 verwendet.

Open GL

Zur Darstellung von dreidimensionalen Objekten verwendet Mac OS X **Open GL**. Open GL wurde von Silicon Graphics als plattformunabhängige Bibliothek zur Darstellung von 3D-Objekten entwickelt und ist mittlerweile der Industrie-Standard für 3D-Darstellung. Viele Spiele und 3D-Programme für Windows oder UNIX verwenden Open GL. Diese lassen sich relativ einfach auf Mac OS X portieren, da die Routinen für die Darstellung der 3D-Objekte nicht verändert werden müssen. Außerdem können viele Grafikkarten Open-GL-Objekte ohne Hilfe des Prozessors darstellen (Grafikbeschleunigung).

QuickTime

Zur Darstellung von Multimedia-Inhalten wie Videos etc. dient QuickTime. QuickTime arbeitet jedoch nicht eigenständig, sondern braucht in jedem Fall zum Darstellen der Multimedia-Inhalte eine Host-Application in Form eines Anwendungsprogramms bzw. eines Browsers.

Quartz Extreme

Auf neueren Macs gibt Mac OS X ab Version 10.2 die Grafik mit Quartz Extreme aus. Quartz Extreme verwendet OpenGL zur Grafikausgabe. Die Objekte (z.B. Fenster) werden als 3D-Objekte, die Inhalte der Objekte als Texturen (Oberflächen) der Grafikkarte zugeführt. Sobald jetzt ein Objekt bewegt wird, kann die Grafikkarte mit ihrem eigenen Prozessor die Objekte neu anordnen, der Hauptprozessor wird von dieser Rechenarbeit entlastet.

Quartz Extreme benötigt ATI-Radeon- oder NVidia-Geforce-Grafikkarten mit mindestens 16 MB Grafikspeicher. Es wird bei nicht mit älteren Grafikkarten – wie der ATI Rage128, die in vielen PowerMacs verbaut wurde – nicht aktiviert. Älteren Grafikkarten fehlen leider wichtige Funktionen im Grafikprozessor, wie bestimmte Transparenzeffekte etc. Ein einfaches Beispiel sind unterschiedlich große Texturen: Da jedes Fenster unterschiedlich groß ist, ist auch der Fensterinhalt und damit die Textur für das Fenster unterschiedlich groß. Die ältere Grafikkarte kann jedoch nicht mit unterschiedlich großen Texturen umgehen, also bleibt Quartz Extreme abgeschaltet und das normale Quartz wird benutzt.

Speicherverwaltung

Der Mach-Kern von Mac OS X besitzt eine der effektivsten Speicherverwaltungen in der gesamten Computerwelt. Er teilt jedem Prozess einen virtuellen Speicherbereich zu, der jeweils bis zu 4 GB groß sein kann (beim 64-bit-Prozessor G5 auch mehr). Der virtuelle Speicherbereich wird in kleine Teile (Pages) eingeteilt, und nur die tatsächlich benutzten Pages werden in den physikalischen Arbeitsspeicher des Mac geladen. Sollte die Anzahl der verwendeten Pages die Größe des physikalischen Arbeitsspeichers

25 ◄
32 bit – 64 bit

Mit dem Programm »BombApp« aus den
DeveloperTools kann die Effektivität des
Speicherschutzes leicht überprüft werden.

übersteigen, werden die am seltensten benötigten Pages in einer Datei auf die Festplatte
ausgelagert – in Mac OS X in eine (oder mehrere) Swap-Datei, die sich in einem unsichtbaren
Ordner befindet. Unter allen geladenen Pages
werden regelmäßig diejenigen aussortiert, die
nicht mehr benötigt werden (Garbage-Collec-
tion).

Dadurch wird der Arbeitsspeicher immer
effektiv genutzt. Programme, die besonders
viel Arbeitsspeicher benötigen, stellen kein
wirkliches Problem dar. Beim klassischen Mac
OS war die Speicherverwaltung sehr viel simp-
ler. Hier bekam einfach jedes Programm einen
festen Block im Speicher zugeteilt.

Speicherschutz

Da die virtuellen Speicherbereiche der verschiedenen Programme strikt voneinander getrennt
sind, kann kein Programm versehentlich in
den Bereich eines anderen schreiben. Ein abstürzendes Programm kann also kein anderes
Programm oder gar das System mit in den Abgrund ziehen.

▶ 272
Referenz,
Aktivitäts-
Anzeige

Multitasking

Der Mach-Kern des Mac OS X verwaltet außerdem auch die Prozessorzeit. Er teilt hoch-
herrschaftlich jedem Prozess eine bestimmte
Zeit zu. Ist diese Zeit abgelaufen, geht die
Prozessorzeit an einen anderen Prozess über.
Diese Form der Verwaltung der Prozessorzeit
wird als präemptives Multitasking bezeichnet.
(Das klassische Mac OS verwendete im Gegensatz dazu kooperatives Multitasking, bei dem
der aktive Prozess von sich aus den Prozessor
freigeben muss.)

Durch dieses Multitasking lässt sich beispielsweise in einem Programm weiter arbeiten,
während ein anderes gestartet wird. Genauso
gut kann ein abstürzendes Programm beendet
werden, obwohl es nicht mehr reagiert.

Multiprocessing

Außerdem können vom Mach-Kernel Prozesse
auf mehrere Prozessoren verteilt werden, ohne
dass das Programm dafür speziell programmiert werden müsste.

Kommunikation zwischen Programmen

Das dem Mac OS X zugrunde liegende System aus Mach und BSD basiert auf Messaging. Es laufen viele unterschiedliche Prozesse, die alle mit dem Kernel, aber auch untereinander kommunizieren. Diese Eigenschaft kann von Anwender einfach mit den Funktionen der Shell und mit Shell-Scripts, aber auch aufwendiger mit den UNIX-Skriptsprachen – PHP, TCL und Perl sind schon installiert – genutzt werden.

Eine zusätzliche Möglichkeit unter Mac OS X (und dem klassischen Mac OS) stellen die »Apple Events« dar. Möchte ein Mac-Programm eine Funktion eines anderen Programms in Anspruch nehmen, verschickt es als Anfrage ein AppleEvent. Sobald das zweite Programm diese Funktion ausgeführt hat, verschickt es ein AppleEvent als Antwort. So kann beispielsweise automatisch eine PPP-Verbindung geöffnet werden, wenn eine Adresse in einem Internet-browser eingegeben wird. Auch »AppleScript« steuert Programmfunktionen über Apple-Events.

Das Terminal schafft mit dem AppleScript-Befehl »do script« eine Verbindung zwischen AppleEvents und dem UNIX-Messaging.

Voreinstellungen

Voreinstellungen von Programmen werden in Mac OS X für jeden Benutzer separat in einzelnen Dateien im Ordner »*Privat*/Library/Preferences« angelegt. (Die Voreinstellungen der Programme, die vor der Anmeldung der Benutzer gestartet werden, befinden sich im Ordner »Library/Preferences«.) Beim Starten des Programms werden die Voreinstellungsdateien gelesen und die entsprechenden Voreinstellungen vorgenommen. Jedes Programm kann eine oder mehrere Voreinstellungsdateien anlegen. Diese können Sie in der Regel am Namen ihrem Erzeuger zuordnen.

Voreinstellungsdateien können dabei – wie jedes andere Objekt – aus dem Ordner herausbewegt oder in den Papierkorb gelegt und gelöscht werden. Das entsprechende Programm kann dann die Voreinstellungen nicht lesen und legt eine neue Voreinstellungsdatei mit den im Programm gespeicherten Voreinstellungen an.

Voreinstellungen von reinen Mac-OS-X-Programmen werden als Textdateien in XML verfasst, sie können also theoretisch einfach mit »TextEdit« verändert werden. Sie erhalten den Namen des Programmpakets (z.B. »com.apple calculator.plist« für den »Rechner«).

Voreinstellungen können auch durch Kopieren der Voreinstellungsdatei in den Preferences-Ordner eines anderen Benutzers oder gar eines anderen Mac übertragen werden. Carbon-Programme, die auch unter dem klassischen Mac OS laufen, verwenden dabei dasselbe Format wie im klassischen Mac OS. So können Sie auch Voreinstellungen von Programmen, die sie schon unter dem klassischen Mac OS verwendet haben, in Mac OS X übernehmen.

Voreinstellungen von UNIX-Programmen werden in Config-Dateien, reinen ASCII-Textdateien, gespeichert.

198ff ▶
Praxis, Apple-Script

243 ▶
Praxis, Voreinstellungsdatei defekt

218 ▶
Praxis, Konfigdateien

Eine Festplatte ist durch magnetische Linien in kleine Blöcke aufgeteilt.

Das Dateisystem

Wie jedes Betriebssystem benutzt das Mac OS ein eigenes, an seine Bedürfnisse und Fähigkeiten angepasstes Dateisystem. Das Dateisystem des Mac OS trägt den Namen »HFS« (Hierarchical File System). Dieses Dateisystem bietet mit seiner Struktur die Grundlage für die Hierarchien des Finders.

HFS gibt jedem Objekt, egal ob Ordner oder Datei, eine ID-Nummer und legt diese in einem Katalog ab. Um die Eindeutigkeit zu gewährleisten, erhält jedes neue Objekt eine neue ID. IDs von gelöschten Objekten werden nicht mehr vergeben. Eine neue Nummerierung wird erst begonnen, wenn das Volume initialisiert wird.

▶ 224
Praxis, Festplatte formatieren

Anhand dieser ID – nicht anhand des Dateinamens – kann das Dateisystem eine Datei auf der Festplatte wiederfinden. Zu jedem Objekt wird als zusätzliche Information die ID des Ordners gespeichert, in dem es sich befindet. So kann der Finder die gesamte Hierarchie zurückverfolgen, in der sich ein Objekt befindet.

Der Aufenthaltsort jeder einzelnen Datei auf der Festplatte wird in einem Katalog (Catalog File) eingetragen. In einem weiteren Katalog (Extents Overflow File, im Festplatten-Dienstprogramm auf deutsch »Zusatzdatei für Dateiaufbau« genannt) wird für fragmentierte Dateien – Dateien, die nicht als ein zusammenhängendes Stück auf der Festplatte liegen – verzeichnet, an welcher Stelle sich weitere Teile dieser Datei befinden.

Die Kataloge sind als so genannte B-Bäume (B-Trees) organisiert, die besonders schnelles Auffinden der Einträge ermöglichen.

Festplatten werden mittels magnetischer Linien in Blöcke eingeteilt, die jeweils 512 Bytes Daten enthalten können. HFS+ benutzt für die Adressierung der Zuteilungsblöcke eine 32 bit lange Zahl. Es kann also bis zu 4.294.967.296 Blöcke adressieren. Da aber zu viele Blöcke die Arbeit des Dateisystems verlangsamen und auch einer Fragmentierung vorgebeugt werden muss, fasst das Dateisystem als Kompromiss

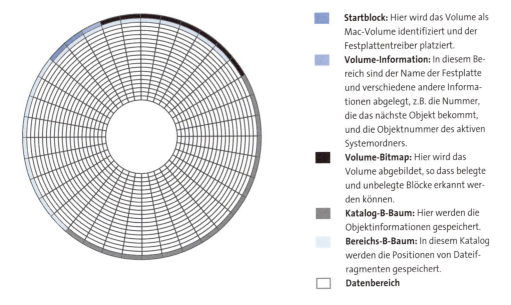

Startblock: Hier wird das Volume als Mac-Volume identifiziert und der Festplattentreiber platziert.

Volume-Information: In diesem Bereich sind der Name der Festplatte und verschiedene andere Informationen abgelegt, z.B. die Nummer, die das nächste Objekt bekommt, und die Objektnummer des aktiven Systemordners.

Volume-Bitmap: Hier wird das Volume abgebildet, so dass belegte und unbelegte Blöcke erkannt werden können.

Katalog-B-Baum: Hier werden die Objektinformationen gespeichert.

Bereichs-B-Baum: In diesem Katalog werden die Positionen von Dateifragmenten gespeichert.

Datenbereich

zwischen Platz und Geschwindigkeit die Blockgrößen je nach Größe des Volumes zwischen 0,5 und 4 kB zusammen. (Volume kleiner 256 MB: Blockgröße 512 Bytes; Volume zwischen 256 MB und 512 MB: Blockgröße 1 kB; zwischen 512 MB und 1 GB: Blockgröße 2 kB; Volume über 1 GB: Blockgröße 4 kB). Im ungünstigsten Falle belegt damit eine 1 Byte große Datei 4 kB auf der Festplatte.

Systeme vor Mac OS 8.1 kennen nur im normalen HFS (»Mac OS Standard«) formatierte Volumes. Wird dort ein im »Mac OS Extended Format« (HFS+) formatiertes Volume gemountet, erscheint das HFS-Wrapper-Volume nur mit einer SimpleText-Datei, die »Wo sind die Dateien?« heißt.

Journal

Seit Mac OS X 10.2.2 kann für HFS+-Volumes auch Journaling aktiviert werden. Wenn Journaling aktiviert ist, werden die letzten Änderungen am Dateisystem noch einmal zusätzlich in eine Datei (das Journal) geschrieben. Bei einem eventuellen Absturz kann der zuletzt geänderte Teil des Dateisystems anhand der Daten im Journal überprüft und repariert werden. Ein Durchlauf von fsck, der das gesamte Dateisystem überprüft, ist so nicht nötig.

Andere Dateisysteme

Mac OS X kann aufgrund seiner UNIX-Wurzeln auch das UNIX-Dateisystem UFS (Unix File System) für das Systemvolume verwenden. Dieses hat jedoch andere Eigenschaften als das Mac-Dateisystem. Beispielsweise werden Pfade nicht mit einem Doppelpunkt, sondern mit dem Schrägstrich (/) getrennt, anstelle von »Aliasen« werden »Symbolic Links« verwendet, und UFS kennt keinen Unterschied zwischen Daten- und Resourcenzweig, unterscheidet aber Groß- und Kleinschreibung.

Zusätzlich kann Mac OS X mit einigen weiteren Dateisystemen wie den Windows-Dateisystemen FAT und NTFS , UDF (Universal

232 ▶
Praxis, Journaling Dateisystem

168ff ▶
Praxis, Datenaustausch mit dem Windows-PC

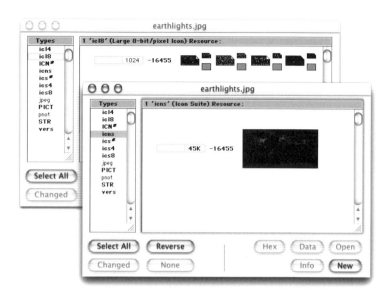

Vorschaubilder und Symbole werden in Resourcen gespeichert.

Disk Format) für DVDs, ISO 9660/Joliet für Windows-CD-ROMs usw. umgehen.

Sie alle besitzen unterschiedliche Eigenschaften besitzen. Damit weder die Programme noch die Anwender die Besonderheiten der unterschiedlichen Dateisysteme berücksichtigen müssen, legt Mac OS X über alle verwendeten Dateisysteme ein virtuelles Dateisystem und konvertiert die Dateinamen und Datenstrukturen für das tatsächlich verwendete Dateisystem im Hintergrund.

Case-Sensitivity

HFS+ ist »Case insensitive but Case-Respecting«. Das Dateisystem speichert zwar die großen und kleinen Buchstaben, unterscheidet aber nicht zwischen ihnen. Das UNIX-Dateisystem UFS ist jedoch »Case sensitive«, es unterscheidet zwischen großen und kleinen Buchstaben. Bei »Text.txt« und »text.txt« handelt es sich dort also um zwei verschiedene Dateien.

Daten und Resourcen

Eine klassische Mac-Datei ist in der Regel in zwei »Zweige« (Forks) unterteilt: in den Datenzweig und den Resourcenzweig. Der Datenzweig enthält reine Textinformationen oder Binärdaten, wie die Dateien von anderen Betriebssystemen auch.

Der Resourcenzweig ist eine Besonderheit des Mac OS und des Mac-Dateisystems HFS. Resourcen enthalten beispielsweise Dateiinformationen, Symbole oder Vorschaubilder. Die Resourcen werden in einer Art Datenbank verwaltet, sie entsprechen einer vorgegebenen Struktur. Sie können daher auch von anderen Programmen gelesen werden.

Bei klassischen Mac-Programmen kommen noch Menüeinträge, Dialogfenster und deren Inhalt usw. hinzu. Reine Mac OS X-Programme verweden den Resourcenzweig nicht. Programme, die unter Mac OS und unter Mac OS X laufen (Carbon CFM) machen jedoch weiterhin Gebrauch von Resourcenzweig.

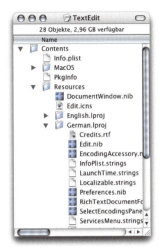

Die Programm-Bundles des Cocoa-Programms Uhr und des Carbon-Programms Skripteditor

Bundles

Bei Mac-OS-X-Programmen geht Apple jedoch einen anderen Weg. Hier werden Daten und Resourcen in Bundles gepackt. Ein Bundle ist ein spezieller Ordner, in dessen Unterordner »Contents« die Daten und Resourcen in einzelnen Dateien gespeichert sind. Im Ordner »Mac OS« befindet sich der Datenteil, im Ordner »Resources« sind in einzelnen Dateien die verschiedenen Resourcen. Icons werden in .icns-Dateien, Resourcen in .rsrc- oder .nib-Dateien gespeichert etc. Sprachspezifische Resourcen der unterschiedlichen Sprachversionen werden in den .lproj-Ordner der jeweiligen Sprache gepackt. Hinzu kommen noch Dateien mit Informationen zum Inhalt des Bundles und zu den Dokumententypen (Info.plist), der Type- und Creator-Kennung (pkg.info) und der Versionsinformation (Version.plist). Alle Dateien des Bundles befinden sich im Datenzweig.

Carbon- und Cocoa-Programme unterscheiden sich hier lediglich in der Form der Resourcen. Carbon-Programme verwenden die Resourcen-Struktur des Mac OS (.rsrc-Dateien). Die Resourcen der Cocoa-Programme werden vom Interface-Builder erzeugt (.nib-Dateien). Bilder u. Ä. werden dort als einzelne Dateien gespeichert.

Diese Struktur wird in anderen Betriebssystemen (Windows, Linux, Mac OS 8) sichtbar, unter Mac OS X sieht der Anwender jedoch nur ein Programm, das er per Doppelklick starten kann. Mit dem Kontextmenü-Befehl »Paketinhalt anzeigen« können Sie sich den Paketinhalt als Ordner anzeigen lassen.

Neben den Programm-Bundles gibt es in Mac OS X noch weitere Typen von Bundles: Kernel-Extensions und Frameworks.

Erweiterungen

In Mac OS X werden Treiber für Komponenten des Mainboards und für PCI-Karten oder bestimmte Protokolle in Form von Erweiterungen (Kernel-Extensions, KEXT) dem Systemkern hinzugefügt. Die Erweiterungen befinden sich im Ordner »System/Library/Extensions«. Eine Erweiterung besteht aus mehreren Dateien – dem Treiber, der Infodatei und den Resourcen – die in einem Ordner .kext zusammengefasst sind.

Das Symbol einer Kernel-Extension

Frameworks können in verschiedenen Versionen zusammengefasst werden. Die Aliase auf der obersten Ebene verweisen auf die entsprechenden Ordner der aktuellen Version, der Alias »Current« verweist auf den Ordner »A«, denn dies ist die aktuelle Version.

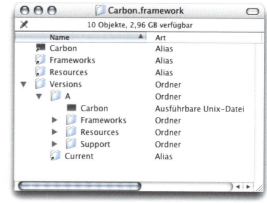

Frameworks

Routinen, die von mehreren Programmen benutzt werden können, werden nicht in den Programmcode integriert, sondern in Form von Bibliotheken als eigene Datei gespeichert und dynamisch mit dem Programmcode verlinkt. (Im klassischen Mac OS heißen sie Libraries oder Shared Libraries, unter Windows sind es die berüchtigten DLLs.)

▶ 44
Type/Creator

Im Mac OS X werden Bibliotheken als Frameworks organisiert. Wie in anderen Bundles befinden sich auch hier die Daten und die Resourcen in getrennten Dateien in einem gemeinsamen Ordner (.framework). In einem Framework-Bundle können sich mehrere Versionen einer Bibliothek befinden, so dass Probleme mit der Kompatibilität verschiedener Programme und unterschiedlicher Versionen (wie sie z.B. unter Windows üblich sind) ausgeschlossen werden. Die aktuelle Version wird dabei besonders markiert. Frameworks werden im Ordner »System/Library/Frameworks« gespeichert.

Objektattribute

Der Mac gibt jedem Objekt einen Infostring mit einer Reihe von Informationen mit. Die bekanntesten sind natürlich der Objektname, das Erstellungsdatum, das Änderungsdatum und die Größe. Hinzu kommt noch der Dateityp. Dieser wird mit der Type- und der Creator-Kennung kodiert. Der »Type« gibt an, um welche Art von Datei es sich handelt. Jedes Programm kann verschiedenste Typ-Kennungen vergeben. Die »Creator«-Kennung gibt an, welches Programm diese Datei erzeugt hat.

Zusätzlich zu diesen Informationen enthält der Infostring noch die »Finder Flags«, einige Bits, die weitere Informationen wie z.B. Sichtbarkeit oder Etikett kodieren. Auch die Benutzerrechte sind als Objektattribute im Dateisystem angelegt.

Objektnamen

Jedes Objekt im Mac OS X trägt einen Namen. Die dafür verwendeten Objektnamen dürfen bis zu 255 Zeichen lang sein. Jedes Zeichen darf verwendet werden – mit einer Ausnahme: dem Doppelpunkt. Er wird zur Trennung der Pfadnamen benutzt.

Der Aufbau einer Kernel-Extension

Der Finder erzeugt trotzdem bei dem Versuch, einen Doppelpunkt einzugeben, keine Fehlermeldung – er ersetzt ihn einfach durch einen Strich. Der Doppelpunkt wird sogar dann automatisch durch einen Strich ersetzt, wenn ein Name, der einen Doppelpunkt enthält, durch »Kopieren und Einsetzen« vergeben wird. Auch in den Sichern-Dialogen lässt sich der Doppelpunkt nicht eintippen.

Dateien dürfen beliebig benannt werden. Dateityp-Suffixe, wie Windows sie benutzt, braucht der Mac nicht unbedingt. Diese Funktionen übernehmen im Mac OS die Type- und die Creator-Kennungen. Trotzdem sollten Sie Suffixe anhängen, damit beispielsweise bei der Übertragung über das Internet noch zu erkennen ist, welcher Art die Datei ist.

Ordnerlokalisierungen

Im Finder und in den Öffnen- und Sichern-Dialogen der Programme werden die vom System angelegten Ordner lokalisiert angezeigt. Das geschieht mithilfe der Vorgaben in der Datei »SystemFolderLocalizations.strings« für die ausgewählte Sprache (auf deutsch in System/Library/CoreServices/SystemFolderLocalizations/de.lproj). Mit einer unsichtbaren Hinweis-Datei ».localized«, die in dem zu lokalisierenden Ordner liegt, wird das System angewiesen, den Namen dieses Ordners lokalisiert anzuzeigen. Programme werden anhand des Namens in der Datei »Infoplist.strings« des Sprachpakets lokalisiert.

Im Finder werden die Ordner- und Programmnamen jedoch nur lokalisiert angezeigt, wenn die Option »Suffix immer anzeigen« in den Voreinstellungen nicht aktiviert ist. Ob es sich dabei um einen Bug oder ein Feature handelt, bleibt im Ermessen des Benutzers.

Volumenamen

Beim Mac tragen neben Dateien auch alle Volumes einen Namen. Logische Laufwerke wie »C:« bei Windows gibt es nicht. Volumes, die keinen Namen haben, erhalten den Namen »Ohne Titel«. Der Name eines Volumes darf höchstens 63 Zeichen lang sein. Theoretisch können alle Volumes denselben Namen haben, was aber aus Gründen der Übersichtlichkeit nicht empfehlenswert ist.

Im Infofenster eines Alias wird angezeigt, an welchem Ort sich das Original befindet. Aliase können auch auf Objekte auf anderen Volumes oder im Netzwerk verweisen. Dann wird der Ort des Originals jedoch nur angezeigt, wenn das Volume gemountet ist.

Type und Creator

Auf einem Computer werden verschiedenste Dateitypen verwendet. Zwar bestehen alle Dateien aus Folgen von Einsen und Nullen; Systemdateien, Programme oder Dokumente verhalten sich jedoch ganz unterschiedlich.

Es wird also eine Methode benötigt, mit der sich die einzelnen Dateitypen auf Anhieb unterscheiden lassen. Der einfachste Weg ist, einen Teil des Dateinamens zu verwenden. Diese Methode wird beispielsweise unter Windows in Form eines drei Zeichen langen Suffixes verwendet (Dateiname.xxx). Windows-Dateien brauchen unbedingt dieses Suffix, damit das System sie einem Programm zuordnen kann.

Diese Lösung ist unflexibel, da sie voraussetzt, dass immer nur ein Programm einen Dateityp erzeugen kann. Außerdem kann der Anwender den Dateityp versehentlich verändern und so die Datei unbrauchbar machen.

Der Mac geht hier einen anderen Weg. Im Infostring der Datei sind zwei voneinander unabhängige Kennungen verzeichnet. (Im Mac-OS-X-Programm-Bundle befinden sich die Kennungen in der Datei »PkgInfo«) Die Type-Kennung kodiert den Dateityp, die Creator-Kennung das Programm, das diese Datei

erzeugt hat. Dadurch können Dokumente gleichen Typs eindeutig einem Erzeugerprogramm zugeordnet werden.

Ein Photoshop-EPS und ein FreeHand-EPS können beispielsweise beide gleichzeitig per Doppelklick mit dem jeweiligen Programm geöffnet werden.

Die Type- und die Creator-Kennung bestehen jeweils aus vier Buchstaben. Alle Zeichen können verwendet werdenk, große und kleine Buchstaben werden unterschiedlich behandelt. Hier einige Beispiele für Type- und Creator-Kennungen:

- **Type-Kennungen:** Eine Textdatei bekommt die Kennung »TEXT«, ein Pict-Bild »PICT« oder ein Programm »APPL« (für Application Program).
- **Creator-Kennungen:** »ttxt« steht für das Erzeugerprogramm »TextEdit« (»ttxt« steht eigentlich für »TeachText«, später bekannt als »SimpleText«), »GKON« für den »Graphic-Converter« oder »8BIM« für »Photoshop«.

Anhand dieser beiden Angaben kann der Finder Beziehungen zwischen Programmen und Dokumenten herstellen und in der Listendarstellung oder in der Infobox eine Angabe über die Objektart machen. So ist eine Datei mit

Type »PICT« und Creator »ttxt« ein SimpleText-Bild, aber mit Creator »GKON« ein GraphicConverter-PICT-Bild.

Alle Programme bekommen die Type-Kennung »APPL« und ihre Creator-Kennung. In Mac OS X wird diese Kennung jedoch nicht mehr konsequent eingesetzt, einige Programme vergeben keine Type-Creator-Kennungen mehr. Mac OS X besitzt deshalb parallel dazu auch die Fähigkeit, Dateitypen anhand ihres Suffixes zuzuordnen.

Informationssammler

Mac OS X führt über die Verbindungen zwischen Dokumenten und Programmen Buch. Dafür baut es über die »LaunchServices« eine Datenbank auf, in der sich Informationen darüber befinden, welches Programm welchen Dateityp öffnen kann und welche Symbole die Programme und ihre Dokumente bekommen.

Jedes Mac-OS-X-Programm enthält in seinem Bundle eine Datei – Info.plist (Informations Property List) – in der verzeichnet ist, welche Art von Dokumenten es öffnen kann. Bewegt der Anwender jetzt ein Dokument mit einer geeigneten Type-Kennung oder Dateinamenserweiterung auf ein Programmsymbol, aktiviert der Finder das Programmsymbol. Sobald der Anwender nun das Dokumentensymbol über dem Programmsymbol loslässt, öffnet das Programm das Dokument. Ist der Typ des Dokuments nicht verzeichnet, wird das Programmsymbol auch nicht aktiviert.

In der Datei Info.plist kann der Finder außerdem erkennen, welche Symbole den Dateien zugewiesen werden sollen, die von diesem Programm erzeugt wurden, und wie dieser Dateityp benannt werden soll. Der Mac-OS-X-Finder speichert diese Informationen für jeden Benutzer einzeln. Dafür liest er zuerst nur die Standard-Ordner für Programme aus. Weitere

Informationen werden in den verschiedenen Ordnern erst ausgelesen, wenn der Anwender in einen neuen Ordner navigiert.

Das klassische Mac OS hatte diese Informationen immer für ein ganzes Volume in der Schreibtischdatei (die unsichtbaren Dateien Desktop DB und Desktop DF auf der obersten Ebene der Festplatte) gesammelt.

213 ▶
Praxis, Classic, Schreibtischdatei erneuern

Resourcen und Objektattribute in flachen Dateisystemen

Das HFS+-Dateisystem bietet dem Mac mit dem Daten- und dem Resourcenzweig und den Objektattributen Besonderheiten, die andere Dateisysteme nicht kennen. Daher muss Mac OS X zu einem Trick greifen, um die Daten, die im Resourcenzweig und in den Objektattributen enthalten sind auch auf anderen Dateisystemen zu erhalten: Das AppleDouble-Format.

Wird die Datei auf ein flaches Dateisystem ohne Resourcenzweig kopiert, wird unter Mac OS X eine zweite Datei mit gleichem Namen, aber mit dem Präfix »._« angelegt. In diese Datei werden die Resourcen transferiert. Die Objektattribute , die im Dateisystem HFS+ innerhalb des Dateisystems gespeichert sind werden vor die Resourcen in die ._-Datei geschrieben.

41 ◀
Bundles

Resourcen und Objektattribute und andere Betriebssysteme

Wird das Kopieren oder die Übertragung einer Mac-Datei mit Daten und Resourcen nicht von Mac OS X aus initiiert, ergibt sich ein Problem: Andere Betriebssysteme (Windows, UNIX, aber auch die normalen Shell-Befehle des BSD-Unterbaus von Mac OS X) und normale Übertragungsprotokolle erkennen die Verbindung zwischen dem Daten- und dem Resourcenzweig einer Mac-Datei nicht. In der Regel wird nur der Datenteil kopiert, der Resourcenteil aber geht ganz verloren.

168ff ▶
Praxis, Datenaustausch mit dem Windows-PC

Wenn Dateien über das Internet verschickt werden sollen – das ja nur zu einem kleinen Teil aus Macs besteht und zum größten Teil aus »normalen« UNIX-Rechnern –, muss eine Verbindung zwischen den beiden Zweigen geschaffen werden. Dafür werden Mac-Dateien vor dem Verschicken mit BinHex (.hqx) oder MacBinary (.bin) kodiert. Sie werden so zu reinen Text- bzw. Binärdaten, die später wieder zu Mac-Dateien dekodiert werden können.

► 162
Praxis,
FileSharing,
Daten kodieren

Alias

► 72
Praxis, Alias

Seit System 7 bietet das Mac OS dem Anwender die Möglichkeit, Alias-Dateien anzulegen. Diese Dateien sind Verweise auf eine Originaldatei.

Aliase können von jedem beliebigen Objekt angelegt werden, auch von Objekten, die sich auf einem anderen Volume oder irgendwo im Netzwerk befinden. Aliase besitzen dieselben Type- und Creator-Kennungen wie ihre Originaldatei. Deshalb können sie beispielsweise genauso wie das Original zum Öffnen per Drag&Drop benutzt werden. Aliase sind immer an dem kleinen Pfeil an der unteren linken Ecke des Symbols zu erkennen.

Die Verbindung zum Original wird in der »alis«-Resource der Alias-Datei als »Pfad« abgespeichert. Im Infofenster wird dieser Pfad angezeigt. Das Original wird auch dann wiedergefunden, wenn es verschoben und umbenannt

wurde. Das funktioniert sogar, wenn sich das Original auf einem anderen Volume befindet, das während des Verschiebens und Umbenennens nicht gemountet war. (Die einzige Ausnahme tritt auf, wenn ein Objekt mit den gleichen Eigenschaften und gleichem Namen am selben Ort erstellt und das Original gelöscht wurde.) Findet der Finder das Original nicht an der angegebenen Stelle, richtet das Dateisystem eine Anfrage an das System, wo sich das Objekt jetzt befindet und welchen Namen es nun trägt. Das File-System führt ausführlich Buch darüber, wie Objekte bewegt werden. Mit dem Befehl »Original finden« (⌘R) können Sie sich das Original zum Alias anzeigen lassen.

Damit bei Aliasen ohne Type- und Creator-Kennungen das Symbol nicht verloren geht, schreibt Mac OS X zusätzlich eine icns-Resource mit dem Symbol des Originals in die Alias-Datei.

Im UNIX-Dateisystem (UFS) verweisen »Symbolic Links« auf andere Dateien. Diese erfüllen die gleich Aufgabe wie Aliase im HFS, sie besitzen jedoch andere Eigenschaften. Symbolic Links können in Mac OS X ebenfalls aufgelöst werden. Der Mac-OS-X-Finder kann keine Symbolic Links erzeugen; er erzeugt statt dessen ein Alias. Symbolic Links können jedoch in der UNIX-Shell mit dem Befehl »ln« erzeugt werden.

Grafische Benutzeroberfläche

Der Gesichtssinn ist der ausgeprägteste der menschlichen Sinne. Die Grenzen der Sprache erfahren Sie recht schnell, beispielsweise bei dem Versuch, jemandem einen Gegenstand genau zu beschreiben, den Sie nicht sehen. So ist es z.B. einfacher, durch Zeigen auf eine

Besonderheit hinzuweisen, als sie mit Worten zu erklären. Ähnlich ist es bei der Arbeit am Computer. Seine visuelle Orientierung macht es für einen Menschen einfach, einen Ordner zu aktivieren, indem er per Mausklick darauf zeigt. Er kann sich dann umsehen, ob sich das gesuchte Objekt – vielleicht eine Datei oder ein anderer Ordner – in diesem Ordner befindet. (Das Prinzip wird in Apples »Human Interface Guidelines« treffend »See and Point« genannt.) Mit Worten, die der Computer auch noch verstehen muss, den Weg zu einem Objekt zu beschreiben, ist da doch bedeutend komplizierter.

Deshalb wurde in den 70er Jahren, als Computer langsam für den normalen Menschen bezahlbar wurden und nicht mehr nur studierten Informatikern zugänglich waren, die grafische Benutzerschnittstelle entwickelt.

Diese grafische Benutzerschnittstelle ist das im wahrsten Sinne des Wortes augenfälligste Merkmal des Mac. Vor dem Mac gab es keinen anderen Personalcomputer – abgesehen von der Lisa, der teuren Vorgängerin des Mac – mit dieser Eigenschaft. Mittlerweile hat sich die grafische Benutzerschnittstelle auf allen Computerplattformen durchgesetzt.

Die Besonderheit des Mac ist jedoch immer noch, dass diese Oberfläche ein integraler Bestandteil des Systems ist. In Mac OS X können BSD-Programme über die Befehlszeile des Terminal-Programms bedient werden, echte Mac-OS-X-Programme (Carbon oder Cocoa) sind jedoch ohne grafische Benutzeroberfläche nicht vorstellbar. In Mac OS X ist die Integration der grafischen Oberfläche so konsequent durchgezogen worden, dass selbst grundlegende Änderungen des Systems über diese Oberfläche vorgenommen werden können – durch Bewegen von Objekten oder Anklicken von Schaltflächen. Der normale Anwender kommt eigentlich nie mit dem Mac OS X zugrunde liegenden UNIX und dessen Shell in Kontakt.

Der Finder

Der für den Anwender wichtigste Programm in Mac OS X ist der Finder. Der Finder liefert dem Anwender den Schreibtisch und die Volumes mit den Ordnerfenstern und den Dokumen-

tensymbolen. Er bietet dem Anwender die Möglichkeit, in den Hierarchien der Festplatten zu navigieren und diese zu manipulieren. Der Finder bildet also die Schnittstelle zwischen dem Dateisystem und dem Anwender.

Der Finder gibt dem Anwender die Möglichkeit, seine Dateien übersichtlich zu ordnen. Wie in den »Human Interface Guidelines« auch für andere Programme empfohlen, verwendet der Finder dafür eine Metapher aus dem normalen Leben: Den (Büro-)Schreibtisch. Alle Dokumente lagern in Aktenschränken (den Volumes) in Ordnern. Um Einblick in einen Ordner zu bekommen, wird dieser aus dem Aktenschrank herausgenommen und man blättert in seinem Inhalt. Um ein bestimmtes Dokument zu betrachten, wird es aus dem Ordner herausgenommen und auf den Tisch gelegt. Ein Dokument, das nicht mehr gebraucht wird, landet im Papierkorb.

Zwar befindet sich der Papierkorb normalerweise nicht auf dem Schreibtisch und wir werfen auch nicht einen ganzen Aktenschrank in den Papierkorb. Aber kleine Abweichungen von der Realität dienen der Konsistenz, wenn sie das System einfacher machen. Gleiche Handlungen erzeugen denselben Effekt.

Fenster-Darstellungs-Informationen

Damit der Finder die Fenster der einzelnen Ordner in der vom Benutzer gewünschten Form öffnen kann, muss er die Informationen zu den Darstellungen innerhalb der Fenster – z.B. Position und Größe der Icons, Größe des Fensters, Darstellungsart etc. – merken. Die Informationen werden innerhalb des jeweiligen Ordners in der unsichtbaren Datei ».DS_Store« gespeichert. Da die ».DS_Store«-Datei sich in dem zu öffnenden Ordner befindet und somit auch mitkopiert wird, kann auch beispielsweise für ein Diskimage oder ein Servervolume eine bestimmte Darstellung vorgegebenen werden.

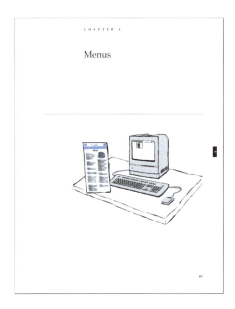

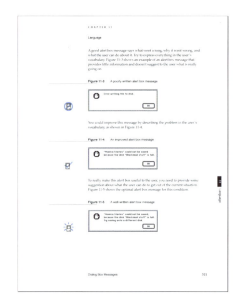

Human Interface Guidelines

Schon von Anfang an hat Apple detaillierte Richtlinien herausgegeben, wie ein Programm auf dem Mac auszusehen hat. Dafür wurden intensive ergonomische Studien durchgeführt. Aus dem Ergebnis dieser Studien entstanden einige grundlegende Prinzipien.

- **Direct Manipulation:** Der Anwender manipuliert immer das Objekt selbst und sieht direkt die Auswirkungen.

  Beispiel: Beim Verschieben eines Objekts bleibt dieses Objekt sichtbar. Das Objekt, auf das es gezogen wird, wird aktiviert.

- **See-and-Point:** Der Anwender bekommt immer alle Möglichkeiten präsentiert und kann dann zwischen diesen auswählen.

  Beispiel: Menüs präsentieren Befehle, unter denen dann ausgewählt wird.

- **Consistency:** Wenn zwei Objekte das gleiche tun, sehen sie auch gleich aus. Reagieren sie unterschiedlich, sehen sie auch unterschiedlich aus. So kann der Anwender schon aus dem Aussehen eines Objekts schließen, wie es sich verhalten wird.

  Beispiel: Programme und Erweiterungs-bundles unterscheiden sich dadurch, dass Programme vom Anwender gestartet werden, Erweiterungen jedoch vom System. Deshalb haben sie auch unterschiedliche Symbole.

- **User Control:** Der Anwender, nicht der Computer, kontrolliert den Verlauf einer Aktion.

  Beispiel: Die Hilfe erklärt dem Anwender lediglich, wie eine Einstellung am Objekt vorgenommen wird. Das nächste Mal kann der Anwender diese oder eine ähnliche Einstellung (Consistency) ohne Hilfe ausführen. Er ist nicht auf Gedeih und Verderb einem Assistenten ausgeliefert.

- **Forgiveness:** Der Anwender muss einen Schritt, den er ausgeführt hat, wieder rückgängig machen können.

Neben den hier aufgeführten Prinzipien gibt es noch viele weitere.

In den »Human Interface Guidelines« werden aber auch ganz konkrete Angaben zu Aussehen und Funktion vieler Objekte gemacht.

Die für »Aqua« überarbeiteten »Human Interface Guidelines« werden mit den Developer Tools als PDF- und als HTML-Dokument auf Ihrer Festplatte installiert (»/Developer/Documentation/UserExperience/Conceptual/AquaHIGuidelines«).

Beispiele aus den Interface Guidelines

- **Menüs:** Die beiden ersten Menüs »Ablage« und »Bearbeiten« sind als Standard vorgegeben, ebenso wie die Reihenfolge der Standardbefehle innerhalb dieser Menüs. Auch die Tastaturkürzel für die Grundfunktionen sind standardisiert. Diese Vorgaben wurden unverändert vom klassischen Mac OS in Mac OS X übernommen.

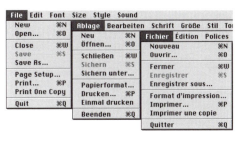

- **Abfragen:** Auch für die Sicherheitsabfrage zu einem geänderten Dokument gibt es Vorgaben. Da das Auge des Betrachters von oben links nach unten rechts wandert, sieht es zuerst das Symbol und liest dann den Text. Im Text muss zu erkennen sein, um welches Dokument es sich handelt. Schaltflächen, mit denen die getane Arbeit vernichtet wird (»Nicht sichern«), werden von den Schaltflächen getrennt, die die getane Arbeit nicht zerstören (»Abbrechen« und »Sichern«) – »Sichern« ist unten rechts und aktiviert. Die Beschriftung der Schaltflächen beschreibt noch einmal die Aktion – »Sichern« und »Nicht sichern«, statt »Ja« und »Nein«.

Unverständlicherweise finden sich immer wieder Programmhersteller, die sich nicht an diese ergonomischen Vorgaben halten.

Willkommen!

Der Systemstart

Boot ROM

Wenn Sie die Einschalttaste des Mac drücken, wird zuerst die im ROM auf dem Mainboard befindliche Open Firmware aktiviert. Diese überprüft alle Schnittstellen, Erweiterungssteckplätze und Laufwerke. Wenn alles in Ordnung ist, erklingt der Startgong. Anschließend wird der installierte Speicher getestet. Der Startmanager baut einen DeviceTree auf, ein Verzeichnis aller installierten Hardware-Komponenten.

BootX

▶ 315
Referenz,
Kontrollfeld,
Startvolume
▶ 242
Praxis,
NV-RAM
löschen

Der Startmanager aktiviert das im NV-RAM verzeichnete System. (Der NV-RAM ist ein spezieller Speicherbaustein, in dem Parameter für den Rechnerstart gespeichert werden.) Wenn Mac OS X ausgewählt wurde, ist dies die Datei »BootX« aus dem Ordner »System/Library/ CoreServices«. BootX zeigt den grauen Apfel auf dem Bildschirm. (Wurde das klassische Mac OS ausgewählt, zeigt die Datei »Mac OS ROM« im Systemordner den HappyMac.)

Kernel-Environment

BootX lädt nun das Kernel-Environment. Dafür werden die zum DeviceTree passenden Treiber geladen, bis die Systemfestplatte aktiviert werden kann. Dann werden in verschiedenen Stufen der Mach-Kernel und das BSD-System initialisiert.

StartupItems

Anschließend wird das Programm »SystemStarter« geladen. Auf dem Bildschirm
wird der Willkommensgruß angezeigt. Der
SystemStarter führt nun die Shellskripte der
StartupItems aus. Diese befinden sich in den
Ordnern »System/Library/StartupItems« und
»Library/StartupItems«. Die Reihenfolge, in
der die Skripte ausgeführt werden, ermittelt er
zuvor anhand der in den Dateien »StartupPara-
meters.plist« der einzelnen StartupItems verzeichneten Abhängigkeiten.

Unter diesen Diensten, die hier gestartet und
konfiguriert werden, befinden sich unter anderem AppleShare, Samba und der Webserver.
Ab hier ist also ein Zugriff aus dem Netzwerk
möglich.

Loginwindow

Das letzte Objekt, das geladen wird, ist das Programm »Loginwindow«. Dieses meldet den Benutzer beim System an. Das Programm bleibt
immer aktiv, es ist auch für das Fenster »Sofort
beenden« oder die Abmeldung zuständig.

248 ▶
Referenz,
Sofort be-
enden

Benutzer-Programme

Loginwindow startet das Dock und den Finder
mit dem Schreibtisch. Außerdem werden die
im Kontrollfeld »Startobjekte« bestimmten Objekte gestartet. Jetzt ist Mac OS X für die Arbeit
bereit.

284 ▶
Referenz,
Kontrollfeld
»Benutzer«,
»Anmeldeop-
tionen«

Praxis

Aller Anfang ist leicht

Das Installationsprogramm und die Installation des Betriebssystems Mac OS X

Das Mac OS X wird mithilfe des Installationsprogramms direkt von der Mac-OS-X-CD installiert. Mit diesem Programm können aber auch weitere Komponenten oder Programme installiert werden.

Mit dem Installationsprogramm auf der Mac-OS-X-CD kann mit wenigen Mausklicks ein komplettes System installiert werden. Im Installationsprogramm lassen sich bestimmte Komponenten zur Installation auswählen. Für die Installation des Mac OS X müssen folgende Systemvoraussetzungen erfüllt sein:

- Mac OS X 10.3 unterstützt alle G3-, G4- und G5-Macs. Mit einer Einschränkung: Bei den G3-Macs werden nur die Modelle mit der sogenannten »NewWorld«-Architektur unterstützt. Diese sind einfach an dem eingebauten USB-Anschluss zu erkennen.
- Mac OS X benötigt mindestens 128 MB RAM.
- Das Mac OS X belegt bei einer Standardinstallation ca. 1,5 GB Festplattenspeicher. Je nach Auswahl der Komponenten kann auch weniger Festplattenspeicher erforderlich sein.

Bei einem Upgrade eines Mac OS X auf 10.3 ersetzt der Installer nur die aktualisierten Systemdateien und Programme. Sämtliche Einstellungen und Benutzerdateien bleiben unverändert.

Das Mac OS X kann problemlos über ein vorhandenes klassisches Mac OS installiert werden. Ein vorhandenes Mac OS 9.x lässt sich dann in der Classic-Umgebung nutzen. Dafür sollten Sie das Mac OS jedoch vor der Installation von Mac OS X auf Mac OS 9.1 aktualisieren. Die Aktualisierung eines Mac OS 9.1 auf 9.2.2 kann auch innerhalb der Classic-Umgebung erfolgen.

Außerdem kann auch mit dem Kontrollfeld »Startvolume« in den Systemeinstellungen von Mac OS X bzw. im Kontrollfelder-Ordner von Mac OS 9.x zwischen den Systemen gewechselt werden.

Wenn Sie Mac OS X über ein vorhandenes Mac OS 9.x installieren wollen, können Sie den Installer des Mac OS X direkt im klassischen Mac OS von der Mac-OS-X-CD starten. Der Installer startet dann den Mac automatisch neu von der Mac-OS-X-CD.

Mit dem Kontrollfeld »Software-Aktualisierung« lassen sich Systemkomponenten nachträglich automatisch über das Internet aktualisieren.

Installation des Mac OS X

Das Installationsprogramm für Mac OS X führt
alle Schritte, die zur Installation Ihres neuen
Betriebssystems und seiner Komponenten notwendig sind, der Reihe nach aus, so dass keine
wichtigen Schritte vergessen werden können.

Einfache Installation

1. Von CD starten

*Wenn auf Ihrem Mac schon ein Mac OS 9.x
oder ein Mac OS X 10.x installiert ist, legen Sie
die Mac-OS-X-CD ein. Starten Sie dann aus
dem automatisch geöffneten Fenster das Programm »Install Mac OS X«.*

*Nach Klicken der Schaltfläche »Continue« bzw.
»Neustart« wird der Mac automatisch von der
CD neu gestartet.*

*Alternativ können Sie direkt von der CD star-
ten, indem Sie während des Startens die Taste
»C« gedrückt halten.*

2. Sprache wählen

*Nachdem Mac OS X von der CD gestartet wur-
de, wird automatisch der Installer geöffnet.
Dort wählen Sie eine Sprache aus und lesen
die letzten Informationen sowie die Lizenz-
vereinbarung.*

3. Volume auswählen

*Anschließend wählen Sie das Volume aus, auf
dem das System installiert werden soll.*

4. Installation starten

*Drücken Sie die Schaltfläche »Installieren«
bzw. »Aktualisieren«, um die Installation zu
starten.*

*Der Installer prüft das Volume auf Fehler in
den Verzeichnissen des Dateisystems und
repariert diese. Je nach Rechnertyp dauert die
Installation etwa eine viertel bis halbe Stunde.
Wenn die Installation abgeschlossen ist, wird
der Mac automatisch vom neu installierten
System neu gestartet.*

Umfang der Installation anpassen

Der Umfang der Installation kann im Fenster »Mac OS X installieren« individuellen Bedürfnissen angepasst werden.

Angepasste Installation

1. Installation normal beginnen

Führen Sie die Schritte 1 bis 3 der vorhergehenden Anleitung aus.

2. Komponente auswählen

Wenn Sie auf die Schaltfläche »Anpassen« klicken, gelangen Sie in ein Fenster, in dem sich einzelne Komponentenpakete zur Installation auswählen lassen. Einige Komponenten werden zusammengefasst angezeigt. Die einzelnen Komponenten können mit dem kleinen Dreieck eingeblendet werden. Wenn Sie die Komponente nicht installieren wollen, klicken Sie auf den Schalter mit dem Häkchen.

3. Weiter in der Installation

Durch einen Klick auf die Schaltfläche »Installieren« setzen Sie die Installation in dem gewünschten Umfang fort.

Dateiliste zeigen

Der Befehl »Dateien einblenden« öffnet ein Fenster, in dem eine Liste der Dateien angezeigt wird, die vom ausgewählten Paket installiert werden. Die Mac-OS-X-Installation besteht aus mehreren zehntausend Dateien!

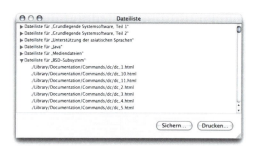

Protokoll

Wenn Sie ein detailliertes Protokoll der Installation wünschen, wählen Sie den Befehl »Protokoll einblenden« aus dem Menü »Ablage«.

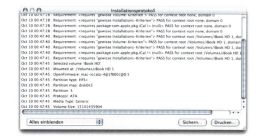

Saubere Installation

Wenn ein System lange Zeit gelaufen ist und viele Programme installiert und deinstalliert worden sind, kann es sein, dass bestimmte Dateien angelegt wurden, die nicht mehr gebraucht werden. Im günstigen Falle verbrauchen diese nur Platz auf der Festplatte oder im Arbeitsspeicher. Unter ungünstigsten Umständen kann es aber auch zu ernsteren Inkompatibilitätsproblemen kommen, wenn z.B. für eine Hardwarekomponente eine mit Mac OS X 10.3 inkompatible Kernel-Extension installiert wurde.

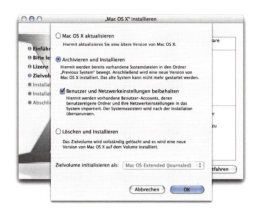

Deshalb gibt es im Installer die Möglichkeit einer sauberen Installation. Im Installationsschritt »Zielvolume auswählen« klicken Sie auf die Schaltfläche »Optionen«. Im folgenden Fenster können Sie die Option **»Archivieren und installieren«** ankreuzen. Mit ihr legt der Installer einen neuen System-Ordner an, in den ein frisches Mac OS X installiert wird. Der vorhandene Ordner »System« wird deaktiviert und die Ordner »System«, »Library« »Programme« und »Benutzer« sowie die unsichtbaren BSD-Ordner werden in einen Unterordner in den Ordner »Previous Systems« gelegt.

Benutzer und Netzwerkeinstellungen beibehalten

Als weitere Option können bei der Installation die Benutzer- und Netzwerkeinstellungen des alten Systems in das neue importiert werden. Hierbei werden die Benutzerordner und die Netinfo-Datenbank für die Benutzerverwaltung etc. unverändert weiterverwendet.

Nacharbeiten

Unter Umständen müssen Sie jetzt Kernel-Extensions für besondere Hardware neu installieren. Sehen Sie jedoch sicherheitshalber vorher auf der Internetseite des Herstellers nach, ob die entsprechende Komponente mit Mac OS X 10.3 kompatibel ist. Manche Programme verlangen bestimmte Dateien im Ordner Library (z.B. einige Carbon-Programme in »Library/ Application Support«). Diese können Sie in das neue System kopieren.

Um Konflikte zu vermeiden und das System möglichst sauber zu halten, sollten Sie sich dabei immer vergewissern, ob die fragliche Datei wirklich noch gebraucht wird. Behalten Sie den Ordner »Previous System« noch einige Zeit auf der Festplatte, bevor Sie ihn löschen. So können Sie, wenn Programme besondere Dateien anfordern, die entsprechenden Dateien immer noch aus dem vorherigen System in das neue System legen.

Löschen und installieren

Mit der Option »Löschen und installieren« wird die Festplatte gelöscht und dann ein komplett neues Mac OS X 10.3 installiert.

224 ▶
Praxis, Festplatte formatieren

Installation von Erweiterungen

Im Ordner »Programme/Dienstprogramme« auf der Festplatte befindet sich eine Kopie des Installationsprogramms. Mit diesem lassen sich nachträglich Erweiterungen installieren. Erweiterungen für Mac OS X werden in Paketen (.pkg) geliefert. Die Pakete enthalten alle Komponenten und Informationen, die zur Installation benötigt werden. Mehrere Pakete können zu einem Meta-Paket (.mpkg) zusammengefasst werden. Dieses enthält die Information, welche Pakete in welcher Reihenfolge installiert werden sollen.

Per Doppelklick auf das Paket bzw. auf das Meta-Paket wird automatisch der Installer gestartet. In diesem führen Sie die weiteren Schritte wie oben beschrieben aus.

Installation von Programmen

Programme werden in Mac OS X in der Regel nicht installiert. Sie können einfach in den Ordner »Programme« (⌘⇧A) oder an einen beliebigen Ort innerhalb Ihres privaten Ordners kopiert werden. Einige Programme – speziell Carbon-Programme, die auch unter Mac OS 9 laufen – werden auch mit einem eigenen Installationsprogramm geliefert.

▸ 163
Diskimages

Installation einer Erweiterung ohne Installer

Sollte eine Erweiterung – z.B. der Treiber für eine PCI-Karte – nicht als Installerpaket auf Ihrem Mac gelandet sein, können Sie den Erweiterungsordner (.kext) in den Ordner »System/Library/Extensions« legen. Im Finder ist das nach gesonderter Identifizierung als Admin-Benutzer möglich. Die Erweiterung wird dann beim nächsten Systemstart mit geladen.

▸ 216ff
Shell

Der erfahrene UNIX-Anwender kann die Kext auch in einer root-Shell mit dem Befehl »mv« in den Ordner »Extensions« bewegen und mit dem Befehl »kextload« ohne Neustart aktivieren.

Als typisches Mac-OS-X-Programm wird der Internetbrowser »Omniweb« auf einem Disk-Image geliefert. Das Programm kann von hier aus an jeden beliebigen Ort kopiert werden.

Software aktualisieren

Mit der »Software-Aktualisierung« können Updates direkt vom Apple-Server installiert werden. Die Verbindung zu Apples Software-Update-Server kann dabei automatisch, nach Zeitplan oder manuell hergestellt werden.

1. *Software aktualisieren...*
   Wählen Sie den Befehl »Software aktualisieren« aus dem Apfel-Menü.
   Das Programm »Software-Aktualisierung« wird gestartet und sucht nach Updates.

2. *Auswählen und Aktualisieren*
   Im Programm »Software-Aktualisierung« können Sie die verfügbaren Komponenten durch einfaches Ankreuzen aus einer Liste auswählen und dann mit der Schaltfläche »x Objekte installieren« installieren.
   Software, die einen Neustart verlangt, wird mit einen Dreieck in der linken Spalte markiert. Da bestimmte Software erst in der Liste erscheint, wenn eine andere installiert ist, sucht das Programm »Software-Aktualisierung« automatisch nach weiteren Updates, sobald die Installation erfolgt ist.

Ausgewählte Objekte laden

Wenn Sie die Software-Aktualisierung erst später vornehmen wollen oder die Installation auch auf anderen Rechnern ausführen wollen, können Sie mit dem Befehl »Nur laden« bzw. »Paket installieren und behalten« aus dem Menü »Aktualisieren« die Installationspakete in den Ordner »Library/Packages« laden. Sie können dann später installiert oder auf einen anderen Mac kopiert und dort mit dem Installationsprogramm installiert werden.

247 ▶
Referenz,
Apfel-Menü

Ignorieren

Aktualisierungen, die sie nicht installieren wollen, können Sie mit dem Befehl »Update ignorieren« aus der Liste ausblenden. Mit dem Befehl »Ignorierte Updates zurücksetzen« aus dem Menü »Software -Aktualisierung« können Sie sich die deaktivierten Objekte erneut anzeigen lassen.

Zeitplan

In den »Systemeinstellungen« können Sie im Kontrollfeld »Software aktualisieren« einen Zeitplan bestimmen, nach dem automatisch nach neuer Software gesucht wird. Wenn aktualisierte Software auf dem Server gefunden wird, wird das Programm »Software-Aktualisierung« gestartet.

314 ▶
Referenz,
Kontrollfeld
»Software-
Aktualisie-
rung«

Einstellungssache

Grundeinstellungen für Ihr Mac OS X

Wenn Sie ein neues System installiert haben, soll-
ten Sie dem Mac ein paar Grundeinstellungen
gönnen. Natürlich lassen sich alle Einstellungen
auch jederzeit wieder ändern.

Systemassistent

Wenn der Mac nach der Installation von
Mac OS X das erste Mal gestartet wird, meldet
sich der »Systemassistent«. Mit ihm werden
zuerst Registrierungsdaten eingegeben und
dann die Grundeinstellungen für Datum, Uhrzeit und Sprachregeln sowie für die Netzwerk-
und Internetverbindung vorgenommen.

Der Systemassistent führt Sie dabei Schritt
für Schritt durch alle notwendigen Einstellungen. Bevor die so vorgenommenen Einstellungen umgesetzt werden, können Sie sich
diese noch einmal ansehen und gegebenenfalls
korrigieren.

Die Einstellungen können auch später von
Hand in den Systemeinstellungen geändert
werden. Lediglich der kurze Name des ersten
Benutzers kann nicht wieder geändert werden.
Der Assistent nimmt nur die grundlegenden
Einstellungen vor. Die weiteren Einstellungen
werden auf der nächsten Seite ab Punkt 4 er-
klärt.

Registrierung übergehen

Der Registrierungsteil des Systemassistenten,
in dem Sie Ihre persönlichen Daten eingeben,
die dann an Apple gesendet werden, kann
einfach mit der Tastenkombination ⌘Q abgebrochen werden. Der Systemassistent legt
dann lediglich noch den ersten Benutzer an.

Grundeinstellungen

Alle Grundeinstellungen lassen sich direkt im Programm **»Systemeinstellungen«** (im Ordner »Programme« (⌘⇧A)) in den Kontrollfeldern selbst verändern. Die einzelnen Optionen der Kontrollfelder werden im Referenzteil erläutert. Die folgende Liste soll lediglich zeigen, welche Grundeinstellungen sinnvollerweise vorgenommen werden sollten.

1. Datum & Uhrzeit

Die grundlegendste Einstellung, die Sie an Ihrem neuen System vornehmen, ist die von Datum und Uhrzeit. Diese Einstellungen werden in dem gleichnamigen Kontrollfeld festgelegt.

(**289** ▶ Referenz, Kontrollfeld »Datum & Uhrzeit«)

2. Namen

Um Ihrem Mac einen Namen zu geben, verwenden Sie das Kontrollfeld »Sharing«. Weitere Benutzer und deren Kennwörter können im Kontrollfeld »Benutzer« angelegt werden.

(**312** ▶ Referenz, Kontrollfeld »Sharing«)

(**89** ▶ Praxis, Benutzer anlegen)

(**284** ▶ Referenz, Kontrollfeld »Benutzer«)

3. Sprachregeln

Wenn Sie bei der Installation Deutsch als Standardsprache verwendet haben, brauchen Sie eigentlich keine Einstellungen vorzunehmen, die die Sprachregeln betreffen. Trotzdem kann es nicht schaden, doch noch einmal im Kontrollfeld »Landeseinstellungen« nachzuschauen, ob hier das richtige Sprachsystem eingestellt ist.

(**298** ▶ Referenz, Kontrollfeld »Landeseinstellungen«)

4. Drucker

Mit dem Kontrollfeld »Drucken & Faxen« können Sie Drucker einrichten.

(**177** ▶ Praxis, Drucker einrichten)

(**292** ▶ Referenz, Kontrollfeld »Drucken & Faxen«)

5. Maus und Tastatur

Um den Mac Ihren persönlichen Vorlieben beim Bedienen der Maus und der Tastatur anzupassen, stellen Sie die Geschwindigkeit in den Kontrollfeld »Tastatur & Maus« ein.

(**317** ▶ Referenz, Kontrollfeld »Tastatur & Maus«)

6. Voreinstellungen des Finders

Jetzt können Sie die Standardeinstellungen für die Darstellungen in den Finder-Fenstern definieren und die Symbol- und die Seitenleiste konfigurieren

(**256f** ▶ Referenz, Darstellungsoptionen)

(**81ff** ▶ Praxis, Symbol- und Seitenleiste konfigurieren)

7. Dock

Stellen Sie im Kontrollfeld »Dock« das Dock nach Ihren Vorlieben ein.

(**84ff** ▶ Praxis, Das Dock einrichten)

(**291** ▶ Referenz, Kontrollfeld »Dock«)

8. Erscheinungsbild

Im Kontrollfeld »Erscheinungsbild« können Sie den Mac Ihren persönlichen farblichen Präferenzen anpassen und im Kontrollfeld »Schreibtisch & Bildschirmschoner« ein Bild für den Schreibtischhintergrund aussuchen.

(**294** ▶ Referenz, Kontrollfeld »Erscheinungsbild«)

(**310** ▶ Referenz, Kontrollfeld »Schreibtisch & Bildschirmschoner«)

Schneller Zugriff auf die Kontrollfelder

Im Apple-Menü befindet sich ein Menüpunkt »Systemeinstellungen«, mit dem Sie von jedem Programm aus auf das Programm »Systemeinstellungen« starten und so auf die darin enthaltenen Kontrollfelder zugreifen können. Außerdem wird bei der Installation automatisch das Symbol der Systemeinstellungen ins Dock gelegt.

280 ▶
Referenz,
Systemeinstellungen,
Wechseln
zwischen
den Kontrollfeldern

Face2Face

Der Finder, das Gesicht des Mac OS

Der Finder bildet die Schnittstelle zwischen Mensch und Mac. Er stellt das im Mac OS verwendete Dateisystem visuell dar. Für die Navigation durch die einzelnen Stufen der Hierarchie und die Manipulation der Hierarchien werden unterschiedliche Arten von Objekten verwendet. In diesem Kapitel werden die Objekte des Finders, ihre Funktion und der Umgang mit ihnen ausführlich erklärt.

Wollen Sie den Inhalt einer Festplatte betrachten oder Ihre Dokumente sortieren? Dann werden Sie die Funktionen des Finders nutzen.

Der Finder ermöglicht ein intuitives Arbeiten in den Strukturen der Dateien. Die Namen der Objekte beschreiben in Form von Alltagsbegriffen (Schreibtisch, Ordner, Papierkorb etc.) ihre Funktionen selbst. Da die verschiedenen Objekte unterschiedliche Eigenschaften besitzen, werden sie auch unterschiedlich dargestellt. So kann vom Aussehen eines Objekts direkt auf seine Eigenschaften geschlossen werden.

- Der **Schreibtisch** bildet die Arbeitsfläche.
- **Fenster** zeigen den Inhalt eines Objekts an.
- Festplatten und andere Speichermedien werden als **Volumes** dargestellt.
- Der **Papierkorb** ermöglicht das Löschen von Objekten.
- In **Ordnern** können Objekte sortiert werden.
- **Aliase** verweisen auf andere Objekte.
- **Programme** werden vom Finder aus gestartet.
- **Dokumente** sind von bestimmten Programmen erzeugte Dateien.

Die Objekte werden jedoch nicht nur einfach dargestellt, sie können auch vom Finder aus bearbeitet werden.

- **Objekte** können bewegt, kopiert oder gelöscht werden.
- Objekte tragen einen **Namen**, der sich direkt am Objekt ändern lässt.
- **Menüs** bieten Zugriff auf eine Reihe von Funktionen, mit denen sich die Objekte bearbeiten lassen.

Dieses Kapitel ist eine Einführung in den Finder des Mac OS X, in der sicher auch erfahrene Mac-User noch einige Tipps zur Arbeitserleichterung finden können.

Der Schreibtisch

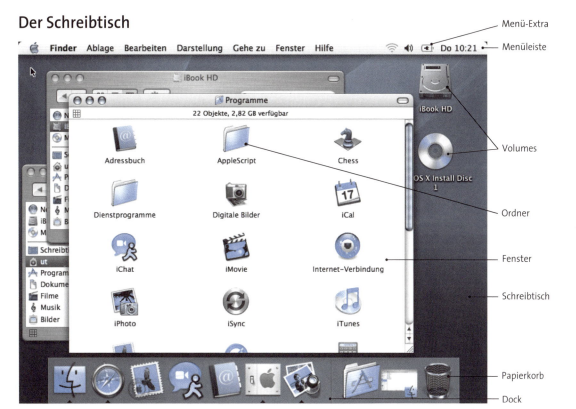

Menü-Extra
Menüleiste
Volumes
Ordner
Fenster
Schreibtisch
Papierkorb
Dock

Nach dem Starten Ihres Macintosh erscheint auf dem Bildschirm der so genannte Schreibtisch, die Benutzeroberfläche des Finders. Auf dem Schreibtisch befinden sich unterschiedliche Objekte, die jedoch nicht immer alle vorhanden sein müssen.

- Der **Schreibtischhintergrund** dient als bildschirmfüllende Ablagefläche für Objekte.
- Die **Menüleiste** an der oberen Bildschirmkante ermöglicht den Zugriff auf die Funktionen des Finders.
- Ganz rechts in der Menüzeile werden die **Menü-Extras** angezeigt, mit denen die Funktionen einiger Kontrollfelder gesteuert werden können.

- Die verfügbaren Speichermedien werden als **Volumes** dargestellt.
- Im **Dock** können häufig benutzte Programme, Dokumente und Ordner für den einfachen Zugriff gelagert werden (siehe das Kapitel »Schnell zur Hand«).
- Im **Papierkorb** innerhalb des Docks werden Dinge gesammelt, die von den Volumes gelöscht werden sollen.
- In **Fenstern** wird der Inhalt von Objekten – Volumes, Ordner u. a. – dargestellt.
- **Ordner** enthalten weitere Ordner und Dateien.

84ff ▶
Dock

Die Menüs

In den Menüs der Menüleiste werden die Befehle aufgelistet, mit denen der Finder oder das aktive Anwendungsprogramm gesteuert wird.

- **Schwarze Befehle** sind aktiv. Sie können ausgewählt werden.
- **Graue Befehle** sind inaktiv und können in der gerade bestehenden Arbeitssituation nicht ausgewählt werden.
- Befehlsnamen, die mit **drei Punkten** enden, öffnen einen Dialog, in dem beispielsweise Einstellungen für diesen Befehl vorgenommen werden. Befehle **ohne Punkte** werden ohne weitere Nachfrage ausgeführt.
- Befehlsnamen, hinter denen ein **schwarzes Dreieck** steht, blenden ein Untermenü ein.
- Rechts vom Befehlsnamen steht das **Tastenkürzel**, mit dem Sie den Befehl alternativ ausführen können, ohne das Menü zu öffnen.

Der Klick auf »Ablage« in der Menüleiste öffnet die zugehörige Liste von Befehlen. Ein Klick auf »Finden...« öffnet den Suchdialog des Finders.

Menübefehl auswählen

- Ein Menü öffnet sich, wenn die Maustaste darüber gedrückt und gehalten wird. Wird die Maus über das Menü geführt, werden die Befehle der Reihe nach aktiviert. Der aktivierte Befehl wird farblich hervorgehoben.
- Wird die Maustaste auf einem aktiven Befehl losgelassen, blinkt der ausgewählte Menübefehl zweimal. Der Befehl wird ausgeführt.
- Wird die Maustaste auf einem inaktiven Befehl oder in einem anderen Bereich des Bildschirms losgelassen, schließt sich das Menü.
- Ein Menü lässt sich alternativ durch ein kurzes einfaches Anklicken öffnen. Es bleibt geöffnet, bis durch einen zweiten Klick ein Befehl ausgewählt oder neben das Menü auf den Schreibtisch geklickt wird.

Tastaturkurzbefehle

Alle Tastaturkurzbefehle werden mit der Befehlstaste ⌘ und einer Buchstaben- oder Zifferntaste und eventuell einer der Zusatztasten ⌥ (Wahltaste), ⇧ (Umschalttaste) oder ctrl ausgewählt.

Andere Formen von Menüs

Neben den Menüs der Menüleiste werden noch andere Arten von Menüs verwendet.

- **Aufklappmenüs** befinden sich beispielsweise in Kontrollfeldern. Mit ihnen können verschiedene Optionen ausgewählt werden.
- **Kontextmenüs** werden mit gedrückter ctrl-Taste – oder, wenn eine Maus mit mehreren Tasten angeschlossen ist, mit der rechten Maustaste – direkt am Objekt geöffnet. Sie enthalten in der Regel eine zum Objekt passende Sammlung von Menübefehlen.

  In Finder-Fenstern mit eingeblendeter Symbol- und Seitenleiste kann das kontextsensitive Menü auch mit der Aktions-Schaltfläche (Zahnrad-Symbol) in der Symbolleiste aufgerufen werden.

Alle Arten von Menüs werden auf dieselbe Weise bedient.

Allgemeines über Objekte

Im Finder werden Dateien, Ordner, Volumes usw. durch Symbole repräsentiert. Jedes dieser Symbole steht für ein Objekt. Alle Objekte werden gleich behandelt (mit wenigen typspezifischen Ausnahmen), egal ob es sich bei dem Objekt um ein Volume, einen Ordner, ein Alias, ein Programm oder ein Dokument handelt.

Objekt aktivieren

Wenn ein Objekt bearbeitet werden soll, muss es zuerst aktiviert werden. Nur so kann der Finder erkennen, auf welches Objekt er den Menübefehl anwenden soll. Objekte werden mit einem einfachen Klick auf das Symbol oder den Objektnamen aktiviert. Aktivierte Objekte sind durch ein mit einer grauen Fläche hinterlegtes Symbol erkennbar, der Objektname wird mit der Auswahlfarbe, leicht grau abgetönt, hinterlegt.

normale Darstellung

aktiviertes Objekt

Lange Objektnamen

Wenn ein Objektname länger als die Breite der Spalte oder des Rasters ist, werden vom Finder nur die ersten und die letzten Buchstaben des Namens – durch »...« getrennt – angezeigt. In der Symboldarstellung werden lange Dateinamen in zwei Zeilen umgebrochen. Hier wird der Dateiname dann innerhalb der zweite Zeile gekürzt. Wollen Sie den vollständigen Namen sehen, fahren Sie einfach mit dem Mauszeiger auf den Namen, nach einem kurzen Augenblick wird der ganze Name auf einem Fähnchen eingeblendet.

Mehrere Objekte aktivieren

Wenn Sie mit der Maus in eine Fensterfläche klicken und die Maustaste gedrückt halten, können Sie ein graues Rechteck aufziehen. Alle Objekte, die sich ganz oder teilweise in diesem Rechteck befinden, werden dann aktiviert.

Bei gedrückter ⌘-Taste können weitere Objekte im selben Fenster – mit einem einfachen Klick oder mit einem Auswahlrechteck – aktiviert oder deaktiviert werden.

Klicken Sie in der Listen- oder Spaltendarstellung erst auf ein Objekt und dann mit gedrückter ⇧-Taste auf ein anderes, werden alle Objekte aktiviert, die in der Liste dazwischen liegen.

294 ▶
Referenz, Kontrollfeld »Erscheinungsbild, Auswahlfarbe«

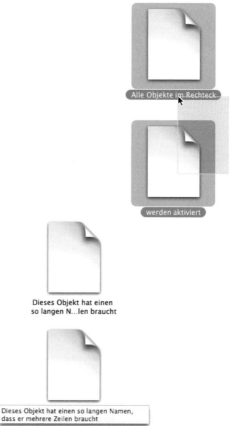
Alle Objekte im Rechteck
werden aktiviert

Dieses Objekt hat einen so langen N...len braucht

Dieses Objekt hat einen so langen Namen, dass er mehrere Zeilen braucht

Objektnamen ändern

Jedes Objekt hat einen Namen. Dieser kann direkt am Objekt geändert werden.

1. *Objektnamen aktivieren*

Klicken Sie mit der Maus auf den Objektnamen und lassen Sie den Mauszeiger über dem Namen stehen. Nach kurzer Verzögerung erscheint der Name eingerahmt. Der Name eines aktivierten Objekts lässt sich auch mit dem Zeilenschalter aktivieren und deaktivieren.

aktivierter Name

2. *Namen ändern*

Jetzt kann per Texteingabe der gesamte Name ersetzt werden. Durch einen erneuten Klick kann der Textcursor an eine beliebige Stelle im Objektnamen gesetzt werden. Mit einem weiteren Klick wird dann ein zusammenhängender Textbereich, z.B. ein Wort, markiert.

Textcursor   aktiviertes Wort im Namen

Objektnamen lassen sich nur ändern, solange ein einzelnes Objekt ausgewählt ist. Sehr lange Objektnamen werden in mehreren Zeilen dargestellt.

Objektnamen können natürlich auch aus der Zwischenablage eingesetzt werden.

▶ 165
Zwischen-
ablage

Objekte öffnen

Alle Objekte lassen sich per Doppelklick öffnen.

- **Ordner** und **Volumes** werden im Finder geöffnet. Der Inhalt wird in einem Fenster angezeigt.
- Ein **Programm** wird gestartet und in den Vordergrund geholt. Jetzt kann in diesem Programm gearbeitet werden. Links in der Menüzeile neben dem Apfel wird der Name des Programms angezeigt.
- Beim Öffnen eines **Dokuments** per Doppelklick wird das Programm gestartet, welches das Dokument erstellt hat, und das Dokument in diesem Programm geöffnet.

Volumes – die Datenträger des Mac

Für jeden Datenträger, auf den der Mac zugreifen kann, wird im Fenster »Computer« (⌘⇧C) und auf dem Schreibtisch ein Symbol angezeigt. Ein Laufwerk wird nur dann gezeigt, wenn es einen Datenträger enthält. Es gibt keine »logischen Laufwerke«. Die Volumesymbole werden im Fenster »Computer« (⌘⇧C) angezeigt. Zusätzlich können sie auf dem Schreibtisch – auf der rechten Bildschirmseite von oben nach unten, beginnend mit dem Startvolume – und in der Seitenleiste abgebildet werden. Dabei werden alle Arten von Volumes gleich behandelt. Sie bekommen aber unterschiedliche Symbole.

Volume öffnen

Ein Doppelklick auf das Symbol eines Volumes öffnet ein Fenster, das den Inhalt des Volumes anzeigt.

Volume auswerfen bzw. entfernen

 Durch Ziehen (anklicken und mit gedrückter Maustaste bewegen) eines Volumes in den Papierkorb wird das Volumesymbol vom Schreibtisch entfernt. Der Papierkorb wird dabei, sobald ein Volume bewegt wird, zu einem Auswerfen-Symbol. Alternativ kann auch der Menübefehl »Auswerfen« (⌘E) aus dem Menü »Ablage« oder der kleine Auswerfen-Schalter in der Seitenleiste direkt neben dem Volume-Symbol verwendet werden.

Das Entfernen eines Volumesymbols hat bei den verschiedenen Volumetypen einen unterschiedlichen Effekt.

- **Wechselvolumes** (Diskette, CD, DVD, ZIP-Diskette, Wechselplatte usw.) werden aus dem Laufwerk ausgeworfen.

 Interne Festplatte

   Externe Festplatte, FireWire-Festplatte, SCSI-Festplatte

  Wechselplatte (ZIP, Diskette), Jaz-Wechselplatte

   CD-ROM, Audio-CD, CD-Rohling

   DVD, DVD-ROM, Video-DVD

   Netzwerkvolume, eigene iDisk, iDisk als Gast

Volumesymbole in Mac OS X

- **Festplatten** werden vom Schreibtisch entfernt und ausgeschaltet (spin down). Sie werden erst wieder angezeigt, wenn sich der Benutzer neu angemeldet hat. Handelt es sich um eine externe Festplatte, kann die Stromversorgung der Festplatte jetzt ausgeschaltet und die Kabelverbindung getrennt werden.

- Im Falle eines **Netzwerkvolumes** bedeutet das Auswerfen, dass sich der Benutzer vom Server (oder zumindest von diesem Servervolume) abmeldet.

Sammelbehälter für Objekte – die Ordner

Alle Objekte – mit Ausnahme der Volumes – lassen sich in Ordnern sortieren. Auch Ordner können in Ordner gelegt werden. So lassen sich Ordnerhierarchien aufbauen, in denen die Objekte nach ihrem Bezug zueinander geordnet werden können.

Neuen Ordner anlegen

Ein Ordner kann mit dem Befehl »Neuer Ordner« (⌘⇧N) im Menü »Ablage« angelegt werden. Der Ordner erscheint in dem gerade aktiven Fenster und erhält den Namen »Neuer Ordner«.

Ordnerinhalt anzeigen

▶ 81ff
Symbol- und Seitenleiste

Doppelklicken Sie auf das Ordnersymbol, so öffnet sich ein Fenster. Hier werden die Objekte angezeigt, die sich in diesem Ordner befinden. Ist die Symbol- und Seitenleiste eingeblendet, erscheinen die Objekte des Ordners im gleichen Fenster.

Objekte in Ordner legen

Objekte können in einen Ordner hineingelegt und wieder herausgenommen werden. Dafür ziehen Sie einfach das aktivierte Objekt (oder auch mehrere aktivierte Objekte) mit gedrückter Maustaste auf das Ordnersymbol oder in das geöffnete Fenster des Ordners. Sobald das Ordnersymbol oder das Fenster aktiviert ist, lassen Sie die Maustaste wieder los. Das Ordnersymbol zeigt einen geöffneten Ordner, das aktivierte Fenster erkennen Sie an einem farbigen Rahmen um den Inhalt.

Mauszeiger +:
Objekt wird
kopiert.

Ordner bewegen

Wenn ein Ordner bewegt wird, werden alle Objekte, die sich innerhalb des Ordners befinden, mit bewegt. Sie können Ordner auch bewegen, indem Sie das Ordnersymbol in der Titelleiste des Fensters anklicken und die Maustaste gedrückt halten. Nach kurzer Zeit lässt sich das Ordnersymbol bewegen und an eine beliebige Stelle verschieben oder kopieren.

Objekte zwischen Ordnern verschieben

Wird ein Objekt in einen anderen Ordner innerhalb des gleichen Volumes bewegt, so wird es lediglich verschoben.

Befindet sich der Ordner, in den das Objekt hineinbewegt wird, auf einem anderen Volume, so wird es kopiert. Das Objekt erscheint dann im neuen Ordner, bleibt aber auf dem Ursprungsvolume unverändert. Es existiert dann also zweimal.

Mit gedrückter ⌘-Taste wird das Objekt jedoch verschoben. Das heißt, das Original wird nach dem Kopieren automatisch von Ursprungsvolume gelöscht.

Ob das Objekt verschoben oder kopiert wird, erkennen Sie am Mauszeiger. Beim Kopieren ist dem Zeiger ein Pluszeichen angehängt.

Objekte kopieren

Wollen Sie ein Objekt innerhalb eines Volumes kopieren – also verdoppeln –, bewegen Sie es mit gedrückter ⌥-Taste oder wählen Sie den Befehl »Duplizieren« (⌘D) aus dem Menü »Ablage«. Mit diesem Befehl wird im selben Ordner eine Kopie des Objekts mit dem Namenszusatz »Kopie« angelegt.

Jeder Kopiervorgang wird mit einem Statusbalken in einem Statusfenster angezeigt. Wenn Sie detaillierter über den Status informiert werden wollen, klicken Sie auf den kleinen Pfeil. Während des Kopiervorgangs kann normal weitergearbeitet oder auch ein weiterer Kopiervorgang gestartet werden.

Der Papierkorb

Ganz rechts bzw. unten im Dock befindet sich der Papierkorb. In diesen werden Objekte gelegt, die später gelöscht werden sollen. Diese Objekte sind dann in einen unsichtbaren Ordner mit dem Namen ».Trash« verschoben, den der Finder für jeden Benutzer in seinem Benutzerordner anlegt. Außerdem wird für jedes Wechselvolume ein Ordner ».Trashes« angelegt, in dem bei Bedarf Unterordner für den jeweiligen Benutzer angelegt werden. Der Ordner ».Trash« hat dieselben Eigenschaften wie jeder andere Ordner, aber zwei Besonderheiten: Für den ».Trash«-Ordner des Benutzers und die ».Trashes«-Unterordner auf allen verfügbaren Volumes wird nur ein Symbol angezeigt – der Papierkorb.

Ein Objekt löschen
Das Löschen eines Objekts erfolgt in Mac OS X in zwei Schritten.

1. Objekte in den Papierkorb verschieben
Objekte, die gelöscht werden sollen, werden einfach auf den Papierkorb gezogen. Sie können auch den Menübefehl »In den Papierkorb legen« aus dem Menü »Ablage« bzw. sein Tastenkürzel ⌘ Rückschritt verwenden .
Die Objekte werden dann noch nicht gelöscht, sie befinden sich unverändert im Papierkorb. Befindet sich schon ein Objekt gleichen Namens im Papierkorb, wird das neue Objekt mit dem Zusatz »Kopie«, »Kopie 1« etc. bezeichnet.

2. Papierkorb entleeren
Mit dem Menübefehl »Papierkorb entleeren« (⌘ ⇧ Rückschritt) aus dem Menü »Finder« werden die Objekte im Papierkorb gelöscht.
Erst nach dem Entleeren des Papierkorbs befindet sich das Objekt nicht mehr auf dem Volume.

Objekte aus dem Papierkorb bewegen
Ein Klick auf den Papierkorb öffnet ein Fenster mit seinem Inhalt. Da die Objekte unverändert im Papierkorb liegen, können sie durch einfaches Verschieben wieder aus dem Papierkorb herausbewegt werden.

84ff ▶
Dock

Netzwerkpapierkorb
Werden Objekte von einem Netzwerkvolume in den Papierkorb gelegt, werden sie nach einer Warnung direkt gelöscht.

Der Papierkorb enthält Objekte.

Der Papierkorb wird geleert.

Der Papierkorb ist leer.

Der Schreibtisch

Jeder Benutzer erhält in seinem Ordner einen Ordner »Schreibtisch«. Objekte, die auf den Schreibtisch verschoben werden, befinden sich in diesem Ordner. Oder umgekehrt betrachtet: Objekte, die in diesen Ordner verschoben werden, werden auf dem Schreibtisch angezeigt.

Die auf dem Schreibtisch angezeigten Volumes befinden sich jedoch nicht im Ordner »Schreibtisch«.

Objekte auf den Schreibtisch legen

Jedes beliebige Objekt kann einfach auf den Schreibtisch gezogen werden. Befindet es sich nicht auf dem Startvolume, wird es dabei in den Ordner »Schreibtisch« kopiert.

Im Ordner »Schreibtisch« befinden sich – mit Ausnahme der Volumes – alle Objekte, die auf dem Schreibtisch angezeigt werden.

Dateien

Die meisten Objekte im Finder sind Dateien. Im Gegensatz zu den Ordnern – der Hierarchie des Dateisystems – bestehen Dateien aus zusammengehörenden Daten. Dateien können verschiedene Funktionen haben:

- **Programme** beinhalten Kode, der Befehle für den Prozessor enthält. So können mit den Programmen Daten manipuliert werden. Weitere Objekte, die Prozessorkode enthalten, sind z.B. Erweiterungen und Frameworks.
- **Dokumente** enthalten Daten, die in den Programmen bearbeitet werden können. Besondere Arten von Dokumenten können aber auch eigene Aufgaben haben. Beispielsweise werden die Voreinstellungen von Programmen in Voreinstellungsdateien gespeichert.
- **Aliase** enthalten lediglich Informationen über das Objekt, auf das sie verweisen.

Programme

Das allgemeine Symbol für Programme ist ein aus Werkzeugen zusammengesetztes »A« (für »Application«) über auf dem Tisch liegenden Dokumenten. Die meisten Programme tragen jedoch ein individuelles Programmsymbol. Dieses enthält häufig ein zur Funktion des Programms passendes, auf dem Tisch liegendes Dokument mit einem passenden Werkzeug.

Programm starten

Mit einem Doppelklick auf ein Programmsymbol wird das Programm gestartet. Bei manchen Programmen wird ein Dokument mit dem Namen »Ohne Titel« (oder einem ähnlichen Namen) geöffnet.

Dokumente

Dokumente sind Dateien, die von einem Programm erzeugt wurden. Ihr Symbol ist standardmäßig ein Blatt Papier mit einer eingeschlagenen Ecke. Die meisten Symbole werden vom Programm zugewiesen. Das Dokumentensymbol enthält dann in der Regel grafische Elemente aus dem Symbol des Erzeugerprogramms, so dass es leicht zugeordnet werden kann.

Dokument öffnen

Ein Doppelklick auf ein Dokumentensymbol öffnet das Dokument. Dafür wird das Programm gestartet, das das Dokument erstellt hat. Wurde das Programm schon vorher gestartet, wird es in den Vordergrund geholt.

Formularblock

Jedes beliebige Dokument kann im Mac OS X als Formularblock definiert werden. Das Dokument dient dann als Vorlage für andere Dokumente.

Formularblock im Finder erstellen

Im Informationsfenster (⌘I) eines beliebigen Dokuments können Sie im Bereich »Allgemein« das Feld »Formularblock« angekreuzen.

257ff ▶
Referenz,
Das Informationsfenster

Wenn Sie ein als Formularblock definiertes Dokument im Finder doppelklicken, erstellt der Finder im gleichen Ordner ein Duplikat des Dokuments (z.B. »Text Kopie.txt« von »Text.txt«) und öffnet dann diese Kopie mit dem passenden Programm.

Vorlagen in Programmen erstellen

Viele Programme bieten zusätzlich zur Formularblock-Funktion des Finders die Option, aus einem geöffneten Dokument eine Vorlage zu erstellen. Hierfür wird im Sichern-Dialog des Programms die Option »Vorlage« gewählt.

Per Doppelklick auf eine so angelegte Vorlage wird im Erzeugerprogramm ein neues Dokument geöffnet, das in der Regel den Namen »Ohne Titel« trägt. In diesem Dokument sind bereits alle Elemente der Vorlage vorhanden. Wenn das neue Dokument bearbeitet wird, bleibt das Vorlage-Dokument unverändert.

Die programmspezifischen Vorlagesymbole entsprechen den Dokumentensymbolen. Sie haben jedoch häufig zusätzlich ein Eselsohr in der rechten unteren Ecke und sind mit einem zweiten Blatt Papier hinterlegt.

Alias

◄ 46
Technik, Alias

► 257ff
Referenz,
Infofenster

◄ 44
Technik, Type
und Creator

Ein Alias ist ein Objekt, das auf ein anderes Objekt verweist. Aliase können für alle Objekt-typen (Dateien, Ordner, Volumes usw.) ange-legt werden.

- Das Alias bekommt das gleiche Symbol wie sein Original, jedoch mit einem kleinen **gekrümmten Pfeil** in der linken unteren Ecke.
- Das Alias besitzt **dieselben Eigenschaften** wie sein Original.

Dass das Alias dieselben Eigenschaften wie sein Original besitzt, verschafft ihm diverse Ein-satzmöglichkeiten.

- So können Sie beispielsweise eine Datei auf das Alias eines Ordners ziehen. Sie wird dann in den Ordner selbst bewegt. (Umgekehrt wird jedoch nicht das Original bewegt, wenn Sie ein Alias bewegen.)
- Wenn Sie eine Datei auf ein Alias eines Pro-gramms ziehen, wird das Programm-Alias nur aktiviert, wenn das zugehörige Pro-gramm diese Datei öffnen kann. Lassen Sie die Datei über dem aktivierten Alias los, wird das Dokument genauso geöffnet, als hätten Sie die Datei auf das Symbol der originären Programmdatei gezogen.

Alias erstellen

- Um ein Alias anzulegen, wählen Sie den Befehl »Alias erzeugen« (⌘L) aus dem Menü »Ablage«. Ein Objekt mit dem Namenszusatz »Alias« oder »2« wird erzeugt.
- Sie können auch das Objekt, von dem Sie ein Alias erstellen wollen, mit gedrückter ⌘- und ⌥-Taste an die gewünschte Stelle bewegen. Während dieser Operation wird an den Cur-sor ein kleiner, nach rechts gebogener Pfeil angehängt.

Original finden

Mit dem Befehl »Original zeigen« (⌘R) aus dem Menü »Ablage« kann das Original eines Alias gefunden werden. Mit diesem Befehl wird das Fenster geöffnet, in dem sich das Original befindet, und das Original wird aktiviert.

Zuweisung aktualisieren

Wenn das Original eines Alias nicht gefunden wird, kann es in einem Dialog neu zugewiesen werden.

Alternativ kann auch im Informationsfenster (⌘I oder ⌘⌥I) mit der Schaltfläche »Original neu zuweisen« ein beliebiges Objekt als Origi-nal ausgewählt werden.

Der Cursor beim Anlegen eines Alias mit der Maus

Fenster

Der Inhalt eines jeden Volumes oder Ordners und des Papierkorbs wird im Finder in einem Fenster angezeigt. Mittig im oberen Teil des Fensterrahmens steht der Titel des Fensters. Er entspricht dem Namen des Objekts. Links neben dem Titel eines Ordnerfensters wird zusätzlich das Symbol des Ordners angezeigt. Unterhalb der Titelzeile kann die Statusanzeige eingeblendet werden. Sie liefert Informationen über die Anzahl der Objekte im Fenster, Ausrichtungseinstellungen, Schreibschutz und über den freien Platz auf dem Volume. Beim Einblenden der Symbol- und Seitenleiste verändert sich das Aussehen des Finder-Fensters.

Fensterinhalt verschieben

Am rechten und unteren Rand des Fensters befinden sich die Rollbalken mit den Rollpfeilen an ihren Enden. Ist der Inhalt des Fensters größer als im Rahmen sichtbar, werden die Rollgriffe aktiviert. Der Fensterinhalt kann dann mit den Rollgriffen oder den Rollpfeilen innerhalb des Rahmens verschoben werden.

Mit gedrückten Tasten ⌘ und ⌥ lässt sich der sichtbare Ausschnitt direkt mit der Maus innerhalb des Fensters verschieben.

Ein Mausklick in den Rollbalken verschiebt den Fensterinhalt um eine ganze Seite. Ein Mausklick mit gedrückter ⌥-Taste verschiebt den Rollgriff an die angeklickte Stelle.

Fenster bewegen

Ein Fenster kann an der Titelleiste angefasst und mit der Maus bewegt werden. Ein metallenes Fenster kann rundherum angefasst werden.

Fenster schließen

Mit der Schaltfläche ⊗ ganz links in der Titelleiste – dem Schließfeld – wird das Fenster geschlossen.

Alle Fenster schließen

Wird das Schließfeld mit gedrückter ⌥-Taste angeklickt, schließen sich alle im Finder geöffneten Fenster.

Beim Verschieben des Fensterinhalts mit der Maus erscheint eine kleine Hand.

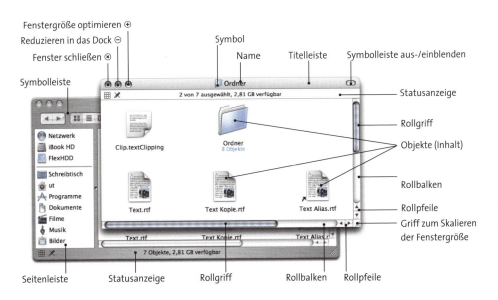

Fenstergröße optimieren ⊕
Reduzieren in das Dock ⊖
Fenster schließen ⊗

Symbolleiste

Symbol
Name
Titelleiste
Symbolleiste aus-/einblenden

Statusanzeige

Rollgriff

Objekte (Inhalt)

Rollbalken

Rollpfeile

Griff zum Skalieren der Fenstergröße

Seitenleiste
Statusanzeige
Rollgriff
Rollbalken
Rollpfeile

Netzwerk
iBook HD
FlexHDD
Schreibtisch
ut
Programme
Dokumente
Filme
Musik
Bilder

Clip.textClipping
Ordner
8 Objekte
Text.rtf
Text Kopie.rtf
Text Alias.rtf

2 von 7 ausgewählt, 2,81 GB verfügbar
7 Objekte, 2,81 GB verfügbar

Die Elemente der beiden Formen der Finder-Fenster in Mac OS X 10.3 und ihre Funktion

Fenstergröße optimieren

Die Schaltfläche ⊕ links vom Titel optimiert die Fenstergröße. Das Fenster wird in der Größe so verändert, dass alle Objekte sichtbar sind. Wenn das Fenster dann über den Bildschirmrand hinausragen würde, wird es so verschoben, dass es in der rechten unteren Ecke des Bildschirms angeordnet und dem Inhalt entsprechend so groß wie möglich aufgezogen ist, ohne jedoch den Bereich hinter dem Dock zu nutzen.

Ein zweiter Klick auf die Schaltfläche macht die Größenänderung wieder rückgängig.

Fenstergröße verändern

Mit dem Griff an der unteren rechten Ecke des Fensters können die Größe und die Proportionen des Fensters manuell verändert werden.

Fenster in das Dock reduzieren

Mit der Schaltfläche ⊖ links vom Titel wird der Fensterinhalt ausgeblendet. Das Fenster wird dann in das Dock »gesaugt« (Flaschengeist-Effekt) und verkleinert in den rechten Bereich des Docks eingeräumt. Alternativ kann der

▶ 84ff

Dock

Befehl »Im Dock ablegen« (⌘M) aus dem Menü »Fenster« verwendet werden.

Alle Fenster in das Dock reduzieren

Wird beim Klicken auf die Schaltfläche ⊖ die ⌥-Taste gedrückt, schrumpfen alle Fenster des Finders bzw. des aktiven Programms in das Dock.

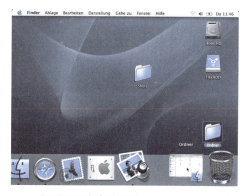

Das Fenster befindet sich verkleinert im Dock; das zuvor verdeckte Objekt auf dem Schreibtisch ist nun erreichbar.

Darstellungen in den Fenstern

Der Inhalt der Fenster kann im Finder unterschiedlich dargestellt werden. Je nachdem, für welchen Zweck die Objekte in diesem Fenster gebraucht werden und welche Vorlieben der Anwender hat, kann im Menü »Darstellungen« eine der drei Ansichten »Symbole« (⌘1), »Liste« (⌘2) oder »Spalten« (⌘3) gewählt werden.

256f ▶

Referenz,
Darstellungs-
optionen

Darstellungsoptionen für alle Fenster...

Die drei Darstellungsarten lassen sich hinsichtlich Textgröße und weiterer Darstellungsoptionen anpassen. »Symbol« und »Liste« zusätzlich auch hinsichtlich der Symbolgröße und der Art der Sortierung. Mit dem Befehl »Darstellungsoptionen einblenden« (⌘J) aus dem Menü »Darstellung« wird das Kontrollfenster für die Darstellungsoptionen geöffnet. Dort können – wenn die Option »Alle Fenster« aktiviert ist – Standarddarstellungen für alle Fenster definiert werden. Diese Einstellungen gelten dann für alle Fenster im Finder (außer für diejenigen Fenster, für die die Option »Nur dieses Fenster« aktiviert wurde).

... und für einzelne Fenster

Jedes Fenster kann hier aber auch individuell angepasst werden. Ist die Option »Nur dieses Fenster« aktiviert, werden nur die Einstellungen für das aktive Fenster verändert .

Durch Aktivieren der Option »Alle Fenster« übernimmt das Fenster wieder die für alle Fenster festgelegten Einstellungen.

Für die Spaltendarstellung können keine individuellen Einstellungen vorgenommen werden. Es sind lediglich Einstellungen für alle Fenster möglich.

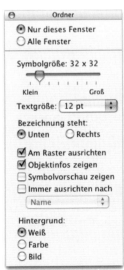

Symboldarstellung (⌘1)

In der Symboldarstellung kann das Symbol stufenlos in der Größe verändert werden. Der Objektname kann unter oder rechts neben dem Objektsymbol angezeigt werden.

Ist die Option »Objektinfos anzeigen« aktiviert, werden unter dem Objektnamen Eigenschaften – wie Zahl der Objekte in einem Ordner oder Größe eines TIFF-Bildes – eingeblendet. Die Symbolansicht zeigt bei Bildern eine Vorschau als Objektsymbol.

Die größte Symbolgröße mit Symbolansicht

Aufräumen und anordnen

Mit zwei Menübefehlen aus dem Menü »Darstellungen« kann der Inhalt eines Fensters aufgeräumt werden.

Der Befehl »Aufräumen« verteilt den Fensterinhalt so im Fenster, dass die Objekte am Raster ausgerichtet sind und nicht mehr übereinander liegen. Sind im Fenster einzelne Objekte markiert, so heißt der Befehl »Auswahl aufräumen«. In diesem Fall werden nur die markierten Objekte ausgerichtet.

Die Unterpunkte des Befehls »Ausrichten« sortieren die Objekte nach dem gewählten Kriterium – Name, Änderungsdatum, Erstellungsdatum, Größe oder Art – so dass sie, am Raster ausgerichtet, die Breite des Fensters einnehmen.

Eine mittlere Symbolgröße

Die kleinste Symbolgröße mit Namen rechts und Objektinformationen

▶ 320ff
Referenz,
Farbwähler

Ordnerhintergrund

In der Symboldarstellung kann den Fenstern eine Farbe oder ein Bild als Hintergrund zugewiesen werden. Wenn Sie die Option »Farbe« aktiviert haben, wird in einem Feld die aktuelle Farbe angezeigt. Mit einem Klick in das Feld wird der Farbwähler geöffnet, in dem Sie eine neue Farbe bestimmen können. Ist die Option »Bild« ausgewählt, kann mit der Schaltfläche »Auswählen« ein Hintergrundbild für den Ordner aussucht werden.

Ausrichten

Im Dialog »Darstellungsoptionen« des gleichnamigen Befehls aus dem Menü »Darstellungen« werden zwei Optionen für die Ausrich-
tung der Objekte in einem Finder-Fenster in
der Symboldarstellung geboten. Die gewählte
Option wird links in der Statusanzeige des
Fensters mit einem kleinen Symbol angezeigt.

- **Am Raster ausrichten:** Mit dieser Option lässt
  sich ein Raster aktivieren, an dem sich die
  Objekte im Fenster ausrichten, wenn sie bewegt werden.
- **Immer ausrichten:** Ist die Option »Immer
  ausrichten nach:« ausgewählt, können Sie
  mit einem Ausklappmenü bestimmen, nach
  welchem Kriterium die Objekte immer im
  Fenster sortiert werden. Es besteht die Wahl
  zwischen den Kriterien »Name«, »Änderungsdatum«, »Erstellungsdatum«, »Größe«
  und »Art«. Wird dann die Größe des Fensters
  verändert, richten sich die Objekte automatisch neu im Fenster aus, so dass immer die
  volle Breite des Fensters genutzt wird und die
  Sortierung beibehalten beleibt. Neue Objekte
  werden automatisch an der richtigen Stelle
  einsortiert.

Die Sortierreihenfolge bleibt beim
Verändern der Fensterbreite immer
erhalten.

Listendarstellung (⌘2)

Für die Listendarstellung werden zwei Symbolgrößen angeboten, und es lassen sich die folgenden Einstellungen vornehmen:

- **Anzahl der Spalten:** Mit Ankreuzfeldern lässt sich bestimmen, welche Objekteigenschaften in jeweils einer Spalte gezeigt werden sollen. Die Anzahl der Spalten ist dabei beliebig. Einzig die Spalte »Name« ist immer vorhanden.

- **Ordnergröße berechnen:** Als Option für die Spalte »Größe« kann die Berechnung der Größe einzelner Ordner aktiviert werden. Der gesamte Inhalt eines Ordners inklusive aller Unterordner wird dann zusammengerechnet und in der Spalte angezeigt. Die Berechnung der Ordnergrößen kann bei großen Ordnern einige Zeit beanspruchen und zu Verzögerungen beim Aufbau der Liste führen.

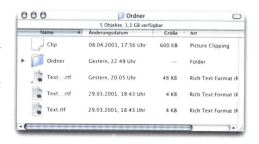

- **Relatives Datum:** Für die Spalten »Erstellungsdatum« und »Änderungsdatum« wird ein »Relatives Datum« verwendet. Mit diesem wird das heutige Datum als »Heute« und das gestrige Datum als »Gestern« bezeichnet. Alle anderen Daten werden normal als Datumszahl angezeigt.

Sortierung in der Liste ändern

Mit einem Klick auf einen der Spaltentitel wird die Liste nach diesem Kriterium sortiert. Der Spaltentitel wird dann eingefärbt angezeigt.

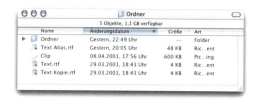

Sortierung in der Liste umkehren

Rechts im aktiven Spaltentitel befindet sich ein kleines Dreieck. Dieses zeigt die Richtung der Sortierung an. Wenn Sie auf den aktiven Spaltentitel klicken, wird die Sortierung der Liste umgekehrt (Namen beispielsweise werden dann statt von A bis Z von Z bis A sortiert aufgelistet).

Spaltenbreite verändern

Um die Spaltenbreite in der Listendarstellung zu ändern, bewegen Sie die Maus auf den Spaltentitel. Sobald der Mauszeiger auf die Linie zwischen den Spaltentiteln kommt, verändert er sich zu einem Kreuz mit Pfeilspitzen rechts und links. Jetzt kann der Spaltenrand mit gedrückter Maustaste verschoben werden. Der Inhalt der Spalte passt sich der Spaltenbreite an. Ein Datum beispielsweise wird in der schmalsten Breite nur als Datumszahl dargestellt, in der breitesten Breite jedoch mit ausgeschriebenem Wochentag und Monat sowie mit Uhrzeit.

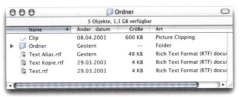

Der Cursor beim Ändern der Spaltenbreite

Position der Spalten vertauschen

Um die Position der Spalten zu verändern, klicken Sie in den Spaltentitel und halten die Maustaste gedrückt. Jetzt können Sie die ganze Spalte an eine andere Position verschieben. Lediglich die Spalte »Name« kann nicht verschoben werden. Sie steht immer an erster Stelle.

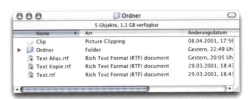

Der Cursor beim Verschieben der Spalten

Spaltendarstellung (⌘3)

Die Symbolgröße in der Spaltendarstellung entspricht den kleinen Symbolen in der Listendarstellung. Die Symbole können jedoch auch ganz ausgeblendet werden. Die Objekte innerhalb der Spalten sind immer nach Namen sortiert. Zu jedem Objekt wird nur sein Symbol und sein Name angezeigt, keine weiteren Eigenschaften. Die Spalten zeigen die hierarchische Anordnung der Objekte.

Wenn es sich bei dem ausgewählten Objekt nicht um einen Ordner handelt, wird in der letzten Spalte eine Vorschau des ausgewählten Objektes angezeigt. Außerdem werden hier alle verfügbaren Informationen zu dem Objekt geliefert. Die Vorschau kann mit dem kleinen Dreieck oben ein- und ausgeblendet werden. Sie kann aber auch in den Darstellungsoptionen ganz deaktiviert werden.

▶ 95f
Benutzer-
rechte

Die Breite einer Spalte lässt sich mit dem Griff am unteren Ende der Spaltenteiler verändern. Durch Ziehen nach links wird die Spalte schmaler, durch Ziehen nach rechts breiter. Mit gedrückter ⌥-Taste kann die Breite aller Spalten verändert werden.

Statusanzeige

Mit dem Befehl »Statusanzeige einblenden« kann unterhalb der Titelleiste (bzw. unterhalb der Symbolleiste) die Statusanzeige eingeblendet werden. Bei eingeblendeter Symbol- und Seitenleiste wird der Status am unteren Fensterrand angezeigt und kann nicht ausgeblendet werden.

- **Objekte:** Dies ist die Anzahl der im geöffneten Fenster enthaltenen Objekte. Sind in der Listendarstellung die kleinen Dreiecke aufgeklappt, werden die Objekte in den tieferen Hierarchieebenen mitgezählt. Wenn Objekte ausgewählt sind, wird zusätzlich die Anzahl der ausgewählten Objekte angezeigt.
- **Verfügbar:** Hier wird der freie Speicherplatz auf dem Volume, auf dem sich der Ordner befindet, angezeigt.
- **Symbole für Darstellungsoptionen:** Links werden Symbole für »Am Raster ausrichten« oder »Immer ausrichten nach« angezeigt.
- **Symbol für Schreibschutz:** Ist der Ordner schreibgeschützt, erscheint ein durchgestrichener Stift.

Die Breite der Spalten kann individuell verändert werden.

Ein-Fenster-Betrieb

Mit dem Schalter rechts in der Titelleiste oder mit dem Befehl »Symbolleiste einblenden« (⌘⌥T) aus dem Menü »Darstellung« wird die Symbolleiste und die Seitenleiste angezeigt. Bei eingeblendeter Symbol- und Seitenleiste erscheint das Finder-Fenster in der »brushed metal«-Optik. Das Fenster kann rundherum angefasst und bewegt werden.

Mit einem Doppelklick auf einen Ordner wird dann kein neues Fenster geöffnet, sondern der Inhalt des geöffneten Objekts im selben Fens-

ter angezeigt. Die Symbole in der Symbolleiste dienen zur Navigation durch die Hierarchie, mit den Symbolen in der Seitenleiste kann direkt zu einem bestimmten Objekt gesprungen werden.

Um ein Objekt in einem neuen Fenster zu öffnen, doppelklicken Sie es mit gedrückter ⌘-Taste. Alternativ kann in den Finder-Voreinstellungen auf der Seite »Allgemein« die Option »Ordner immer im neuen Fenster öffnen« aktiviert werden.

100ff ▶
Navigieren durch die Ordnerhierarchie

Breite der Seitenleiste verändern

Die Seitenleiste kann durch Verschieben des Trenners rechts in ihrer Breite verändert werden. Wenn die Spalte genau die Breite der Symbole hat, schnappt der Trenner kurz ein. Wenn der Mauszeiger bei dieser Breite über das jeweilige Objekt fährt, werden die Namen der Objekte angezeigt. Weiteres Verschieben des Trenners nach links oder ein Doppelklick auf den Trenner blendet die Seitenleiste ganz aus.

Objekte in die Seitenleiste einfügen

Die Seitenleiste besteht aus zwei Teilen. Der Inhalt wird in den Voreinstellungen des Finders (⌘,) auf der Seite »Seitenleiste« bestimmt.

In den unteren Teil der Seitenleiste können zusätzliche Objekte einfach aus dem Finder-Fenster zwischen die anderen Objekte gezogen werden oder mit dem Befehl »Zur Seitenleiste hinzufügen« (⌘T) aus dem Ablage-Menü hinzugefügt werden. Diese Objekte lassen sich beliebig innerhalb des unteren Teils der Seitenleiste verschieben und durch Herausziehen wieder entfernen.

Cursor beim Herausziehen eines Objekts aus der Seitenleiste

Symbolleiste anpassen

In der Standardkonfiguration enthält die Symbolleiste einige von Apple vorgegebene Objekte, sie kann aber nach Belieben angepasst werden. Das Anpassen der Symbolleiste in anderen Programmen – wie Mail, Vorschau etc. – folgt dem gleichen Schema.

1. Fenster öffnen

Zuerst müssen Sie ein beliebiges Fenster im Finder öffnen und in diesem die Symbolleiste aktivieren. Hierzu können Sie beispielsweise den Befehl »Neues Fenster« (⌘N) aus dem Menü »Ablage« wählen.

Ist die Symbolleiste nicht aktiv, blenden Sie sie mit dem durchsichtigen Schalter rechts in der Titelleiste ein.

2. Symbolleiste anpassen

Wählen Sie den Befehl »Symbolleiste anpassen« aus dem Menü »Darstellungen«.

Aus der Symbolleiste fährt ein Dialog heraus, auf dem die für die Symbolleiste möglichen Objekte angezeigt werden.

3. Objekte einfügen

Klicken Sie mit der Maus auf eines der Objekte und ziehen Sie es an die gewünschte Stelle in der Symbolleiste.

4. Fertig

Sobald Sie die Schaltfläche »Fertig« drücken, wird das Fenster wieder mit seinem ursprünglichen Inhalt, aber mit veränderter Symbolleiste angezeigt.

Objekte löschen oder verschieben

Während der Anpassen-Dialog geöffnet ist, können die Objekte in der Symbolleiste angefasst und an die gewünschte Stelle verschoben werden. Wird ein Objekt aus der Symbolleiste herausgezogen, wird es dadurch wieder aus der Symbolleiste entfernt.

Standardset

Wenn Sie die Objekte, die unter »...oder verwenden Sie die Standardsymbole« eingerahmt sind, in die Symbolleiste ziehen, werden alle anderen Objekte entfernt und das Standardset eingefügt. Sie können diese Objekte natürlich anschließend wieder verschieben, durch weitere Objekte ergänzen oder löschen.

Optionen

Die Symbole in der Symbolleiste werden normalerweise nur als Symbol angezeigt. Im Dialog »Symbolleiste anpassen« können Sie im Menü »Zeige« alternativ auswählen, dass das Symbol mit erklärendem Namen oder nur der Name angezeigt werden soll.

Fenster zu schmal

Ist die Fensterbreite so schmal eingestellt, dass nicht alle Symbole der Symbolleiste angezeigt werden können, erscheint rechts in der Symbolleiste ein Doppelpfeil. Wenn Sie auf diesen klicken, werden die restlichen Symbole in einem Menü zur Auswahl gestellt.

Eigene Objekte einfügen

Wenn Sie ein eigenes Objekt – z.B. einen Ordner – in die Symbolleiste einfügen wollen, ziehen Sie dieses auf die Symbolleiste. Nach kurzer Zeit verändert sich der Mauszeiger und zeigt ein »+«. Jetzt kann das Objekt an die gewünschte Position bewegt und durch Fallenlassen eingefügt werden. Um ein Objekt wieder aus der Symbolleiste zu entfernen, ziehen Sie es mit gedrückter ⌘-Taste aus der Symbolleiste heraus.

Schnell zur Hand

Das Dock

Im Dock können Sie häufig benötigte Programme und Dokumente ablegen. Auf den folgenden Seiten lesen Sie, welche Möglichkeiten das Dock außerdem bietet.

▶ 291
Referenz,
Kontrollfeld
»Dock«

Nachdem das System geladen wurde, erscheint als Erstes am unteren Bildschirmrand das Dock. Es ist sozusagen die Zentrale des Systems.

Im Dock befindet sich der Papierkorb, und die aktiven Programme werden angezeigt. Objekte, die schnell erreichbar sein sollen (wie Dokumente, Ordner und Programme) lassen sich hier lagern. Außerdem werden minimierte Fenster im Dock abgelegt.

Das Dock konfigurieren

Das Dock lässt sich mit dem Kontrollfeld »Dock« aus den Systemeinstellungen konfigurieren. Viele Einstellungen können Sie jedoch auch vornehmen, ohne dass Sie dazu die Systemeinstellungen benötigen.

Der Maus-
zeiger zum
Verändern
der Größe

- **Größe:** Die Größe der Symbole kann direkt am Dock eingestellt werden, indem Sie mit der Maus auf die Trennlinie fahren. Der Mauszeiger verwandelt sich in eine Linie mit zwei Pfeilen. Bewegen Sie die Maus mit gedrückter Maustaste nach oben, vergrößert sich das Dock, bewegen Sie sie nach unten, verkleinert es sich.

- **Ein- und ausblenden:** Mit dem Befehl »Dock ▶ Automatisch einblenden« (⌥⌘D) aus dem Apple-Menü kann das Dock in jeder Situation aus- und wieder eingeblendet werden. Ist das Dock ausgeblendet, so erscheint es automatisch, sobald sie den Mauszeiger an den unteren Bildschirmrand bewegen.

- **Vergrößerung:** Die Vergrößerung der Symbole lässt sich mit dem Befehl »Dock ▶ Vergrößerung einschalten« aus dem Apple-Menü ein- und ausschalten. Wenn die Vergrößerung eingeschaltet ist, werden die Symbole, die sich unter dem Mauszeiger befinden, vergrößert dargestellt. Die Stärke der Vergrößerung lässt sich im Kontrollfeld »Dock« festlegen.

- **Position:** Das Dock lässt sich mit den Befehlen »Dock ▶ links positionieren« oder »Dock ▶ rechts positionieren« auch senkrecht am linken bzw. rechten Bildschirmrand positionieren. Dabei werden die Objekte immer so angeordnet, dass der Papierkorb unten erscheint.

Objekte im Dock

Das Dock besteht aus zwei Bereichen, die durch eine Linie getrennt werden.

- Im linken (bzw. oberen) Teil können häufig benötigte Programme für einen schnellen Zugriff bereitgestellt werden. Außerdem werden hier alle aktiven Programme angezeigt.
- Im rechten (bzw. unteren) Teil befindet sich der Papierkorb. Außerdem lassen sich Dokumente und Ordner, die häufig gebraucht werden, einfach erreichbar ablegen. In diesem Teil werden auch minimierte Fenster gelagert.

Wenn Sie mit dem Mauszeiger über ein Objekt fahren, wird dessen Name eingeblendet.

69 ◄
Papierkorb

Das Programm »TextEdit« wird aus dem Finder-Fenster in das Dock eingefügt.

Objekte in das Dock einfügen

Ziehen Sie das gewünschte Objekt einfach in das Dock. Programme können nur in den linken (oberen), Dokumente und Ordner nur in den rechten (unteren) Teil gezogen werden.

Objekte entfernen und anordnen

- Zum **Entfernen** bewegen Sie das Objekt aus dem Dock heraus. Das Objekt löst sich in kleine Wölkchen auf und wird aus dem Dock entfernt. (Das Original bleibt dabei natürlich unverändert.)
- Um die Objekte im Dock zu **sortieren**, klicken Sie auf ein Objekt und verschieben es an die gewünschte Stelle. Der Finder und der Papierkorb können nicht verschoben werden, Programme können nur innerhalb des linken (oberen), Dokumente und Ordner nur innerhalb des rechten (unteren) Bereichs verschoben werden.

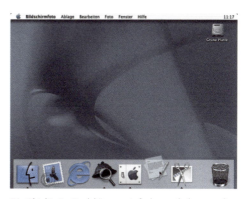

Die Objekte im Dock können einfach verschoben werden.

Aktive Programme im Dock

Zusätzlich zu den Objekten, die vom Benutzer in das Dock gelegt wurden, werden im Dock die laufenden Programme angezeigt. Aktive Programme sind am kleinen Dreieck unter dem Symbol zu erkennen. Ein aktives Programm kann auch über das Dock bedient werden. Dafür klicken Sie im Dock auf das Programmsymbol und halten die Maustaste für einen kurzen Augenblick gedrückt. (Alternativ können Sie das Symbol mit gedrückter ctrl-Taste anklicken.) Es öffnet sich ein Menü, in dem eine Reihe von Funktionen angeboten wird.

▶ 115
Programm-
wechsel

Wechseln zwischen Fenstern eines Programms
Für aktive Programme werden in diesem Menü alle offenen Fenster angezeigt, darunter auch diejenigen Fenster, die im Dock abgelegt sind. Wenn Sie das entsprechende Fenster auswählen, wird es in den Vordergrund geholt.

▶ 266f
Referenz,
iTunes

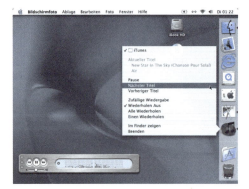

Programm beenden
Mit dem Befehl »Beenden« können Sie das Programm beenden, ohne es vorher in den Vordergrund zu holen. Offene Dokumente lassen sich natürlich noch sichern.

Aktives Programm in das Dock einfügen
Mit dem Befehl »Im Dock halten« können Sie ein aktives Programm einfach in das Dock einfügen. Es bleibt dann auch nach seiner Beendigung im Dock sichtbar.

Wechseln zwischen Programmen
Ein Klick auf ein Programmsymbol im Dock holt das Programm in den Vordergrund. Mit der Tastenkombination ⌘Tab können Sie zwischen aktiven Programm wechseln.

Weitere Programmfunktionen
Zusätzlich zu den Standardbefehlen kann ein Programm weitere Befehle zur Programmsteuerung in das Dockmenü einfügen. Im Menü von »iTunes« beispielsweise kann die Wiedergabe der eingelegten CD gestartet und zwischen den Titeln gewechselt werden. Außerdem wird im Menü der aktuelle Titel angezeigt.

Programm macht auf sich aufmerksam
Programme, die im Hintergrund Prozesse ausführen, können mithilfe des Docks die Aufmerksamkeit des Benutzers anfordern. Dafür springt das Programmsymbol so lange in regelmäßigen Abständen kurz aus dem Dock, bis der Benutzer in das Programm wechselt.

Ordner und Fenster

Ordnerhierarchien im Dock anzeigen

Wenn Sie einen Ordner im Dock abgelegt haben, können Sie direkt auf seinen Inhalt zugreifen. Klicken Sie auf das Symbol und halten Sie die Maustaste für einen kurzen Augenblick gedrückt (oder klicken Sie den Ordner mit gedrückter ctrl-Taste an). Es öffnet sich ein Menü, in dem der Inhalt des Ordners gezeigt wird. Befindet sich im Ordner ein Unterordner, kann dessen Inhalt in einem Untermenü angezeigt werden. Es werden jedoch nur bis zu fünf Hierarchiestufen angezeigt.

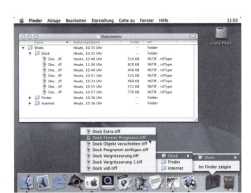

100ff ▸
Ordner-
hierarchie

Anzeige des Inhalts eines im Dock abgelegten Ordners und seiner untergeordneten Objekte

Im Finder zeigen

Der Befehl »Im Finder zeigen« öffnet den Ordner, in dem sich das Objekt befindet. Alternativ klicken Sie das Objekt im Dock mit gedrückter ⌘-Taste an.

Minimierte Fenster

Fenster, die mit dem Verkleinern-Schalter in der Titelleiste oder mit dem Befehl »Fenster verkleinern« (⌘M) aus dem Menü »Fenster« minimiert wurden, werden im rechten (bzw. unteren) Teil des Docks abgelegt. Zur besseren Unterscheidung werden die Fenster mit einem kleinen Symbol des zugehörigen Programmes versehen. Sie lassen sich durch einfaches Anklicken wieder auf ihre ursprüngliche Form bringen. Der hierbei verwendete Effekt kann in den Dock-Einstellungen verändert werden. Der Effekt »Trichter« (im Englischen »Genie«, Flaschengeist) saugt das Objekt in das Dock, »Linear« verkleinert es einfach.

Ein minimiertes Fenster kann mit dem Befehl »Schließen« direkt vom Dock aus geschlossen werden.

Mein Mac, dein Mac

Den Mac als Mehrbenutzersystem einrichten

*Mac OS X basiert auf UNIX, einem Mehrbenut-
zersystem. Benutzer können sich mit unterschiedlichen Zugriffsrechten und eigenen Einstellungen am System anmelden. Sie können
Mac OS X aber auch für einen einzelnen Benutzer einrichten.*

Aufgrund seiner UNIX-Wurzeln ist Mac OS X ein Mehrbenutzersystem. Im Kontrollfeld »Benutzer« in den »Systemeinstellungen« werden Benutzer eingerichtet, die sich beim Systemstart oder über das Netzwerk auf dem Rechner anmelden können. Diesen Benutzern können unterschiedliche Zugriffsrechte zugeteilt werden.

- Der Eigentümer meldet sich als so genannter Admin an. Er kann die anderen Benutzeraccounts einrichten oder verändern.
- Es können auch weitere Benutzer mit Admin-Benutzerrechten angelegt werden.
- Benutzer, die nur normale Zugriffsrechte erhalten, können keine Systemeinstellungen verändern.

Die Systemeinstellungen werden für jeden Benutzer einzeln abgespeichert:

- Jeder Benutzer kann sich die Darstellung der Finder-Fenster unterschiedlich einstellen und einen eigenen Schreibtischhintergrund verwenden.
- Auch die Einstellungsdateien der Programme werden für jeden Benutzer einzeln im Ordner »*Privat*/Library/Preferences« angelegt. Individuelle Einstellungen des Einen beeinflussen also nicht die Präferenzen der Anderen.

Ein Benutzer kann sich mit dem Befehl »Abmelden« (⇧⌘Q) aus dem Apple-Menü aus dem System abmelden. Daraufhin erscheint das Anmeldefenster für die Anmeldung eines anderen Benutzers. So kann ohne Neustart zwischen den Benutzern gewechselt werden.

Mit der schnellen Benutzerumschaltung können sich auch weitere Benutzer anmelden, ohne dass sich die anderen Benutzer abmelden müssen.

Anlegen eines Benutzers

Im Kontrollfeld »Benutzer« werden die einzelnen Benutzer angelegt und ihre Rechte definiert. Die Benutzer können sich am Mac direkt anmelden, aber auch über File-Sharing, FTP oder SSH auf den Rechner zugreifen.

Benutzer anlegen

1. Neuen Benutzer anlegen

Öffnen Sie in den »Systemeinstellungen« das Kontrollfeld »Benutzer« und klicken Sie auf das Pluszeichen unter der Liste der Benutzer.
Es erscheint ein neuer Benutzeraccount in der Liste.

2. Namen und Passwort vergeben

In den Textfeldern auf der Seite »Kennwort« legen Sie einen Namen und einen Kurznamen und das Passwort für den neuen Benutzer fest. Auf der Seite »Bild« können Sie auch ein Bild für den Benutzer auswählen.
Das Passwort müssen Sie zur Sicherheit bestätigen, zusätzlich können Sie auch eine Merkhilfe eingeben.

3. Fenster schließen

Schließen Sie das Einstellungsfenster.
Der neue Benutzer wird jetzt angelegt.

Für jeden Benutzer wird im Ordner »Benutzer« auf der obersten Ebene der Startfestplatte ein Ordner mit seinem Kurznamen angelegt.

Als Name kann jeder Name außer »root« verwendet werden. Da dieser Name vom System für den Super-User (System Administrator) vergeben ist, könnte es hier zu Konflikten kommen.

284 ▶
Referenz,
Kontrollfeld
»Benutzer«

148ff ▶
File-Sharing

312 ▶
Referenz,
Kontrollfeld
»Sharing«

Admin-Benutzer

1. Benutzer anlegen

Führen Sie die Schritte 1 und 2 der vorhergehenden Anleitung aus.

2. Rechte vergeben

Wenn Sie einen Admin-Account vergeben wollen, aktivieren Sie auf der Seite »Sicherheit« die Option »Der Benutzer darf diesen Computer verwalten«.

Der so angelegte Benutzer darf Einstellungen am System vornehmen.

Rechte des Admins

In folgenden Kontrollfeldern darf nur ein Admin-Benutzer Änderungen vornehmen:

▶ 217ff
Shell

- Benutzer
- Datum & Uhrzeit
- Drucken & Faxen
- Energie sparen
- Netzwerk
- Sharing
- Sicherheit
- Startvolume

Außerdem können bestimmte System-Programme, wie »Installationsprogramm«, »Festplatten-Dienstprogramm«, »Verzeichnisdienste« oder »NetInfo Manager« nur von einem Administrator bedient werden. Ist ein einfacher Benutzer angemeldet, kann ein als Admin angelegter Benutzer Einstellungen an diesen Kontrollfeldern und Programmen vornehmen, indem er sich durch Klicken auf das Schloss-Symbol im Fenster des Kontrollfelds bzw. Programms als Admin identifiziert.

▶ 276
Referenz,
Netinfo
Manager

Unter »Details« zeigt das Autorisationsfenster, welches Programm nach einem Admin-Passwort verlangt.

root

Unter UNIX gibt es einen besonderen Benutzer, den »root«. Dieser Benutzer – auch Super-User genannt, in Mac OS X auch »System Administrator« – hat als einziger alle Rechte und freien Zugriff auf sämtliche Ordner und Dateien, auch auf die Ordner und Dateien des Systems und aller anderen Benutzer. Er kann so auch irreparablen Schaden am System anrichten. Der root-Account ist deshalb in Mac OS X werksmäßig gesperrt.

sudo

Damit für bestimmte Operationen, die den »root« erfordern, »root« nicht angemeldet werden muss, gibt es in der Shell den Befehl »sudo«. Mit »sudo« wird genau ein Befehl mit den Rechten von »root« ausgeführt, ohne dass sich »root« tatsächlich anmelden muss. sudo-Befehle können auch ausgeführt werden, ohne dass »root« freigeschaltet wurde. Der gewünschte Befehl wird einfach mit einem vorangehenden sudo eingegeben. Das Passwort, das jetzt abgefragt wird, ist das Passwort, das Sie direkt nach der Installation als erstes eingegeben haben. »sudo -s« öffnet eine root-Shell.

root freischalten

Falls es aus irgendeinem Grunde nötig ist, »root« freizuschalten, so dass er sich normal anmelden kann, wählen Sie im Programm »Net-Info Manager« (im Ordner Dienstprogramme (⌘⇧U)) aus dem Menü »Sicherheit« den Befehl »root-Benutzer aktivieren«. (Dieser Befehl wird erst aktiv, wenn Sie sich mit dem Befehl »Identifizieren« im selben Menü als Admin identifiziert haben.)

»root« wird im Anmeldefenster nicht in der Liste der Benutzer angezeigt. Damit Sie sich als »root« anmelden können, klicken Sie auf »Andere« und geben dann den Namen »root« und das Passwort ein.

Benutzer löschen

Im Benutzer-Kontrollfeld können Sie mit der Schaltfläche »–« einen Benutzer löschen. Wenn Sie dabei in dem folgenden Dialog auf »OK« klicken, werden seine Dokumentenordner in ein Diskimage kopiert, das dann im Ordner »Deleted Users« abgelegt wird. Dieses Diskimage kann, falls bestimmte Dateien herauskopiert werden sollen, von Admin-Benutzern geöffnet werden oder es wird einfach in den Papierkorb gelegt und gelöscht. Mit einem Klick auf die Schalfläche »Sofort löschen« wird der Benutzerordner direkt gelöscht.

Gruppen

Die Benutzer werden vom System automatisch zu Gruppen zusammengefasst.

- **staff:** In dieser Gruppe werden einfache Benutzer und Admin-Benutzer zusammengefasst.
- **admin** und **wheel:** In diesen Gruppen befinden sich nur die Admin-Benutzer. Lediglich die Mitglieder von »wheel« dürfen mit dem Befehl »sudo« in der Shell für kurze Zeit root-Rechte übernehmen.

Verzeichnisdienste

Mac OS X kann auch von unterschiedlichsten Verzeichnisdienst-Servern – wie LDAP-Server, Netinfo-Server, Active-Directory-Server etc. – Benutzerlisten empfangen, sodass sich auch die dort eingerichteten Benutzer anmelden können. Dafür muss der entsprechende Verzeichnisdienst im Programm »Verzeichnisdienste« (im Ordner »Dienstprogramme« (⌘⇧U)) konfiguriert werden. Wie die entsprechenden Einstellungen aussehen müssen, erfragen Sie beim Administrator des Verzeichnisdienst-Servers. In NetInfo-Manager kann der Verzeichnisdienst-Server dann als übergeordnete Domain eingerichtet werden.

NetInfo Manager

In Mac OS X können Benutzer und Gruppen mit dem Programm »NetInfo Manager« bearbeitet werden, das unter anderem die verschiedenen Benutzer und Gruppen hierarchisch strukturiert. Auch virtuelle Benutzer (Daemons, Server usw.), Druckerdienste und Services sind verzeichnet. Die Bedienung des Programms »NetInfo Manager« sollte aber dem erfahrenen Administrator vorbehalten bleiben, da mit ihm auch das System zerstört werden kann. Der Befehl »Sicherungskopie erstellen« erstellt eine Sicherungskopie der Netinfo-Datei »local.nidb« (im unsichtbaren Ordner »var/db/netinfo«). Für den UNIX-Operator steht alternativ in der Shell der Befehl »niutil« zur Verfügung.

276▶
Referenz,
NetInfo
Manager

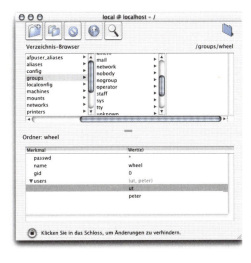

279▶
Referenz,
Verzeichnisdienste

Automatische Anmeldung

286 ▶

Referenz,
Kontrollfeld
»Benutzer,
Anmelde-
Optionen«

Wenn Sie Ihren Mac alleine benutzen, können
Sie die Anmeldeprozedur übergehen, indem Sie
die automatische Anmeldung aktivieren. Dann
kann jedoch jeder, der Ihren Mac startet, auch
auf alle Ihre Dateien zugreifen.

Automatische Anmeldung

1. Anmelde-Optionen

*Klicken Sie im Kontrollfeld »Benutzer« unter
der Liste der Benutzer auf die Schaltfläche
»Anmelde-Optionen«.*

2. Automatische Anmeldung aktivieren

*Aktivieren Sie das Häkchen neben »Automa-
tisch anmelden als« und wählen Sie aus dem
Menü den gewünschten Benutzer aus. Es
erscheint ein Dialog, in dem Sie das Passwort
des Benutzers eingeben müssen.*

*Der Benutzer wird beim nächsten Systemstart
automatisch angemeldet. Wechseln zwischen
Benutzern ist jedoch wie immer möglich.*

Automatische Anmeldung deaktivieren/
aktivieren

Druch Entfernen des Häkchens neben der Option »Automatisch anmelden als« oder durch
Aktivierung der Option »Automatisches Anmelden deaktivieren« im Kontrollfeld »Sicherheit«
kann die automatische Anmeldung wieder
deaktiviert werden. Wenn die automatische
Anmeldung erneut aktiviert wird, muss der Benutzer neu ausgewählt werden. Soll ein anderer Benutzer automatisch angemeldet werden,
können Sie diesen wie oben gezeigt im Menü
auswählen.

314 ▶

Referenz,
Kontrollfeld
»Sicherheit«

Wechseln zwischen Benutzern

1. Abmelden

Wählen Sie aus dem Apple-Menü den Befehl »Abmelden« (⌘⇧Q).

Alle aktiven Programme inklusive des Finders werden nach Nachfrage beendet.

2. Anmelden

Es erscheint das Anmeldefenster, in dem sich ein Benutzer mit Namen und Passwort anmelden kann. Je nachdem, welche Option im Kontrollfeld »Benutzer« unter »Anmelde-Optionen« eingestellt ist, kann der Name aus einer Liste der angelegten Benutzer ausgewählt werden oder muss manuell in das Textfeld eingetragen werden.

Der Finder wird nun mit den Einstellungen dieses Benutzers gestartet.

Nur der private Ordner des jeweils aktiven Benutzers wird mit dem Häuschen-Symbol versehen. Er kann mit dem Befehl »Privat« (⌘⇧H) aus dem Menü »Gehe zu« direkt erreicht werden.

Schneller Benutzerwechsel

Mit Mac OS X 10.3 können auch mehrere Benutzer gleichzeitig an einem Mac arbeiten, ohne dass die Prozesse der jeweils anderen Benutzer beim Benutzerwechsel beendet werden.

1. Schnellen Benutzerwechsel aktivieren

Öffnen Sie das Kontrollfeld »Benutzer«, klicken Sie dort auf »Anmelde-Optionen« und aktivieren Sie dann die Option »Enable Fast User switching«.

Ganz rechts in der Menüleiste wird nun Ihr Benutzername angezeigt.

2. Benutzer wechseln

Wenn Sie auf Ihren Benutzernamen klicken, öffnet sich ein Menü mit den Namen der anderen auf diesem Mac eingerichteten Benutzer. Wählen Sie dort den Namen des gewünschten Benutzers aus. Um einen Benutzer anzumelden, der nicht im Menü erscheint, wählen Sie den Menüpunkt »Anmeldefenster«.

Wenn der Benutzer ein Passwort eingerichtet hat, müssen Sie jetzt das Passwort eingeben.

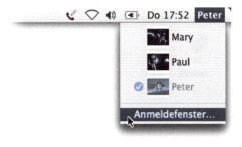

Besonderheiten

Programme werden bei Mac OS X als Prozess des jeweiligen angemeldeten Benutzers gestartet. Prozesse des einen Benutzers stehen den anderen Benutzern nicht zur Verfügung. Wenn über den schnellen Benutzerwechsel mehrere Benutzer aktiv sind, können also bestimmte Programme mehrfach aktiv sein, jeweils in einer Instanz für den jeweiligen Benutzer. Die geladenen Programme der anderen Benutzer bleiben im Arbeitsspeicher erhalten, die verschiedenen Instanzen beeinflussen sich dabei jedoch nicht.

Ausschalten, Neustart

Wenn der Mac ausgeschaltet oder neu gestartet werden soll, während andere Benutzer angemeldet sind, müssen auch die Prozesse der jeweils anderen Benutzer beendet werden. Dafür ist das Passwort eines Admin-Benutzers notwendig.

Welche Benutzer sind angemeldet?

Im Benutzer-Menü und im Anmeldefenster werden die angemeldeten Benutzer mit einem Häkchen gekennzeichnet.

Der private Benutzerordner

Mac OS X legt für jeden Benutzer einen privaten Ordner an. Dieser ist mit dem Befehl »Privat« (⌘⇧H) aus dem Menü »Gehe zu« oder über die Seitenleiste direkt erreichbar. Im Benutzerordner werden automatisch verschiedene Unterordner angelegt.

- Im Ordner **»Library«** werden Einstellungen etc. gespeichert.
- Alle Objekte im Ordner **»Schreibtisch«** werden auf dem Schreibtisch angezeigt.
- Der Ordner **»Web-Sites«** wird für das Web-Sharing benutzt.

- Der Ordner **»Öffentlich«** ist für alle Benutzer zum Lesen freigegeben. In ihm befindet sich der **»Briefkasten«**, in die Objekte gelegt werden können.
- Die anderen Ordner **»Dokumente«**, **»Musik«**, etc. sind zum Sortieren von Dokumenten vorgesehen.
- Der Ordner »Benutzer« enthält außerdem den Ordner **»Für alle Benutzer«**, auf den jeder Benutzer uneingeschränkt zugreifen darf.

▶ 236
Lesen Sie im Kapitel »Sicherheit« über den verschlüsselten Benutzerordner

So erscheint Ihr privater Ordner.

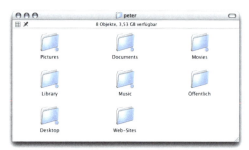

So erscheint Ihr privater Ordner für einen anderen Benutzer. (Die Ordner, auf die Sie keinen Zugriff haben werden mit englischem Namen angezeigt.)

Benutzerrechte bestimmen

Wenn Sie als Admin oder als normaler Benutzer angemeldet sind, können Sie die Privilegien für Ihre privaten Ordner und Objekte im Ordner »Benutzer« bestimmen. Damit können Sie bestimmte Ordner und Objekte für andere Benutzer an diesem Mac oder im Netzwerk zugänglich machen.

Die Privilegien für andere Ordner – wie die Programme-Ordner, den Ordner »System« etc. – sind fest vom System vergeben.

Privilegien vergeben

1. Infofenster öffnen

Markieren Sie das betreffenden Objekt und öffnen Sie dann das Infofenster, indem Sie den Befehl »Information« (⌘I oder ⌘⌶I) aus dem Menü »Ablage« des Finders wählen. Öffnen Sie mit dem kleinen Dreieck den Bereich »Eigentümer & Zugriffsrechte« und dann »Details«.

2. Privilegien vergeben

Jetzt können Sie in den Aufklappmenüs »Rechte« von Eigentümer bzw. Gruppe und im Menü »Andere« die Zugriffsrechte festlegen.

Sollen alle Benutzer Ihr freigegebenes Objekt uneingeschränkt nutzen können, wählen Sie unter »Jeder« die Einstellung »Lesen und Schreiben«. Achten Sie darauf, dass sich ein solches Objekt in einem Ordner mit mindestens Lesezugriff befinden muss, sonst ist das Objekt für den Benutzer nicht zu erreichen.

3. Privilegien für Unterordner vergeben

Sollen Unterordner dieselben Privilegien erhalten, klicken Sie auf die Schaltfläche »Auf alle Unterobjekte anwenden«.

▸ 257ff
Lesen Sie hier über die beiden Varianten des Infofensters.

▸ 148ff
Lesen Sie hier über die Freigabe von Objekten über das Netzwerk.

Eigentümer oder Gruppe ändern

Mit den Menüs »Eigentümer« und »Gruppe« können Sie das Objekt einem anderen Eigentümer bzw. einer anderen Gruppe zuteilen. Die Menüs werden mit einem Klick auf das Schlösschen aktiviert. Wenn Sie eine Änderung vornehmen, müssen Sie sich zusätzlich als Admin-Benutzer identifizieren.

Die Wertigkeit der verschiedenen Privilegien

Im Kontrollfenster »Information« auf der Seite »Gemeinsam nutzen« können die Privilegien der Benutzer in verschiedenen Stufen vergeben werden. Hierfür gibt es drei Menüs, in denen sich jeweils vier Stufen bestimmen lassen.

Mit der Einstellung »Jeder« werden die Minimalprivilegien für alle Mitbenutzer vergeben. Die Zugriffsrechte für Mitbenutzer lassen sich nur dann einschränken, wenn für »Jeder« nicht die Option »Lesen und Schreiben« gewählt ist. Bei der Einstellung unter »Jeder« handelt es sich sozusagen um die Grundrechte aller möglichen Benutzer (auch für den Gast). Für spezielle Benutzer können den Grundrechten gleichwertige oder über sie hinausgehende Privilegien vergeben werden.

Der Benutzer kann seine Zugriffsrechte am Aussehen der Ordner erkennen.

Lesen und schreiben

Die Objekte können geöffnet, geändert oder gelöscht werden. In einem Ordner mit Schreib-Lese-Rechten können auch weitere Objekte angelegt oder bewegt werden.

Nur lesen

 Auf alle Objekte mit der Einstellung »Nur lesen« kann zugegriffen werden. Die Objekte können zwar auch bearbeitet werden, jedoch können die Änderungen – wie bei einer CD – nicht in diesem Ordner gesichert werden.

Nur schreiben (Briefkastenordner)

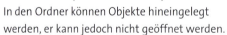 In den Ordner können Objekte hineingelegt werden, er kann jedoch nicht geöffnet werden.

Keine

 Das Objekt kann nicht geöffnet, bewegt oder gelöscht werden.

Wie sieht ein anderer Benutzer seine Rechte bezüglich eines Ordners?

Je nach Zugriffsrechten wird der Ordner unterschiedlich dargestellt:

- Ist »**lesen und schreiben**« erlaubt, erscheint der Ordner als normaler Ordner.
- Ist »**nur lesen**« erlaubt, erscheint der Ordner auch als normaler Ordner. In der Statusanzeige des Finder-Fensters wird jedoch ein durchgestrichener Stift angezeigt.
- Ein Ordner mit den Rechten »**nur schreiben (Briefkasten-Ordner)**« wird mit einem blauen Pfeil im Symbol angezeigt.
- Wurden »**keine**« Rechte vergeben, erscheint der Ordner mit einem roten Verbotsschild im Symbol.

Mauszeiger

Beim Bewegen von Objekten verändert der Mauszeiger abhängig von den Rechten seine Form.

- Wenn Sie ein Objekt in einen Ordner hereinbewegen wollen, zu dem Sie keine Schreibrechte haben, zeigt der Mauszeiger ein Verbotsschild. Bewegen oder kopieren in einen solchen Ordner ist nicht möglich.
- Wenn Sie ein Objekt aus einem Ordner herausbewegen zu dem Sie keine Schreibrechte besitzen, wird der Mauszeiger zu einem Kopiercursor. Bewegen des Objektes ist nicht möglich.

Warum kann ich im Infofenster im Bereich »Eigentümer & Zugriffsrechte« die Ausklappmenüs nicht auswählen?

Die Rechte der Objekte können nur von ihrem jeweiligen Eigentümer geändert werden. Sie müssen also zuerst den Eigentümer wechseln, um dann die Rechte zu ändern.

Wieso kann ich eine Datei sehen und bearbeiten, die Änderungen aber nicht sichern?

Sie haben nur das Lesezugriffsrecht auf die Datei oder den Ordner, in dem sich die Datei befindet. In der Statusanzeige des Fensters sehen Sie ein Symbol mit einem durchgestrichenen Stift. Sichern Sie die Änderungen an einem anderen Ort.

Rechte von kopierten Objekten

Neue Objekte bekommen bei UNIX-Systemen Benutzerrechte nach einer bestimmten Maske (umask). Die Standardmaske gibt dem Objekt folgende Rechte: Eigentümer ist der Benutzer, der das Objekt angelegt hat, die Gruppe seine Hauptgruppe. Der Eigentümer hat Schreib- und Leserechte, die Gruppe und Jeder bekommen nur Leserechte. Beim Kopieren eines Objektes bekommt die Kopie diese Benutzerrechte, unabhängig davon, welche Rechte das Original besitzt.

Neue Ordner

Auch beim Anlegen des neuen Ordners werden Sie als Eigentümer dieses Ordners definiert. Sie erhalten automatisch Schreib-/Lese-Zugriff. Für andere Benutzer werden dem Ordner nur Leserechte zugeteilt. Das gilt auch, wenn Sie den Ordner innerhalb eines Ordners anlegen, dessen Eigentümer ein anderer Benutzer ist.

Kennwort vergessen

Wenn Sie einmal Ihr Kennwort vergessen haben und sich deshalb nicht mehr am Rechner anmelden können, können Sie mit dem Programm »Kennwort zurücksetzen« ein neues Kennwort vergeben.

1. Von der CD starten

Legen Sie die Mac-OS-X-CD ein und klicken Sie auf »Neustart«. Halten Sie die Taste »C« gedrückt, damit der Mac von der CD startet.

2. »Kennwort zurücksetzen« starten

Wenn der Installer fertig geladen ist, wählen Sie im Menü »Installer« den Menüpunkt »Kennwort zurücksetzen«.

Damit das Programm seine Menüs deutschsprachig zeigt, sollten Sie vorher im Installer die Option »Deutsch als Standardsprache verwenden« auswählen.

3. Kennwort zurücksetzen

Wählen Sie zuerst das Volume aus, auf dem sich Ihr Mac OS X befindet. Dann wählen Sie Ihren Namen aus dem Ausklappmenü und geben ein neues Passwort (zweimal) ein.

4. Neustart

Beenden Sie »Kennwörter zurücksetzen« und den »Installer« und klicken Sie auf »Neustart«.

Nach dem Neustart können Sie sich mit dem neuen Kennwort anmelden.

Benutzer mit eingeschränkten Rechten

Mit dem Kontrollfeld »Mehrere Benutzer« können auch Benutzer mit stark eingeschränkten
Rechten angelegt werden.

Benutzerrechte weiter einschränken

1. Benutzer anlegen

Führen Sie die Schritte 1 bis 3 der Anleitung
auf Seite 89 aus.

2. Eigenschaften öffnen

Wählen Sie den Benutzer in der Liste links aus
und wechseln Sie auf die Seite »Eigenschaften«.

3. Eigenschaften bestimmen

Klicken Sie auf »Bestimmte« und deaktivieren
Sie die gewünschten Eigenschaften unter
»Dieser Benutzer darf«. Oder aktivieren Sie die
Option »Einfachen Finder«.

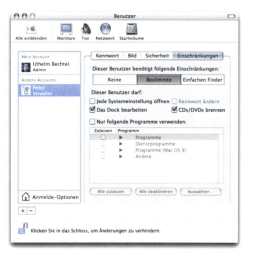

4. Programme freigeben

Im unteren Teil des Fensters werden vier Kat-
gorien von Programmen angezeigt. Mit einem
Klick auf das kleine Dreieck wird eine Liste der
installierten Programme der jeweiligen Kategorie eingeblendet. Durch einfaches Ankreuzen können Sie die Programme bestimmen,
die der Benutzer starten darf. Soll der Benutzer nur eine geringe Anzahl an Programmen
benutzen, deaktivieren Sie zuerst alle Programme mit der Schaltfläche »Alles deaktivieren« und aktivieren dann die gewünschten
Programme.

Im einfachen Finder erscheinen nur die aus-
gewählten Programme im Programm-Fenster.
Ein eingeschränkter Benutzer erhält beim
Versuch, ein nicht ausgewähltes Programm zu
starten, eine Meldung, daß seine Rechte nicht
ausreichen.

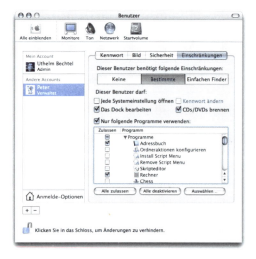

Einfacher Finder

Mit dem einfachen Finder hat Apple dem Mac eine einfache Alternative zum Finder geschaffen. Diese bietet nicht die Hierarchieebenen und Steuerfunktionen des Finders. Der einfache Finder besitzt nur ein einziges Fenster, in dem er die Programme bzw. Dokumente zeigt.

Dock
Das Dock enthält auf der rechten Seite lediglich die drei Objekte »Meine Programme«, »Dokumente« und »Für alle Benutzer«.

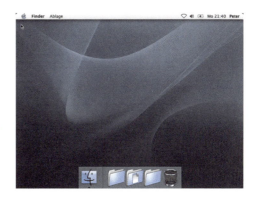

Programme
Schon ein Einfachklick auf ein Objekt startet das entsprechende Programm. Sind mehr Programme freigegeben, als in das Fenster passen, kann mit den beiden Pfeilen und den Seitennummer-Schaltflächen zu den nächsten Programmen gewechselt werden.

Dokumente
Ein Klick auf das das Objekt »Dokumente« im Dock zeigt den Inhalt des Dokumentenordners des jeweiligen Benutzers, das Objekt »Für alle Benutzer« öffnet den Ordner »Benuzter/Für alle Benutzer«. Ein einfacher Klick auf ein Dokument öffnet dieses in seinem Standard-Programm.

Bewegen in der Hierarchie
Bewegen in der Ordnerhierarchie ist im einfachen Finder mit einem einfachen Klick auf einen Ordner möglich. Objekte können jedoch nicht verschoben werden.

Sie können auch die Kontextmenüs der Objekte im Dock benutzen, um Objekte in Unterordnern des Dokumenten-Ordners zu erreichen. Die Öffnen- und Sichern-Dialoge in den Programmen funktionieren wie gewohnt.

Kompletten Finder aktivieren
Falls Sie Objekte im Finder verschieben wollen, können Sie mit dem Befehl »Kompletten Finder aktivieren« aus dem Finder-Menü – nach Identifikation als Admin-User – den normalen Finder aktivieren. Dort finden Sie dann im Finder-Menü den Befehl »Zurück zum einfachen Finder«.

Alle Wege führen nach Rom

Der Weg durch die Ordnerhierarchie

Im Finder des Mac OS X können die Objekte in hierarchischen Strukturen angeordnet werden. Dieses Kapitel zeigt die verschiedenen Möglichkeiten, wie in diesen Strukturen navigiert werden kann.

Im Mac OS konnten schon immer Objekte in Ordner sortiert werden. Der Inhalt der Ordner wird in einem Fenster dargestellt. Seit mit System 3 des klassischen Mac OS das hierarchische Dateisystem eingeführt wurde, können sich in Ordnern wiederum weitere Ordner befinden usw. So entstehen verschachtelte Hierarchien, durch die Sie navigieren müssen.

Mac OS X bietet verschiedene Möglichkeiten der Navigation durch Ordnerhierarchien.

- Mit der klassischen Methode werden alle Ordner und Unterordner jeweils per Doppelklick geöffnet.
- Zum Zurücknavigieren kann mit gedrückter ⌘-Taste ein Menü in der Titelzeile des Ordnerfensters geöffnet werden, in dem die gesamte Hierarchie bis zur aktuellen Ordnerebene angezeigt wird. Hier kann der entsprechende übergeordnete Ordner geöffnet werden.
- In der Listendarstellung können mithilfe der kleinen Dreiecke auch die weiteren Unterordner zusammen in einem Fenster angezeigt werden. So lassen sich auch Objekte aus verschiedenen Unterordnern gleichzeitig anfassen und bewegen.

- Von NeXTStep wurde die Spaltendarstellung übernommen, in der die Hierarchien innerhalb eines einzigen Fensters in Spalten angezeigt werden.
- Sind die Symbol- und die Seitenleiste eingeblendet, kann auch in der Symbol- und Listendarstellung innerhalb eines Fensters durch die Ordnerhierarchie navigiert werden.
- Aufspringende Ordner erleichtern das Ablegen eines Objektes in der Tiefe der Hierarchie.

Mac OS X bietet also für unterschiedliche Aufgaben unterschiedliche Möglichkeiten der Navigation durch die Hierarchie. Wollen Sie beispielsweise ein Objekt in einem tiefen Unterordner verstecken, benutzen Sie die Spaltendarstellung. Wollen Sie die gesamte Hierarchie überblicken, benutzen Sie die Dreiecke in der Listenansicht.

Aber auch in den Öffnen- und Sichern-Dialogen der Programme können Sie durch die Hierarchie navigieren. Hier werden die Hierarchien analog zur Spaltendarstellung des Finders dargestellt. Mit den Menüs »Gehe zu« des Finders und »Von« bzw. »Ort« in den Öffnen- und Sichern-Dialogen können Sie an bestimmte Orte der Hierarchie springen.

Der klassische Weg

Mit dem System 3, das 1986 mit dem Mac Plus ausgeliefert wurde, wurde das hierarchische Dateisystem eingeführt. Seitdem gibt es den klassischen Weg durch die Hierarchie, in dem der Inhalt eines Ordners immer in einem eigenen Fenster angezeigt wird. In System 7 wurde das Menü in der Titelzeile ergänzt.

Dieser Weg wurde in Mac OS X für die einfachen Finder-Fenster übernommen.

Vorwärts
Wenn Sie sich vorwärts durch die Ordnerhierarchie bewegen wollen, öffnen Sie ein Fenster nach dem anderen per Doppelklick auf die Ordnersymbole.

Zurück
Wollen Sie in der Hierarchie zurückschreiten, wählen Sie den Befehl »Übergeordneter Ordner« (⌘↑) aus dem Menü »Gehe zu«. Klicken Sie mit gedrückter ⌘-Taste in den Titel, öffnet sich ein Aufklappmenü, in dem die Hierarchiestufen von diesem Fenster bis zu der obersten Ebene des Volumes als Menüpunkte dargestellt werden. Wird der entsprechende Menüpunkt ausgewählt, öffnet sich das zugehörige Fenster. Ist das Fenster schon geöffnet, wird es in den Vordergrund geholt.

Letztes Fenster automatisch ausblenden
Wenn Sie beim Öffnen eines Fensters per Doppelklick auf ein Ordnersymbol die ⌥-Taste drücken, schließt sich das Fenster, in dem dieser Ordner angezeigt wurde, automatisch wieder.

Alle Fenster schließen
Wenn Sie beim Schließen eines Fensters (⊗) die ⌥-Taste drücken, schließen sich auch alle anderen Fenster (unter Umständen aber auch die Fenster, die geöffnet bleiben sollten).

73ff ◄
Der Finder, Fenster

81 ◄
Lesen Sie im Kapitel »Ein-Fenster-Betrieb«, wie sich Fenster mit eingeblendeten Symbol- und Seitenleiste verhalten.

Ein Doppelklick auf einen Ordner in einem Fenster ohne Symbolleiste öffnet ein neues Fenster, das den Inhalt dieses Ordners zeigt.

Mit gedrückter ⌘-Taste angeklickt wird in der Titelleiste anstelle des Ordnernamens eine Liste der in der Hierarchie übergeordneten Ordner eingeblendet.

Dreiecke in der Liste

In der Listendarstellung können mithilfe des kleinen Dreiecks links neben den Ordnern die Inhalte der Unterordner eines Ordners mit im selben Fenster angezeigt werden. In dieser Darstellung lassen sich Objekte aus unterschiedlichen Stufen der Hierarchie gemeinsam aktivieren und bewegen.

◄ 65
Finder, mehrere Objekte aktivieren

Inhalt des Unterordners anzeigen

Wenn Sie auf das Dreieck vor einem Ordnernamen klicken, wird unterhalb des Ordnernamens der Inhalt des Ordners – ein wenig nach rechts eingerückt – als Liste angezeigt. Das Dreieck dreht sich dann, so dass es nach unten zeigt.

Komplette Hierarchie anzeigen

Wenn Sie mit gedrückter ⌥-Taste auf das Dreieck klicken, werden alle Unterordner des angeklickten Ordners mit geöffnet.

Objekt in der Hierarchie bewegen

Wenn Sie ein Objekt von einer Hierarchiestufe zur anderen bewegen wollen, ziehen Sie es einfach auf den entsprechenden Unterordner. Wollen Sie es in den obersten Ordner bewegen, können Sie es alternativ auch auf den Spaltentitel ziehen. Ein Rahmen in Auswahlfarbe um den Fensterinhalt zeigt an, dass der oberste Ordner aktiviert ist.

► 294
Referenz, Auswahlfarbe im Kontrollfeld »Erscheinungbild«

Schließen

Mit einem erneuten Klick auf das Dreieck wird der Ordner wieder geschlossen. Alle Unterordner innerhalb eines Ordners schließen sich, wenn der Ordner mit gedrückter ⌥-Taste und einem Klick auf das Dreieck geschlossen wird.

Der Inhalt eines Ordners mit Unterordnern

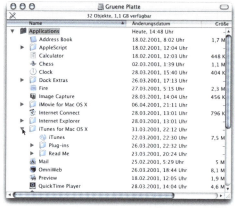

Mehrere Hierarchiestufen in der Listendarstellung

Spaltendarstellung

Vom Workspace Manager des NeXTStep wurde die Spaltendarstellung in Mac OS X übernommen. Hier wird die gesamte Ordner-hierarchie innerhalb eines Fensters in Spalten dargestellt. Die Anzahl der Spalten ist dabei abhängig von der Fensterbreite.

Vorwärts

Ein einfacher Klick auf ein Objekt erzeugt eine neue Spalte rechts von dem Objekt. Die sichtbaren Spalten werden um eine Spalte nach links verschoben. Handelt es sich bei dem Objekt nicht um einen Ordner, sondern um ein Programm oder Dokument, werden in der ganz rechten Spalte eine Vorschau des Objekts und Informationen zum Objekt angezeigt.

Zurück

Um in der Hierarchie zurückzublättern, kli-cken Sie links vom Rollgriff in den Rollbalken. Die Spalten verschieben sich um eine Spalte nach links und zeigen die nächsthöhere Hier-archieebene. Sie können alternativ auch den Rollgriff nach links schieben.

Ebenso können Sie jedoch mit gedrückter ⌘-Taste das Menü in der Titelleiste öffnen.

Wo bin ich?

Das ausgewählte Objekt erscheint in der Aus-wahlfarbe hinterlegt, die übergeordneten Ord-ner sind hellgrau hinterlegt. In der Titelleiste des Fensters wird außerdem der Name des un-tersten ausgewählten Ordners angezeigt. Um zu diesem Ordner zu gelangen, verschieben Sie den Rollgriff nach rechts. Falls das ausgewählte Objekt eine Datei ist, zeigt die Titelleiste den Namen des Ordners, in dem sich die Datei be-findet.

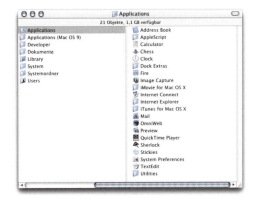

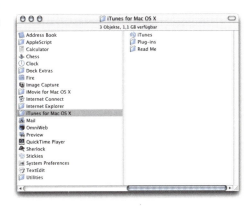

Aufspringende Ordner

Mit den aufspringenden Ordnern hatte Apple in Mac OS 8 eine weitere Möglichkeit der Navigation durch die Hierarchie geschaffen. Diese Möglichkeit fehlte jedoch im Finder von Mac OS X. Mit Mac OS X 10.2 wurden die aufspringenden Ordner auch im Mac-OS-X-Finder eingeführt.

Objekt bewegen

Wird ein Objekt auf einen Ordner oder ein Volume gezogen und mit gedrückter Maustaste darüber gehalten, öffnet sich nach einer kurzen Zeitspanne das dazugehörige Fenster.

Ein Dokument wird auf einen Ordner gezogen.

- Wenn Sie nun das Objekt innerhalb des neuen Fensters auf den nächsten Ordner in der Hierarchie bewegen, öffnet sich auch dessen Fenster und so weiter.
- Bewegen Sie das Objekt wieder aus dem Fenster heraus, schließt sich das Fenster wieder.
- Wenn Sie die Maustaste in einem Fenster loslassen, schließen sich alle anderen Fenster in der Hierarchie. Lediglich das letzte Fenster bleibt geöffnet.
- Wollen Sie alle so geöffneten Fenster schließen, bewegen Sie das Objekt auf den Schreibtisch.

Die Fenster öffnen sich immer unter dem Mauszeiger. Wenn die Fenster später per Doppelklick geöffnet werden, befinden sie sich wieder an ihrer ursprünglichen Position. Ist für einen Ordner schon ein Fenster geöffnet, wird ein weiteres Fenster unter dem Mauszeiger geöffnet.

Der Ordner springt auf.

Aufspringende Ordner in der Spaltendarstellung

Die aufspringenden Ordner funktionieren auch in der Spaltendarstellung. Hier wird das ausgewählte Objekt in einer weiteren Spalte geöffnet.

- Wenn sich das Objekt in der Seitenleiste befindet, wird es dort markiert und in der ersten Spalte des Fensters angezeigt.
- Sollte die Spalte am rechten Fensterrand liegen, werden die Spalten automatisch weiter nach links verschoben. Wenn Sie das Objekt an den linken Fensterrand bewegen, verschieben sich die Spalten wieder nach rechts.
- Wenn das Objekt dann aus dem Fenster herausgezogen wird, verschieben sich die Spalten wieder in die ursprüngliche Position

Ist jedoch in den Finder-Voreinstellungen die Option »Ordner immer in einem neuen Fenster öffnen« aktiviert oder wird ein Objekt auf eine andere Spalte des gleichen Fensters geschoben, werden die Objekte wie auf der vorherigen Seite beschrieben in neuen Fenstern geöffnet.

Einstellungen für die aufspringenden Ordner

Die aufspringenden Ordner können in den Voreinstellungen des Finders aktiviert und deaktiviert werden. Hier kann auch die Zeitspanne für das Öffnen eingestellt werden.

Direkt öffnen

Wenn Sie, während Sie ein Objekt auf einen Ordner ziehen, die Leertaste drücken, wird der Ordner direkt, ohne Verzögerung geöffnet.

Aufspringende Ordner und die Seitenleiste

Wird ein Finder-Objekt auf ein Objekt in der Seitenleiste gezogen, so wird nach kurzer Zeit der Inhalt des Objekts im Finder-Fenster angezeigt bzw. ein neues Fenster mit dem Inhalt des dazu gehörenden Ordners geöffnet.

Ein Dokument wird auf das Volumesymbol gezogen.

Das Volume wird in der Seitenleiste markiert und der Inhalt in der ersten Spalte angezeigt. In der nächsten Spalte wird der Inhalt des Ordners angezeigt.

254 ▶
Referenz, Einstellungen für den Finder

Die Spalten werden nach links verschoben.

Ordnerhierarchie in Öffnen- und Sichern-Dialogen

Auch in Anwendungsprogrammen können Sie sich durch die Ordnerhierarchie bewegen. Wird der Befehl »Öffnen« oder »Sichern« bzw. »Sichern unter« in einem Programm aufgerufen, öffnet sich ein Dialog. In diesem wird die Hierarchie analog zur Listen- und zur Spaltendarstellung des Finders mit eingeblendeter Symbol- und Seitenleiste gezeigt. Es bestehen jedoch einige Unterschiede.

◄78ff
Listen- und Spalten-darstellung

Im Sichern-Dialog wird die Liste erst sichtbar, wenn auf den Pfeil links neben dem Texteinga-befeld »Sichern als« geklickt wurde.

◄102f
Navigieren in der Listen- und Spalten-darstellung

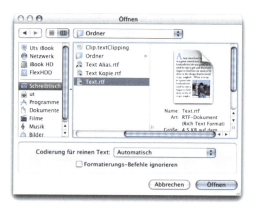

Wo bin ich?

Das Aufklappmenü oben in der Mitte zeigt den aktuellen Ordner und durch Öffnen des Menüs wird die komplette Hierarche sichtbar. (Im ein-geklappten Sichern-Dialog werden statt dessen die Objekte aus der Seitenleiste angezeigt.)

Ordner wechseln per Drag&Drop

Wenn Sie ein Ordnersymbol aus dem Finder in das Dialogfenster ziehen, wird der Inhalt dieses Ordners angezeigt.

Sichern-Optionen

Im Textfeld des Dialogs »Sichern unter« kann der Dateiname für die zu sichernde Datei ein-gegeben werden. In vielen Fällen lassen sich außerdem noch in einem Menü der Dateityp auswählen, in dem das Objekt gesichert wer-den kann, und weitere Optionen bestimmen.

Neuer Ordner

In den Sichern-Dialogen lässt sich – wenn das Dreieck neben dem Menü »Ort« geöffnet ist – mit der Schaltfläche »Neuer Ordner« im aktuell ausgewählten Ordner ein neuer Unterordner anlegen. In einem Dialogfeld können Sie dem Ordner dann einen Namen geben.

Namen vergeben per Klick

Wenn Sie im Sichern-Dialog auf einen Da-teinamen klicken, wird dieser in das Textfeld übernommen.

Schnelleres Bewegen mit der Tastatur

Wenn Sie sich schneller durch die Ordner-struktur bewegen wollen, können Sie die Pfeil-tasten verwenden. Innerhalb der Liste bewegen Sie sich mit der Auf- bzw. Abwärtspfeiltaste (↑ bzw. ↓). Um an einen bestimmten Punkt innerhalb der Liste zu springen, drücken Sie den Anfangsbuchstaben des gewünschten Objekts. Mit → gelangen Sie in der Spaltendarstellung in die nächste Hierarchiestufe, mit ← wechseln Sie eine Hierarchiestufe zurück.

Durch die Hierarchie springen

Mac OS X bietet mehrere Möglichkeiten, wie Sie direkt zu einem bestimmten Ordner wechseln können, ohne dass Sie sich dabei durch die Ordnerstruktur arbeiten müssen.

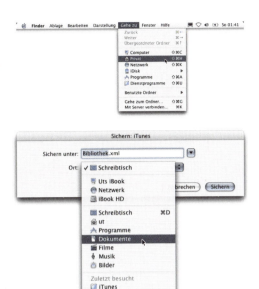

Die Seitenleiste
Mit einem Klick in eines der Objekte in der Seitenleiste des Finders oder der Öffnen- und Sichern-Dialoge springen Sie direkt zu dem gewünschten Objekt.

Menü »Gehe zu« des Finders
Im Finder kann mit dem Menü »Gehe zu« oder den Tastenkürzeln direkt an eine bestimmte Stelle der Hierarchie gesprungen werden:

- **Computer (⌘⇧C):** Hier werden alle gemounteten Volumes angezeigt.
- **Privat (⌘⇧H):** Ihr privater Ordner (Benutzer/ Ihr Name) wird ausgewählt.
- **Netzwerk (⌘⇧K):** öffnet den Ordner »Netzwerk«, in dem sich die Server-Volumes befinden.
- **Programme (⌘⇧A):** öffnet den Programmordner.
- **Dienstprogramme (⌘⇧U):** öffnet den Ordern »Dienstprogramme«.
- **iDisk:** Im Untermenü werden die Objekte auf der iDisk angezeigt. Das Menü ist nur aktiv, wenn eine iDisk eingerichtet ist.
- **Benutzte Ordner:** stellt die zuletzt verwendeten Ordner zur Auswahl.
- **Mit Server verbinden (⌘K):** öffnet einen Dialog, über den Sie sich in andere, freigegebene Rechner einloggen können.

Im Sichern-Dialog
Auch im eingeklappten Sichern-Dialog kann über das Menü »Ort« an einen bestimmten Ort gewechselt werden. Dafür klicken Sie im Dialog »Sichern« auf das Aufklappmenü »Ort«. Hier stehen Ihnen die Objekte zur Verfügung, die sich in der Seitenleiste des Finders befinden.

Pfadangabe in »Gehe zum Ordner«
Mit dem Befehl **»Gehe zum Ordner« (⌘⇧G)** aus dem Menü »Gehe zu« des Finders öffnet sich ein Textfeld. Hier kann ein Pfad zum gewünschten Ordner eingegeben werden. Falls Sie sich vertippt haben, erhalten Sie eine Fehlermeldung. Im Finder wird die Eingabe automatisch ergänzt. Mit dieser Funktion können Sie auch die unsichtbaren BSD-Ordner erreichen.

Wer suchet, der findet

Dateien und Inhalte suchen

Mit der Suchfunktion des Finders können Sie auf Ihren eigenen Volumes und im Netzwerk nach Dateien suchen. Dieses Kapitel beschreibt, wie der Dateiname und andere Dateiattribute als Suchkriterien festgelegt werden und wie eine Suche nach Textinhalten innerhalb von Textdateien durchgeführt wird.

Wenn Sie unter Mac OS X ein Objekt finden wollen, dessen Aufenthaltsort Ihnen nicht mehr bekannt ist, so können Sie die Suchfunktion des Finders benutzen. Sie kann über den Befehl »Finden« (⌘F) aus dem Menü »Ablage« aufgerufen werden.

- **Dateien finden:** Über die Seite »Dateien finden« kann auf Volumes im eigenen Rechner und im lokalen Netzwerk nach bestimmten Dateien gesucht werden. Als Suchkriterien lassen sich Dateiname, Erstellungsdatum, Suffix und andere Attribute festlegen, die die Suche eingrenzen.
- **Suchen nach Inhalt:** Diese Funktion durchsucht auch den Inhalt von Textdateien. So kann beispielsweise nach bestimmten Wörtern oder Sätzen innerhalb von Textdateien gesucht werden.

Eine Voraussetzung für die Suche nach Inhalten innerhalb von Textdateien ist, dass ein Index angelegt wurde. Anhand verschiedener Konfigurationsdateien, die sich im Ordner »System/Library/Find« befinden, werden bestimmte Wörter (der, die, und, oder usw.) sowie bestimmte Dateitypen von der Indizierung ausgenommen. Diese Konfigurationsdateien lassen sich im Programm »TextEdit« verändern. Alternativ kann für die Suche auch das Textfeld »Suchen« in der Symbolleiste eines Finderfensters verwendet werden. Hier wird jedoch nur nach Dateinamen gesucht.

Dateien finden

Im Suchfenster des Finders können Sie auf Ihren Volumes oder im lokalen Netzwerk unter bestimmten Kriterien nach Dateien suchen. Die Suche kann eingegrenzt werden, damit die Liste der gefundenen Objekte überschaubar bleibt.

Suchen mit Objektattributen

1. Suchfenster öffnen

Öffnen Sie das Suchfenster des Finders mit dem Befehl »Finden« (⌘F) im Ablage-Menü des Finders.

2. Den Ort der Suche bestimmen

Um die Suche grob einzuschränken, legen Sie im Menü »Suchen« den Ort der Suche fest. Sie können zwischen »Überall«, den lokalen Volumes und Ihrem privaten Ordner auswählen. Wenn Sie in einem bestimmten Ordner suchen wollen, wählen Sie den Menüpunkt »An bestimmten Orten« und ziehen Sie den Ordner einfach in das Fenster. Er wird dann in die Liste eingefügt. Die Suche findet in allen ausgewählten Objekten statt.

3. Namen eingeben

Geben Sie den Namen des gesuchten Objekts in das Textfeld ein.

4. Die Suche weiter einschränken

Wenn Sie nicht allein nach dem Namen eines Objekts suchen wollen, klicken Sie auf das Pluszeichen und wählen Sie ein weiteres Kriterium aus dem Menü aus. Mit dem Minuszeichen können Sie Kriterien aus der Liste entfernen.

5. Die Suche starten

Die Schaltfläche »Suchen« startet die Suche.

112 ▶

Lesen Sie hier, wie Sie mit den Suchergebnissen weiterarbeiten können.

Nach unsichtbaren Objekten suchen

Mit dem Kriterium »Sichtbarkeit« kann nach unsichtbaren Objekten – oder Objekten in unsichtbaren Ordnern – gesucht werden.

Suchen im Ordner »System«

◀ 165
Zwischen-
ablage

Der Ordner »System« bleibt normalerweise bei der Suche ausgenommen. Falls Sie ein Objekt im Ordner »System« suchen wollen, müssen Sie den Ordner »System« in den Bereich »an bestimmten Orten« ziehen.

Das Suchfeld in der Symbolleiste

In der Symbolleiste der Finder-Fenster befindet sich ein Texteingabefeld zur direkten Eingabe eines Suchbegriffs. Die so eingegebene Suche erfolgt jedoch lediglich nach Name. Den Ort der Suche können Sie in einem Menü bestimmen, das sich mit einem Klick auf die Lupe öffnet.

Nach Inhalt suchen

Mit der Suchfunktion des Finders kann außerdem nach Wörtern und Texten in Textdateien gesucht werden.

Voraussetzung für die Suche nach Inhalten ist, dass die Ordner, die durchsucht werden sollen, zuvor indiziert wurden.

▶ 112
Lesen Sie
hier, wie
Sie mit den
Suchergeb-
nissen wei-
terarbeiten
können.

Es kann auch gleichzeitig nach Name, Attribute und Inhalt eines Objekts gesucht werden. So kann beispielsweise nach Inhalten in Dateien eines bestimmten Dateityps (z.B. PDFs) gesucht werden.

Textsuche durchführen

1. Inhalt auswählen

Wählen Sie aus dem Menü »Kriterien hinzufügen« den Menüpunkt »Inhalt«.

2. Text eingeben

Geben Sie den gesuchten Begriff in das Textfeld ein oder fügen Sie ihn aus der Zwischenablage ein. Es muss sich hierbei nicht um ein einzelnes Wort handeln, es werden auch ganze Sätze berücksichtigt.

3. Ort der Suche bestimmen

Wählen Sie im Menü »Suchen« den Ort für die Suche aus. Wenn Sie den Menüpunkt »An bestimmten Orten« ausgewählt haben, können Sie die Suche auch auf einzelne Objekte beschränken, die Sie in das Fenster ziehen.

3. Suche starten

Die Schaltfläche »Suchen« startet den Suchvorgang.

Wenn Sie einen Suchbegriff so eingeben, wie in der Abbildung gezeigt, wird nach den Begriffen »Peter« und »Wolf« gesucht. Die Füllwörter »und« und »der« werden nicht berücksichtigt.

Index

Wenn Sie die Suche nach Inhalt in einem ausgewählten Objekt starten wird automatisch
der Index erneuert. Dadurch verzögert sich die
Suche jedoch stark. Sie können den Index für
ausgewählte Objekte auch manuell anlegen.

Ordner indizieren

1. Infofenster öffnen

**Markieren Sie das gewünschte Objekt im Fin-
der und wählen Sie aus dem Menü »Ablage«
den Befehl »Information« (⌘I bzw. ⌘⌥I).**

2. Index anlegen

**Öffnen Sie im Infofenster mit dem kleinen
Dreieck den Bereich »Index« und klicken Sie
auf die Schaltfläche »Index anlegen«.**

*Je nach Anzahl der Objekte innerhalb des
Ordners wird die Indizierung einige Zeit in Anspruch nehmen.*

257ff ▶

Lesen Sie
hier über die
beiden Va-
rianten des
Infofensters.

Sprachen für die Indizierung

In den Finder-Voreinstellungen können Sie
bestimmen, welche Sprachen beim Indizieren
berücksichtigt werden sollen.

Index löschen

Mit dem Befehl »Index löschen« im Infofenster
können Sie den Index des Objekts löschen.

Suchergebnisse

Wenn Sie eine Suche gestartet haben, werden die gefundenen Objekte in einem neuen Fenster in einer Liste angezeigt. Für jeden Suchvorgang wird ein neues Fenster geöffnet.

Das Fenster ist in zwei Bereiche unterteilt. Im oberen Teil werden die gefundenen Objekte aufgelistet. Der untere Teil zeigt den Ort, an dem sich das in der oberen Liste ausgewählte Objekt befindet.

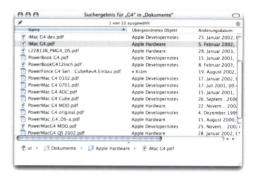

Ort des gefundenen Objekts

◀ 78
Listendarstellung

Das Fenster »Suchergebnis« ist ein ganz normales Finder-Fenster in Listendarstellung. Es gibt jedoch eine zusätzliche Spalte »Übergeordnetes Objekt«, in der Sie erkennen können, in welchem Ordner sich das Objekt befindet. Zusätzlich wird, wenn Sie auf ein gefundenes Objekt klicken, im unteren Teil des Fensters die komplette Ordnerhierarchie angezeigt, in der sich dieses Objekt befindet.

Bei einer Suche nach Inhalt können die Ergebnisse in einer zusätzlichen Spalte nach der Häufigkeit des Vorkommens der gesuchten Worte sortiert werden.

Was tun mit den gefundenen Objekten?

Das Suchergebnisfenster ist mehr als eine einfache Auflistung der gefundenen Objekte. Im oberen Teil des Fensters kann wie in jedem anderen Finder-Fenster auf die angezeigten Objekte zugegriffen werden.

- **Gefundene Objekte öffnen:** Zum Öffnen des Objekts reicht ein Doppelklick. Das Objekt kann aber auch per Drag&Drop auf ein Programmsymbol geöffnet werden.
- **Gefundene Objekte bewegen:** Sie können die Objekte auch direkt aus dem Fenster »Suchergebnisse« bewegen.

Beim Bewegen eines Objekts in ein anderes Finder-Fenster wird es von seinem ursprünglichen Ort an den neuen verschoben. Gleichzeitiges Drücken der ⌥-Taste erzeugt eine Kopie, das Drücken der Tasten ⌘ und ⌥ ein Alias.

- **Gefundene Objekte umbenennen:** Sie können die Objekte auch direkt im Fenster »Suchergebnisse« umbenennen.
- **Weitere Möglichkeiten:** Weiterhin stehen Ihnen für die Objekte alle Manipulationsmöglichkeiten des Finders – wie »Zur Seitenleiste hinzufügen« (⌘T), »In den Papierkorb legen« (⌘Rückschritt) etc. – zur Verfügung.

Objekte im unteren Teil des Fensters

Die Objekte im unteren Teil des Fensters können alle – also auch die Objekte in höheren
Hierarchiestufen – per Doppelklick geöffnet
werden. Weitere Manipulationen sind hier jedoch nicht möglich.

Übergeordneten Ordner öffnen

Wollen Sie den Ordner öffnen, in dem sich das
Objekt befindet, wählen Sie den Menübefehl
»Übergeordneten Ordner öffnen« (⌘R) aus
dem Menü »Ablage«. Alternativ können Sie den
Ordner in der gewünschten Hierarchiestufe
im unteren Teil des Fensters per Doppelklick
öffnen.

Fenster »Gefundene Objekte« anpassen

Sollte Ihnen ein Teil des Fensters zu klein
sein, können Sie die Trennlinie zwischen den
beiden Fensterhälften am Griff in der Mitte
verschieben. Je nach Größe des unteren Teils
wird die Ordnerhierarchie neben- oder untereinander angezeigt.

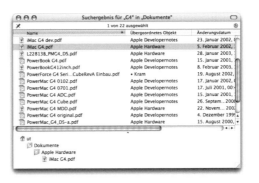

Suche abbrechen, erneut suchen

Am rechten Ende der Statusanzeige des
Fensters »Suchergebnis« wird eine kleine
Schaltfläche eingeblendet. Je nachdem, ob die
Symbol- und die Seitenleiste eingeblendet sind,
erscheint diese Schaltfläche oben unter dem
Fenstertitel bzw. unten.

    Während der Suchvorgang läuft, zeigt die
Schaltfläche ein Kreuz. Durch Mausklick auf
das Kreuz kann der Suchvorgang abgebrochen
werden. Zusätzlich wird der Fortschritts-Kreisel
angezeigt.

    Ist der Suchvorgang beendet, zeigt die
Schaltfläche einen kreisförmigen Pfeil. Klicken
Sie auf diesen Pfeil, wenn Sie eine neue Suche
mit den gleichen Kriterien durchführen wollen.

Symbole während
der Suche

Das Symbol nach
Abschluss der Suche

Chaos-Kontrolle

Arbeiten mit Fenstern in Mac OS X

Bei der Arbeit am Mac werden viele Fenster unterschiedlicher Programme gleichzeitig geöffnet. Mit Exposé bietet Mac OS X 10.3 eine neue Möglichkeit, unter den vielen Fenstern das richtige zu finden. Aber auch die bereits bekannten Möglichkeiten – das Fenster-Menü, die Ausblenden-Funktion und der Programmwechsel per Tastatur oder per Dock – können helfen, Ordnung in das Fensterchaos zu bringen.

Ein Fenster mit Exposé finden

1. *Exposé aktivieren*

   Aktivieren Sie Exposé, indem Sie entsprechend der Einstellungen im Kontrollfeld eine der F-Tasten drücken, die Maus in die gewünschte Bildschirmecke ziehen oder eine zusätzliche Maustaste drücken.

   Wenn das gesuchte Fenster zu dem Programm gehört, mit dem Sie gerade arbeiten, finden Sie das gewünschte Fenster am besten mit der Funktion »Programmfenster«.

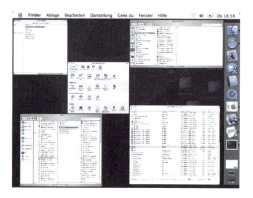

2. *Fenster finden*

   Sollten Sie das gesuchte Fenster nicht auf Anhieb an Form oder Inhalt erkennen, fahren Sie mit der Maus über die Fenster, um den Namen des Fensters anzuzeigen oder verwenden Sie die Tab-Taste, um die Funktion »Programmfenster« aufzurufen und dann zwischen den Programmen zu wechseln.

   Der Name des Fensters wird angezeigt.

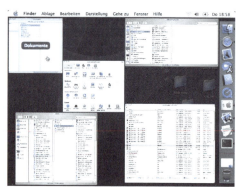

3. *Fenster aktivieren*

   Klicken Sie auf das gewünschte Fenster.

   Exposé wird deaktiviert und das gewünschte Fenster nach vorne gebracht.

Einstellungen für Exposé

Wenn Sie noch keine Einstellungen für Exposé vorgenommen haben, wird Exposé mit den Tasten F9, F10 und F11 bedient. Es können aber auch Kombinationen aus den Funktionstasten mit den Tasten ⌘ ⌥ ⇧ und ctrl zur Aktivierung von Exposé eingestellt werden. Alternativ lässt sich Exposé durch Bewegen der Maus in bestimmte Bildschirmecken oder Klicken der rechten oder weiterer Maustasten aktivieren.

Funktionen von Exposé

- **Alle Fenster:** ordnet alle geöffneten Fenster übersichtlich an und verkleinert sie so, dass alle auf dem Bildschirm zu sehen sind.
- **Programmfenster:** Nur die Fenster der aktiven Programmes werden angezeigt und übersichtlich angeordnet. Alle anderen Fenster bleiben abgeblendet an ihrer Position.
- **Schreibtisch:** Alle Fenster werden an den Rand des Bildschirms verschoben, sodass der komplette Schreibtisch sowie ein schmaler Rahmen am Bildschirmrand sichtbar werden. Ein Klick auf diesen Rahmen blendet wieder alle Fenster über dem Schreibtisch ein.

Wenn Sie die jeweilige Taste kurz drücken wird Exposé aktiviert und mit einem weiteren Tastendruck wieder deaktiviert. Drücken Sie die Taste lang, wird Exposé deaktiviert, sobald sie die Taste wieder loslassen.

Ordnung durch Ausblenden

Eine einfache Möglichkeit, Ordnung in das Fenster-Chaos zu bringen ist die Funktion »Ausblenden«.

- Mit dem Befehl **»Programm ausblenden«** **(⌘H)** aus dem Programm-Menü können Sie alle Fenster des jeweiligen Programmes unsichtbar machen. Diese Funktion steht auch über das Dock zur Verfügung.
- Mit dem Befehl **»Andere ausblenden«** **(⌘⌥H)** werden die Fenster aller anderen Programme ausgeblendet. Nur die Fenster des aktiven Programmes sind sichtbar.
- **»Alle einblenden«** macht alle Fenster wieder sichtbar.

Programm-Wechsel

Zwischen den Programmen können Sie auf unterschiedliche Weise wechseln.

- **Klicken auf ein Fenster** (auch mit Exposé) aktiviert das Programm, holt aber nur das jeweilige Fenster in den Vordergrund.
- Wenn Sie auf das **Symbol im Dock** klicken, werden alle Fenster des jeweiligen Programmes in den Vordergrund geholt.
- Mit dem Tastaturbefehl **⌘Tab** können Sie zwischen den beiden zuletzt benutzten Programmen wechseln.
- Wenn Sie **⌘Tab drücken und die ⌘-Taste gedrückt lassen**, werden in der Bildschirm-Mitte die Symbole der aktiven Programme angezeigt. Ein weiter Druck auf die Tab-Taste wechselt zu dem nächsten Programm, ⇧Tab in entgegengesetzter Richtung. Wenn Sie die ⌘-Taste loslassen, wird das ausgewählte Programm in den Vordergrund geholt.

295 ▶
Referenz,
Kontrollfeld
»Exposé«

Kennzeichnung

Arbeitserleichterung durch visuelle Strukturierung

Mac OS X bietet viele Möglichkeiten, persönliche Ordnungskriterien in die Dateiverwaltung einzubringen. Dieses Kapitel erläutert, wie mit eigenen Symbolen und Etiketten Objekte zusätzlich zu den hierarchischen Strukturen des Finders optisch unterscheidbar gemacht werden können.

Die Möglichkeiten des Finders machen es dem Anwender leicht, verschiedenartige Objekte so zu strukturieren, dass sie leicht wieder auffindbar sind. Die hierarchische Anordnung ist jedoch nicht die einzige Möglichkeit des Finders, Dateien zu systematisieren. Objekte lassen sich auch individuell optisch verändern, damit sie leicht von anderen in der Hierarchie zu unterscheiden sind.

Hierfür gibt es zwei Möglichkeiten:

- **Symbole:** Jedes Objekt kann in Mac OS mit einem individuellen Symbol ausgestattet werden. Dieses Symbol kann beispielsweise eine Vorschau auf das Bild in der Datei sein oder den Inhalt eines Ordners symbolisieren.
- **Etiketten:** Der Namen eines Objekts wird farbig hinterlegt. So sticht es aus der Reihe der Objekte heraus. Die Objekte können anhand der Etiketten sortiert und gefunden werden.

Etiketten sind an das Objekt gebunden. Sie gehen bei der Übertragung oder beim Kopieren des Objekts nicht verloren. Lediglich der Name des Etiketts kann von Mac zu Mac unterschiedlich sein, da diese Eigenschaft in den Voreinstellungen des Finders verändert wird.

Auch Symbole sind an das Objekt gebunden. Sie können leicht durch Kopieren und Einsetzen weitergegeben werden. Im Internet und auf Shareware-CDs finden Sie die unterschiedlichsten Symbole – Computersymbole für das interne Volume, Ordnersymbole oder auch Comicfiguren wie die Simpsons oder Feuersteins. Sie werden in der Regel als Icon-Dateien oder als leere Ordner gesichert. Eine besonders große Auswahl unterschiedlichster Icons finden Sie beispielsweise unter www.xicons.com. Natürlich können Sie auch selbst Symbole erstellen. Der Phantasie sind keine Grenzen gesetzt.

Symbole ändern

In Mac OS X kann jedes Objekt – anstelle des Symbols, das ihm vom System gegeben wurde – auch ein individuelles Symbol erhalten. Beispielsweise verwenden viele Bildbearbeitungsprogramme eine kleine Vorschau des Dokuments als Symbol. Bei Verwendung eines individuellen Symbols ist jedoch der Dateityp nur noch in der Listendarstellung, im Infofenster oder eventuell am Dateinamenssuffix zu erkennen. Dieses spezielle Symbol wird – in verschiedenen Größen und Farbtiefen – im Resourceteil des Objekts angelegt.

Auch Ordner können eigene Symbole bekommen. Das Symbol eines Ordners wird als unsichtbares Objekt mit dem Namen »Icon« in dem Ordner abgelegt.

Symbole selbst herstellen

Symbole können Sie auch selbst neu erstellen. Dafür kopieren Sie ein beliebiges Bild in die Zwischenablage und fügen es im Infofenster des gewünschten Objekts ein. Der Finder skaliert das Bild in die passenden Größen.

Die so angelegten Symbole haben dann jedoch immer eine rechteckige Maske. Mit Symbol-Editoren, wie z.B. »Iconographer« oder »Icon Machine« können die Symbole bei Bedarf weiter angepasst werden.

Bildvorschau

In Mac OS X ist es alternativ möglich, in der Symbolansicht als Symbol eine Vorschau des Inhalts der Bilddateien anzeigen zu lassen. Dafür aktivieren Sie im Fenster »Darstellungsoptionen« (⌘J) die Option »Symbolansicht anzeigen«. Der Finder kann jedoch nicht bei allen Bilddateiformaten ein Vorschausymbol anzeigen.

Symbol auf ein anderes Objekt übertragen

1. Infofenster öffnen

Um das Symbol von einem Objekt auf ein anderes zu übertragen, aktivieren Sie im Finder nacheinander beide Objekte und öffnen Sie jeweils mit dem Befehl »Information« (⌘I) im Menü »Bearbeiten« das Infofenster. Klicken Sie auf das Symbol in der oberen linken Ecke.
Das Symbol wird mit einem blauen Schatten hinterlegt.

2. Symbol kopieren

Kopieren Sie das Symbol mit dem Befehl »Kopieren« (⌘C) aus dem Menü »Bearbeiten« in die Zwischenablage.

165 ▶
Zwischen-
ablage

3. Einsetzen

Aktivieren Sie jetzt das Symbol im anderen Infofenster und setzen dort Sie das Symbol mit dem Befehl »Einsetzen« (⌘V) ein.

Etiketten verwenden

Im Mac OS X 10.3 kann jedem Objekt ein Etikett zugewiesen werden. Objekte, die mit Etiketten belegt sind, werden mit einem farbig unterlegten Objektnamen angezeigt. Sieben Etikettenfarben stehen zur Auswahl.

Wenn das Objekt kopiert oder verschoben wird, geht das Etikett nicht verloren. (Es wird im Infostring des Objekts in Form von gesetzten Bits kodiert.)

Mögliche Strukturen

Mit Etiketten lässt sich die Arbeit einfach strukturieren. Beispielsweise kann mit Etiketten der Bearbeitungsstand einer Datei gekennzeichnet werden. Dateien oder Ordner, deren Inhalt noch überarbeitet werden muss, bekommen das rote Etikett, fertige Objekte das grüne Etikett. Es ist auch möglich, allen Objekte, die zu einem bestimmten Projekt gehören, dasselbe Etikett zu geben.

Die Objekte können dann – auch wenn sie an eine falsche Stelle innerhalb der Ordnerhierarchie verschoben wurden – leicht wiedergefunden werden.

Es sind natürlich noch andere Möglichkeiten für die Verwendung von Etiketten denkbar. Beispielsweise können alle Objekte, die bei einer Suche gefunden wurden, mit einem bestimmten Etikett versehen werden.

Etiketten vergeben

1. Objekt aktivieren

Aktivieren Sie das Objekt, indem Sie es im Finder einfach anklicken.

2. Etikett auswählen

Unter dem Menüpunkt »Etiketten« im Menü »Ablage« können Sie jetzt ein Etikett auswählen.

Wenn Sie mit dem Mauszeiger über die Etiketten fahren, wird der Name der Farbe eingeblendet. »X« bedeutet: Kein Etikett. Das ausgewählte Etikett ist mit einem Rahmen gekennzeichnet.

Nach Etiketten sortieren

In der Symboldarstellung können Sie die Objekte in einem Fenster den Etiketten entsprechend umsortieren. Wählen Sie dazu aus dem Menü »Darstellung« den Befehl »Ausrichten nach ▸ Etikett«.

Aktivieren Sie in den Darstellungsoptionen (⌘J) eines Fensters in der Listendarstellung (Menü »Darstellung«) die Spalte »Etikett«. Nun können Sie die Objekte im Fenster ganz einfach durch einen Klick in den Spaltentitel »Etikett« nach den zugewiesenen Etiketten sortieren.

75f ◀

Darstellungen in den Finder-Fenstern

256f ▶

Referenz, Darstellungsoptionen

Nach Etiketten suchen

Etiketten können als Suchkriterium verwendet werden, wenn Sie Dateien mit dem Befehl »Suchen« (⌘F) im Finder suchen. Um alle Dateien zu finden, die ein bestimmtes Etikett haben, wählen Sie im Suchfenster den Menüpunkt »Etikett« als Suchkriterium aus und wählen dann im Bereich rechts das gewünschte Etikett aus.

108ff ◀

Dateien finden

Etiketten aus dem klassischen Mac OS

Etiketten, die unter dem klassischen Mac OS vergeben wurden, werden auch in Mac OS X 10.3 wieder erkannt. Die Farben und die Namen sind jedoch unterschiedlich.

Voreinstellungen

Auf der Seite »Etiketten« der Finder-Voreinstellungen können die Namen der Etiketten geändert werden. Der Name des zugewiesenen Etiketts wird nicht mit dem Objekt gespeichert, sondern ist eine individuelle Einstellung. Wenn auf einem anderen Mac andere Namen für die Etiketten vergeben sind, wird nach dem Kopieren eines Objekts der Etikettenname angezeigt, der auf diesem Mac für die gewählte Farbe definiert ist

254f ▶

Referenz, Einstellungen für den Finder

Gut beraten

Die Mac-Hilfe

Mac OS X bietet es ein einheitliches Hilfesystem, den Help Viewer. Den Umgang mit diesem System erläutert Ihnen dieses Kapitel.

Obwohl Mac OS X im Wesentlichen intuitiv zu bedienen ist, musste doch eine programmübergreifende Hilfefunktion geschaffen werden.

Mit Mac OS 8.5 wurde – damals zusätzlich zu den Hilfesystemen aus System 7 und 7.5 – ein neues, HTML-basiertes Hilfesystem eingeführt. Dieses wird auch in Mac OS X verwendet. Der »Help Viewer« ist ein HTML-Browser, in dem Hilfetexte zu unterschiedlichen Themen gesucht und gelesen werden können. Der »Help Viewer« besitzt die Besonderheit, dass er Programme ansprechen und Skripts starten kann.

Dieser Cursor zeigt einen Link an.

1. *Help Viewer starten*

   Mit dem Menübefehl »Hilfe« (⌘?) wird der »Help Viewer« gestartet.

   Er befindet sich im Ordner »System/Library/ Core Services«.

2. *Suche starten*

   Geben Sie in das Textfeld in der Symbolleiste einen Suchbegriff ein und drücken Sie die Eingabetaste.

   Im Fenster werden die Suchergebnisse angezeigt. Diese können nach Relevanz geordnet werden. Je kürzer der Balken, desto weiter ist das Ergebnis thematisch vom Suchbegriff entfernt.

3. *Links verfolgen*

   Wenn Sie auf eines der Suchergebnisse doppelklicken, gelangen Sie auf eine Seite, auf der die Erklärungen zum entsprechenden Thema zu lesen sind.

   Die blauen Texte sind Links (Verknüpfungen), die zu anderen Seiten führen oder Aktionen starten.

Links

- **Weitere Informationen:** Der Link »Weitere Informationen« stellt eine neue Suchanfrage, die dasselbe Thema behandelt.
- **»Bitte ... öffnen«** öffnet das beschriebene Programm oder Kontrollfeld.

Navigieren

- **Pfeile:** Mit den beiden Schaltflächen, die einen Pfeil nach links bzw. nach rechts im Symbol haben, können Sie zwischen den bereits besuchten Seiten navigieren.
- **Startseite:** Die Schaltfläche mit dem Haus öffnet die Startseiten der entsprechenden Hilfe.
- **Bibliothek:** Im Menü »Bibliothek« werden die installierten Hilfen aufgelistet.

Anleitungen

Neben Erklärungen gibt es in den Hilfetexten auch Anleitungen. Diese sind grau hinterlegt.

?-Schaltflächen

In einigen Programmen oder Kontrollfeldern findet sich ein kleiner Schalter mit einem »?«. Dieser öffnen die passende Anleitung in der Hilfe.

Kurzbefehle

Unter »Themen in der Mac Hilfe« finden Sie den Eintrag »Kurzbefehle«. Hier können Sie sich die Tastenkombinationen der Kurzbefehle für verschiedene Einsatzbereiche anzeigen lassen.

Tipp-Fähnchen

Kleinere Fragen zu Bedienelementen in Programmen können eventuell mit den Tipps beantwortet werden. Wenn Sie den Mauszeiger auf ein Objekt bewegen und dort einen Augenblick stehen lassen, öffnet sich in vielen Fällen ein kleines Fähnchen, auf dem eine kurze Erklärung für dieses Element zu lesen ist.

AppleCare

Lösungen zu Problemen finden Sie auch in der Knowledge-Base-Datenbank von Apple. Sie kann im Internetbrowser unter <kbase.info.apple.com> oder im Internet-Suchprogramm »Sherlock« in der Rubrik »Apple-Care« aufgerufen werden.

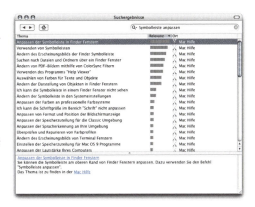

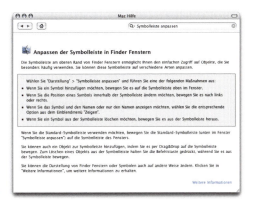

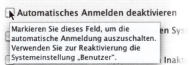

Der Mac am Draht

Das interne Macintosh-Netzwerk

Computernetzwerke sind für viele Anwender ein Buch mit sieben Siegeln. Dieser Abschnitt soll Ihnen die Scheu vor dem Thema nehmen. Auf anschauliche Weise erfahren Sie, wie Mac OS X mit nur wenigen Einrichtungsschritten einen reibungslosen Datenaustausch zwischen mehreren Rechnern ermöglicht.

Die naheliegendste Methode, einen Datenaustausch zwischen Rechnern zu ermöglichen, besteht darin, diese untereinander zu verkabeln. Diese Möglichkeit erstreckt sich von der direkten Verbindung zweier Computer mittels eines Ethernet-Kabels oder AirPort bis zur Anbindung an Millionen andere Rechner über das Internet. Hierbei wird zwischen LAN (Lokal Area Network; Lokales Netzwerk) und WAN (Wide Area Network; Datenfernübertragung) unterschieden. Heutzutage werden häufig lokale Netzwerke über eine WAN-Verbindung an das Internet angebunden. Das ist deshalb problemlos möglich, weil sowohl im lokalen Netzwerk als auch im Internet das identische Verbindungsprotokoll TCP/IP verwendet wird.

Die **Hardwareverbindung im lokalen Netzwerk** kann verschiedenen Verkabelungsnormen entsprechen. Unterschiedliche Formen von Netzwerken lassen sich über Adapter zu einer größeren Struktur miteinander verbinden.

- **10BaseT-Ethernet**, **100BaseT-Ethernet** und **1000BaseT-Ethernet** verwenden eine gemeinsame Industrienorm-Schnittstelle und werden sternförmig über einen zentralen Hub (Sternverteiler) verkabelt.
- Mit **AirPort** bietet Apple eine kabellose Möglichkeit, mehrere Rechner über eine Funkverbindung miteinander zu verbinden.
- Ältere Netzwerk-Arten können mithilfe von Adaptern an den Hub angebunden werden (**10Base2-Ethernet** und **LocalTalk**).

Für eine **Anbindung an das Internet** kann ein Modem, ein ISDN-Anschluss oder DSL verwendet werden. Ein lokales Netzwerk kann über ein spezielles Gerät, den Router, an das Internet angebunden werden. Der Router stellt dann unabhängig von den Rechnern im Netzwerk die Verbindung über ISDN oder DSL her.

Für die **Softwareverbindung** stehen verschiedene Protokolle zur Auswahl. Sie definieren die »Sprache«, in der sich die Computer untereinander verständigen. In einem Netzwerk können auch unterschiedliche Protokolle nebeneinander verwendet werden.

- **TCP/IP** ist eine gebräuchlichere Norm und kann für Netzwerke beliebiger Größe verwendet werden. Auch im Internet, dem mit Abstand größten Netzwerk, »spricht« man TCP/IP.
- **AppleTalk:** Das Apple-eigene Protokoll zeichnet sich durch einfache Handhabung und hohe Sicherheit aus.

Hardware

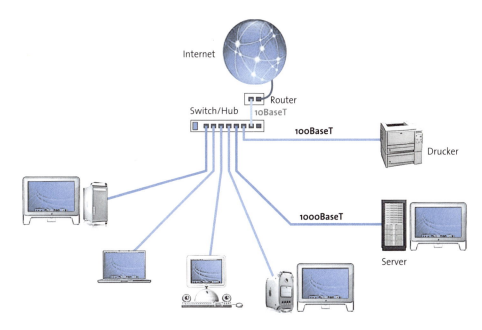

Internet

Router
10BaseT

Switch/Hub

100BaseT

Drucker

1000BaseT

Server

Um mehrere Computer miteinander zu vernetzen, muss eine physikalische Verbindung zwischen den Rechnern geschaffen werden. Die verschiedenen Verbindungsnormen bauen Netze mit unterschiedlichen Eigenschaften auf.

Ethernet

Alle für Mac OS X geeigneten Macs sind mit der Ethernet-Schnittstelle ausgestattet. Ethernet ist eine Industrienorm, die auch von PCs, UNIX-Servern und -Workstations verwendet wird. Sie hat im Laufe der Zeit mehrere Entwicklungsstufen durchgemacht. Die mögliche Übertragungsgeschwindigkeit stieg von 10 Mbit/s über 100 Mbit/s auf 1.000 Mbit/s.

Die Macs verwenden die neueren und schnelleren Formen des Ethernet – 10BaseT, 100BaseT bzw. 1000BaseT. Sie werden stern-förmig mit einem so genannten »Hub« als Zentrum verkabelt. Dadurch ist jeder Teilnehmer im Netz unabhängig von den anderen, und eventuell auftretende Störungen wirken sich immer nur auf einen Rechner aus.

10/100/1000BaseT-Ethernet verkabeln

Der Mac wird direkt über die Ethernet-Schnittstelle RJ45 verbunden. In der Mitte des Sterns sitzt der Hub, ein Verteiler. Jedes Gerät wird einzeln mit einem eigenen Kabel an den Hub angeschlossen. Dafür werden achtadrige, besonders geschirmte Kabel verwendet. Um das Netzwerk zu vergrößern, kann über den Uplink-Port auch ein weiterer Hub an einen Hub angeschlossen werden. Für die schnelleren Varianten (100BaseT und 1000BaseT) sollten nur hochwertige Kabel verwendet werden.

29 ◄
Technik,
Netzwerk
Schnittstellen

Zwei Rechner ohne Hub verbinden

Wenn nur zwei Rechner miteinander verbunden werden sollen, können die beiden
Ethernet-Schnittstellen direkt ohne Hub mit
einem »gekreuzten« RJ45-Kabel verbunden
werden. Macs ab Baujahr Mitte 2000 lassen
sich auch direkt mit einem normalen, nicht gekreuzten Ethernet-Kabel verbinden.

Weitere Netzwerk-Hardware

Moderne Macs unterstützen – je nach Ausstat-
tung – außer der Netzwerkverbindung über
Ethernet noch weitere Verbindungsmögichkei-
ten: ein Funknetzwerk oder ein Netzwerk über
FireWire.

AirPort/AirPort Extreme

▶ 130
AirPort

Mit Apples AirPort lässt sich ein kabelloses
Ethernet-Netzwerk aufbauen. Hierzu ist in jedem verbundenen Rechner eine AirPort-Karte
erforderlich. Die Datenübertragung erfolgt
mittels Funk, so dass die kabellose Verbindung
auch zwischen unterschiedlichen Räumen
hergestellt werden kann. Mit einer Basisstation
kann ein Netzwerk aufgebaut werden, das sich
bei Bedarf direkt an ein Ethernet-Netzwerk
anschließen lässt. Am PC wird AirPort »WLAN«
(Wireless LAN) genannt. Es entspricht der Norm
IEEE 802.11b bzw. IEEE 802.11g (AirPort Extreme).
IEEE 802.11a ist nicht mit AirPort kompatibel.

FireWire

▶ 302ff
Referenz,
Kontrollfeld
»Netzwerk«

In Mac OS X 10.3 kann auch die FireWire-
Schnittstelle als Netzwerk-Schnittstelle genutzt werden. Diese muss jedoch zuerst im
Kontrollfeld »Netzwerk« unter »Netzwerk-Konfigurationen« mit der Schaltfläche »Neu« als
neue Schnittstelle aktiviert werden.

Anbindung an das Internet

Die Anbindung an das Internet erfolgt meist
über Modem, ISDN oder DSL.

Modem

Die meisten Macs haben ein Modem eingebaut. Dieses wird an eine analoge Telefon-
leitung angeschlossen. Wenn kein internes
Modem vorhanden ist, kann ein externes Modem über die USB-Schnittstelle angeschlossen
werden. Hierfür werden aber spezielle Treiber
benötigt.

ISDN

ISDN-Adapter werden über die USB Schnittstelle an den Mac angeschlossen. Es wird spezielle
Treiber-Software benötigt, damit der Adapter
vom System erkannt wird. Zum Anschluss an
das digitale ISDN-Telefonnetz wird der ISDN-
Adapter an den NTBA angeschlossen.

DSL

Das DSL-Modem (NTBBA) wird an die Ethernet-
Schnittstelle des Macs angeschlossen. Hierfür
wird keine weitere Software gebraucht. DSL-
Modems, die über die USB-Schnittstelle angebunden werden, benötigen jedoch spezielle
Treiber. Das DSL-Modem wird über den Splitter
an das Telefonnetz angeschlossen.

DSL- oder ISDN-Router

DSL- oder IDSN-Router stellen die Verbindung
zum Internet selbsttätig her. Am Mac wird
keine spezielle Software benötigt, da die Verbindung über Ethernet erfolgt. Auch Apples
AirPort-Base-Station und viele andere WLAN-
Router enthalten einen DSL-Router.

Kabel-Modem

Auch ein Kabel-Modem wird wie ein Router behandelt. Zur Anmeldung wird jedoch zusätzlich
VPN verwendet.

Internet-Freigaben

Der Zugriff über Internet-Verbindungen, die auf anderen Rechner eingerichtet und freigegeben sind (wie die Windows-Internetverbindungsfreigabe oder das Internet-Sharing im Mac OS X) werden genauso behandelt wie Router.

Ältere Netzwerke einbinden

Die älteren Netzwerkformen – die von Mac-OS-X-tauglichen Macs nicht mehr verwendet werden – können mit Adaptern an ein 10/100/1000BaseT-Netzwerk angebunden werden. Dafür wird der Adapter an einen Port des Hubs angeschlossen. (Beachten Sie dabei, dass dieser Port seine Geschwindigkeit auf 10 Mbit/s drosseln können muss.)

- **10Base2** ist die klassische Ethernet-Verkabelung, wie sie von älteren Geräten verwendet wird. 10Base2 ist als »Daisychain« (Gänseblümchenkette) ausgelegt. Diese Verkabelung besitzt den Nachteil, dass eine Störung im Netz alle Rechner betrifft, die sich in dieser Kette befinden.
- **LocalTalk:** Die LocalTalk-Schnittstelle ist eine Apple-eigene Entwicklung aus einer Zeit, als die Vernetzung von Personalcomputern noch sehr neu war. Seit dem Mac Plus (1986) besaß jeder Mac eine LocalTalk-Schnittstelle. Erst mit dem iMac wurde diese aus dem Mac verbannt. Die serielle Schnittstelle verfügt über zusätzliche Hardware, die eine Netzwerkverbindung ermöglicht. LocalTalk ist eine für heutige Verhältnisse sehr langsame Verbindung (maximal 230.400 bit/s). Die Geräte werden als Daisychain über Transceiver miteinander verbunden.

10Base2-Ethernet verkabeln

Bei Macs und Apple-Laserdruckern mit einer Schnittstelle für 10Base2 wird ein Transceiver an die AAUI-Schnittstelle angeschlossen. Der Transceiver besitzt zwei BNC-Stecker. Diese können über Koaxialkabel mit je einem weiteren Transceiver verbunden werden.

Nachträglich eingebaute Ethernet-Karten von Drittherstellern – und auch Ethernet-Karten in PCs – werden mit einem T-Adapter angeschlossen. Sitzt dieser am Ende der Kette, muss ein Abschlusswiderstand auf das offene Ende gesteckt werden.

134f ▶
Internet-
Sharing

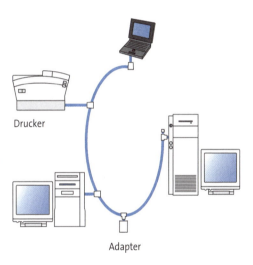

Drucker

Adapter

Beispiel für ein Daisychain-Netzwerk: Alle Geräte sind über einen Transceiver oder ein T-Stück mit einer offenen Kette verbunden. An den Enden befinden sich Abschlusswiderstände. Mittels eines Adapters kann ein solches Netzwerk an einen Hub angebunden werden.

Software

Zusätzlich zur Verkabelung (oder Funkverbindung) der beteiligten Rechner wird ein Netzwerk durch Software organisiert. Dabei kann theoretisch jede mögliche Hardwarestruktur mit jeder möglichen Softwarestruktur kombiniert werden. Unterschiedliche Protokolle können parallel auf derselben Hardware laufen. Hardware- und Softwarestruktur sind also völlig unabhängig voneinander.

Alle Daten, die im Netzwerk übertragen werden, sind immer an einen bestimmten Rechner adressiert. Jeder Rechner im Netzwerk braucht daher eine eigene Adresse, durch die er von allen anderen Rechnern im Netz identifiziert und unterschieden werden kann.

Für die Verbindung zwischen dem Client und dem Server und für die Übertragung der Daten werden verschiedene Protokolle benötigt, Verbindungsprotokolle und Übertragungsprotokolle.

Verbindungsprotokolle

Für die Kontaktaufnahme bzw. die Identifizierung des Gegenübers wird ein Verbindungsprotokoll verwendet. Hier stehen der Industriestandard TCP/IP mit seinen Erweiterungen DHCP und IP-Link-Local und das von älteren Macs verwendete AppleTalk zur Verfügung.

TCP/IP

Der Industriestandard, gemäß dem die meisten internen Netzwerke und auch das Internet organisiert sind, heißt TCP/IP (Transmission Control Protocol/Internet Protocol). Hier werden die Adressen für den Server und die Clients vom Anwender vergeben. Es gibt jedoch Protokollerweiterungen, die es dem Server erlauben,

dem Client eine Adresse zuzuweisen. Werden die Adressen manuell vergeben, müssen die Regeln beachtet werden, die im Absatz »IP-Adressen für das private Netzwerk« beschrieben wereden.

DHCP

Mit DHCP (Dynamic Host Connection Protokoll) bekommen die TCP/IP-Clients in einem internen Netzwerk automatisch Adressen im passenden Subnetz zugewiesen. Dafür muss sich ein DHCP-Server im Netzwerk befinden, der die Adressen vergibt.

DHCP ist aus dem weniger dynamischen BootP-Protokoll entstanden. DHCP-Server unterstützen deshalb auch BootP-Clients.

IPv4-link-local

Wenn kein DHCP-Server vorhanden ist, wählt der Mac selber eine IP-Adresse im Bereich 169.254.xxx.xxx. Dabei überprüft der Mac aber auch, ob die gewählte Adresse schon im Netzwerk verwendet wird. Wenn die Adresse schon vergeben ist, sucht der Mac eine andere, solange, bis er eine Adresse gefunden hat, die noch nicht vergeben ist. IPv4-link-local ist in Mac OS X und in Mac OS 9 implementiert.

Rendevous

Mit Rendevous hat Apple Eigenschaften des klassischen AppleTalk in TCP/IP implementiert. Bei Rendevous melden sich Macs mit ihrem Namen im Netzwerk an. Rendevous benutzt dafür einen kleinen integrierten DNS-Server (mDNSResponder) für die Domain ».local«, der die IP-Adresse des jeweiligen Macs in den Rendevous-Namen übersetzt. Aktive Server – z.B. AppleShare, Web- oder SMB-Server – können so auch ohne das Vorhandensein eines DNS-Servers im Netzwerk unter ihrem Rendevous-Namen erreicht werden.

Rendevous wird aber auch für die automatische Erkennung anderer im Netz verfügbarer Dienste verwendet, wie Drucker-Sharing oder iTunes-Streaming.

IPv6

Der neue Industriestandard IPv6 wurde eingeführt, da IPv4 nur eine begrenzte Anzahl von Adressen zur Verfügung stellt. IPv6 bietet so viele Adressen, dass jedem Quadratmillimeter auf der Erde eine Adresse zugewiesen werden könnte. IPv6 enthält aber auch verschiedene Funktionen, die in IPv4 nur mithilfe von Zusatzprotokollen ermöglicht waren. IPv6 ist in Mac OS X implementiert und aktiv. Es wird jedoch in Ermangelung von IPv6-Netzwerken kaum verwendet werden.

AppleTalk

Das klassische AppleTalk vereinigt verschiedene Protokolle für die Verbindung und Erkennung der Rechner (und Drucker) und die Übertragung von Daten.

Im AppleTalk-Protokoll werden Adressen für die beteiligten Rechner selbsttätig vergeben. Diese sind anders organisiert als die TCP/IP-Adressen. Die Server melden sich selbst im Netzwerk an und sind dann von den Clients ansprechbar.

Mac OS X verwendet jedoch bevorzugt AppleTalk über TCP/IP. Hierfür braucht das AppleTalk-Protokoll im Kontrollfeld »Netzwerk« nicht aktiviert zu werden. Klassisches AppleTalk wird nur noch für die Verbindung zu Macs mit Systemen vor Mac OS 8.5 und älteren Laserdruckern verwendet.

PPP

PPP (Point-to-Point Protocol) wird für die Einwahl eines einzelnen Computers in das Netz unabhängig von seinem Standort verwendet. Modem- und ISDN-Verbindungen nutzen PPP.

PPPoE

Eine DSL-Verbindung benutzt das PPPoE-Protokoll (PPP over Ethernet) für die Anbindung an das Internet.

VPN mit PPTP oder IPsec

Einige Internet-Anbieter, die Internet über Fernseh-Kabel anbieten, verwenden für die Anmeldung das Protokoll VPN. Das Kabelmodem wird dabei meist über Ethernet angeschlossen und mit DHCP konfiguriert. Auch Universitäten verwenden oft »IPsec« für den Internetzugang über das Uni-Netz.

Übertragungsprotokolle

Für den Austausch von Daten werden zusätzlich zu den Verbindungsprotokollen Übertragungsprotokolle gebraucht. Die verschiedenen Übertragungsprotokolle für File-Sharing, Internet und E-Mail werden im Kapitel »File Sharing« und »Internet« besprochen.

148ff ▶
File-Sharing

136ff ▶
Internet

Der Mac im lokalen Netzwerk

Um den Mac in ein lokales Netz einzubinden,
muss zuerst die Verkabelung eingerichtet
werden. Anschließend sind noch einige Einstellungen in der Netzwerksoftware des Betriebssystems vorzunehmen. Diese Einstellungen
gelten auch für eine Internet-Verbindung, die
über einen ISDN- oder DSL-Router hergestellt
wird.

Eine Netzwerkverbindung einrichten

1. Hardwareverbindung schaffen

◀ 29
Technik,
Netzwerk-
Schnittstellen

▶ 130f
AirPort

**Bevor Daten zwischen Computern ausge-
tauscht werden können, müssen die Computer
hardwaremäßig über eine Netzwerkschnittstelle miteinander verbunden werden – meist
über die interne Ethernet-Schnittstelle oder
auch über AirPort.**

*Die Kabel-Verbindung an der Ethernet-Schnitt-
stelle können Sie im Kontrollfeld »Netzwerk«
auf der Seite »Netzwerk-Status« überprüfen.
Eine funktionierende Verkabelung wird am
Hub und an Ethernet-Karten in PCs mit einer
meist mit »Link« bezeichneten Leuchtdiode
angezeigt.*

▶ 302ff
Referenz,
Kontrollfeld
»Netzwerk«

2. Schnittstelle auswählen

**Wählen Sie zuerst in den »Systemeinstellun-
gen« im Kontrollfeld »Netzwerk« im Menü
»Verbindung« die verwendete Schnittstelle
aus.**

*Das Kontrollfeld »Netzwerk« erreichen Sie ein-
fach mit dem Befehl »Umgebung ▶ Systemeinstellung Netzwerk« aus dem Apple-Menü.*

3. TCP/IP konfigurieren

▶ 129
IP-Adressen
für das
Private Netz-
werk

**Auf der Seite »TCP/IP« wählen Sie die Art der
TCP/IP-Verbindung und geben eventuell die
Adresse, die Subnetzmaske und die Router-
Adresse ein. Diese Informationen erhalten Sie
von Ihrem Netzwerkadministrator.**

DHCP

Wird die Einstellung DHCP gewählt, müssen keine weiteren Einstellungen vorgenommen werden. Wenn im Netzwerk kein DHCP-Server vorhanden ist, gibt der Mac sich selbst einen IP-Adresse über IPv4-Linklocal (169.254.xxx.xxx).

Windows beherrscht die automatische Adressvergabe über IPv4-Linklocal nicht. Wenn also Windows-Rechner, aber kein DHCP-Server im Netzwerk vorhanden sind, bietet sich eine manuelle Konfiguration an.

Manuelle Einstellung

Bei der manuellen Einstellung müssen bestimmte Regeln beachtet werden:
- Alle Rechner müssen **Adressen im gleichen Subnetz-Bereich** liegen, sonst kann keine Verbindung aufgebaut werden.
- Jede Adresse darf **nur einmal** im Netzwerk vergeben werden. Falls die Adresse schon vergeben ist, erfolgt eine Meldung und die Schnittstelle wird deaktiviert.
- Außerdem sind für lokale Netzwerke **nur bestimmte IP-Adressen** erlaubt.

IP-Adressen für das private Netzwerk

IP-Adressen im Internet werden vom Network Information Centre (NIC) verkauft. Für private Netzwerke sind bestimmte Blöcke von IP-Adressen freigegeben, andere sind nicht erlaubt.

Erlaubt sind: ein Class-A-Block 10.xxx.xxx.xxx (Subnetzmaske 255.0.0.0), die 15 Class-B-Blöcke von 172.16.xxx.xxx bis 172.31.xxx.xxx (Subnetzmaske 255.255.0.0) und alle 255 Class-C-Blöcke mit 192.168.xxx.xxx (Subnetzmaske 255.255.255.0). Server und Clients müssen sich innerhalb eines Blocks befinden, es sei denn es wird ein Router verwendet. Die Blöcke können mittels engerer Subnetzmasken weiter aufgeteilt werden.

Subnetzmaske

Mit der Subnetzmaske wird das IP-Netz in Subnetze aufgeteilt. Die Subnetzmaske beschreibt die möglichen Adressen innerhalb des Subnetzes. Die Subnetzmaske 255.255.255.0 lässt beispielsweise nur Adressen zu, deren erste drei mit 255 gekennzeichneten Blöcke identisch mit der eigenen Adresse sind. Nur der letzte, mit 0 gekennzeichnete Block darf andere Zahlen, hier zwischen 0 und 255, enthalten.

Router-Adresse

Wenn eine Internet-Verbindung über einen ISDN- oder DSL-Router hergestellt wird, muss unter Router-Adresse die IP-Adresse des Routers eingetragen werden. Da Router aber meist einen DHCP-Server integriert haben, bietet sich hier die Konfiguration über DHCP an. Ist kein Router im Netzwerk vorhanden, muss auch keine Router-Adresse eingetragen werden.

AppleTalk

Wenn Ihr File-Server kein AppleTalk über TCP/IP anbietet, müssen Sie auf der Seite »AppleTalk« die Option »AppleTalk aktivieren« ankreuzen . AppleTalk und PPPoE können nicht auf derselben Schnittstelle verwendet werden. Falls Sie beide Protokolle parallel verwenden wollen (für Ihr internes Netzwerk und für das Internet), müssen Sie die Schnittstelle duplizieren.

AirPort

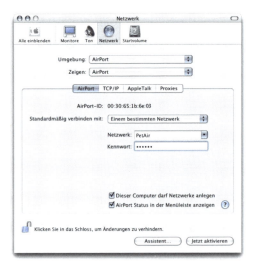

Mit AirPort hat Apple zusätzlich zum Netzwerk über Kabel die Möglichkeit der Vernetzung über Funk eingeführt. AirPort entspricht dem Ethernet-Standard IEEE 802.11b, AirPort Extreme entspricht IEEE 802.11g. Wireless-LAN-Module anderer Hersteller für PCs (und ältere Macs ohne AirPort-Vorbereitung) sind mit AirPort kompatibel. In manchen Gebäuden oder Einrichtungen (z.B. Flughäfen oder Messen) werden öffentlich zugängliche Funknetzwerke für den Internetzugang angeboten. Auch diese können mit AirPort verwendet werden.

Mit der AirPort-Basisstation kann ein AirPort-Netz an ein Ethernet-Netzwerk angeschlossen werden. Alternativ sind aber auch einfache Computer-zu-Computer-Verbindungen zwischen zwei AirPort-Karten möglich.

Mit »Internet Sharing« kann eine Internet-Verbindung über AirPort mit anderen Macs geteilt werden (siehe Seite 134).

In ein vorhandenes AirPort-Netz einklinken

Wenn Sie die AirPort-Schnittstelle verwenden, um sich in ein vorhandenes Netzwerk einzuklinken, müssen Sie sich im Funknetz anmelden. Hierfür stehen zwei Möglichkeiten zur Verfügung – eine kurzfristige Anmeldung und dauerhafte Konfiguration. Die TCP/IP-Konfiguration müssen Sie in beiden Fällen beim Netzwerkadministrator erfragen. (Meist wird hier DHCP verwendet.)

Temporäre Anmeldung

Im Programm »Internet-Verbindung« können Sie auf der Seite »AirPort« im Menü »Netzwerk« ein vorhandenes Netzwerk auswählen. Erscheint das Netzwerk nicht im Menü, können Sie mit dem Menüpunkt »Andere« den Namen und das Passwort eines AirPort-Netzes in ein Fenster eingeben.

Dauerhaft einrichten

Wenn Sie sich regelmäßig in ein bestimmtes Netzwerk einklinken wollen – z.B. im Büro – können Sie auch ein Netzwerk dauerhaft eintragen. Dazu wechseln Sie in den Systemeinstellungen im Kontrollfeld »Netzwerk« mit dem Menü »Zeigen« auf die AirPort-Schnittstelle. Auf der Seite »AirPort« wählen Sie die Option »ein bestimmtes Netzwerk«, wählen dort ein Netzwerk aus (bzw. geben einen Namen ein) und geben das Passwort ein.

Computer-zu-Computer

Für eine Computer-zu-Computer-Verbindung brauchen Sie lediglich zwei mit AirPort-Karten bestückte Macs.

1. Eventuell TCP/IP konfigurieren

Wenn Sie den AirPort-Karten noch keine TCP/IP-Adressen zugeteilt haben, wechseln Sie im Kontrollfeld »Netzwerk« mit dem Menü »Zeige« auf die Seite »AirPort«. Dort können Sie unter »TCP/IP« der AirPort-Schnittstelle eine Adresse zuteilen.

Für ein einfaches Heimnetzwerk empfiehlt sich hier die manuelle Konfiguration mit den Adressen 192.168.1.1 für den einen und 192.168.1.2 für den anderen Mac (Teilnetzmaske 255.255.255.0) oder auch DHCP.

134 ▶

Lesen Sie Im Kapitel »Internet-Sharing«, wie Sie eine Internet-Verbindung über AirPort mit anderen Rechnern teilen können.

2. Netzwerk einrichten

Starten Sie auf einem der beiden Macs das Programm »Internet-Verbindung« (im Ordner »Programme« (⌘ ⇧ A)), wechseln Sie zur Seite »AirPort« und wählen Sie aus dem Menü »Netzwerk« den Befehl »Netzwerk anlegen«.

Es erscheint ein Fenster, in dem Sie einen beliebigen Namen und ein Passwort für das neue Netzwerk festlegen können.

265f ▶

Referenz, »Internet-Verbindung«

238 ▶

Sicherheit im AirPort-Netzwerk

3. Mit dem Netzwerk verbinden

Sie können Ihr Netzwerk jetzt auf dem anderen Computer im Programm »Internet-Verbindung« direkt aus dem Menü »Netzwerk« auswählen. Sollte es hier nicht erscheinen, wählen Sie den Befehl »Andere« und geben im Fenster den Namen und das Passwort für das Netzwerk an.

Jetzt sind die beiden Macs über AirPort miteinander verbunden.

Wenn Sie Dateien über AppleShare auszutauschen wollen, muss jetzt noch ein Mac als Apple-Share-Server (Anleitung Seite 156) eingerichtet werden, damit der andere Mac sich dort als Client anmelden kann (Anleitung Seite 150).

148ff ▶

File-Sharing

Internetzugang einrichten

▶ 302ff
Referenz,
Kontrollfeld
»Netzwerk«

▶ 265ff
Referenz,
»Internet-
Verbindung«

Wenn Sie eine direkte Verbindung zum Internet einrichten wollen, müssen Sie einige Einstellungen im Kontrollfeld »Netzwerk« vornehmen. Diese unterscheiden sich, je nachdem, ob Sie ihre Internet-Verbindung über Modem, ISDN oder DSL aufbauen. Wenn die Internet-Verbindung über einen ISDN- oder DSL-Router

hergestellt wird, müssen Sie den Mac wie für ein internes Netzwerk konfigurieren (siehe Seite 128).

Um ohne automatische Einwahl eine Verbindung zum Internet herzustellen, verwenden Sie bei allen Verbindungen ohne Router das Programm »Internet-Verbindung«.

Internetzugang einrichten

1. Systemeinstellungen starten

Starten Sie zuerst das Programm »Systemeinstellungen« und öffnen Sie dort das Kontrollfeld »Netzwerk«.

Sie können hierfür den Befehl »Umgebung ▶ Systemeinstellung Netzwerk« aus dem Apple-Menü verwenden.

2. Verbindungsart auswählen

Wählen Sie aus dem Aufklappmenü »Verbindung« die Schnittstelle aus, über die Sie sich ins Internet einwählen.

DSL-Modems werden in der Regel an die Ethernet-Schnittstelle angeschlossen.

3. PPP-Verbindungsdaten eingeben

Auf der Karte »PPP« (Modem oder ISDN) bzw. »PPPoE« (DSL) geben Sie die Verbindungsdaten ein. Die benötigten Informationen erhalten Sie von Ihrem Internet-Provider. »Account-Name« ist Ihr Benutzername beim Internet-Provider (meistens ein Kode aus Ziffern und Buchstaben – nicht Ihr Name, eventuell aber auch identisch mit der E-Mail-Adresse), »Kennwort« ist das Zugangskennwort und »Telefonnummer« die Telefonnummer Ihres Zugangsknotens ins Internet (also die Telefonnummer, die Ihr Modem oder ISDN-Adapter wählen soll).

Auf der Karte »PPPoE« müssen Sie zuerst die Option »PPPoE verwenden« ankreuzen.

4. TCP/IP konfigurieren

Öffnen Sie nun die Karte »TCP/IP« und wählen Sie aus dem Aufklappmenü »Konfiguration« die von Ihrem Internet-Provider angebotene Verbindungsart aus.

Für eine Modem- oder ISDN-Verbindung wählen Sie »PPP«, für »DSL »PPPoE«.

5. Modem auswählen

Als Nächstes öffnen Sie die Karte »Modem«. Hier wählen Sie zuerst aus dem Aufklappmenü ein passendes Modemskript aus.

Wenn Ihr Mac ein internes Modem besitzt , ist das Modemskript meist schon vorausgewählt. Wenn Sie ein externes Modem oder einen ISDN-Adapter verwenden, müssen Sie das entsprechende Modemskript vom Hersteller installieren. Die Modemskripts befinden sich im Ordner »Library/Modemscripts«. Wenn Sie Ihr Modem schon in Mac OS 9 verwendet haben, können Sie das Modemskript aus dem Ordner »Systemordner/Systemerweiterungen/Modemscripts« in diesen Ordner kopieren.

6. Eventuell Proxy-Daten eingeben

Bei einigen Internet-Providern ist die Verbindung nur über so genannte Proxys möglich. Ihr Provider wird Ihnen dazu die nötigen Angaben liefern. Diese tragen Sie dann in der Karte »Proxys« ein.

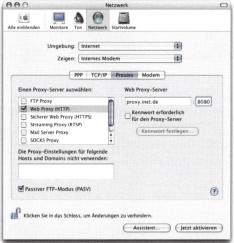

Internetzugang über VPN

Einige Anbieter, die Internet über Kabel-Modem anbieten, verwenden VPN (Virtual Private Network) zur Anmeldung. Die Verbindung wird dabei wie ein lokales Netzwerk manuell oder mit DHCP konfiguriert. Zur Anmeldung über diese Verbindungsart wird das VPN im Programm »Internet-Verbindung« mit dem Befehl »Neue VPN-Verbindung« (⌘⇧V) eingerichtet. Die erneute Anmeldung kann dann auch über das VPN-Menü-Extra erfolgen.

Der unglaubliche T-Online-Account-Name

Falls Sie ihre Verbindung über T-Online aufbauen, müssen Sie einen 28-stelligen Zahlenkode als Account-Namen eingeben. Tippen Sie einfach hintereinander die Zahlen der »Anschlusskennung«, der »t-online-Nummer«, und die Zahl »0001«, für DSL zusätzlich dahinter noch »@t-online.de«. In einigen Fällen muss vor die »0001« noch das Zeichen »#« eingegeben werden.

Internet-Sharing

Eine im Kontrollfeld »Netzwerk« eingerichtete Internet-Verbindung kann mit Mac OS X auch an andere Rechner im Netzwerk weitergereicht werden. So können andere Macs – oder auch Windows-PCs etc. – im Netzwerk mit dem Internet verbunden werden, ohne eine eigene, direkte Verbindung ins Internet zu besitzen.

Internetverbindung gemeinsam nutzen

1. Internetverbindung einrichten

◄ 132f
Internet-
Zugang
einrichten

Richten Sie auf dem Mac, der mit dem Internet verbunden ist, wie auf Seite 132 beschrieben eine Internetverbindung ein.

2. Interne Netzwerkverbindung einrichten

◄ 128f
Netzwerk
einrichten

◄ 130f
AirPort
Netzwerk
einrichten

Richten Sie im Kontrollfeld »Netzwerk« eine manuelle TCP/IP-Verbindung für die Schnittstelle ein, über die die Internetverbindung weitergegeben werden soll (siehe Seite 129).

Hier bietet sich beispielsweise die IP-Adresse 192.168.1.1 an.(Subnetzmaske 255.255.255.0).

3. Schnittstelle für Internet-Sharing bestimmen

Im Kontrollfeld »Sharing« aktivieren Sie auf der Seite »Internet« in der Liste »Mit Computern, die folgenden verwenden« das Häkchen für die gewünschte Schnittstelle.

► 238f
Sicherheit
im AirPort
Netzwerk

Wenn Sie AirPort ausgewählt haben, können Sie mit der Schaltfläche »AirPort Optionen« ein bevorzugtes AirPort-Netzwerk bestimmen und die Verschlüsselung aktivieren.

4. Internet-Sharing aktivieren

Sobald Sie eine Option aktiviert haben, wird die Schaltfläche »Start« aktivierbar. Klicken Sie diese, um das Internet-Sharing zu aktivieren.

Das AirPort-
Menü-Extra
bei aktivier-
tem Internet-
Sharing

5. Andere Rechner einrichten

Auf den Rechnern, die an der Internet-Verbindung teilhaben sollen, richten Sie TCP/IP wie für ein internes Netzwerk ein. Unter »Router« tragen Sie die IP-Adresse des Macs mit der Internetverbindung ein.

*Wenn Sie also dem Mac, der die Internetver-
bindung weitergibt, die IP-Adresse 192.168.1.1
gegeben haben, tragen Sie »192.168.1.1« in das
Feld »Router« ein. Wählen Sie für die weiteren
Rechner eine IP-Adresse im gleichen Subnetz
– in unserem Beispiel im Bereich 192.168.1.xxx
(Subnetzmaske 255.255.255.0).
Wenn Sie AirPort verwenden, sollten Sie auch
bei den Clients das bevorzugte AirPort-Netzwerk einrichten.*

DSL-Verbindung über Ethernet weitergeben

Wenn Sie eine DSL-Verbindung, bei der das
DSL-Modem (über einen Hub) an die Ethernet-
Schnittstelle angeschlossen ist, über die gleiche
Ethernet-Schnittstelle weitergeben wollen,
müssen Sie zuerst eine Kopie der Schnittstelle
anlegen. Dafür wählen Sie im Kontrollfeld
»Netzwerk« im Menü »Zeigen« den Punkt
»Netzwerk-Konfigurationen«, aktivieren die
Ethernet-Schnittstelle und klicken auf »Dupli-
zieren«.

    Die Schnittstelle »Ethernet (integriert)« wird
dann für DSL konfiguriert (siehe Seite 132), die
Schnittstelle »Ethernet (integriert) Kopie« wird
wie vorne unter Punkt 2 beschrieben manuell
konfiguriert.

MTU

Sollten Sie auf dem Client-Rechnern Probleme
haben, bestimmte Internet-Seiten zu erreichen,
kann es daran liegen, dass die MTU-Größe
(Maximum Tranmission Unit) geändert werden
muss. Die normale Paketgröße liegt im Internet
bei 1500 Byte. DSL fügt jedoch jedem Paket
8 Byte hinzu, sodass das Paket dann 1508 Byte
groß ist. Pakete, die größer als 1500 Bytes sind,
werden von der Internet-Sharing-Software
geteilt, weil keine Pakete übertragen werden
können, die größer als 1500 Bytes sind. Solche
geteilten Pakete nehmen aber manche Internet-Server nicht an.

Um den MTU-Wert zu ändern wechseln Sie
auf die Seite »Ethernet« und wählen dort im
Menü »Konfiguration« »Manuell (Erweitert)«
aus. Dann wählen Sie im Menü »Maximale Paketgröße (MTU)« die Option »Eigene« aus und
tragen den Wert »1492« ein. Für die AirPort-
Schnittstelle fehlt die Option leider. Hier müssen Sie das Terminal bemühen und dort den
Befehl »sudo ifconfig en1 mtu 1492« eingeben.
Das Passwort ist das Passwort, das Sie beim
ersten Start des Macs vergeben haben.

302ff ►
Kontrollfeld
»Netzwerk«

217ff ►
Shell

Netz der Netze

Mit dem Mac in das Internet

Das Internet ist der Datendschungel der Welt. Wie Sie in diesen Datendschungel gelangen und wie Sie ihn nach Daten durchforsten, erklärt dieses Kapitel.

Im Internet sind Millionen von verschiedenartigen Rechnern miteinander vernetzt. Was Sie gemeinsam haben ist das Verbindungsprotokoll TCP/IP. Auch Sie können mit Ihrem Mac am Internet teilnehmen. Dafür brauchen Sie lediglich drei Dinge:

- **Die Hardwareverbindung:** Einen Telefonanschluss und ein Modem – das Modem ist in den neueren Macs schon eingebaut. Alternativ kann beispielsweise ein ISDN-Adapter über USB angeschlossen werden. Für den Internetzugang über DSL oder über ein internes Netzwerk und einen Router kann der Ethernet-Anschluss verwendet werden.
- **Die Softwareverbindung:** Die Software, die die Verbindung über die verschiedenen Internet-Protokolle ermöglicht. Sie ist in Mac OS X enthalten.
- **Einen Provider:** Den Internet-Provider, der die Verbindung zum Internet herstellt und Ihnen eine E-Mail-Adresse zur Verfügung stellt, müssen Sie sich jedoch selber suchen.

Die Konfiguration der möglichen Verbindungen zum Internet wird im Kapitel »Netzwerk« beschrieben (siehe Seite 128ff).

Bestens vorbereitet zeigt sich der Mac für die beiden wichtigsten Bereiche des Internets, die in diesem Kapitel beschrieben werden:

- **WWW:** Für die grafische Oberfläche des Internets ist der Internetbrowser »Safari« installiert.
- **E-Mail:** Für die Post im Internet ist das E-Mail-Programm »Mail« vorhanden.

Die weiteren Protokolle zur Datenübertragung, wie z.B. »FTP« werden im Kapitel »Sharing« behandelt.

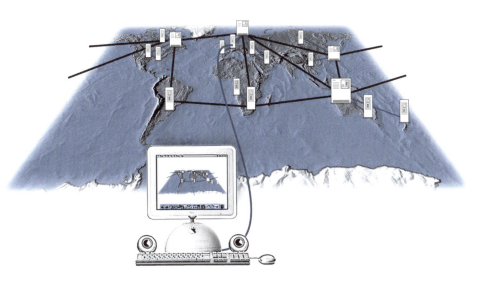

Der Aufbau des Internets

Das Internet ist ein loser Verbund aus vielen Millionen von Computern auf der ganzen Welt. Viele der Rechner sind permanent über das so genannte Backbone miteinander verbunden. Die Internet-Provider sind direkt an das Backbone angebunden und bieten an ihren Knotenpunkten über eine Telefonverbindung Einwahlmöglichkeiten für andere Teilnehmer.

Jedem Computer wird bei der Verbindung ins Internet eine eigene IP-Nummer (zwischen 0.0.0.0 und 255.255.255.255) zugewiesen. So können die einzelnen Computer adressiert werden.

Für jede Verbindung wird ein neuer Weg zwischen zwei Computern ausgewählt. Dafür gibt es die Router, die Informationen über alle angeschlossenen Computer sammeln und so den Weg von einem Computer zu jedem anderen berechnen können.

Domain-Namen

Das Internet war ursprünglich als militärisches Netz (Arpa-Net) entwickelt worden, dessen Struktur trotz schwerer Beschädigung noch funktionieren sollte (etwa nach einem Atomschlag, so geht die Legende). Das im ARPA-Net verwendete Network Control Protocol (NCP), wurde später zu TCP/IP weiterentwickelt.

Als das Internet zu einem wissenschaftlichen Netzwerk wurde, wurden die Domain-Namen eingeführt. Mit diesen Namen sind die Computer für den Anwender einfacher zu unterscheiden, und es können mehrere Computer zu logischen Gruppen zusammengefasst werden. Da aber die Verbindung weiterhin über die IP-Nummern erfolgt, werden auf dem Domain Name Server (DNS) zu jedem Namen passende IP-Nummern gespeichert. Der Anwender muss nur die Adresse eingeben, die dann an den DNS gesendet und in eine IP-Nummer/-Adresse umgewandelt wird.

WWW

▶ 139
Internet-
browser

Anfang der 90er Jahre wurde am Genfer CERN von Tim Berners-Lee das World Wide Web (WWW) entwickelt, der grafische Teil des Internets. Das zugrunde liegende Dateiformat HTML (Hypertext Markup Language) machte es möglich, Inhalte grafisch aufbereitet und miteinander verknüpft anzubieten. Mit Links ist es möglich, von einer Webseite auf eine beliebige andere zu springen. Der erste Prototyp eines Browsers lief übrigens auf einer NeXT-Maschine. Der Mosaic-Browser (programmiert von Netscape-Gründer Marc Andreessen), mit dem jedermann unabhängig von der genutzten Computer-Plattform alle möglichen Daten betrachten konnte, erweiterte die Nutzungsmöglichkeiten des Internets. Neue, nicht mehr nur wissenschaftliche Inhalte überfluteten das Netz.

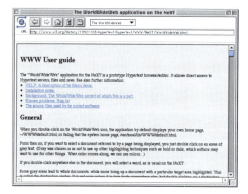

Hier wird eine der ersten HTML-Seiten überhaupt – das Handbuch zum ersten WWW-Browser-Prototypen »WorldWideWeb.app« des CERN – im Internetbrowser »Mosaic« dargestellt. Moderne Internetseiten überfordern diesen alten Browser jedoch.

Protokolle

Im Internet werden verschiedene Protokolle für unterschiedliche Aufgaben verwendet.

Verbindungsprotokolle

TCP/IP ist für die Verbindung zwischen den Rechnern und für das Verschicken der Daten an die richtige Adresse zuständig. **PPP** wird für die Einwahl eines einzelnen Computers in das Netz unabhängig von seinem Standort verwendet.

Übertragungsprotokolle

Für verschiedene Arten von Datenübertragungen gibt es verschiedene Protokolle.

- **Protokolle für das WWW:** Für die Übertragung der aus Text- und Grafik-Daten kombinierten Dokumente im WWW wird **HTTP** (Hyper Text Transmission Protocol) verwendet. Viele Server stellen auch über HTTP Dateien zum Download zur Verfügung. Hierfür findet aber oft auch das FTP-Protokoll Verwendung.
- **Mail-Protokolle:** Für Empfangen von E-Mails werden die Protokolle **POP** (Post Office Protocol) oder **IMAP** (Interactive Mail Access Protocol) verwendet, für das Versenden **SMTP** (Simple Mail Transfer Protocol).

Internetbrowser

Mit Mac OS X wird der Apple-Internetbrowser »**Safari**« mitgeliefert. Andere Internetbrowser (Internet Explorer, OmniWeb, Netscape, Mozilla, iCab etc.) können natürlich auch verwendet werden. Sie sind in der grundlegenden Bedienung praktisch gleich.

Adresse eingeben

In das Textfeld in der oberen Leiste geben Sie die Adresse ein, die Sie besuchen wollen. Dabei muss der Port (http://) nicht unbedingt eingegeben werden. Der Browser ergänzt diesen selbständig. Für einfache kommerzielle Adressen reicht es sogar, lediglich den Firmennamen einzugeben, beispielsweise wird »apple« zu »http://www.apple.com« ergänzt.

Sobald Sie die Eingabetaste drücken, wird eine Verbindung zu dieser Seite aufgebaut. Innerhalb des Adresseingabefeldes wird der Fortschritt des Seitenaufbaus angezeigt. Mit der Statuszeile am unteren Fensterrand können detailliertere Infos eingeblendet werden.

Wenn die Seite fertig geladen ist, wird die Abbrechen-Schaltfläche (x) zur Neu-Laden-Schaltfläche (kreisförmiger Pfeil).

Links verfolgen

Auf Internetseiten finden sich Verweise zu anderen Internetseiten, sogenannte »Links«. Ein blaues, unterstrichenes Wort im Text ist ein Link, aber auch unter vielen Grafiken verbirgt sich ein Link. Über einem Link wird der Mauszeiger zu einer Hand. In der Statuszeile am unteren Fensterrand wird die Adresse eingeblendet, zu der dieser Link führt. Wenn Sie jetzt auf diese Stelle klicken, wird eine Verbindung zu dieser Adresse aufgebaut, und im Browser-Fenster erscheint der Inhalt der neuen Seite.

◀ 122ff

Lesen Sie im Kapitel »Netzwerk«, wie Sie einen Internetzugang direkt, über einen Router oder über ein lokales Netzwerk einrichten.

Link auf neuer Seite öffnen

Wenn Sie auch mit gedrückter ⌘-Taste auf den Link klicken wird der Inhalt der verknüpften Seite in einem neuen Fenster angezeigt. Alternativ können mit gedrückter ctrl-Taste (oder mit der rechten Maustaste) auf den Link klicken. Dann öffnet sich ein Kontextmenü, aus dem Sie den Punkt »Neues Fenster mit dieser Verknüpfung« wählen können.

Vor, zurück

Neben dem Eingabefeld für die Adresse finden Sie mehrere Schalter. Der Linkspfeil führt zu der zuletzt besuchten Seite zurück. Mit dem Rechtspfeil können Sie dann wieder vorwärts wandern.

Dieser Cursor zeigt einen Link an.

Snap-Back

Mit einem Klick auf den orangenen Pfeil rechts im Feld für die Adresseingabe können Sie einfach auf die zuletzt direkt aufgerufene Seite zurückspringen. Mit dem Befehl »Seite für Snap-Back markieren« können sie auch eine angesurfte Seite zum zurückspringen markieren.

Tabs

Wenn Sie in den Voreinstellungen auf der Seite »Tabs« die Option »Surfen mit Tabs aktivieren« aktivieren, können Sie mehrere Internetseiten in einem Fenster öffnen. Zwischen den Seiten können Sie dann mit einem Klick auf den entsprechenden Titel-Tab wechseln.

Lesezeichen

Auf der Seite »Lesezeichen« können Sie Ihre Lesezeichen verwalten. Die Lesezeichen-Seite wird mit dem Schalter mit dem stilisierten Buch in der Lesezeichen-Leiste oder mit dem Befehl »**Alle Lesezeichen einblenden**« (⌘⌥B) eingeblendet. Im linken Teil des Fensters werden die Ordner angezeigt, in denen die Lesezeichen sortiert sind. Rechts wird der Inhalt des ausgewählten Ordners angezeigt.

Lesezeichen hinzufügen

Sie können eigene Lesezeichen hinzufügen, indem Sie die Schaltfläche »+« neben dem Eingabefeld für die Adresse klicken oder den Menüpunkt »Lesezeichen hinzufügen« (⌘D) aus dem Lesezeichen-Menü wählen. In einem Dialog lässt sich dann ein Namen für das Lesezeichen angegeben und der Ordner, in den es einsortiert werden soll.

Lesezeichen sortieren

Die Lesezeichen können beliebig in Ordner und Unterordner sortiert werden. Lesezeichen und Ordner lassen sich mit der Maus an die gewünschte Stelle verschieben. Mit den beiden »+«-Schaltern unten können neue Ordner im linken oder im rechten Fensterteil angelegt werden.

Lesezeichen bearbeiten

Falls sich die Adresse geändert hat, können Sie die Einträge bearbeiten. Die Adresse kann geändert werden, indem Sie den entsprechenden Eintrag in der Spalte »Adresse« anklicken und dann den Text ändern. In der Spalte Name kann der Name nachträglich geändert werden.

Der Cache

Der Internetbrowser legt von allen Dateien, die er aus dem Internet erhalten hat, eine Kopie auf der Festplatte an (Cache). Auf diesen Cache kann dann schneller zugegriffen werden, wenn die Seite erneut aufgerufen wird. Der Cache befindet sich im Ordner »*Privat*/Library/Caches/Safari«.

Cookies

Mit Cookies legen Internetserver Informationen auf Ihrer Festplatte ab, die beim nächsten Besuch abgefragt werden. So kann ein Server beispielsweise über Ihre Vorlieben auf seinen Seiten Buch führen.

Wenn Ihnen das (zu Recht) unangenehm ist, können Sie in den Voreinstellungen des Internetbrowsers bestimmen, dass keine oder nur bestimmte Cookies akzeptiert werden.

In Safari wählen Sie in den Einstellungen auf der Seite »Sicherheit« die Option »Niemals«. Einige Seiten funktionieren jedoch nicht ohne Cookies. Ein Kompromiss zwischen Privatsphäre und Komfort ist die Option »**Nur von Web-**

Sites, die ich besuche«. Mit einem Klick auf die Schaltfläche »Cookies zeigen« können die Cookies auch angesehen und gelöscht werden

JavaScript

Viele Autoren von Internetseiten verwenden, um ihre Seiten interaktiver zu gestalten, Java-Script. Mit JavaScript sind z.B. Schaltflächen möglich, die ihr Aussehen verändern, wenn der Anwender mit der Maus über sie fährt. Es können jedoch auch so unangenehme Dinge passieren wie sich selbsttätig öffnende Werbe-fenster. Manche Seiten lassen sich ohne Java-Script nicht betrachten.

In den Voreinstellungen von Safari kann JavaScript in den Einstellungen auf der Seite »Sicherheit« ein- und ausgeschaltet werden. Aufpoppende Fenster können bei aktiviertem JavaScript mit der Option »**Pop-Ups unterdrü-cken**« (⌘K) verhindert werden.

Java

Java ist eine Programmiersprache, die von SUN Microsystems entwickelt wurde, um besonders kleine, plattformübergreifende Programme entwickeln zu können. Diese Prögrämmchen (Applets) werden im Quellcode übertragen und dann auf einer »virtuellen Maschine« (VM) ausgeführt. Diese VM ist ein Programm, das den Java-Kode in die Sprache des jeweiligen Prozessors überträgt und ausführt. In Mac OS X ist eine Java-VM als Programmumgebung in-tegriert.

Java-Applets können direkt im Browser aus-geführt werden. Ihre Ausführung ist jedoch – am Mac wohl nicht so sehr wie am Windows-PC – mit einem gewissen Sicherheitsrisiko verbunden.

Java kann in den Voreinstellungen von Safari in den Optionen auf der Seite »Sicherheit« aus-geschaltet werden.

Plug-Ins

Auf vielen Internetseiten werden nicht nur die HTML-Standards verwendet, sondern auch sehr viel weiterreichende Inhalte wie Filme oder Multimedia-Präsentationen. Um diese betrachten zu können, haben die Entwickler der Internetbrowser eine Plug-In-Schnittstelle eingebaut. Alle Internetbrowser verwenden die gleiche Plug-In-Schnittstelle wie der Netscape Navigator. Sie werden in Mac OS X zentral für alle Internetbrowser organisiert.

Damit die Plug-Ins aktiviert werden, müssen sie sich beim Starten des Internetbrowsers im Ordner »Library/Internet Plug-Ins« (oder im Ordner »*Privat*/Library/Internet Plug-Ins«) be-finden. Mit Mac OS X werden das »QuickTime-Plug-In« und das »Shockwave-Plug-In« (für Macromedia Shockwave und Flash) installiert. Die Installationsprogramme anderer Plug-Ins können beim jeweiligen Hersteller herunter-geladen werden.

◄ **34f**
Grundlagen,
QuickTime

► **308f**
Kontrollfeld
»QuickTime«

◄ **33**
Grundlagen,
Java

► **275**
Referenz,
Java-Pro-
gramme

Mit dem QuickTime-Plug-In können QuickTime-Filme direkt im Internet-browser abgespielt werden.

Downloads

Da die Übertragungsgeschwindigkeiten im Internet bei weitem nicht so hoch sind wie in lokalen Netzwerken, werden Daten für das Verschicken über das Internet gepackt. Dateien werden mit verschiedenen Rechenalgorithmen verlustfrei in ihrer Größe reduziert, um später am Ziel wieder auf ihre ursprüngliche Form gebracht zu werden.

Dateien für den Mac werden meist im »StuffIt«-Format gepackt (.sit), häufig werden sie zusätzlich in Macbinary (.bin) oder .hqx kodiert. Der Standard auf PCs ist »ZIP« (.zip), im UNIX wird meist das ».tar« oder ».gz«-Format verwendet.

Zum Auspacken von StuffIt-Archiven wird das Programm »StuffIt Expander« zusammen mit Mac OS X installiert. Mit dem »StuffIt Expander« können auch zip-, tar, gz-Archive und viele weitere Archiv- und Kodierungsformate dekodiert bzw. entpackt werden. (Sie finden das Programm im Ordner »Dienstprogramme« (⌘⇧U). Sollte der Stuffit Expander nicht installiert sein, können Sie ihn per Doppelklick auf das Installerpaket »StuffItExpander.pkg« auf der zweiten Mac-OS-X-CD nachinstallieren.)

Wenn Sie Daten aus dem Internet herunterladen, werden diese in der Regel gepackt und/oder kodiert sein. Je nachdem, welches Programm für den Download verwendet wurde, werden die Dateien automatisch dekodiert und entpackt.

162 ▶
Datenaus-
tausch,
Dateien ko-
dieren

145 ▶
Lesen Sie hier
über den Da-
tenversand
per E-Mail-
Anhang

Wenn Sie beispielsweise eine StuffIt-gepackte und Macbinary-kodierte Datei heruntergeladen haben, finden sich auf Ihrer Festplatte (bzw. auf Ihrem Schreibtisch) nach dem Download und dem Entpacken folgende Dateien:

- Eine **kodierte Datei** mit dem Suffix ».bin«.
- Eine **dekodierte, aber noch gepackte Datei**. Sie hat wahrscheinlich das Suffix ».sit«.
- Ein **Ordner mit den ausgepackten Dateien** oder auch eine einzelne Datei. Diese ausgepackten Dateien können Sie auf Ihrem Mac verwenden, die anderen beiden können Sie ruhig wegwerfen. (Tipp: Behalten Sie die gepackte Datei zum Archivieren. Sie können dadurch Speicherplatz auf Ihrem Archivierungsmedium sparen.)

Manuell auspacken

Sollten die Dekodierung und das Auspacken nicht automatisch gestartet werden, ziehen Sie die heruntergeladene Datei auf das Symbol des »StuffIt Expander«. Dieser dekodiert und dekomprimiert dann die Datei. Auch selbstauspackende Archive (.sea), die ein Entpackprogramm für das klassische Mac OS enthalten, können so im Expander ausgepackt werden, ohne die Classic-Umgebung zu verwenden,.

Mac-Dateien werden im Internet meist als StuffIt-Archive zur Verfügung gestellt.

Suchen im Internet

Um Inhalte im Internet zu suchen, stehen sogenannte Suchmaschinen zur Verfügung. Diese
katalogisieren die Texte der verschiedensten
Internetseiten mithilfe von Programmen, den
Robots. Die Suchmaschinen sind über ihre jeweilige Internetseite erreichbar. Dort kann ein
Suchbegriff in ein Texteingebefeld eingegeben
werden. Für die erweiterte Suche – mehrere
Suchbegriffe logisch verknüpft, Einschränkungen auf oder Ausschluss bestimmter Seiten
oder Domains o.ä. – steht meist eine weitere
Seite mit einer Eingabemaske zur Verfügung.

Die Optionen der erweiterten Suche können auch mit entsprechenden Zeichen in
der Sucheingabe angegeben werden. Wort-
gruppen werden beispielsweise in Anfüh-
rungszeichen (⇧2) gesetzt, der Text »site:
xxx« beschränkt die Suche auf die Domain
xxx. Eine Anleitung für Google finden Sie z.B.
unter <http://www.google.com/intl/de/help/
refinesearch.html>.

Meta-Suchmaschinen fragen wiederum
mehrere andere Suchmaschinen ab.

Google-Suche mit Safari

In der Adressleiste findet sich rechts ein wei-
teres Texteingabefeld. Die hier eingegebenen
Texte werden direkt an die Suchmaschine
»Google« <www.google.com> weitergegeben.

Safari gibt die Anfrage an Google ohne Angabe der bevorzugten Sprache weiter. Wenn
Sie nur in Seiten auf Deutsch suchen wollen,
klicken Sie im Google-Fenster auf den Schalter
»Suche Seiten auf Deutsch« und dann die Eingabetaste um die Suche erneut auszuführen.

In Safari wurde per Eingabe in das Textfeld »Google
Suche« ein Begriff gesucht. Im Fenster wird die Google-
Seite mit den Ergebnissen angezeigt.

Die erweiterte Suche bietet viele zusätzliche Funktionen

E-Mails

E-Mails sind ein essenzieller Bestandteil des Internets. Sie werden mit einem E-Mail-Programm erstellt, versendet und empfangen. E-Mails enthalten reinen Text, deshalb sind sie völlig plattformunabhängig. Wie bei anderen Textdateien werden auch hier in seltenen Fällen Sonderzeichen falsch dargestellt. Sollten Sie eine E-Mail mit falschen Sonderzeichen bekommen, verzichten Sie bei der Antwort einfach auf Sonderzeichen und Umlaute – schreiben Sie z.B. UE statt Ü.

An E-Mails lassen sich aber auch Dateien anhängen – so genannte »Attachements« oder Anhänge. Über diese Anhänge können Dateien unproblematisch über das Internet an einen speziellen Empfänger verschickt werden.

Mit Mac OS X wird das E-Mail-Programm **»Mail«** installiert. Sie können natürlich auch jedes andere E-Mail-Programm verwenden.

Die Anzahl der ungelesenen Mails in der Inbox wird im Dock-Symbol von »Mail« angezeigt.

Account einrichten

Mit dem Programm Mail können mehrere E-Mail-Accounts verwaltet werden. Sie legen diese in den »Einstellungen« (⌘,) (Menü »Mail«) auf der Seite »Accounts« mit der Schaltfläche »Account erstellen« an. Die für die Konfiguration des E-Mail-Accounts erforderlichen Daten erhalten Sie von Ihrem Internet-Provider. Um Daten für den SMTP-Server einzutragen, klicken Sie auf die Schaltfläche »Server-Einstellungen«.

Es kann auch ein Zeitplan für den automatischen Empfang der Mails eingestellt werden.

Symbolleisten anpassen

81f ◄
Symbolleiste anpassen

Die Symbolleisten des Hauptfensters und des Fensters »Neue E-Mail« lassen sich wie die Symbolleisten des Finders anpassen.

E-Mails empfangen

Wenn Sie auf die Schaltfläche »Empfangen« klicken, wird eine Verbindung zum Internet-Provider aufgebaut und der E-Mail-Account abgefragt. Die empfangenen E-Mails finden Sie im Postfach-Ordner »Inbox«. (Die Schaltfläche »Postfach« blendet die Postfächer seitlich am Hauptfenster ein.) Sie können sie per Einfachklick im unteren Teil des Fensters anzeigen lassen. Mit einem Doppelklick öffnen sich die E-Mails in einem eigenen Fenster.

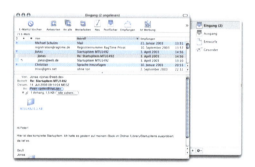

Die Inbox von »Mail« mit Verlaufsdarstellung.

E-Mail verschicken

1. Neue Mail anlegen

Wenn Sie eine neue E-Mail verschicken wollen, klicken Sie im Hauptfenster des Mail-Programms auf die Schaltfläche »Neu«.

2. Adresse

In der Zeile »An« geben Sie zuerst den Namen und die E-Mail-Adresse des Empfängers ein.

Ist der Empfänger im Programm »Adressbuch« angelegt, brauchen Sie nur die ersten Buchstaben seines Namens zu tippen, Mail ergänzt dann Namen und Adresse. Wenn Sie eine E-Mail an mehrere Empfänger verschicken wollen, geben Sie die Adressen mit Komma und Leerzeichen getrennt nacheinander ein.

3. Betreff

In die Zeile »Betreff« geben Sie einen Titel für Ihre Mail an.

Den Betreff bekommt der Empfänger in der Liste seiner empfangenen E-Mails zu sehen, er sollte also Auskunft über den Inhalt geben.

4. Text und Anhang

In das große Textfeld unten schreiben Sie den Text. Dort können Sie auch Anhänge einfügen.

5. Verschicken

Klicken Sie auf die Schaltfläche »Senden«.

Der Mac baut eine Verbindung zum Internet auf und versendet die Mail. Wenn keine Verbindung zum SMTP-Server aufgebaut werden kann, wird die Mail im »Ausgang« gesichert.

Entwürfe

Wenn Sie auf die Schaltfläche »Als Entwurf sichern« klicken, wird die E-Mail im Postfach »Entwürfe« gespeichert. Die hier abgelegten E-Mails können geöffnet und weiter bearbeitet werden. Neue E-Mails werden nach einer kurzen Zeit automatisch als Entwurf gesichert.

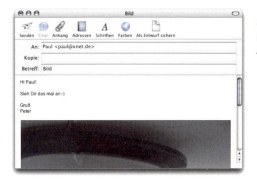

262 ►
Referenz,
Adressbuch

E-Mail-Anhänge

Wenn Sie eine Datei an eine E-Mail anhängen und so an einen bestimmten Adressaten verschicken wollen, ziehen Sie einfach die gewünschte Datei in das Fenster der neuen E-Mail. Alternativ können Sie auch den Befehl »Anhang hinzufügen« (⌘⇧A) verwenden und das Objekt mit dem Öffnen-Dialog auswählen.

Mail verschickt Daten und Resourcen einer Datei in zwei einzelnen Base64-kodierten Dateien mit dem gleichen Namen (aber unterschiedlichen MIME-Typen; Kodierung AppleDouble). Die Dateien werden dann vom Empfänger-Mail-Programm wieder zusammengesetzt. Ein Windows-Empfänger erhält zwei Anhänge: Eine lesbare Datei (z.B. das JPG-Bild) und eine, die er nicht lesen kann. Wenn Sie jedoch im Dialog »Anhang hinzufügen« (⌘⇧A) die Option »Anhänge Windows-kompatibel senden« aktivieren, wird der Resourcen-Zweig nicht mitgesendet.

40 ◄
Grundlagen,
Daten und
Resourcen

162 ►
Datenaustausch,
Dateien
kodieren

Die Anhänge empfangener E-Mails können im Fenster unter dem Kopf der empfangenen Nachricht angezeigt werden und lassen sich direkt aus dem Fenster auf den Schreibtisch oder in ein Finder-Fenster ziehen. Bilder werden zusätzlich direkt in der E-Mail angezeigt.

Mit Sherlock im Internet suchen

Mit »Sherlock« liefert Apple ein spezielles Programm zur Suche im Internet. In der ersten Rubrik kann innerhalb des Internets nach Inhalten gesucht werden. Dabei werden verschiedene Suchmaschinen durch Skripte angesteuert. Über die aufgeführten Fundstellen können die gefundenen Internetseiten direkt geöffnet werden.

Mit Sherlock nach Internetseiten suchen

1. *Gesuchten Text eingeben*
   Öffnen Sie im Programm »Sherlock« die Rubrik »Internet« und geben Sie dort den Suchbegriff in das Textfeld ein oder fügen Sie ihn aus der Zwischenablage ein und klicken Sie auf die Suchen-Schaltfläche (die Lupe).
   Der Mac stellt jetzt eine Verbindung zum Internet her.

2. *Suchergebnis*
   Die Seitentitel und Internetadressen der Seiten, in denen die Suchmaschinen Einträge zum gesuchten Begriff gefunden haben, werden im Fenster aufgelistet.
   Ein einfacher Klick zeigt die ersten Worte der Seite im unteren Teil des Fensters an. Ein Doppelklick öffnet die Seite in Standard-Internetbrowser.

Das Symbol eines Internet-Adress-Clips

Suchergebnisse

Das Fenster ist in zwei Bereiche unterteilt. Im oberen Teil werden die gefundenen Objekte aufgelistet. Hier werden der Seitentitel und die Internetadresse angezeigt.

Weitere Information

Um Informationen über das im Internet gefundene Objekt zu erhalten, klicken Sie es einfach an. Im unteren Teil des Fensters können Sie dann die ersten Sätze des gefundenen Objekts lesen.

Gefundene Seite öffnen

Ein Doppelklick auf einen Eintrag in der Liste der gefundenen Seiten öffnet den auf Ihrem Rechner eingerichteten Standard-Internetbrowser und führt Sie zur gewählten Internet-Adresse.

Sortierung ändern

Ein Klick in den Spaltentitel ändert die Sortierung. Die Reihenfolge der Sortierung kann mit dem Dreieck am rechten Ende der Spaltentitel umgekehrt werden..

Fenster »Gefundene Objekte« anpassen

Sollte Ihnen ein Teil des Fensters zu klein sein, können Sie die Trennlinie zwischen den beiden Fensterhälften am Griff in der Mitte verschieben.

Internetadresse sichern

Wenn Sie ein Objekt aus der Internetsuche in ein Finder-Fenster ziehen, wird ein Web-Adressen-Clip angelegt. Mit diesem können Sie später per Doppelklick die entsprechende Seite mit dem Internetbrowser besuchen.

Weitere Rubriken

Die anderen Rubriken bieten eine der Art der Anfrage angepasste Oberfläche. Apple bietet hier z.B. Börsenkurse, Flugverbindungen etc. (Einige Rubriken funktionieren jedoch leider nur für die USA.) Die Rubriken werden als Abonnement von Apples Webserver bezogen.

Weitere Rubriken hinzufügen ...

Im Internet werden weitere Rubriken für Sherlock 3 angeboten. Hier wird dann ein Link zur Aktivierung des Kanals zur Verfügung gestellt. Alternativ kann eine Sherlock-Datei heruntergeladen werden. Diese kann per Doppelkick geöffnet werden und dann mit dem Befehl »Rubrik hinzufügen« (⌘D) aus dem Menü »Rubrik« auch dauerhaft aktiviert werden.

... und entfernen

Zum Entfernen einer Rubrik ziehen Sie das Symbol in den Papierkorb.

Welche Suchmaschinen werden verwendet?

Am unteren Ende des Sherlock-Fensters werden die Logos der verwendetren Suchmaschinen eingeblendet. Die einzelnen Suchmaschinen setzen unterschiedliche Prioritäten bei der Katalogisierung der Inhalte des Internets. Ein Klick auf ein Logo öffnet die Seite der jeweiligen Suchmaschine.

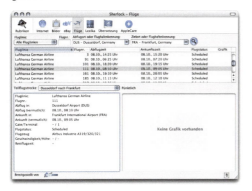

.mac

Mit ».mac« bietet Apple seinen Kunden für 99$ pro Jahr verschiedene Dienste im Internet an. Auf der Seite »http://www.mac.com« können Sie sich zu diesen Diensten anmelden. Es handelt sich dabei um eine E-Mail-Adresse, eine Homepage und eine virtuelle Festplatte im Internet. Außerdem werden Services wie ein Homepage-, ein BackUp- und ein Virenscan-Programm angeboten. Hier können auch Kalender aus iCal für das Internet publiziert werden.

Anmelden

Im Kontrollfeld ».Mac« können Sie Benutzernamen und Passwort eines vorhandenen Accounts eintragen oder mit der Schaltfläche »Registrieren« einen 60-Tage-Probe-Account einrichten.

iDisk

Die »iDisk« ist eine virtuelle Festplatte im Internet. Diese kann genau wie eine normale lokale Festplatte verwendet werden. Die iDisk wird per Web-DAV – einer interaktiven Erweiterung des http-Protokolls – als Netzwerkvolume gemountet.

Die iDisk lässt sich mit dem Befehl »iDisk ▶ Meine iDisk« (⌘⇧I) aus dem Menü »Gehe zu« direkt aus dem Finder erreichen. Auch die iDisks anderer Benutzer bzw. deren freigegebene Ordner können im Menü »Gehe zu ▶ iDisk gemountet werden.

Im Kontrollfeld ».Mac« auf der Seite »iDisk« können der verbleibende Speicherplatz überprüft und die Zugriffsrechte auf den Ordner »Public« eingestellt, sowie die Synchronisation mit einer lokalen Kopie aktiviert werden.

Daten schleudern

File-Sharing über das Netzwerk

Mit den verschiedenen File-Sharing-Protokollen können Sie Daten einfach über das interne Netzwerk oder auch über das Internet austauschen. In diesem Kapitel erfahren Sie, wie Mac OS X mit nur wenigen Einrichtungsschritten einen reibungslosen Datenaustausch zwischen mehreren Rechnern ermöglicht.

Nachdem die Rechner miteinander verbunden sind und das Netzwerk eingerichtet ist – siehe das Kapitel »Netzwerk« – können Daten von einem Rechner zum anderen verschickt werden.

◄ 122ff
Lesen Sie hier, wie ein TCP/IP-Netzwerk eingerichtet wird.

Dafür stehen die File-Sharing-Protokolle der jeweiligen Computerplattform zur Verfügung. Macs tauschen Daten über AppleShare aus, Windows-Rechner über SMB und UNIX-Rechner über NFS.

Mac OS X enthält die Client-Software für die drei Protokolle. AppleShare- und SMB-Server erscheinen im Finder unter »Netzwerk«, alternativ kann aber auch direkt über den Befehl »Mit Server verbinden« ein AppleShare-Netzwerk-Volume, eine SMB-Freigabe oder ein NFS-Export gemountet werden.

Die Server-Software für AppleShare und SMB kann einfach im Kontrollfeld »Sharing« aktiviert werden.

Auch für FTP, das Internet-Datenübertragungsprotokoll, und HTTP, das Protokoll des WWW, stehen Client- und Server-Software zur Verfügung.

Server und Clients

In Netzwerken gibt es eine grundlegende Aufgabenverteilung. Man unterscheidet zwischen Servern und Clients. **Server** sind die Rechner, die die Daten zur Verfügung stellen, auf die also zugegriffen werden kann. Die **Clients** greifen auf die vom Server bereitgestellten Daten zu. Auf Clients kann nicht von anderen Rechnern aus zugegriffen werden.

Grundsätzlich kann ein Rechner auch gleichzeitig Server und Client sein. Dieser Rechner greift dann auf die Daten anderer Server zu, ermöglicht aber auch den Zugriff anderer Rechner auf seine Daten.

File-Sharing-Protokolle

Für das File-Sharing im internen Netzwerk und über das Internet stehen verschiedene Protokolle zur Verfügung.

- **AppleShare (AFP):** Das Apple-eigene Protokoll zeichnet sich durch einfache Handhabung und hohe Sicherheit aus.
- **SMB** (Server Message Blocks) ist das native File-Sharing-Protokoll für Windows-Rechner. Das SMB-Protokoll wird für UNIX-Rechner über Samba bereitgestellt.
- **NFS:** Für das File-Sharing zwischen UNIX-Computern wird NFS (Network File System) verwendet.
- **FTP:** Für die Dateiübertragung über das Internet wird häufig FTP (File Transfer Protocol) verwendet.
- **HTTP:** Für die Übertragung von Internetseiten wird das HTTP-Protokoll (Hyper Text Transfer Protocol) verwendet. Mit HTTP können auch Dateien runtergeladen werden, es bietet jedoch keine Möglichkeit, Dateien auf den Server zu laden.
- **WebDAV:** Mit der Protokollerweiterung Web-DAV (Web-based Distributed Authoring and Versioning) können über HTTP auch Dateien hochgeladen werden. So kann HTTP auch für File-Sharing über das Internet verwendet werden. WebDAV wird beispielsweise für die iDisk und von iCal verwendet.

AppleShare, SMB und NFS sind für interne Netzwerke konzipiert, FTP, HTTP und Web-DAV für das Internet. Die lokalen Protokolle können aber auch bei Bedarf über das Internet und die Internet-Protokolle über das lokale Netzwerk verwendet werden.

Jeder Mac besitzt die nötige Software, um als AppleShare, SMB oder NFS-Client im internen Netz zu dienen. Auch für FTP und Web-DAV ist Software vorhanden. Das HTTP-Protokoll wird über den Internetbrowser bedient.

Mit der File-Sharing-Software kann zudem jeder Mac als Apple-Share-Server, als Samba-Server oder als FTP-Server arbeiten. Auch ein HTTP-Server steht zur Verfügung.

Die Auswahl des richtigen Protokolls

Da die Protokolle alle ihre Vor- und Nachteile haben, sollten Sie unterschiedliche File-Sharing-Protokolle für unterschiedliche Aufgaben verwenden.

- **Datenübertragung von Mac zu Mac:** Hier verwenden Sie AppleShare. Dieses Protokoll ist speziell auf die Eigenarten des Macs abgestimmt und bietet alle Möglichkeiten für einen sauberen und schnellen Datentransfer von Mac zu Mac.
- **Daten zu einem Windows-Rechner übertragen:** Da Windows ohne Zusatzsoftware nur das eigene Protokoll SMB beherrscht, bietet sich hier nur SMB als File-Sharing-Protokoll an.
- **Daten zu einem Linux- oder UNIX-Rechner übertragen:** Hier bietet sich das UNIX-eigene Protokoll NFS an. Linux-Rechner haben zwar meist einen Samba-Server eingebaut, SMB ist aber auf die Eigenarten von Windows und der x86-Rechner abgestimmt und deshalb am Mac sehr langsam. Die Apple-Share-Implementation »Netatalk«, die häufig auf Linux-Rechnern läuft, ist einer sehr alten Version von AppleShare nachprogrammiert und macht daher einige Probleme.
- **Große Dateien über das Internet:** Hier bietet sich FTP an.

Am Server anmelden

Der Finder von Mac OS X 10.3 bietet zwei verschieden Möglichkeiten zur Anmeldung an einen File-Sharing-Server. Die Anmeldung über den Ordner »Netzwerk« und über den Befehl »Mit Server verbinden«.

Anmelden über den Ordner »Netzwerk«

1. File-Server auswählen

Öffnen Sie ein Finder-Fenster und klicken Sie auf »Netzwerk«.

Hier werden alle verfügbaren Server aufgeführt, die AppleShare-Netzwerkvolumes oder SMB-Freigaben anbieten.

2. Server auswählen

Doppelklicken Sie auf das Symbol des gewünschten Servers.

In der Spaltenansicht können Sie auch in der Vorschau-Spalte auf die Schaltfläche »Verbinden« klicken.

3. Beim File-Server anmelden

Geben Sie Ihren Namen und Ihr Kennwort für diesen File-Server ein und klicken Sie auf »Verbinden«. (Benutzerkennwort falls nötig beim Netzwerkadministrator erfragen.)

154f ▸

Lesen Sie hier, wie Sie sich an einem Windows-Server anmelden.

Falls der Server die Gast-Anmeldung aktiviert hat, können Sie sich auch über die Schaltfläche »Gast« als Gast anmelden.
Wenn es sich bei dem Server um einen Windows-Server handelt, fahren Sie nun mit der Anleitung auf Seite 154 fort.

4. Netzwerkobjekte

Jetzt werden im Finder-Fenster alle Netzwerkobjekte dieses Servers aufgelistet, auf die der angemeldete Benutzer Zugriff hat. Auf die Inhalte kann ganz normal zugegriffen werden.

Mit Server verbinden

Wenn der Server im Finder nicht unter »Netzwerk« angezeigt wird, gibt es eine alternative
Methode für das Verbinden mit einem Server.

1. File-Server auswählen

*Öffnen Sie ein Finder-Fenster und klicken Sie
auf »Netzwerk« oder wählen Sie im Finder aus
dem Menü »Gehe zu« den Menüpunkt »Netzwerk« (⌘ ⇧ K).*

2. Server-Adresse eingeben

*Geben Sie die IP-Nummer bzw. den Domain-
Namen des Servers ein. Diese können Sie bei
Ihrem Netzwerkadministrator erfragen.*

*Die Eingabe erfolgt nach dem Schema »Proto-
koll://IP-Adresse bzw. Domain-Name«. Hierbei
verbindet »afp://« über AppleShare, »smb://«
über SMB, »nfs://« über NFS etc. Wird kein Protokoll angegeben, wird AppleShare verwendet.*

3. Beim File-Server anmelden

*Geben Sie Ihren Namen und Ihr Kennwort für
diesen File-Server ein und klicken Sie auf »Verbinden«. (Benutzerkennwort falls nötig beim
Netzwerkadministrator erfragen.)*

*Mit der Schaltfläche »Optionen« können Sie
die Art der Verschlüsselung des Passworts
bestimmen sowie das Passwort zum Schlüsselbund hinzufügen.*

*Wenn es sich bei dem Server um einen Win-
dows-Server handelt, fahren Sie nun mit der
Anleitung auf Seite 154 fort.*

4. Netzwerkobjekt auswählen

*Nun werden in einem Fenster alle auf dem
Server verfügbaren Volumes aufgelistet. Doppelklicken Sie auf das gewünschte Objekt.*

*Das Symbol des Objekts erscheint auf Ihrem
Schreibtisch, in der Seitenleiste bzw. im Fenster
»Computer« (⌘ ⇧ C). Sie können mit diesem
Objekt genauso arbeiten wie mit einem Vo-
lume Ihres Rechners.*

Benutzte Server

In dem Menü, das sich bei einem Klick auf die Schaltfläche mit der Uhr öffnet, werden alle zuletzt besuchten Server zur Schnellauswahl aufgelistet.

Bevorzugte Server

Wenn Sie auf einen Server häufiger zugreifen möchten, können Sie im Fenster »Mit Server verbinden« (⌘K) die Adresse des Servers mit der Schaltfläche »+« in die Liste »Bevorzugte Server« einfügen. Diese lässt sich dann einfach per Doppelklick öffnen.

... über Alias im Finder

46 ◄
Grundlagen,
Alias

Für Netzwerk-Volumes, die Sie häufig brauchen, können Sie aber auch direkt im Finder ein Alias anlegen, das die Anmeldeprozedur verkürzt.

Ziehen Sie einfach das über »Mit Server verbinden« (⌘K) gemountete Netzwerk-Volume mit gedrückten Tasten ⌘ und ⌥ vom Schreibtisch bzw. aus dem Ordner »Computer« (⌘⇧C) in einen beliebigen anderen Ordner oder markieren Sie das Volume und wählen Sie den Befehl »Alias erzeugen« (⌘L) aus dem Menü »Ablage« des Finders.

Wenn Sie dieses Alias doppelklicken, erscheint der Dialog »Verbindung herstellen«, in dem Ihr Benutzername schon eingetragen ist. Sie müssen nur noch das Passwort eintragen und auf »Verbinden« klicken. Wenn Sie das Passwort zum Schlüsselbund hinzugefügt haben (Schaltfläche »Optionen«) oder wenn Sie bereits mit einem anderen Volume des Servers verbunden sind, wird selbst diese Abfrage übergangen und das Netzwerkobjekt erscheint unmittelbar auf dem Schreibtisch.

Automatisch am Server anmelden

Wenn Sie sich beim Anmelden an Ihrem Mac automatisch an einen Server anmelden wollen, können Sie einfach das über »Mit Server verbinden« (⌘K) gemountete Netzwerk-Volume vom Schreibtisch bzw. aus dem Ordner »Computer« (⌘⇧C) im Kontrollfeld »Benutzer« in den Bereich »Startobjekte« ziehen. Wurde beim Verbinden das Passwort zum Schlüsselbund hinzugefügt, erscheint das Volume ohne Nachfrage automatisch auf Ihrem Schreibtisch.

Ist der Server nicht erreichbar, kommt es beim Anmelden zu einer kleinen Verzögerung.

Alternativ können Sie auch das Adress-Clipping, das beim Verbinden mit dem Server im Ordner »*Privat*/Library/Recent Servers« bzw. beim Anlegen eines bevorzugten Servers in »*Privat*/Library/Favorites« angelegt wurde, in die Startobjekte ziehen. Dann können Sie beim Anmelden das gewünschte Netzwerk-Volume von diesem Server auswählen.

Vom Server abmelden

- **Server in »Netzwerk«:** Klicken Sie den Server im Fenster »Netzwerk« an und wählen Sie im Ablage-Menü den Befehl »xxx auswerfen« (⌘E).
- **Netzwerkobjekte, die über »Mit Server verbinden« gemountet sind:** Legen Sie die Symbole aller Netzwerkobjekte des Servers in den Papierkorb bzw. klicken Sie in der Seitenleiste des Finders auf das Auswurf-Symbol.

Bei Verbindungsproblemen

Falls Sie Probleme haben, den Server zu erreichen, müssen Sie sich auf systematische Fehlersuche begeben. Überprüfen Sie Schritt für Schritt die folgenden Punkte:

Fehlersuche

1. Physikalische Verbindung

Überprüfen Sie, ob die Rechner miteinander verbunden sind, ob alle Stecker richtig sitzen etc.

Prüfen Sie eventuell zusätzlich, ob das verwendete Kabel mit einem anderen Rechner, der sich am Server anmelden kann, funktioniert.

2. TCP/IP-Verbindung

Überprüfen Sie, ob die Adressen von Server und Client im selben Subnetz liegen. Wenn ja, überprüfen Sie im »Netzwerk-Dienstprogramm« auf der Seite »Ping«, ob der Client den Server anpingen kann. Geben Sie dazu die Adresse des Servers ein und klicken Sie auf die Schaltfläche »Ping«. So stellen Sie fest, ob der Server überhaupt im Netzwerk erreichbar ist. (Das Programm »Netzwerk-Dienstprogramm« finden Sie im Ordner »Dienstprogramme« (⌘⇧U).)

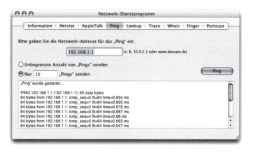

3. Sharing

Überprüfen Sie, ob am Server das File-Sharing gestartet wurde bzw. bei einem Windows-Server, ob die Freigabe richtig eingerichtet ist.

4. Benutzer

Überprüfen Sie ob der Benutzername und das Passwort, mit denen Sie versuchen, die Verbindung zum Server herzustellen, mit den auf dem Server festgelegten Daten übereinstimmen.

Für NFS-Servern müssen die Benutzer-IDs auf Server und Client übereinstimmen. Eventuell muss z.B. auf einem Linux-Server die ID für den Export-Benutzer entsprechend geändert werden. Ihre Benutzer-ID erfahren Sie im NetInfo Manager, Mac OS X vergibt IDs von 501 aufwärts gezählt.

Anmelden am Windows-Netzwerk

Für den Datenaustausch mit Servern in Windows-Netzwerken enthält Mac OS X einen Client für das Windows-Netzwerkprotokoll SMB. (Auch die Dateifreigabe der kleinen Windows-Versionen verwendet das SMB-Protokoll.) Die Verbindung erfolgt analog zur Verbindung zu einem AppleShare-Server.

Anmelden an einem Windows-Server

1. Mit Server verbinden

Zum Anmelden an einen SMB-Server verwenden Sie wie auf den vorherigen Seiten beschrieben den Eintrag »Netzwerk« (⌘⇧K) oder den Befehl »Mit Server verbinden« (⌘K) aus dem Menü »Gehe zu« des Finders.

2. Am Server anmelden

Wenn der Server aktiv ist, öffnet sich ein Fenster, in dem Sie weitere Daten eingeben müssen. Unter »Workgroup/Domain« geben Sie den Namen der Arbeitsgruppe des Servers und falls vorhanden, durch »/« getrennt den Namen der Domain ein, sowie unter »Benutzername« und »Kennwort« Namen und Passwort.

Windows unterscheidet beim Namen keine Groß- und Kleinschreibung. In Windows-Netzwerken, die keine Domains verwenden, brauchen Sie natürlich keine Domain einzugeben.

3. Freigabe auswählen

Nachdem Sie auf »OK« geklickt haben, erscheinen die Freigaben im Finder-Fenster. Wenn die Verbindung über »Mit Server verbinden« (⌘K) hergestellt wurde, erscheint ein Fenster, in dem die einzelnen Freigaben des Servers aus einem Menü ausgewählt werden können. Nach einem weiteren »OK« erscheint das Servervolume auf Ihrem Schreibtisch.

Dateien auf dem Windows-PC

Der Finder verwendet Windows-Freigaben wie lokal gemountete DOS-formatierte Volumes. Es gelten die bekannten Einschränkungen in Bezug auf die Dateinamen etc. Resourcen werden in einer (unsichtbaren) Datei gleichen Namens mit dem Präfix »._« abgelegt. Die Resourcen können jedoch vom Windows-PC nicht verwendet werden.

168ff ▶

Lesen Sie hier über den Datenaustausch mit dem Windows-PC

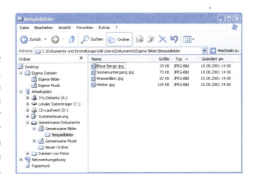

In den beiden Abbildungen sehen Sie die freigegebenen Ordner eines Windows-XP-PCs. Die Abbildung oben zeigt einen Ordner im Finder von Mac OS X, die Abbildung unten zeigt denselben Ordner im Windows-Explorer unter Windows XP. Der Windows-Explorer zeigt hier andere Ordnernamen, die auf dem Mac angezeigten Namen jedoch entsprechen den tatsächlichen Pfadnamen.

FTP und WebDAV im Finder

Mit dem Befehl »Mit Server verbinden« (⌘K) können FTP- und WebDAV-Servervolumes im Finder gemountet werden. Dafür geben Sie einfach die IP-Adresse des FTP- oder WebDAV-Servers nach dem Schema »ftp://*Serveradresse*« bzw. »http://*Serveradresse*« in das Textfeld ein.

Der Finder erlaubt jedoch nur Lesezugriff auf FTP-Server, das Hochladen von Dateien ist nicht möglich. Zum Hochladen von Dateien auf einen FTP-Server sollten Sie einen speziellen FTP-Client verwenden.

Ein WebDAV-Server wird wie ein Server im lokalen Netzwerk im Finder gemountet. Der Server »http://packages.opendarwin.org« bietet fertig kompilierte freie UNIX- und X11-Programme in konfigurierten Paketen für Mac OS X und Darwin (siehe Seite 221).

Der Mac als File-Sharing-Server

In Mac OS X sind ein einfacher AppleShare-File-Server und ein Samba-SMB-Server integriert. So kann Ihr Arbeitsplatzrechner jedem anderen Mac und für jeden Windows-PC im Netz als File-Server dienen. Sie erlauben damit anderen Benutzern, vom Netzwerk aus auf Ihre Objekte zuzugreifen. Als Protokoll für die Datenübertragung wird hier AppleShare oder SMB verwendet. Die Verbindung erfolgt in beiden Fällen über TCP/IP. Durch die Verwendung dieses Protokolls sind auch Netzwerkverbindungen über das Internet möglich. Außerdem stehen ein FTP- und ein Webserver zur Verfügung.

- Im Kontrollfeld **»Sharing«** in den Systemeinstellungen wird der File-Server gestartet.
- Die Netzwerk-Benutzer werden als lokale Benutzer im Kontrollfeld **»Benutzer«** eingerichtet.

AppleShare-File-Server einrichten

1. Computer benennen

Öffnen Sie in den »Systemeinstellungen« das Kontrollfeld »Sharing«. Um das File-Sharing starten zu können, müssen Sie zuerst einen Gerätenamen für Ihren Mac festlegen.

Der Gerätename ist eine beliebige Benennung des Computers. Er wird, wenn sich andere Benutzer an Ihrem Computer anmelden wollen, in der Liste der File-Server angezeigt.

Über den Rendevous-Namen können sich andere Rechner per direkter Adresseingabe anmelden (afp://Rendevous-Name.local)

2. File-Sharing starten

Um das File-Sharing zu starten, aktivieren Sie auf der Seite »Dienste« das Häkchen neben »Personal File Sharing« oder aktivieren Sie den Eintrag in der Liste und klicken Sie dann auf die Schaltfläche »Start« .

Benutzer

Benutzer, die auch über das Netzwerk auf Ihren Mac zugreifen dürfen, richten Sie im Kontrollfeld »Benutzer« ein. Wie Sie Benutzer anlegen, wird im Kapitel »Mehrbenutzersystem einrichten« erklärt.

Gäste

Wenn File-Sharing aktiv ist, wird auch Gästen ohne eigenes Passwort Zugriff auf Ihren Mac gewährt. Diese bekommen beim Anmelden die Public-Ordner der einzelnen Benutzer als Netzwerkvolumes zu sehen und können entsprechend der im Aufklappmenü »Jeder kann« vergebenen Privilegien auf die darin enthaltenen Ordner zugreifen.

Netzwerk-Objekte für die Benutzer

Vom System werden Vorgaben gemacht, auf welche Objekte die jeweiligen Benutzer über das Netzwerk Zugriff haben:

- **Admin-Benutzer** können auf ihren eigenen Ordner und auf ganze Festplatten zugreifen.
- **Normale Benutzer** können auf ihren privaten Ordner und auf die Ordner »Public« der anderen Benutzer zugreifen.
- **Gäste** können lediglich auf die Ordner »Public« der Benutzer zugreifen.

Verbinden vom klassischen Mac OS

Mac OS X stellt die Daten über AppleShare über TCP/IP bereit. Wenn Sie eine File-Sharing-Verbindung von einem Mac mit dem klassischen Mac OS aufbauen wollen, müssen Sie dort in der Auswahl bzw. im Netzwerk-Browser die Option »Mit Server verbinden« wählen und die IP-Adresse Ihres Servers eingeben. Alternativ können Sie an Ihrem Server im Netzwerk-Kontrollfeld AppleTalk aktivieren. Dann können Sie wie gewohnt verbinden.

File-Sharing beenden

Wenn Sie das File-Sharing beenden wollen, deaktivieren Sie im Kontrollfeld »Sharing« das Häkchen in der Zeile des jeweiligen Server-Dienstes oder klicken Sie auf die Schaltfläche »Stopp«.

Bei »Personal File Sharing« (AppleShare-Server) erscheint eine Meldung. Wenn Sie das Sharing sofort beenden wollen, geben Sie für die Wartezeit bis zum Beenden die Zahl »0« ein. Alle angemeldeten Benutzer werden dann getrennt.

Bei Windows-File -Sharing und FTP-Zugriff wird die Verbindung bereits angemeldeter Benutzer jedoch nicht getrennt.

312f ▶
Referenz,
Kontrollfeld
»Sharing«

88ff ◀
Mehrere
Benutzer

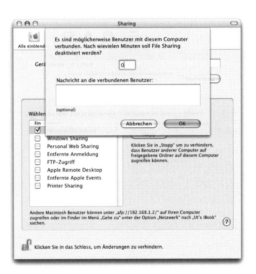

Windows-File-Sharing

Im Kontrollfeld »Sharing« kann mit dem Dienst »Windows File Sharing« der Samba-Fileserver gestartet werden. Samba stellt dem Netzwerk Dateien mittels des SMB-Protokolls zur Verfügung. SMB (Server Message Block) ist das native File-Sharing-Protokoll für PCs mit Windows – ähnlich wie AppleShare für das Mac OS.

Windows File Sharing einrichten

1. Arbeitsgruppe einrichten

Bevor Sie Ihren Windows-File-Server das erste Mal starten, müssen Sie eine Windows-Arbeitsgruppe einrichten. Dazu öffnen Sie das Programm »Verzeichnisdienste« (im Ordner »Dienstprogramme« (⌘⇧U), aktivieren die Seite »Dienste« und doppelklicken den Eintrag »SMB«. Geben Sie im eingeblendeten Eingabefeld den Namen der Windows-Arbeitsgruppe ein.

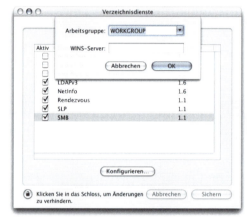

2. Windows-File-Sharing starten

Aktivieren Sie nun im Kontrollfeld »Sharing« auf der Seite »Dienste« den Dienst »Windows File Sharing«.

Der Mac erscheint nun mit dem im Feld »Lokaler Host-Name« (Schaltfläche »Bearbeiten«) eingetragenen Namen im Windows-Netzwerk.

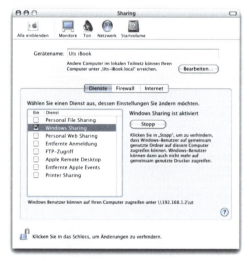

Anmelden vom Windows-PC

Auf Windows-Rechnern im Netzwerk erscheint Ihr Mac in der Netzwerkumgebung innerhalb der gewählten Arbeitsgruppe unter dem Namen »Mac OS X (*Rendevous-Name*)«.

Die für Windows-Anmeldungen freigegebenen Benutzer können sich mit ihrem kurzen Benutzernamen und Passwort an ihren jeweiligen privaten Ordner anmelden.

Alternativ kann der Mac durch Eingabe der Adresse »*IP-Adresse bzw. Rendevous-Name*\ *kurzer Benutzername*« als Netzwerkresource hinzugefügt werden. Die Anmeldung funktioniert nur von PCs aus, die sich im gleichen IP-Subnetz befinden.

Windows-Rechner erkennen nur die Datenzweige der angebotenen Dateien. Die Resourcen werden nicht mit kopiert.

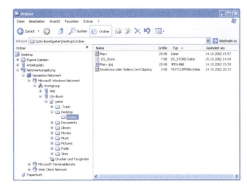

Hier wird über den Windows-Explorer unter Windows XP auf Dokumente im privaten Ordner auf dem Mac zugegriffen.

NFS-Server

In Mac OS X ist auch ein Server für das UNIX-Files-Sharing-Protokoll NFS enthalten. Für diesen hat Apple jedoch keinen Schalter in der grafischen Oberfläche vorgesehen. Die Exports müssen über den NetInfo-Manager eingerichtet werden und die benötigten Server-Deamons »portmap«, »mountd« und »nfsd« werden dann über die Kommandozeile gestartet.

Wenn NFS-Exports eingerichtet sind, werden die Deamons beim Systemstart mit den StartupItems »PortMap« und »NFS« automatisch gestartet.

Im Internet gibt es einige Anleitungen dazu. Einfacher lässt sich NFS mit dem »NFSManager« von Marcel Bresink (<www.bresink.com/osx/NFSManager-de.html>) konfigurieren.

FTP-Server

FTP ist ein sehr altes Datenübertragungs-Protokoll. Es wurde schon in den Anfängen des Internet lange vor der Entwicklung des WWW verwendet. Daher gibt es für jede Computerplattform FTP-Client-Software. FTP erkennt jedoch nur den Datenzweig von Mac-Dateien. Es ist daher für die Übertragung von Dateien von Mac zu Mac nur bei vorheriger Kodierung der Dateien geeignet.

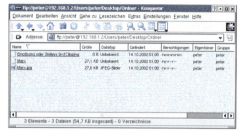

Der FTP-Server in Mac OS X wird gestartet, indem im Kontrollfeld »Sharing« auf der Seite »Dienste« die Option »FTP-Zugriff« angekreuzt wird.

Der Benutzer kann sich unter der Adresse ‹ftp://IP-Adresse des Computers› mit Namen und Passwort anmelden und wird automatisch an seinen privaten Ordner geleitet. Eventuell muss die Adresse in folgender Form eingegeben werden: ‹ftp://Name:Passwort@Adresse/Users/Name›. Der Benutzer kann jedoch durch die gesamte Hierarchie navigieren und entsprechend seinen Zugriffsrechten Dateien downloaden oder uploaden. Ein Gastzugriff ist hier nicht möglich.

Der FTP-Server ermöglicht den Datenaustausch in beide Richtungen – Downloads und Uploads. Mit einem FTP-Client können also auch Dateien von jeder anderen Computerplattform auf Ihren Mac hochgeladen werden. Dabei gelten dieselben Benutzerrechte wie bei lokaler Anmeldung.

FTP-Zugriff mit dem Konqueror unter Linux und im Internet Explorer unter Windows XP.

Mit einem richtigen FTP-Programm – wie hier beispielsweise »Captain FTP« – können Dateien einfach per Drag&Drop hochgeladen werden.

Der FTP-Server bietet lediglich den Datenzweig der Dateien zum Download an. (Beim Text-Clipping o Bytes.) Unsichtbare Dateien werden über FTP sichtbar.

◀ 40
Technik, Daten und Resourcen

▶ 162f
Daten kodieren

◀ 94
Der private Ordner

◀ 95f
Privilegien

Webserver

Mit dem Apache-Webserver können Dokumente über das HTTP-Protokoll via Intranet oder Internet an Computer mit anderen Betriebssystemen weitergegeben werden. Der Apache-Webserver ist der am meisten verwendete Internet-Server im gesamten Internet. Es handelt sich dabei um ein UNIX-Programm, das normalerweise über die Kommandozeile gestartet und konfiguriert wird. In Mac OS X wird der Webserver im Kontrollfeld »Sharing« auf der Seite »Dienste« durch ankreuzen der Option »Personal Web-Sharing« gestartet.

Der Webserver ist in Mac OS X einfach vorkonfiguriert. Er ist für jeden Computer unter der im Kontrollfeld »Sharing« angezeigten Internet-Adresse erreichbar. Innerhalb eines lokalen Netzwerkes können Sie auch den Rendevous-Namen (Lokaler Host-Name; xxx.local) verwenden. Wird diese Adresse in einem Internetbrowser aufgerufen, so wird das Dokument »index.html« aus dem Ordner »Library/Webserver/Documents« angezeigt. Die Dokumente mit dem Namen »index.html« in den Ordnern »Sites« der verschiedenen Benutzer können unter der Adresse mit dem Zusatz »/~kurzer Name des Benutzers« aufgerufen werden.

Sie können den Webserver aber natürlich auch aufwendiger konfigurieren. Eine englische Anleitung für die Konfiguration des Webservers über das Terminal befindet sich im Ordner »Library/Documentation/Services/apache« (index.html). Sie kann auch auf der Testseite mit dem Link »Online-Documentation« erreicht werden.

312f ▶
Referenz,
Kontrollfeld
»Sharing«

Diese Testseite ist unter der Internet-Adresse Ihres Macs aufrufbar, sobald Sie das Web-Sharing gestartet, aber noch keine eigenen HTML-Dateien in den Ordner »Library/Webserver/Documents« gelegt haben.

Kodierung von Daten für die Übertragung über das Internet

Dateien komprimieren

Für die Übertragung über das Internet mit seinen vergleichsweise sehr langsamen Verbindungen sollten die bereitgestellten Dateien komprimiert werden. Beim Komprimieren werden Dateien mittels mathematischer Algorithmen in ihrer Größe reduziert. Sie können dann am Ziel wieder auf ihre ursprüngliche Form gebracht zu werden. Für die meisten Dateitypen werden verlustfreie Komprimierungen verwendet: Dateien für den Mac werden meist im »StuffIt«-Format gepackt (.sit), hierfür kann z.B »DropStuff« verwendet werden. Häufig werden sie zusätzlich kodiert. Für ».zip«-Dateien kann die Archiv-Funktion des Finders verwendet werden. ».tar« oder ».gz«-Dateien für UNIX-Rechner können mit der Shell erzeugt werden. Grafiken in verlustbehafteten Komprimierungen wie z.B. im JPEG-Format müssen nicht zusätzlich komprimiert werden. Die Datei würde bei der Komprimierung eher größer werden.

Kodierung von Mac-Dateien

Wenn Sie Mac-Daten über das Intra- oder Internet an einen anderen Mac verschicken, müssen Sie daran denken, dass die Internet-Protokolle den Daten- und Resourcenteil einer Mac-Datei nicht als zusammenhängende Datei betrachten. Es wird immer nur der Datenzweig übertragen, sodass die Datei eventuell unbrauchbar wird. Deshalb müssen Dateien zum Verschicken über das Internet enkodiert werden (Enkodieren ist eine Art der Verschlüsselung). Dafür stehen zwei Formate zur Verfügung – MacBinary (.bin) und BinHex (.hqx). Zum Enkodieren gibt es verschiedene Programme (z.B. »DropStuff« oder »StuffIt Deluxe« von Aladdin). **BinHex** macht aus den Mac-Dateien reine ASCII-Textdateien.

MacBinary ist das modernere Format. Es verwandelt Mac-Dateien in Binär-Dateien. Die MacBinary-Dateien sind kleiner als BinHex-Dateien. Steinzeitliche Internet-Zugänge können jedoch MacBinary-Dateien bei der Übertragung zerstören.

ZIP-Archive aus dem Finder

Mit dem Befehl »Archiv von „xxx" erstellen« aus dem Ablage-Menü des Finders lassen sich Dateien und Ordner zu ZIP-Archiven packen. Diese benutzen eine AppleDouble-Kodierung, um die Resourcen zu bewahren. Die Resourcen werden in ein Unterverzeichnis »__MacOS X« gelegt. Unter Windows kann dann der gesamte Unterordner einfach ignoriert werden. In Mac OS X 10.3 werden die Daten und die Resourcen wieder zusammengefügt. Wenn dieses Archiv jedoch mit dem StuffIt Expander oder einem anderen Entpacker in einem älteren Mac OS X ausgepackt wird, werden die Zweige nicht wieder zusammengefügt und die Dateien zum Teil unbrauchbar. Daher ist dieses ZIP-Format nur bedingt zum Datenaustausch von Mac zu Mac geeignet.

Der im Finder gezippte Ordner wurde versehentlich mit dem StuffIt Expander ausgepackt.

Diskimages

 Mit dem »Festplatten-Dienstprogramm« (Ordner »Programme/Dienstprogramme«) lassen sich Diskimages erstellen, auf die Sie dann ihre Daten kopieren können. Diese Diskimages sind nach außen einfache Dateien (.dmg), enthalten intern aber ein eigenes HFS+-Dateisystem, das per Doppelklick auf die Datei als Volume gemountet wird. Außerdem können die Daten im Diskimage komprimiert werden. Damit erfüllen Diskimages alle Voraussetzungen für eine reibungslose und schnelle Übertragung von Mac zu Mac.

Ein komprimiertes Image erstellen

1. Image erstellen

Erstellen Sie zuerst im »Festplatten-Dienstprogramm« (im Ordner »Dienstprograme« (⌘⇧U)) mit dem Befehl »Neu ▸ Leeres Image« aus dem Menü »Images« ein Image. Kopieren dann die gewünschten Daten in das im Finder gemountete Image-Volume. Mit den Befehl »Neu ▸ Image von Ordner« können Sie auch ein fertiges Image von einem Ordner erstellen.

Wenn Sie wollen können Sie das Image auch mit einem Passwort versehen und verschlüsseln.

2. Image komprimieren

Aktivieren Sie das Image in der Liste auf der linken Seite des Festplatten-Dienstprogrammes und wählen Sie den Befehl »Konvertieren« aus dem Menü »Images«. Unter Image-Format wählen Sie den Menüpunkt »Komprimiert«.

Wenn kein Image in der Liste ausgewählt ist, öffnet der Befehl »Konvertieren« einen Öffnen-Dialog, mit dem Sie ein beliebiges Image auswählen können.

E-Mail-Kodierungen

Für Daten, die per E-Mail an andere Systeme verschickt werden, stehen zwei weitere spezielle Kodierungen zur Verfügung. **UUEncode** (UNIX-to-UNIX Encode) und **Base64**. UU-Encode wandelt die Daten in ASCII-Kode um, Base64 in Binär-Kode, ähnlich we BinHex bzw. MAcBinary.

In einigen E-Mail-Programmen können die verschiedenen Kodierungen ausgewählt werden. Sie können dort also die Kodierung je nach Betriebssystem bzw. Mail-Programm des Empfängers bestimmen. Meist wird Base64 verwendet. (Auch AppleDouble verwendet Base64.) Sollte der Empfänger Probleme haben, versuchen Sie Dateien mit UUEncode ohne Komprimierung zu verschicken. Diese Einstellung sollte jedoch nur für Übertragungen an andere Plattformen gebraucht werden, denn sie würde bei Mac-zu-Mac-Übertragungen den Resourcen-Zweig zerstören. Ist der Empfänger ein Mac, verwenden Sie die Enkodierungen BinHex oder MacBinary. Wenn der Empfänger den »StuffIt Expander« für Windows besitzt, können Sie die Dateien wie für den Mac üblich packen und kodieren. Der StuffIt Expander für Windows kann unter http://www.stuffit.com kostenlos heruntergeladen werden.

145 ▸
Internet, E.Mail-Anhänge

Warenaustausch

Daten zwischen Programmen austauschen

Schon seit dem ersten Macintosh lassen sich über das Betriebssystem des Mac Daten aus jedem beliebigen Programm in ein anderes übertragen. Welche Möglichkeiten Mac OS X bietet, zeigt dieses Kapitel.

Seit dem ersten System des Macintosh, bei dem noch keine zwei Programme parallel nebeneinander laufen konnten, gibt es die Möglichkeit, Daten aus einem Programm in ein anderes zu übertragen. Dazu wurde ein temporärer Zwischenspeicher, die »Zwischenablage«, eingerichtet. Der Mac-User brauchte also nie Texte aus einem Programm abzutippen, um sie in ein anderes Programm zu übertragen. Im Laufe der Zeit wurden zu der Zwischenablage weitere Möglichkeiten hinzugefügt.

- **Zwischenablage (Copy&Paste):** Daten können mit Kopieren und Einsetzen in andere Dokumente übertragen werden.
- **Cut&Paste:** Wie bei »Copy&Paste« werden die Daten über die Zwischenablage übertragen. Dabei werden jedoch die zu übertragenden Daten aus dem Original entfernt.
- **Drag&Drop:** Texte oder Grafiken können einfach mit der Maus von einem Dokument in ein anderes gezogen werden.

- **Clips:** Daten, die aus einer Anwendung in ein Finder-Fenster gezogen werden, werden in einer Clip-Datei gespeichert.
- **Dienste:** Einige Programme bieten in Mac OS X Dienste für jedes andere Programm an. Diese können über den Befehl »Dienste« im Programm-Menü direkt bezogen werden.

Für alle diese Übertragungsmöglichkeiten gibt es in Mac OS ein eigenes Datenformat, das von allen Programmen gelesen werden kann. So wird es unter Mac OS niemals passieren, dass Texte oder Grafiken nicht über die Zwischenablage übertragen werden können, auch wenn die Programme noch so unterschiedlich sind.

Zwischenablage

Der ursprünglichste Weg, Daten von einem Programm in ein anderes zu übertragen, ist der Weg über die Zwischenablage (Copy&Paste bzw. Cut&Paste).

In Mac OS X wird die Zwischenablage von dem Programm »pbs« (im Ordner System/Library/CoreServices) erzeugt, pbs steht für »Pasteboard Server«.

Übertragen über die Zwischenablage

1. Markieren

Markieren Sie das gewünschte Element, z.B. einen Textblock mit dem Text-Cursor oder einen Ausschnitt aus einer Grafik mit dem Kreuz-Cursor. Mit dem Befehl »Alles auswählen« (⌘A) aus dem Menü »Bearbeiten« können Sie auch den gesamten Text oder die ganze Grafik auswählen.

In diesem Beispiel wird ein Teil des Textes aus einer E-Mail markiert und in die Zwischenablage kopiert.

2. Kopieren bzw. Ausschneiden

Mit den Menübefehlen »Kopieren« (⌘C) oder »Ausschneiden« (⌘X) aus dem Menü »Bearbeiten« wird das markierte Element in die Zwischenablage gelegt. Wenn Sie »Ausschneiden« wählen, wird das Element gleichzeitig aus dem Ursprungsdokument gelöscht.

Das Fenster der Zwischenablage zeigt den kopierten oder ausgeschnittenen Inhalt.

3. Einsetzen

Wechseln Sie in das andere Programm und markieren Sie die Stelle, an der der Inhalt der Zwischenablage eingesetzt werden soll. Mit dem Menübefehl »Einsetzen« (⌘V) aus dem Menü »Bearbeiten« kann dann der Inhalt der Zwischenablage in das Dokument eingefügt werden.

Die kopierte Bestellnummer aus der E-Mail wird aus der Zwischenablage in eine Tabellenkalkulation eingefügt.

Den Inhalt der Zwischenablage anzeigen

In der Zwischenablage werden Daten gleichzeitig in unterschiedlichen Formaten zwischengelagert, so dass jedes Mac-Programm ein Datenformat vorfindet, das es versteht.

Der Inhalt der Zwischenablage kann aus dem Finder und aus vielen Programmen mit dem Befehl »Zwischenablage einblenden« betrachtet werden. In der Infozeile des Zwischenablagenfensters wird angezeigt, welcher Art der Inhalt ist. Der Inhalt der Zwischenablage wird ersetzt, sobald neue Daten kopiert oder ausgeschnitten werden.

Drag&Drop

- **Verschieben:** Einen markierten Textblock oder eine Grafik können Sie mit dem Pfeil-werkzeug an eine andere Stelle verschieben.
- **Kopieren:** Mit gedrückter ⌥-Taste wird der markierte Bereich an die gewählte Stelle kopiert (verdoppelt).

Mit diesem Verfahren lassen sich auch Text-blöcke oder Grafiken in das Fenster eines anderen Programms verschieben. Der Inhalt der Zwischenablage bleibt von dieser Aktion unbeeinflusst. Das System bietet allen Programmen den Drag&Drop-Service an, jedoch bleibt es dem Programmierer freigestellt, diesen zu nutzen. Dass Ihr Programm diesen Service nutzt,

Hier wird der markierte Textblock an eine andere Stelle im Text verschoben.

können Sie beispielsweise daran erkennen, dass der Text-Cursor über einem markierten Text zu einem Pfeil-Cursor wird.

Clips

Aus einem Programm, das Drag&Drop unterstützt, kann ein markierter Bereich auf den Schreibtisch oder in ein Finder-Fenster gezogen werden. Dadurch entsteht eine Datei mit dem Suffix ».textClipping«, ».pictClipping« bzw. mit dem Wort »Clip« im Namen. Wird diese Clip-Datei per Doppelklick geöffnet, kann der Inhalt direkt in einem Finder-Fenster betrachtet werden. Wie beim Fenster der Zwischenablage wird auch hier in der Infozeile beschrieben, welcher Art der Inhalt ist. Ziehen Sie diesen Clip in ein Programmfenster eines anderen Programms, das Drag&Drop unterstützt, so wird der Inhalt in das Dokument eingefügt.

Handelt es sich bei dem Text im Clip um eine Netzwerk-Adresse – E-Mail, WWW, FTP, Apple-Share usw. – bekommt der Clip ein spezifisches Symbol (und Suffix – ».webloc«, ».afploc« etc.). Per Doppelklick wird die Adresse im Standard-Programm für das jeweilige Protokoll geöffnet.

Clip einer
Netzwerk-
Adresse

◄136ff
Internet

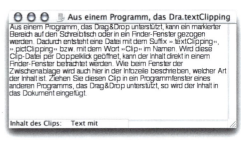

Dienste

Aus NeXTStep wurden die Dienste (Services) übernommen – eine weitere Möglichkeit, Daten von einem Programm in ein anderes zu übertragen.

Dienst beziehen

1. Objekt für den Dienst vorbereiten

Voraussetzung für das Beziehen eines Dienstes ist, dass in dem Dokument, das den Dienst erhalten soll, ein Objekt vorbereitet ist. Je nach Art des Dienstes kann ein Text ausgewählt werden, der Text-Cursor an eine bestimmte Position gebracht oder ein Bereich mit einem Auswahlrechteck markiert werden.

2. Dienst auswählen

Öffnen Sie im Programm-Menü das Untermenü »Dienste«. Hier werden alle installierten Programme verzeichnet, die Dienste anbieten. Wählen Sie das Programm, das den gewünschten Dienst anbietet, und dann aus dem folgenden Untermenü den gewünschten Dienst.

Der Dienst wird sofort ausgeführt. Sollte das Programm, das den Dienst anbietet, nicht aktiv sein, wird es automatisch gestartet.

Art der Dienste

Die Eigenschaften der Dienste können sehr unterschiedlicher Natur sein. Es werden natürlich nur Dienste angeboten, die zu der Art des jeweiligen anbietenden Programms passen:

- So kann z.B. ein Bildschirmfoto erstellt und direkt an der markierten Stelle eingesetzt werden.
- Aus einem ausgewählten Text wird ein Memo erstellt.
- Ein ausgewählter Text wird als Text oder als Adresse in eine E-Mail eingesetzt.

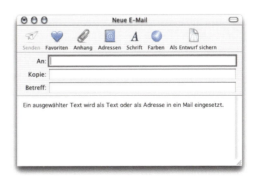

Weltenbummler

Datenaustausch mit dem Windows-PC

Der Mac ist kompatibel. Dateien, die von PCs kommen, können auf dem Mac ohne Probleme gelesen und weiterverarbeitet werden. Auch umgekehrt ist der Datenaustausch problemlos möglich. Welche Besonderheiten dabei zu beachten sind, wird in diesem Kapitel dargestellt.

Die Entwickler des klassischen Mac OS hatten schon früh festgestellt, wie wichtig es ist, mit anderen Computerplattformen kompatibel zu sein. Auch Mac OS X kann viele unterschiedliche Dateisysteme verarbeiten. Zudem gibt es in fast allen Anwendungsprogrammen Funktionen, die einen reibungslosen Datenaustausch zwischen den unterschiedlichen Computerwelten ermöglichen.

- Mac OS X kann PC-Disketten und andere PC-Volumes lesen.
- Mac OS X enthält Client- und Server-Software für verschiedene File-Sharing-Protokolle. (Diese werden im Kapitel »File-Sharing« auf Seite 149f behandelt.)
- Anwendungsprogramme bieten die Möglichkeit, Dokumente in verschiedenen Formaten zu sichern.

Für den Datenaustausch zwischen verschiedenen Programmen und unterschiedlichen Plattformen wurden spezielle Austauschformate entwickelt. Zusätzlich gibt es Konvertierungsprogramme, die verschiedenste Formate ineinander konvertieren können.

Um keine Probleme mit Beschränkungen und Regeln zu bekommen, die bei Windows restriktiver sind als bei Mac OS X, müssen ein paar kleine Regeln beachtet werden:

- DOS und Windows brauchen zwingend ein Dateisuffix im Dateinamen. Dieses muss ergänzt werden, damit die Datei am PC geöffnet werden kann.
- Sonderzeichen in Texten werden unterschiedlich kodiert. Sie können jedoch einfach ausgetauscht werden.
- Vorschaubilder und Symbole, die in Resourcen gespeichert werden, können nicht verwendet werden.

Mac-Dokument an einen PC weitergeben

Wenn Sie ein Dokument an einen PC weitergeben wollen, müssen Sie folgende Punkte beachten:

- Das Dokument muss in einem Format gesichert sein, das der Empfänger lesen kann.
- Der Dateiname muss ein passendes Dateisuffix (die Dateinamenserweiterung) enthalten.
- Das Dokument muss auf einem PC-formatierten Volume übergeben werden.

Dateinamen für Windows und DOS

Windows kann nur Dateien öffnen, die ein passendes Suffix (Dateinamenserweiterung) am Ende des Dateinamens tragen. Das Suffix beginnt mit einem Punkt als Abtrennung zum eigentlichen Dateinamen und kann aus bis zu vier alphanumerischen Zeichen bestehen. Über das Suffix werden der Dateityp und das Erzeugerprogramm festgelegt. Deshalb sollte bei Dateien, die auf Windows-Rechnern gelesen werden sollen, unbedingt ein passendes Suffix angefügt werden. Noch ein paar weitere Einschränkungen sind bei Dateinamen für Windows- bzw. DOS-Rechner zu beachten:

- **Windows 95/98/Me/XP:** Nicht zulässig sind die Zeichen \/*?"<>|. Werden Dateien auf ein PC-Volume kopiert, müssen alle Dateinamen in ein Windows-kompatibles Format geändert werden. Alle in Windows-Dateinamen nicht zulässigen Zeichen könnten beispielsweise durch Unterstriche ersetzt werden.
- **DOS/Windows 3.1:** DOS und Windows 3.1 verwenden die Dateinamen in der 8.3-Form (acht Zeichen gefolgt von einem Suffix aus drei Zeichen). Längere Dateinamen werden beim Einlesen eines Volumes auf diese Form gestutzt und sind dann manchmal kaum noch wiederzuerkennen.

Ein Ordner mit Objekten unter Mac OS X

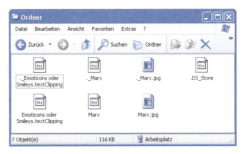

Derselbe Ordner unter Windows XP

Derselbe Ordner unter DOS

PC-Volumes unter Mac OS X

◄38ff
Technik,
Dateisystem

Mac OS X kann problemlos Volumes lesen, die im DOS-Format (FAT, NTFS) formatiert sind. PCs dagegen können jedoch in der Regel keine Mac-formatierten Volumes lesen. Deshalb müssen Sie Daten, die Sie an PCs weitergeben wollen, auf PC-formatierte Volumes kopieren. Das Format eines Volumes können Sie im Infofenster des Finders erkennen.

Unter Mac OS X können mit dem »Festplatten-Dienstprogramm« (im Ordner »Dienstprogramme« (⌘⇧U)) Volumes im DOS-Format formatiert werden. Wählen Sie dazu in der Liste links das gewünschte Laufwerk aus. Wählen Sie dann auf der Seite »Löschen« aus dem Aufklappmenü »Volume-Format« den Eintrag »MS-DOS«. Ein Klick auf die Schaltfläche »Löschen« formatiert das Volume im PC-kompatiblen Format.

Vorschaubilder und Symbole

Andere Betriebssysteme kennen die Teilung einer Datei in den Daten- und den Resourcenteil nicht. Die im Resourcenzweig gespeicherten Symbole und Vorschaubilder sind dort nicht verwendbar. Diese beiden Zweige sind für andere Betriebssysteme zwei getrennte Dateien. Wenn Objekte auf ein PC-formatiertes Volume kopiert werden, legt Mac OS X die Resourcen und die Objektattribute in unsichtbaren Dateien mit identischem Namen aber mit »._« als Präfix ab (AppleDouble). Wird eine der beiden Dateien umbenannt, kann Mac OS X die Zweige nicht mehr miteinander verbinden und die Resourcen werden auch für Mac OS X unbrauchbar.

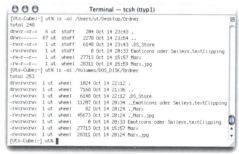

Selbst die UNIX-Shell erkennt die Verbindung zwischen den Daten- und den Resourcendateien auf einem PC-Volume nicht. Hier werden im »Terminal« zwei identische Ordner gelistet – einmal auf dem Schreibtisch und einmal auf einem PC-Volume.

PC-formatierte Volumes und das klassische Mac OS

Auch für das klassische Mac OS sind die Resourcen der Dateien auf einem unter Mac OS X beschriebenen DOS-formatierten Volume nicht brauchbar. Verwenden Sie deshalb zur Übertragung an einen Mac immer ein HFS-formatiertes Volume. Alternativ können Sie Dateien wie für die Übertragung über das Internet kodieren.

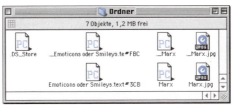

162f ◄
Daten
kodieren

Auch Mac OS 9 stellt die Daten- und Resourcenzweige der unter Mac OS X auf ein PC-Volume geschriebenen Objekte getrennt dar.

Sehr lange Pfadnamen

In Mac OS X kann der Objektname bis zu 254 Zeichen lang sein. Da es unter Mac OS keinen Unterschied zwischen Ordnern und Dateien gibt, gilt dies für Ordnernamen und Dateinamen. Es kann also in einen Ordner mit 254 Zeichen ein weiterer Ordner mit 254 Zeichen gelegt werden, in den dann eine Datei mit einem 254 Zeichen langen Dateinamen gelegt wird.

Unter Windows gilt eine Beschränkung auf 255 Zeichen für den gesamten Pfad. Der Pfadname besteht aus dem Namen des Volumes, den Ordnernamen und den Schrägstrichen (\, Backslash), mit denen Windows die Hierarchiestufen trennt.

Mac OS X kopiert Pfade, die aus mehr, als 255 Zeichen bestehen, auf PC-Volumes und auch über das Netzwerk auf Windows-PCs. Der Ordner, dessen Pfadname dann über die 255 Zeichen hinausgeht, wird unter Windows zwar angezeigt, kann aber weder geöffnet noch verschoben, umbenannt oder gelöscht werden. Vom Mac aus lassen sich die Ordner jedoch über das Netzwerk umbenennen und bewegen. Unter Windows müssen Sie Ordnernamen weiter oben in der Hierarchie kürzen, um die Objekte in den tieferen Herarchiestufen zu erreichen.

Vermeiden Sie daher tiefe Hierarchien mit langen Ordnernamen beim Datenaustausch mit Windows.

Ordner mit eigenem Symbol

Unter Mac OS X kann jedem Ordner ein eigenes Symbol zugeteilt werden. Dieses wird in einer unsichtbaren Datei mit dem Namen »Icon<cr>« gespeichert. <cr> ist das Carriage-Return-Zeichen, das einen Zeilensprung kodiert.

Das Zeichen <cr> ist aber unter Windows ein verbotenes Zeichen. Beim Kopieren auf eine DOS-formatiertes Volume gibt es deshalb eine Fehlermeldung und der Kopiervorgang wird abgebrochen. Beim Löschen des Symbols wird die Datei »Icon<cr>« nicht gelöscht sondern es werden lediglich die Resourcen innerhalb der Datei gelöscht. Daher sollten Sie entweder die Daten vorher in einen – am besten neu angelegten – Ordner verschieben oder Sie kopieren die Dateien einzeln in einen Ordner auf dem PC-formatierten Volume.

Dokument an einen PC weitergeben

1. Sichern im Austauschformat

Öffnen Sie das Dokument in dem Programm, in dem Sie es erstellt haben. Aus dem Menü »Ablage« wählen Sie den Befehl »Sichern unter«. Im Sichern-Dialog wählen Sie dann aus dem Aufklappmenü »Format« das Dateiformat des Empfängerprogramms oder ein Format, von dem Sie wissen, dass es der Empfänger lesen kann.

2. Dateisuffix hinzufügen

Geben Sie dem Dateinamen im Textfeld des Sichern-Dialogs ein passendes Suffix. Das Suffix besteht aus einem Punkt und bis zu vier alphanumerischen Zeichen (Buchstaben und Ziffern).

Viele Programme fügen das Suffix selbständig beim Sichern an. Wenn Sie das Suffix nicht kennen, fragen Sie den Empfänger.

AppleWorks hängt das neue Suffix nicht automatisch im Sichern-Dialog an, Sie müssen es von Hand hinzufügen.

3. Sichern auf ein PC-Volume

Achten Sie darauf, dass Sie im Dateinamen keines der »verbotenen« Zeichen – \/*?"<>| – verwendet haben. Suchen Sie im Sichern-Dialog das PC-Volume aus und klicken Sie auf »Sichern«.

Austauschformate

Einige Beispiele für Austauschformate:

▶ 173
Sichern als PDF

- **Text:** Im reinen Textformat (txt) wird nur der reine **ASCII-Text** gesichert. **RTF** (Rich Text Format) enthält zusätzlich Formatierungsinformationen.
- **Grafiken: TIFF** ist ein plattformübergreifendes Bitmap-Format. **JPEG** verwendet Kompressionsverfahren, die einen Verlust der Bildqualität zur Folge haben. (Je kleiner die Dateien, desto mehr Verluste.)

- **Texte mit Grafiken: HTML** ist das Standardformat für das Internet, Grafiken werden als eigene Dateien gesichert. **PDF** bettet Schriften und Grafiken ein und behält das Aussehen des Dokuments unabhängig von der Darstellungsart bei.

Dokument als PDF sichern

Mac OS X verwendet für die Grafikdarstellung auf dem Bildschirm »PDF« (Portable Data Format). Das PDF-Format wurde von Adobe entwickelt, um Dokumente ohne Veränderungen des Layouts auf verschiedensten Computerplattformen darstellen zu können. PDF-Dokumente können Text, eingebettete Grafiken usw. enthalten. Wird das Dokument verkleinert oder vergrößert dargestellt oder gedruckt, bleiben die Proportionen immer erhalten.

In Mac OS X kann jedes Dokument als PDF gesichert werden – sogar ganze Internetseiten lassen sich so sichern. Das von Adobe kostenlos zur Verfügung gestellte Leseprogramm für PDF-Dokumente, der »Adobe Reader«, kann für immerhin 16 verschiedene Computerplattformen heruntergeladen werden.

Dokument als PDF sichern

1. Druckerdialog aufrufen

In einem beliebigen Programm und einem beliebigen geöffneten Dokument wählen Sie den Befehl »Drucken« (⌘P) aus dem Menü »Ablage«.

2. Vorschau erstellen

Im Druckerdialog klicken Sie die Schaltfläche »Vorschau«.

Das Dokument wird in eine Druckdatei umgewandelt und im Programm »Vorschau« geöffnet. Wenn Sie ein anderes Programm – z.B. den »Adobe Reader« – als Standard-Programm für PDF-Dokumente definiert haben, wird das Dokument dort geöffnet.

3. PDF erstellen

Im Programm »Vorschau« wählen Sie aus dem Menü »Ablage« den Befehl »Sichern unter«.

Das so erstellte PDF-Dokument kann auf jeder Computerplattform unverändert betrachtet werden.

Ohne Vorschau als PDF sichern

Alternativ können Sie das Dokument direkt im Druckerdialog als PDF-Datei sichern. Dafür wählen Sie den Befehl »Drucken« (⌘P) aus dem Menü »Ablage« und klicken auf die Schaltfläche »Als PDF sichern«. Das Dokument wird als PDF-Datei gesichert – ohne den Umweg über die »Vorschau«.

178ff ▶
Drucken

PC-Dateiformate am Mac öffnen

Viele Programme verwenden in der Mac- und in der Windows-Version dasselbe Dateiformat. Außerdem gibt es spezielle Dateiaustauschformate, die von verschiedensten PC-Programmen erstellt werden können. RTF-, reine Textdateien und auch Word-Dateien können in »TextEdit« geöffnet werden. Grafikdateien lassen sich in »Vorschau« öffnen oder in Bildbearbeitungsprogrammen wie Adobe Photoshop konvertieren. PDF-Dateien können ebenfalls im Programm »Vorschau« geöffnet werden.

▶ 271
Referenz,
TextEdit

Mit speziellen Konvertierungsprogrammen lassen sich Dateien, die in PC-spezifischen Formaten vorliegen, für Mac-Programme konvertieren und umgekehrt.

Der GraficConverter von Lemkesoft kann 175 Grafikformate importieren. Mit der Mehrfachkonvertierung können Dateien einfach konvertiert werden.

Textdateien

DOS, Windows, UNIX und der Mac benutzen verschiedene ASCII-Codes für Sonderzeichen und Zeilensprünge. Deshalb kann es bei Textdateien vorkommen, dass Umlaute mit falschen Zeichen dargestellt werden. In einigen Programmen, wie z.B. »TextEdit« kann beim Öffnen über den Öffnen-Dialog die Textkodierung ausgewählt werden.

Außerdem gibt es für solche Fälle Konvertierungsprogramme, die die Zeichen austauschen. Sie können die falschen Zeichen aber auch in einem Textprogramm mit der Funktion »Suchen und Ersetzen« austauschen.

◀ 44
Technik,
Type/Creator

Ein einzelnes Dokument mit einem beliebigen Programm öffnen

- Mit dem Befehl »Öffnen mit« aus dem Ablage-Menü des Finders kann ein Dokument mit einem bestimmten Programm geöffnet werden. Dafür aktivieren Sie das Objekt im Finder und wählen ein Programm aus dem Untermenü des Befehls »Öffnen mit« aus.

- Soll das Dokument immer – per Doppelklick – mit einem bestimmten Programm geöffnet werden, wählen Sie den Befehl »Immer öffnen mit«, der mit gedrückter ⌥-Taste im Ablage-Menü erscheint.

- Alternativ können Dokumente per Drag& Drop auf ein Programmsymbol (im Finder oder im Dock) geöffnet werden. Dafür wird einfach das Dokumentensymbol auf das Programmsymbol gezogen. Wenn das Programm diesen Dokumententyp öffnen kann, wird das Programmsymbol aktiviert und das Dokument in dem Programm geöffnet.

Sollte das Programmsymbol nicht aktiviert werden, »meint« das Programm, es könne diesen Dokumententyp nicht öffnen. Wenn Sie jedoch die Tasten ⌘ ⌥ gedrückt halten, während Sie das Dokument auf das Programmsymbol ziehen, wird das Dokument in jedem Fall in dem Programm geöffnet. Sollte das Programm das Dokument dann tatsächlich nicht öffnen können, erscheint eine Fehlermeldung.

PC-Dateitypen einem Mac-Programm zuteilen

Wenn Sie häufig PC-Dateien geliefert bekommen, für die Sie ein geeignetes Programm besitzen, können Sie im Fenster »Information« eine Verbindung zwischen dem Dateinamen-Suffix und dem Mac-Programm herstellen. Die Dateien lassen sich dann per Doppelklick öffnen.

Dokumententyp mit Programm verknüpfen

1. Infofenster öffnen

Aktivieren Sie eines der Dokumente im Finder und öffnen Sie das Fenster »Information« (⌘I bzw. ⌘⌥I) aus dem Menü »Ablage«. Blenden Sie den Bereich »Öffnen mit:« ein, indem Sie auf das kleine Dreieck klicken.

257ff ▶

Lesen Sie hier über die beiden Varianten des Infofensters.

2. Programm auswählen

Wählen Sie aus dem Aufklappmenü das gewünschte Programm aus.

Im oberen Teil des Menüs werden Mac-OS-X-Programme verzeichnet, im unteren Classic-Programme.

Sollte das gewünschte Programm nicht im Menü gezeigt werden, wählen Sie den letzten Menüpunkt »Eigene...«. Im Öffnen-Dialog wählen Sie dann ein Programm aus und klicken auf »Wählen«. Wenn Sie ein Programm verwenden wollen, das eigentlich diesen Dokumenttyp nicht öffnen kann, wählen Sie aus dem Aufklappmenü »Aktivieren« den Menüpunkt »Alle Programme«.

3. Als Standard definieren

Mit einem Klick auf die Schaltfläche »Alle ändern...« wird das gewählte Programm als Standard für alle Dokumente mit diesem Suffix definiert.

Wenn Sie diesen Schritt auslassen, wird nur das aktuelle Dokument mit dem gewählten Programm geöffnet, alle anderen Dokumente des gleichen Typ werden weiterhin mit dem Standardprogramm geöffnet. Das Standardprogramm ist im Menü mit dem Zusatz »(Standard)« markiert.

Schwarz auf Weiß

Drucken im Mac OS

Wenn Dokumente auf dem Mac erstellt werden, geschieht dies meist nicht zum Selbstzweck. Soll ein Brief mit der Schneckenpost verschickt oder der Oma ein Bild gezeigt werden, muss ein Drucker her. Wie Drucker am Mac installiert und betrieben werden, wird in diesem Kapitel erklärt.

An einem Mac können ein oder auch mehrere Drucker gleichzeitig betrieben werden. Drucker lassen sich grundsätzlich entweder lokal, d.h. direkt an den Rechner, oder über ein Netzwerk anschließen. Ein solches Netzwerk kann auch lediglich aus einem Drucker und einem Mac bestehen.

Lokale Drucker werden direkt an eine der Schnittstellen des Mac angeschlossen.

◀ 27f
Technik, Periperie-Schnittstellen

- Die meisten lokalen Drucker werden an die **USB-Schnittstelle** angeschlossen oder bei älteren Macs an eine der **seriellen Schnittstellen**.

Eine weitere Anschlussmöglichkeit für Drucker ist der Betrieb in einem Netzwerk. Über ein Netzwerk wird der Drucker verschiedenen Rechnern zur Verfügung gestellt.

◀ 29
Technik, Netzwerk-Schnittstellen

- **Netzwerkdrucker** werden wie andere Netzwerkgeräte – also genauso wie ein Mac – in das Netzwerk eingebunden. Dafür können die verschiedenen Arten des Ethernets verwendet werden, bei älteren Macs zusammen mit älteren Druckern auch die LocalTalk-Schnittstelle.
- Drucker können auch über einen **Druckerserver** in das Netzwerk eingebunden sein.

Mit dem Dienst »Printer Sharing« im Kontrollfeld »Sharing« kann jeder Mac einfach zum Druckerserver werden.

Für Mac OS X macht das alles jedoch keinen Unterschied. Alle Drucker werden grundsätzlich gleich behandelt.

Für den Betrieb eines Druckers wird für jeden Druckertyp ein Druckertreiber (im Ordner »System/Library/Printers«, »Library/Printers« oder »Privat/Library/Printers«) benötigt. Das von Apple lizensierte CUPS-Drucksystem (Common UNIX Printing System) stellt außerdem weitere Treiber unter »usr/share/cups« zur Verfügung.

Mit dem Menübefehl »Drucken« (⌘P) aus dem Menü »Ablage« wird in jedem Programm der Druckvorgang für das geöffnete Dokument gestartet. Zuerst erscheint der Druckerdialog, in dem Einstellungen vorgenommen werden können. Mit einem Klick auf die Schaltfläche »Drucken« wird eine Druckdatei angelegt und abgearbeitet – man sagt auch, sie wird »gespoolt«. Im Programm »Drucker-Dienstprogramm« werden die Druckaufträge für jeden Drucker in einer Liste angezeigt.

Einen Drucker installieren

Bevor der Mac drucken kann, muss der Drucker
entweder direkt oder über ein Netzwerk mit
dem Rechner verbunden werden. Außerdem
muss die passende Druckersoftware installiert
werden.

1. Drucker anschließen

*Vergewissern Sie sich, über welchen Anschluss
der Drucker mit Ihrem Mac verbunden ist.*

◀58
Installation
einzelner Er-
weiterungen

2. Eventuell Druckererweiterung installieren

*Die Druckererweiterung wird wie jede andere
Erweiterung mit dem »Installer« installiert.*

3. Drucker auswählen

*Starten Sie das Programm »Drucker-Dienst-
programm« (im Ordner »Dienstprogramme«
(⌘⇧U)). Alternativ können Sie direkt aus
dem Druckerdialog – Befehl »Drucken« (⌘P)
aus dem Menü »Ablage« – im Aufklappmenü
»Drucker« den Menüpunkt »Druckerliste bearbeiten« wählen.*

*Hier werden im Fenster »Druckerliste« alle
angeschlossenen bzw. installierten Drucker
aufgelistet.*

4. Eventuell Drucker hinzufügen

*Wenn Ihr Drucker nicht in der Liste erscheint,
klicken Sie auf die Schaltfläche »Drucker hinzufügen«. Wählen Sie dann im Aufklappmenü
die Schnittstelle bzw. das Netzwerk-Protokoll
aus, über das der Drucker verbunden ist. Je
nach Druckermodell müssen Sie nun noch im
Aufklappmenü unten das gewünschte Papierformat des Druckers oder die passende PPD
(Einstellungsdatei für Drucker) auswählen.*

*Im unteren Teil des Fensters werden alle über
die jeweilige Schnittstelle angeschlossenen
Drucker aufgelistet. Für TCP/IP-Drucker müssen Sie die IP-Adresse des Druckers eingeben,
die Sie von Ihrem Systemadministrator erfahren.*

◀27ff
Technik,
Externe
Schnittstellen

◀122ff
Netzwerk

Drucken

Der Druckvorgang wird in jedem Programm auf dieselbe Weise gestartet.

1. Druckerdialog aufrufen

Wählen Sie in einem Programm bei geöffnetem Dokument den aus dem Menü »Ablage« Befehl »Drucken« (⌘P).
Es erscheint der Druckerdialog für den gewählten Drucker, in dem Sie verschiedene Einstellungen vornehmen können.

2. Den Drucker auswählen

Wenn Sie mehrere Drucker installiert haben, können Sie im Aufklappmenü »Drucker« einen anderen Drucker auswählen.

3. Drucken

Stellen Sie die gewünschten Druckoptionen ein (siehe folgende Seite) und klicken Sie anschließend auf die Schaltfläche »Drucken«.
Die Druckdatei wird jetzt angelegt und an den Drucker weitergeleitet. Außerdem wird ein Programm mit dem Namen des Druckers gestartet. In diesem wird die Warteliste für den Drucker angezeigt.

Papierformat

Das Standard-Papierformat wird in den Systemeinstellungen im Kontrollfeld »Drucken & Faxen« eingestellt. Um das Papierformat für ein einzelnes Dokument zu ändern, wählen Sie im jeweiligen Programm bei geöffnetem Dokument aus dem Menü «Ablage« den Befehl »Papierformat« (⌘⇧P). Dort können Sie die Lage des Dokuments auf dem Papier und die Druckgröße im Verhältnis zur Anzeigegröße auf dem Monitor einstellen. Das Papierformat kann für jeden Drucker gesondert eingestellt werden.

Um bei Druckern, die randlos drucken, diese auch Möglichkeit nutzen zu können, muss unbedingt unter »Format für« der betreffende

Drucker ausgewählt sein, nicht die Option »Alle Drucker«. Bei der Einstellung »Alle Drucker« wird mit Standard-Rändern gedruckt.

Druckoptionen

Mit der Schaltfläche »Vorschau« wird das Dokument im eingestellten Drucklayout im Programm »Vorschau« geöffnet.

Im Druckerdialog können außerdem in einem Aufklappmenü Optionen ausgewählt werden.

- Nach dem Öffnen des Druckerdialogs wird immer zuerst die Seite **»Kopien und Seiten«** angezeigt. Hier kann die Anzahl der Kopien bestimmt werden. Außerdem lässt sich auswählen, welche Seiten eines Dokuments gedruckt werden sollen.
- Die Seite **»Layout«** steht bei jedem Drucker zur Auswahl. Wenn Sie mehrere Seiten eines Dokuments auf ein Blatt drucken wollen, können Sie hier in einem Aufklappmenü die Anzahl der Seiten bestimmen und die Reihenfolge festlegen, in der die Seiten auf das Blatt gedruckt werden sollen.
- Die Seite **»Ausgabeoptionen«** ist nur verfügbar, wenn ein PostScript-Drucker installiert wurde. Dafür muss jedoch kein PostScript-Drucker angeschlossen sein. Wenn Sie ein Dokument nicht auf Papier drucken, sondern im PDF-Format sichern wollen, wählen Sie hier die Option **»Als Datei sichern«** und dann unter »Format« die Option **»PDF«**. Mit dem Format »PostScript« lässt sich eine fertige PostScript-Druckdatei erstellen, die dann zum Drucken an einen anderen Rechner weitergegeben werden kann.
- **Zeitplan:** Hier können Sie den Zeitpunkt und die Priorität des Druckvorganges bestimmen.
- Auf der Seite **»Papierhandhabung«** können Sie bestimmen, welche Seiten gedruckt werden und in welcher Reihenfolge.

- Unter **»ColorSync«** kann neben der Farbkonvertierung auch einer der ColorSync-Filter ausgewählt werden.
- Die weiteren Seiten enthalten Drucker- und Programm-spezifische Optionen wie Farbmanagement, Papierzufuhr o.Ä. Welche Seiten und welche Optionen zur Auswahl stehen, hängt vom jeweiligen Drucker ab und vom Programm, aus dem gedruckt wird.
- Auf der Seite **»Zusammenfassung«** werden noch einmal alle eingestellten Optionen in Textform aufgelistet.

190ff ▶
ColorSync

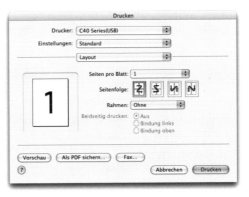

180 ▶
Phantom-
PostScript-
Drucker

173 ◀
Als PDF
sichern

Druckjobs stoppen

Im Programm »Drucker-Dienstprogramm« können Sie per Doppelklick auf den Drucker dessen Warteliste öffnen. Hier können Sie auch Druckaufträge unterbrechen und löschen.

- **Druckauftrag stoppen oder löschen:** Möchten Sie den Druckauftrag stoppen, aktivieren Sie das Symbol dieses Druckauftrags und klicken auf die Schaltfläche »Stoppen«, möchten Sie ihn ganz löschen, klicken Sie auf »Löschen«.
- **Drucker deaktivieren:** Mit der Schaltfläche »Druckaufträge stoppen« kann ein Drucker deaktiviert werden. Die Druckaufträge werden dann so lange gesammelt, bis der Drucker wieder aktiviert wird. Der Drucker wird im Druckerdialog mit einem kleinen Ausrufezeichen gekennzeichnet.

Wo befindet sich der Drucker?

Wenn Sie im Druckerdialog im Aufklappmenü »Drucker« den Mauszeiger ein Augenblick lang auf dem Eintrag eines Druckers stehen lassen, öffnet sich ein Fähnchen, in der die Umgebung (bei Windows-Druckerfreigaben die Arbeitsgruppe) und der Host des Druckers angezeigt werden.

Drucker ausblenden

Wenn Sie möchten, dass bestimmte Drucker nicht im Aufklappmenü »Drucker« der Druckerdialoge erscheinen, entfernen Sie im »Drucker-Dienstprogramm« in der Druckerliste das entsprechende Häkchen in der Spalte »Im Menü«.

Phantom-PostScript-Drucker installieren

Im Drucker-Dienstprogramm können Sie einen PostScript-Drucker einrichten – auch wenn Ihnen kein solcher Drucker zur Verfügung steht. Dafür wählen Sie im Drucker-Dienstprogramm im Dialog »Drucker hinzufügen« (Menü »Drucken«) oben im Auswahlmenü die Option »TCP/IP-Drucker« aus. Geben Sie als Adresse »localhost« ein. Jetzt steht Ihnen im Druckerdialog unter »Ausgabeoptionen« auch die Option »Als Datei sichern« zur Verfügung.

Druckerserver mit »Printer Sharing«

Im Kontrollfeld »Sharing« können Sie mit dem Dienst »Printer Sharing« Ihren lokalen Drucker anderen Macs im Netzwerk zur Verfügung stellen. Ihr Mac wird hierbei zum Druckerserver.

1. Drucker am Server installieren

Installieren Sie den Drucker auf dem Mac, an den der Drucker angeschlossen ist (siehe Seite 177).

2. Printer Sharing aktivieren

Öffnen Sie auf dem Mac, an dem der Drucker angeschlossen ist, das Kontrollfeld »Drucken & Faxen« und wechseln Sie auf zur Seite »Drucken«. Hier aktivieren Sie die Option »Meine Drucker mit anderen Computern gemeinsam nutzen«.

Dies aktiviert im Kontrollfeld »Sharing« auf der Seite »Dienste« die Option »Printer Sharing«.

3. Drucker am Client auswählen

Auf dem Client-Rechner werden freigegebene Drucker im »Drucker-Dienstprogramm« unter »Gemeinsam genutzte Drucker« angezeigt.

Der freigegebene Drucker wird über Apples Rendevous-Technologie automatisch hinzugefügt. Der Drucker kann jetzt in den Drucken-Dialogen wie ein lokal angeschlossener Ducker ausgewählt werden.

◀ 177
Drucker einrichten

Mit Printer-Sharing werden Drucker über das TCP/IP-Netzwerk zur Verfügung gestellt. Sie müssen also auf beiden Rechnern das Kontrollfeld »TCP/IP« entsprechend eingerichtet haben.

◀ 122ff
Netzwerk

Wo befindet sich der Drucker?

Im Drucker-Dienstprogramm können Sie in der Spalte »Host« erkennen, von welchem Rechner der Drucker freigegeben wurde.

Drucker konfigurieren

Mit dem Befehl »Drucker konfigurieren« können Sie den in der Druckerliste aktivierten Drucker einrichten. Hierbei wird das Drucker-Utility des Druckerherstellers gestartet.

...über die Druckerinformation

Mit dem Befehl »Information einblenden« (⌘I) können Sie Drucker konfigurieren, die kein eigenes Einstellungsprogramm mitbringen. Auf der Seite »PDD« wählen Sie die passende PDD (Postscript Printer Description – Druckerbeschreibungsdatei) aus. Unter »ESP« (für Easy Software Products, dem Hersteller von CUPS, Common Unix Printing System) finden Sie PDDs für verschiedene Nicht-PostScript-Drucker. Auf der Seite »Installationsoptionen« können Sie (nachdem Sie auf »Änderungen aktivieren« geklickt haben) die in der PDD verzeichneten Optionen, wie Papierkassetten, Speichererweiterungen etc., einstellen.

... oder über den Internetbrowser

◄139ff

Internet-Browser

Unter der Adresse ‹http://localhost:631› können Sie Ihre Drucker über das CUPS-Webinterface im Internetbrowser konfigurieren. Bei über TCP/IP verbundenen Drucker geben Sie einfach die IP-Adresse des Druckers ein (der Browser ergänzt automatisch den Port ‹http://›). Die hier vorgenommen Änderungen werden automatisch mit dem Drucker-Dienstprogramm abgeglichen.

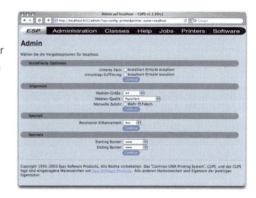

GIMP-Print

Mit GIMP-Print können viele zusätzliche Drucker ohne eigenen Mac-OS-X-Treiber betrieben werden. Die GIMP-Print-Druckertreiber lassen sich beim Hinzufügen eines neuen Druckers mit gedrückter ⌥-Taste unter »Weitere Optionen« auswählen. Sollten Sie GIMP-Print bei der Installation nicht ausgewählt haben, können Sie es per Doppelklick auf das Paket »GimpPrint-PrinterDrivers.pkg« im Ordner »Packages« auf der zweiten Mac-OS-X-CD nachinstallieren.

Faxen

»Es gibt tatsächlich noch Menschen, die Faxen.« (Steve Jobs). Daher ist in Mac OS X 10.3
eine Fax-Software integriert. Mit dieser können
Druckaufträge statt an einen Drucker über das
Modem an ein Faxgerät versendet werden.

1. Druckerdialog aufrufen

**Rufen Sie wie gewohnt im Programm, aus
dem das Dokument als Fax versendet werden,
soll den Druckerdialog auf (⌘P). Klicken Sie
auf die Schaltfläche »Fax«.**

2 Empfänger

**Unter »An« geben Sie die Telefonnummer des
Empfängers ein und nehmen ggf. weitere Einstellung vor.**

*Mit einem Mausklick auf die Schaltfläche
rechts neben dem Eingabefeld werden die im
Adressbuch gespeicherten Kontakte mit ihren
Fax-Nummern angezeigt. Diese können dann
per Doppelklick in das Feld »An« eingetragen
werden.*

▶ 262

Referenz,
Adressbuch

3. Versenden

**Um das Dokument per Fax zu versenden, kli-
cken Sie auf die Schaltfläche »Faxen«.**

*Wie beim Drucken öffnet sich ein Programm
mit dem Namen des Fax-Modems in dem die
Warteliste angezeigt wird.*

Fax an mehrere Empfänger

Soll ein Fax an mehrere Empfänger gesendet
werden, tragen Sie einfach die Nummern mit
»,« getrennt hintereinander ein.

Modemeinstellungen

Im Fax-Dialog können auf der Seite »Modem«
Einstellungen für das Modem vorgenommen
werden.

Faxe empfangen

Im Kontrollfeld »Drucken & Faxen« lässt sich
auf der Seite »Faxen« der Faxempfang aktivieren und konfigurieren. Empfangene Faxe
können auch als E-Mail verschickt werden. Dafür wird der eingebaute SMTP-Server »Postfix«
verwendet.

◀144f

E-Mail

Starke Typen

Arbeiten mit Schriften im Mac OS X

Für die Arbeit im Layout ist es unerlässlich, dass viele unterschiedliche Schriften zur Verfügung stehen. Dieses Kapitel erklärt die Unterschiede zwischen den am Mac verwendeten Dateiformaten für Schriften, die integrierte Schriftverwaltung und die gestalterischen Möglichkeiten in Mac OS X 10.3.

In Mac OS X 10.3 wurde der Funktionsumfang des Mac OS bezüglich Schriften und Schriftverwaltung erheblich erweitert. Mit dem Programm **»Schriftsammlung«** steht in Mac OS X direkt als Bestandteil des Betriebssystems eine Schriftverwaltung zur Verfügung, mit der ganz einfach eine Vorschau, Installation und Verwaltung der installierten Zeichensätze möglich ist.

Gleichzeitig wurde mit der **Zeichenpalette** eine Möglichkeit der Zeichenauswahl für jedes Mac-OS-X-Programm geschaffen. Mit der **Schriftauswahl-Palette** sind neben der Auswahl der Schriften auch Möglichkeiten zur künstlerischen Gestaltung der Texte in jedes Cocoa-Programm integriert. Hier kann beispielsweise der Text gefärbt und mit Schatten hinterlegt werden und es lassen sich spezielle Glyphen auswählen.

▶ 294
Referenz,
Kontrollfeld
»Erscheinungsbild«

Schriftglättung

Mac OS X 10.3 enthält eine interne, programmübergreifende Schriftglättung (Antialiasing). Die Pixel der Schriftzeichen werden dabei mit unterschiedlich hellen Pixeln umgeben, sodass für das Auge die Pixeltreppen aufgelöst werden und eine Glatte (wenn auch leicht unscharfe) Kante entsteht.

Die Schriftglättung kann nicht komplett deaktiviert werden. Im Kontrollfeld »Erscheinungsbild« in den Systemeinstellungen kann die Stärke der Schriftglättung eingestellt werden. In den drei stärkeren Einstellungen wird zusätzlich Subpixel-Rendering aktiviert, die roten, blauen und grünen Unterpixel werden einzeln angesteuert. (Diese Variante ist nur bei LCD-Bildschirmen sinnvoll, bei denen die dargestellten Pixel den Displaypixeln entsprechen.) Zusätzlich kann bestimmt werden, ab welcher Größe kleine Schriften nicht geglättet werden.

Zeichensatz-Typen

In Mac OS X werden mehrere Arten von Zeichensätzen für die Bildschirmdarstellung und zum Drucken verwendet:

TrueType-Zeichensätze

TrueType-Zeichensätze enthalten die Informationen über das Aussehen des Zeichens in Form von Vektoren. Sie können so auf jede beliebige Größe skaliert werden.

Neu in Mac OS X sind TrueType-Zeichensätze, deren Resourcen sich im Datenteil der Datei befinden. Diese sind mit dem Dateizusatz ».dfont« bezeichnet. Die aus dem klassischen Mac OS bekannten TrueType-Zeichensatzkoffer können auch unter Mac OS X verwendet werden (sie werden hier als einzelne Datei mit der Kennung »FFIL« im Symbol dargestellt). In Mac OS X lassen sich außerdem TrueType-Schriften für Windows (.ttf und .ttc) und OpenType-Schriften (.otf) verwenden. Die Symbole sind entsprechend gekennzeichnet.

PostScript-Zeichensätze

PostScript-Zeichensätze bestehen immer aus einem Druckerfont (PostScript-Zeichensatz) und einer korrespondierenden Zeichensatzdatei mit Bitmap-Zeichensätzen. Die Symbole der PostScript-Zeichensätze sind mit »LWFN« codiert (manche Hersteller verwenden auch eigene Symbole), die Bitmaps mit »FFIL« PostScript-Zeichensätze sind unter Mac OS X nur verwendbar, wenn sie zusammen mit ihrem Bitmap-Zeichensatz installiert sind. Manchmal sind auch mehrere PostScript-Zeichensätze mit einem Bitmap-Zeichensatz kombiniert.

Früher wurden im professionellen Layout nur PostScript-Zeichensätze verwendet, diese Rolle übernehmen mittlerweile jedoch die OpenType-Fonts.

OpenType-Zeichensätze

Das noch recht neue OpenType-Format bietet einige wesentliche Vorteile gegenüber PostScript- oder TrueType-Schriften. OpenType-Schriften können bis zu 65.000 Zeichen enthalten. Deshalb sind in vielen Fontdatei neben dem Standardzeichensatz weitere Zeichenformen wie Kapitälchen, Mediävalziffern und Ligaturen enthalten. Bei anderen Fontformaten sind dafür mehrere weitere Zeichensatzdateien erforderlich. In OpenType-Schriften können auch Zeichen anderer Sprachversionen wie Kyrillisch, Griechisch oder Osteuropäisch in einer Fontdatei zusammen gefasst sein.

Eine weitere Neuerung bei OpenType-Schriften ist die Unterstützung »intelligenter« typografische Funktionen, bei denen beispielsweise Zeichen durch Alternativzeichen ersetzt oder automatisch Ligaturen oder Schmuckbuchstaben eingesetzt werden. Leider unterstützen noch nicht alle Programme diese OpenType-Funktionen vollständig.

Bitmap-Zeichensätze

Die alten Bitmap-Zeichensatzkoffer (nicht Teil eines PostScript-Fonts) können nur noch eingeschränkt unter Mac OS X genutzt werden. Bitmap-Zeichensätze können nur in Carbon-Programmen verwendet und nicht mit dem Programm »Schriftsammlung« verwaltet werden. Die unterschiedlichen Größen und Formen eines Bitmap-Zeichensatzes befinden sich zusammen in einer Datei. Bitmap-Zeichensätze haben fixe Größen. Sie enthalten sozusagen Bilder der Zeichen. Größen, die nicht in der Schriftendatei vorhanden sind, werden pixelig dargestellt.

Schriftsammlung

Im Laufe der Zeit wird das Schriftenmenü immer länger und unübersichtlicher. Viele Programme installieren neue Schriften. Daher besitzt Mac OS X 10.3 mit dem Programm »Schriftsammlung« eine eigene Schriftenverwaltung. Mit Schriftsammlung können Schriften deaktiviert und in Sammlungen sortiert werden.

Schriftvorschau

Wenn Sie einen Zeichensatz beispielsweise auf CD bekommen oder aus dem Internet herunterladen haben, doppelklicken Sie die Zeichensatz-Datei im Finder. Es wird das Programm »Schriftsammlung« gestartet und eine Vorschau des Zeichensatzes angezeigt. Im Menü oben können die unterschiedlichen Schriftschnitte ausgewählt werden.

Schriften installieren

Wenn Sie im Fenster mit der Schriftvorschau auf die Schaltfläche »Installieren« klicken, wird der Zeichensatz in Ihren privaten Zeichensatz-Ordner installiert. Diese Voreinstellung kann in den Einstellungen (⌘,) des Programmes »Schriftensammlung« geändert werden. Hier stehen alternativ der Ordner »Library/Fonts« für alle Benutzer oder für Classic-Programme der Ordner »Zeichensätze« im Classic-System-ordner zur Auswahl.

Alternativ lassen sich die Schriften auch im Programm »Schriftsammlung« installieren. Wählen Sie dafür aus dem Menü »Ablage« den Befehl »Schriften hinzufügen« oder klicken Sie auf das Plussymbol unter der Spalte »Schriften«. In einem Öffnen-Dialog können Sie dann einen oder (mit gedrückter ⌘- oder ⇧-Taste) mehrere Zeichensätze zur Installation auswählen. Mit den Optionen unten im Fenster bestimmen Sie, an welchem Ort die Zeichensätze installiert werden. Die neu installierten Zeichensätze stehen den Programmen sofort zur Verfügung.

Es besteht zwar auch weiterhin die Möglichkeit, Fonts direkt in den Ordner »Library/Fonts« oder »*Privat*/Library/Fonts« zu legen – diese Methode wird jedoch nicht empfohlen.

Schriften deaktivieren

Im Programm »Schriftsammlung« können Sie Schriften deaktivieren, sodass sie nicht mehr im Schriften-Menü der Programme erscheinen. Dafür klicken Sie zuerst auf »Alle Schriften«, wählen dann die Schrift in der Spalte »Schriften« an und klicken auf die Schaltfläche »Deaktivieren«. Auch Schriften, die im Classic-Systemordner oder im Netzwerk installiert sind, können auf diese Weise deaktiviert werden.

Deaktivierte Schriften werden mit »Aus« bezeichnet, sie können einfach durch klicken auf die Schaltfläche »aktivieren« wieder aktiviert werden.

Doppelte Schriften

Wenn eine Schrift auf dem Computer mehrfach vorhanden ist – z.B. im Ordner »Library/Fonts« und in »*privat*/Library/Fonts« – wird die Schrift in der Spalte »Schriften« mit einem Punkt markiert. Mit dem Befehl »Duplikate auflösen« aus dem Menü »Bearbeiten« kann das Duplikat in privaten Fonts-Ordner deaktiviert werden.

Sammlung umbenennen oder löschen

Eine Sammlung können Sie im Fenster »Schrift – Sammlungen« umbenennen, indem Sie die Sammlung auswählen und die Schaltfläche »Umbenennen« klicken. Wenn Sie die Rückschritttaste drücken, wird die ausgewählte Sammlung gelöscht.

Sammlung anlegen

1. Schriftsammlung starten

Starten Sie das Programm »Schriftsammlung« aus dem Ordner »Programme« (⌘⇧A).

2. Neue Sammlung

Klicken Sie auf das »+« am unteren Ende der Spalte »Sammlungen« und benennen Sie die neue Sammlung nach Belieben.

4. Schriften hinzufügen

Klicken Sie in der Spalte »Sammlungen« auf »Alle Schriften« und ziehen Sie die gewünschten Schriften aus der Spalte »Schrift« auf die neue Sammlung.

Wenn Sie auf das Dreieck neben »Alle Schriften« klicken, können Sie Schriften, die an einem bestimmten Ort auf Ihrem Computer gespeichert sind einzeln auswählen.

Schriften aus Sammlung entfernen

Sie können eine Schrift aus einer Sammlung entfernen, indem Sie die Schrift anklicken und dann die Rückschritttaste drücken.

Schriften einer bestimmten Sammlung aktivieren

Wenn Sie nur die Schriften einer bestimmten Sammlung in Ihrem Schriften-Menü sehen wollen, deaktivieren Sie zuerst die Sammlungen »Computer« und »Benutzer«. Dann wählen Sie in der Spalte »Schrift« der gewünschten Sammlung alle Schriften der Sammlung aus und klicken auf die Schaltfläche »Aktivieren«.

Professionelle Schriftverwaltungen

Anwender im DTP-Bereich (Desktop Publishing) benötigen meist eine Schriftenverwaltung mit zusätzlichen Funktionen wie beispielsweise beim Öffnen eines Dokuments eine automatische Aktivierung aller Schriften, die in dem Dokument verwendet werden. Mit »Suitcase« von Extensis oder »FontAgent Pro« von Insider können Schriften für Carbon-, Cocoa- und Classic-Programme verwaltet werden.

Zeichenauswahl

In Mac OS X 10.3 wurde das Bearbeiten-Menü der meisten Programme um den Menüpunkt »Sonderzeichen« ergänzt. Der Befehl öffnet die Zeichenpalette, in der Zeichen nach verschiedenen Kriterien ausgewählt werden können.

Tastaturübersicht

▶ 298
Referenz,
Kontrollfeld
»Landesein-
stellungen«

Im Kontrollfeld »Landeseinstellungen« lässt sich die »Tastaturübersicht« aktivieren. Diese zeigt die Tasten auf der an den Mac angeschlossenen Tastatur in der aktiven Tastaturbelegung. Hier können die Postitionen der Sonderzeichen gefunden werden, die mit den Zusatztasten ⌥ und ⇧ sowie ⌥ zusammen mit ⇧ aufgerufen werden.

Schriften sortieren in Cocoa-Programmen

In Cocoa-Programmen können Sets direkt ausgewählt werden und auch neue Sets angelegt werden. Im Programm »Schriftsammlung« deaktivierte Fonts erscheinen jedoch nicht im Schriften-Fenster der Cocoa-Programme.

Das Fenster »Schrift« (⌘T), in dem in Cocoa-Programmen die Schrift ausgewählt wird, ist ein schwebendes Fenster. Es zeigt in der kleinsten Größe nur drei Menüs für die Schriftfamilie, den Stil und die Größe. Wird es horizontal größer gezogen, erscheint zusätzlich ein Menü für die Sammlungen. Wenn das Fenster vertikal vergrößert wird, werden statt der Menüs Spalten angezeigt.

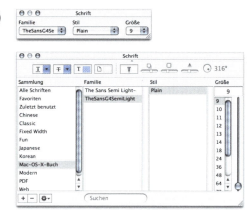

Typografische Funktionen der Fonts nutzen

Das Fenster »Schrift« (⌘T), das Cocoa-Programme aus dem Betriebssystem übernehmen können, bietet umfangreiche Einstellungen, mit denen alle Funktionen von OpenType-Schriften unterstützt werden. Die hier angebotenen aufwendigen Textauszeichnungsfunktionen können schon in so einfachen Programmen wie TextEdit oder den Notizzetteln angewendet werden.

Neben der üblichen Auswahl von Schrift, Schriftschnitt, Schriftgröße und Schriftfarbe stehen hier Schatteneffekte und typografische Funktionen wie Ligaturen und die Verwendung alternativer Schriftzeichen zur Verfügung.

Die Farbpalette für die Farbe von Schrift und Hintergrund sowie die **Schatteneffekte** können mit den oberen Schaltflächen aktiviert werden. Mit den Reglern werden Deckkraft, Weichzeichnung, Abstand und Winkel des Schattens eingestellt.

Die **Typografie-Palette** ist über das Aktionsmenü (Zahnrad) erreichbar. Sie verändert sich entsprechend der Möglichkeiten, die der ausgewählte Zeichensatz bietet und umfasst alle denkbaren Funktionen von OpenType-Fonts.

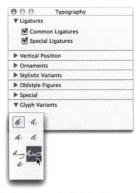

In der Typografie-Palette können beispielsweise alternative Glyphen ausgewählt werden. Dabei zeigt die Palette immer nur die für das markierte Zeichen im jeweiligen Font angebotenen Alternativzeichen an.

Mit den Reglern oben in der Palette lässt sich der Text mit einem Schatten hinterlegen, für den detaillierte Einstellungen vorgenommen werden können.

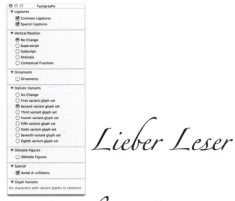

Bei Fonts mit Glyphen-Varianten lassen sich mit den Optionen unter »Stylistic Variants« automatisch unterschiedliche Glyphen-Kombinationen auf den Text anwenden. Der obere Text ist aus den Standardzeichen zusammengesetzt (Option »No Change«), der unter aus den Zeichen der zweiten Glyphen-Variante (Option »Second variant glyph set«).

Alles so schön bunt hier!

Farbmanagement in Mac OS X

Verschiedene Geräte stellen Farben unterschiedlich dar. Wenn ein Bild gescannt, am Bildschirm bearbeitet und dann gedruckt wird, kann es dabei zu Farbverfälschungen kommen. Um dies zu verhindern, wurde in Mac OS X »ColorSync« integriert. Dieses Kapitel erklärt, wie Sie das Farbmanagement des Mac OS einsetzen.

Da die verschiedenen Geräte, die an der Bildbearbeitung beteiligt sind, Farben unterschiedlich darstellen, kann es während des Bearbeitungsprozesses zu Farbverfälschungen kommen.

Um dies zu verhindern wurde ein internationaler Standard entwickelt, mit dem diese Farbunterschiede ausgeglichen werden können. Die vom »International Color Consortium« (ICC) entwickelten ICC-Profile liefern zusammen mit den Bilddateien Informationen, anhand derer der Farbumfang des Gerätes berücksichtigt werden kann, das die Datei erstellt hat.

Mit »ColorSync« bietet Apple eine in das Mac OS integrierte und systemübergreifende Technologie an, mit der Farbanpassungen an die vorhandene Hardware vorgenommen werden können. So wird die Farbdarstellung auf dem Monitor angepasst und dadurch die entstehende Farbverfälschung minimiert.

Mit der ColorSync-Software kann auch ein Monitor angepasst werden, der eigentlich nicht farbkalibrierbar ist. Es kann ein eigenes Profil für diesen Monitor erstellt werden. Standardprofile für die Apple-Monitore sind im Ordner »Library/ColorSync/Profiles« schon vorhanden.

In der ColorSync-Software sind außerdem AppleScripts enthalten, mit denen die Farbdarstellung in einer Bilddatei angepasst werden kann. Sie befinden sich im Ordner »Library/ColorSync/Scripts«.

Mit dem »ColorSync Dienstprogramm« (im Ordner »Dienstprogramme« (⌘⇧U)) werden die Einstellungen für ColorSync vorgenommen. Hier können die installierten ColorSync-Profile eingesehen werden und auch auf eventuelle Fehler hin überprüft und repariert werden.

Farbtheoretische Grundlagen

Es gibt zwei grundsätzliche Möglichkeiten, Farben zu mischen: die additive und die subtraktive Farbmischung.

Additive Farbmischung

Das RGB-Farbsystem beruht auf der additiven Farbmischung des Lichts. Farben werden additiv gemischt, wenn Lichtquellen in den Grundfarben Rot (R), Grün (G) und Blau (B) einen Punkt beleuchten. Eine Mischung dieser drei Farben mit voller Intensität ergibt Weiß.

Beim Computermonitor werden die roten, grünen und blauen Farbpunkte durch den Kathodenstrahl zum Leuchten gebracht. Je nach Intensität der Farbanteile entstehen daraus die verschiedenen Mischfarben. Da der Monitor mit dem RGB-System arbeitet, liegt es nahe, dass auch die Farbverwaltung des Mac OS mit diesem Modell arbeitet. Bedenken Sie, auf wie viele Milliarden Bildaufbauten am Monitor ein Farbdruck kommt!

Subtraktive Farbmischung

Das CMYK-Farbmodell basiert auf der subtraktiven Farbmischung. Beim Druck auf weißem Papier reflektiert die aufgetragene Farbe Lichtanteile. Alle übrigen Spektralfarben werden absorbiert, und nur die aufgetragene Farbe bleibt sichtbar. Werden die drei Grundfarben des subtraktiven Farbsystems (Cyan, Magenta und Gelb) gemischt, entsteht Schwarz.

Das Farbmodell CMYK orientiert sich an den Möglichkeiten des Vierfarbdrucks. Beim Drucken werden die vier Farben Cyan, Magenta, Yellow (Gelb) und Schwarz (Key) in einem vorgegebenen Raster übereinander gelegt. Je nach Größe eines Farbpunkts im Raster ist der Anteil der jeweiligen Farbe an der Gesamtfarbe verschieden groß. Das Auge, das die Punkte nicht differenzieren kann, sieht dann Mischfarben.

320ff ►
Lesen Sie im Kapitel »Farbwähler« über die verschiedenen Methoden der Farbmischung und Farbauswahl.

Das Prinzip der additiven Farbmischung aus den drei Grundfarben Rot, Grün und Blau: Mischung aller Farben ergibt Weiß, keine Farbe Schwarz (Licht aus).

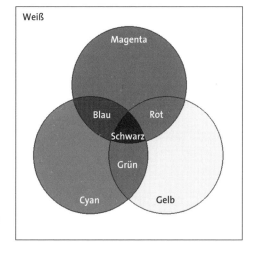

Das Prinzip der subtraktiven Farbmischung aus den drei Grundfarben Cyan, Magenta und Gelb: Die Mischung aller Farben ergibt Schwarz, keine Farbe Weiß.

Geräte mit unterschiedlichem Farbumfang

Die verschiedenen Geräte, die an der Bildbearbeitung beteiligt sind, haben einen unterschiedlichen Farbumfang. Das bedeutet, dass sie jeweils einen anderen Ausschnitt des Raumes aller möglichen Farben darstellen können.

Ein Scanner beispielsweise besitzt aufgrund der technischen Unterschiede einen anderen Farbumfang als ein Monitor, auch wenn beide nach dem RGB-Prinzip funktionieren. Bei einer Digitalkamera ergeben sich wieder andere Abweichungen im Farbumfang. Selbst unterschiedliche Monitore zeigen verschiedene Farbbereiche.

Noch krasser wird der Unterschied zwischen RGB- und CMYK-Geräten. Bei der Ausgabe einer Datei auf einem Tintenstrahldrucker, der mit den Farben Cyan, Magenta, Gelb und Schwarz druckt, werden die Farben ganz anders dargestellt als auf dem Monitor. Und diese Farben entsprechen wiederum nicht den Farben im vierfarbigen Offsetdruck. Grundsätzlich lassen sich im CMYK-Farbraum weniger unterschiedliche Farben darstellen als im RGB-Farbraum.

Das Ziel beim Farbmanagement ist es, die gesamte Produktionskette von der Bilderfassung mit einem Scanner oder einer Digitalkamera über die Bildbearbeitung mit einem Programm wie Photoshop bis zur Druckausgabe so zu standardisieren, dass die Weitergabe von Farbdaten, unabhängig von den Farbräumen der beteiligten Geräte, zu verbindlichen Ergebnissen führen kann.

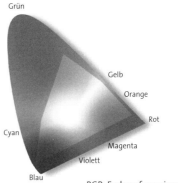

RGB: Farbumfang eines Scanners

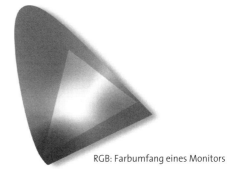

RGB: Farbumfang eines Monitors

CMYK: Farbumfang im Offsetdruck

ColorSync und ICC-Profile

ColorSync basiert auf dem ICC-Standard, der 1993 von einem internationalen Konsortium (International Color Consortium, ICC) ausgearbeitet wurde. Dieser Standard ermöglicht es, Bilder mit verschiedenen Geräten und Programmen zu bearbeiten, ohne dass es dabei zu Farbverfälschungen kommt.

Für jedes Gerät, das am Bearbeitungsprozess beteiligt ist, wird ein Farbprofil erstellt. In die Bilddateien wird das Profil des Geräts, mit dem sie erstellt wurden (Scanner, Digitalkamera etc.), eingebettet. Auch der Monitor, auf dem das Bild dargestellt und bearbeitet wird, besitzt ein Profil, ebenso der Drucker, mit dem das Bild gedruckt wird. Mit Hilfe dieser Profile werden dann die unterschiedlichen Nuancen in der Farbdarstellung miteinander abgeglichen.

An dieser Stelle setzt »ColorSync« an. Es enthält die mathematischen Algorithmen, mit denen die einzelnen Farbabweichungen gegeneinander verrechnet werden.

AppleScripts

Im Ordner »Library/Scripts/ColorSync« stellt Apple einige AppleScripts bereit, mit denen ColorSync-Profile in Dokumente eingebettet oder eingebettete Profile korrigiert werden können. Das Skript »Build profile info web page« erstellt aus beliebig ausgewählten Bildern eine Webseite, in der die Bilder mit Informationen zu den eingebetteten Profilen aufgelistet werden.

Filter

ColorSync stellt außerdem Farbfilter zur Verfügung, mit denen Programme Bildmanipulationen vornehmen können.

Profil auswählen

Im »ColorSync Dienstprogramm« im Ordner »Dienstprogramme« (⌘⇧U) können auf der Seite »Einstellungen« mit Aufklappmenüs die Standard-Farbprofile für Dokumente ohne ein eigenes Profil bestimmt werden. Wenn Sie den Mauszeiger über die Menüs bewegen, wird mit einem Fähnchen der Ort auf der Festplatte angezeigt, an dem sich das jeweilige Profil befindet.

- **Profile:** Hier bestimmen Sie das Profil, das für Bilddateien verwendet wird, die kein eingebettetes Profil besitzen. Vorgegeben sind das allgemeine RGB-Profil, das allgemeine CMYK-Profil und das allgemeine Graustufen-Profil. Wenn Sie wissen, mit welchem Gerät Ihre Bilder erzeugt wurden, sollten Sie das passende Profil auswählen.
- **CMM:** Auf der Seite »CMMs« wählen Sie die bevorzugte Technologie (CMM, Color Management Module) für das Farbmanagement. Je nachdem, welche Erweiterungen installiert sind, können auch andere Farbmanagement-Methoden neben »ColorSync« ausgewählt werden.

Weitere Funktionen im ColorSync-Dienst-programm

- **Profile reparieren:** ColorSync-Profile müssen eine bestimmte Struktur haben, um sie ohne Probleme einsetzen zu können. Per Klick auf die Schaltfläche »Überprüfen« werden alle Profile überprüft. Fehlerhafte Profile können mit der Schaltfläche »Reparieren« repariert werden.

- Auf der Seite **»Profile«** werden alle Profile aufgelistet, die auf dem Rechner installiert sind. Mit einen Klick auf das Dreieck neben dem Spaltentitel kann die Gruppierung geändert werden. Auf der rechten Seite werden Dateiinformationen zum ausgewählten Profil angezeigt.

  Ein Klick auf das Dreieck »Lab-Plot« öffnet ein Menü, in dem die Darstellung der Visualisierung des Profils geändert werden kann. Mit der Option »Für Vergleich merken« wird der Plot des ausgewählten Profils beim Wechsel zu einem anderen Profil als Schatten angezeigt. Auf diese Weise lassen sich gut zwei Profile miteinander vergleichen.

  Ein Doppelklick auf einen Eintrag öffnet ein weiteres Fenster, in dem die Werte detailliert angezeigt werden.

- Auf der Seite **»Geräte«** werden die angemeldeten ColorSync-Geräte nach Gruppen sortiert angezeigt. Ein Klick auf das Gerät zeigt das dazu gehörende ColorSync-Profil an.

- Auf der Seite **»Filter«** können die installierten Filter auf Dateien abgewendet und eigene Filter erstellt werden.

Drucken mit ColorSync

Wenn Ihr Druckertreiber »ColorSync« unterstützt, können Sie im Druckdialog die Color-Sync-Farbkorrektur einschalten und so gewährleisten, dass der Ausdruck der Bildschirmdarstellung entspricht.

◀ 179
Druck-optionen

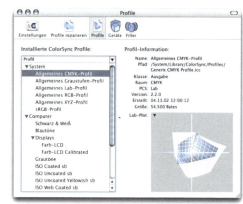

Hinter dem ausgewählten allgemeinen CMYK-Profil liegt der Umriss des allgemeinen RGB-Profiles

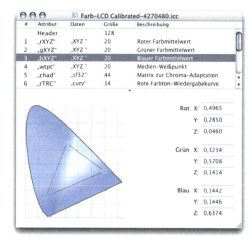

Monitorprofil kalibrieren

Grundvoraussetzung für die farbrichtige Anzeige von Bildern auf dem Bildschirm ist eine korrekte Einstellung des Monitors. Dazu sollte der Monitor kalibriert werden. Im Kontrollfeld »Monitore« lässt sich auf der Seite »Farben« kann ein vorhandenes Monitorprofil auswählen. Mit der Schaltfläche »Kalibrieren« wird der Kalibrierungs-Assistent (im Ordner »Programme/Dienstprogramme«) gestartet. Für eine wirklich exakte Farbwiedergabe ist jedoch die Kablibrierung mit einem Messgerät und zugehöriger Software zu empfehlen.

300f ▶
Referenz,
Kontrollfeld
»Monitore«

Monitor mit ColorSync kalibrieren

1. *Vorwärmphase des Monitors beachten*

   Bedenken Sie, dass ein Röhren-Monitor in der ersten halben Stunde nach dem Einschalten die Farben leicht verfälscht darstellt.

2. *Kalibrierungs-Assistenten aufrufen*

   Öffnen Sie in den Systemeinstellungen das Kontrollfeld »Monitore« und wählen Sie dort die Seite »Farben«. Klicken Sie auf die Schaltfläche »Kalibrieren«, um den Kalibrierungs-Assistenten zu starten.

4. *Kalibrieren*

   Führen Sie die Schritte nacheinander aus, wie sie im Assistenten beschrieben sind.

   Im Experten-Modus können Sie genauere Einstellungen vornehmen.

5. *Profil erstellen*

   Auf der letzten Seite wird ein individuelles Monitorprofil für diesen Monitor erstellt.

   Dieses wird automatisch im Kontrollfeld »Monitore« als Monitorprofil vorgeschlagen. Mit der Option »Diese Kalibrierung für andere Benutzern freigeben« (Experten-Modus) wird das Profil in den Ordner »Library/ColorSync/ Profiles/Displays« gelegt, sonst in den Ordner »Privat/Library/ColorSync/Profiles«.

Im normalen Modus werdem der Gamma-Wert und der Weißpunkt des Monitors ausgewählt.

Im Experten-Modus wird in fünf Schritten eine Luminaz-kurve erstellt. Die Gamma-Korrektur und die Farbtemperatur können feiner eingestellt werden.

Handschriftlich

Arbeiten mit der Handschrifterkennung »Ink«

*Mit »Ink« wurde in Mac OS X 10.2 eine sys-
temweite Handschrifterkennung eingeführt.
Handschriftlich auf einem Wacom-Grafiktablett
geschriebene Texte können mit »Ink« in Computer-Text umgewandelt werden.*

Die Handschrifterkennung »Ink« kann nur in
Verbindung mit einem Wacom-Grafiktablett
verwendet werden, für dessen Betrieb spezielle
Treiber installiert sein müssen. Das Kontrollfeld
»Ink« erscheint nur bei angeschlossenem Gra-
fiktablett in den Systemeinstellungen.

▶ 296
Referenz,
Kontrollfeld
»Ink«

Mit Ink kann entweder in das InkPads geschrieben werden. Hier kann der Text dann zuerst editiert und anschließend in ein Dokument
eingefügt werden.

Alternativ kann mit Ink aber auch direkt in
jedem Programm geschrieben werden, das
Texteingaben per Tastatur unterstützt. Mit
dem Stift wird an einer beliebigen Stelle geschrieben und der entstandene Text wird dann
sofort in das oberste Dokument eingefügt.

Mit Ink in einem Dokument schreiben

1. Ink aktivieren

**Öffnen Sie das Kontrollfeld »Ink« und aktivie-
ren Sie die Schaltfläche »Erkennung der Handschrift ist Ein«.**

*Die Ink-Werkzeugpalette erscheint auf dem
Bildschirm. Sollte Ink nicht erscheinen, obwohl
ein Tablett angeschlossen ist, starten Sie das
Programm »Systemeinstellungen« neu.*

2. »Überall« auswählen

**Aktivieren Sie die Option »Schreiben überall
ermöglichen«.**

*Alternativ können Sie auch den Schalter an
Ihrem Stift zum Wechseln benutzen. In der
Ink-Werkzeugpalette wird ganz links ein Stift
angezeigt.*

3. Programm aktivieren

**Bringen Sie das Dokumentenfenster in dem
der Text eingefügt werden soll nach vorne.**

4. Schreiben

**Wenn Sie jetzt an einer beliebigen Stelle auf
Ihrem Grafiktablett schreiben, wird die Hand-
schrift auf dem Bildschirm angezeigt und als
Text in das offene Dokument eingefügt.**

Satzzeichen

Satzzeichen sollten in direktem Anschluss an ein Wort eingegeben werden. Einzeln eingegebene Satzzeichen werden wegen Ihrer Ähnlichkeit nur unzuverlässig erkannt.

Texte markieren

Wenn Sie den Stift auf das Tablett setzen und eine kurze Zeit lang unbewegt stehen lassen (bis es klickt), können Sie mit dem Stift Bereiche des Bildschirms markieren, z.B. Worte, die Sie ersetzen wollen.

Gesten

Mit bestimmten Gesten können Steuerfunktionen bei der Texteingabe ausgeführt werden. Diese Gesten können im Kontrollfeld »Ink« aktiviert werden, ein Klick auf die Aktion zeigt eine Animation ihrer Strichführung.

Die Ink-Werkzeug-Palette

- **Schreibmodus:** Ganz links wird der Schreibmodus bestimmt.
- **Sondertasten:** Die Sondertasten ⌘, ⇧, ⌥ und ctrl werden mit einem einfachen Klick auf das jeweilige Symbol für eine Aktion aktiviert (orange). Ein Doppleklick aktiviert die Taste so lange, bis sie wieder per Klick deaktiviert wird (schwarz).
- **InkPad:** Mit einem Klick auf das Notizblock-Symbol wird das InkPad eingeblendet.
- Mit den beiden Tasten rechts können die **Ink-Hilfe** und die **Systemeinstellungen** geöffnet werden.

InkPad

Das InkPad wird mit der Notizzettel-Schaltfläche in der Ink-Werkzeugpalette eingeblendet.

- **Textmodus (A):** Die handschriftlichen Eingaben werden in Text umgewandelt.
- **Grafikmodus (★):** Die Eingaben bleiben als Zeichnung erhalten.
- **Löschen:** Der Inhalt des InkPads wird gelöscht.
- **Senden:** Der Inhalt des InkPads wird in das oberste aktive Dokumenten-Fenster eingefügt – je nach Modus als Text oder als Grafik.

Programmsteuerung mit Ink

Mithilfe der ⌘-Schaltfläche der Ink-Werkzeugpalette können auch Programmfunktionen gesteuert werden. Wenn Sie bei aktivierter ⌘-Schaltfläche den jeweiligen Buchstaben für einen Menübefehl schreiben, wird der entsprechende Menübefehl ausgeführt, sobald der Buchstabe von Ink erkannt wird. Eine aktivierte Schaltfläche kann mit der Geste »Zeilenschalter« gedrückt werden.

64 ◀
Tastaturkurz-
befehle

Automatikgetriebe

Arbeitserleichterung mit AppleScript

Mit AppleScript bietet das Mac OS eine allgemeine Skriptsprache an, mit der sich beinahe alle Programme und Systembestandteile steuern und automatisieren lassen. Dieses Kapitel erklärt die Grundlagen der Arbeit mit AppleScript.

AppleScript ist eine Skriptsprache, mit der die meisten Programme gesteuert werden können.

Skriptprogramme führen per Doppelklick Funktionen im Finder aus. Andere Skripte werden aus Anwendungsprogrammen heraus gestartet. Dafür besitzen einige Programme ein spezielles Menü, das alle Skripte auflistet, die sich in einem bestimmten Ordner innerhalb des zugehörigen Programmordners befinden. Andere Anwendungsprogramme bieten Paletten, in die Aktionsskripte aufgenommen werden können.

Alle AppleScripts können im »Skripteditor« bearbeitet werden. Dieser macht den Quelltext sichtbar und setzt die Änderungen in Skriptkode um. AppleScript kann wegen seiner Nähe zum gesprochenen Englisch relativ leicht erlernt werden.

▶ 219
Shellskripte

Im Skripteditor lassen sich auch Skripte aufzeichnen. Dafür müssen Sie lediglich die Aufzeichnungsfunktion im Skripteditor starten und die gewünschten Aktionen im entsprechenden Programm ausführen. Auf diese Weise aufgezeichnete Skripte können dann im Skripteditor bearbeitet, ergänzt und als Skript oder Skriptprogramm gesichert werden. Leider unterstützen jedoch nicht alle Programme diese Funktion des Skripteditors.

Mit AppleScript lässt sich die tägliche Arbeit automatisieren und erleichtern. Vorstellbar sind hier beispielsweise Skripte zur automatischen Konvertierung von Dateien oder ein Skript zum automatischen Öffnen mehrerer Internet-Seiten im Internetbrowser, damit das Eingeben der Internet-Adressen für täglich aktualisierte Seiten entfällt.

Im Internet und auf Shareware-CDs werden viele Skripte für verschiedenartigste Aufgaben angeboten.

UNIX-Skriptsprachen

Neben AppleScript kann Mac OS X auch mittels der UNIX-Skriptsprachen »Perl«, »PHP« und »TCL« oder einfacher Shellskripts automatisiert werden. Diese Skripte können wiederum mittels AppleScripts im Programm »Terminal« aufgerufen werden.

AppleScript

AppleScript ist die programmübergreifende
Skriptsprache für Mac OS X und das klassische
Mac OS. Mit ihr können alltägliche Aufgaben
im Finder und in Programmen automatisiert
werden. AppleScript verschickt dafür Apple-
Events an Programme.

Quelltexte

Wenn heute Programme geschrieben werden,
werden sie nicht in der Sprache verfasst, die der
Computer direkt versteht. Die Quelltexte werden in einer Hochsprache geschrieben, die dem
menschlichen Sprachgebrauch nahe ist, und
dann in den Computercode übersetzt (kompiliert). Beim Kauf eines Programms bekommen
Sie nur den kompilierten Binärcode. Die Quelltexte bekommen Sie nicht zu Gesicht.

AppleScript-Programme werden hingegen
als übersetzte Skripte geliefert. Wenn Sie diese
im Skripteditor öffnen, können Sie den Quelltext bearbeiten. AppleScript verwendet dabei
eine Sprache, die dem gesprochenen Englisch
sehr nahe steht. Dadurch lassen sich die Anweisungen und die logischen Strukturen in den
AppleScript-Quelltexten meist schon durch einfaches Durchlesen des Textes verstehen.

Skripte

Apple-Skripte gibt es in mehreren verschiedenen Ausführungen:

- **Skriptprogramme:** Skriptprogramme werden
  per Doppelklick gestartet und führen dann
  selbsttätig das Skript aus. Ein Skript kann im
  Skripteditor als Mac-OS-X-Skriptprogramm
  oder als Skriptprogramm für das klassische
  Mac OS gesichert werden. Um ein Skriptprogramm im Skripteditor zu bearbeiten, müssen Sie das Symbol des Skriptprogramms auf
  das Symbol des Skripteditors ziehen.

37 ◄
Technik,
AppleEvents

- **Skriptprogramme mit Drop-Funktion:** Auch
  diese Skripte werden per Doppelklick gestartet. Sie haben jedoch noch eine zusätzliche Funktion. Diese Skriptprogramme können gestartet werden, indem man ein Objekt
  auf sie zieht. Das Skript bearbeitet dann das
  daraufgezogene Objekt.

- **Übersetzte Skripte:** Übersetzte Skripte
  müssen aus einem Anwendungsprogramm
  gestartet werden. Per Doppelklick werden
  sie im Skripteditor geöffnet. Dort können sie
  mit dem Befehl »Ausführen« (⌘R) gestartet
  werden.

- **Textdateien:** Der Skripteditor kann die Quelltexte eines Skripts als Textdatei sichern. Diese Textdatei kann in jedem Textprogramm
  geöffnet und verändert werden. Um aus dem
  Text ein Skript zu machen, muss die Textdatei im Skripteditor geöffnet und mit dem
  Befehl »Übersetzen« übersetzt werden.

Symbole: **Skripttypen bei AppleScript**

Symbol	Art des Skripts
	Skriptprogramm
	Skriptprogramm mit Drop-Funktion
	Übersetztes Skript
	Textdatei

AppleScript lernen

▶ 280
Referenz
Menü Extras

Im Rahmen dieses Buchs kann nur ein kleiner Einblick in die Möglichkeiten von Apple-Script gegeben werden. Wenn Sie das Thema vertiefen wollen, lesen Sie zuerst die Apple-Script-Hilfe im Help-Viewer. Diese rufen Sie auf, indem Sie im »Skripteditor« den Befehl »Skripteditor Hilfe« (⌘?) aufrufen. Zum Thema AppleScript sind auch einige informative Bücher erschienen. Die meisten behandeln AppleScript für das klassische Mac OS, welches sich jedoch nicht von AppleScript für Mac OS X unterscheidet.

Funktionsverzeichnisse

Die einzelnen Programme bieten unter-schiedliche Funktionen an, die durch Apple-Scripts gesteuert werden können. Welche Funktionen und Befehle für ein bestimmtes Programm zur Verfügung stehen, zeigt der Skripteditor an, wenn Sie das Programm-Sym-bol auf das Symbol das Skripteditors ziehen. Alternativ wählen Sie im Skripteditor den Befehl »Verzeichnis öffnen« (⌘⇧O) aus dem Ablage-Menü.

Auf der linken Seite des Verzeichnisfensters finden Sie eine Auflistung der Befehle. Klicken Sie auf einen Befehl in der Liste, bekommen Sie im rechten Teil des Fensters eine Beschreibung des Befehls und seiner Syntax.

Scripting Additions

Im Ordner »System/Library/Scripting Addi-tions« befinden sich Erweiterungen zu Apple-Script, mit denen Funktionen gesteuert werden können, die eigentlich nicht direkt skriptfähig sind. Zusätzlich zu den Scripting Additions, die mit Mac OS X mitgeliefert werden, gibt es noch weitere Scripting Additions von Shareware-Autoren. Diese können dann in den Ordner »Library/Scripting Additions« oder »Privat/Library/Scripting Additions« installiert werden.

Skript-Menü

Mit dem Skript-Menü können Sie häufig genutzte Skripte einfach erreichen. Um das Menü-Extra zu aktivieren, doppelklicken Sie es einfach im Ordner »Programme/AppleScript« auf das Skript »Install AppleScript Menu«. Wenn Sie in das AppleScript-Symbol in der Menüleiste klicken, erscheinen in einem Menü die Skripte, die sich im Ordner »Library/Scripts« und »Privat/Library/Scripts« befinden.

Die Skripte im Ordner »Library/Scripts« können mit dem Befehl »Library-Skripts aus-blenden« bzw. »... einblenden« aus dem Menü aus- und eingeblendet werden. Mit dem Befehl »Skript-Ordner öffnen« wird der private Skript-Ordner geöffnet. Mit dem Skript »Remove Script Menu« wird das AppleScript Menü wie-der aus der Menüleiste entfernt.

Der Quelltext eines Skripts im Fenster des Skripteditors

Skripteditor

Mit dem Skripteditor (im Ordner »Programme/ AppleScript«) liefert Apple ein Programm, in dem AppleScripts erstellt oder bearbeitet werden können.

Das Skriptfenster des Skripteditors

In der Symbolleiste des Skripteditor-Fensters befindet sich eine Reihe von Schaltflächen.

- **Aufzeichnen:** Hier kann die Aufzeichnung eines Skripts gestartet werden.
- **Stopp:** Ein laufendes Skript kann hier gestoppt werden.
- **Ausführen:** Das Skript wird gestartet und ausgeführt. Sollte es noch nicht übersetzt worden sein, wird es vorher automatisch übersetzt.
- **Übersetzen:** Der Quelltext wird formatiert und übersetzt. Eventuelle Syntaxfehler werden korrigiert bzw. als Fehler angezeigt.

Im oberen Teil des Fensters wird der Quelltext des Skripts angelegt. Er kann durch Texteingaben verändert werden.

Im unteren Teil können eine eventuell vorhandene Beschreibung des Skripts (meist ist diese jedoch als Kommentar im Quelltext angelegt), die Ausgaben des Skripts oder ein Protokoll des Verlaufs angezeigt werden.

Aufzeichnen

Mit der Funktion »Aufzeichnen« können AppleScripts hergestellt werden, ohne dass der Quelltext per Texteingabe erstellt werden müsste. Dafür muss jedoch das Programm, das durch das Skript gesteuert werden soll, »recordable« sein, also die Aufnahmefunktion des Skripteditors unterstützen.

Ein Skript aufnehmen

1. *Neues Skript öffnen*
   Starten Sie den Skripteditor. Öffnen Sie mit dem Befehl »Neues Skript« aus dem Menü »Ablage« ein neues Skript.

2. *Aufnahme starten*
   Wählen Sie den Befehl »Aufzeichnen« aus dem Menü »Steuerung« oder klicken Sie auf die Schaltfläche »Aufzeichnen«.

3. *Aufzeichnen*
   Wechseln Sie in das Programm, das durch das Skript gesteuert werden soll, und führen Sie die gewünschten Aktionen ganz normal aus.
   Im Skripteditor wird für jede Aktion, die Sie in dem Programm ausführen, eine neue Befehlszeile angelegt.

4. *Aufzeichnung beenden*
   Wählen Sie den Befehl »Stopp« aus dem Menü »Steuerung« des Skripteditors bzw. die Schaltfläche »Stopp«.
   Der Text des Skripts wird um die Zeile »end tell« ergänzt.

5. *Weitere Aufzeichnungen*
   Sollen mit dem Skript verschiedene Programme oder Funktionen gesteuert werden, können Sie die Aufzeichnung wie oben beschrieben erneut starten; das Skript wird um weitere Zeilen ergänzt.
   Der so entstandene Quelltext kann durch Texteingaben beliebig verändert werden.

Ordneraktionen

Mit den Ordneraktionenkönnen AppleScripts an Ordner geknüpft werden. Diese Skripte werden dann automatisch ausgeführt, sobald eine festgelegte Veränderung am Ordner vorgenommen wird, wie z.B. »Öffnen« oder »Objekt hinzufügen«.

Mit dem Programm »Ordneraktionen konfigurieren« werden Skripte an Ordner angehängt und die Ordneraktionen aktiviert.

Eine Ordneraktion anhängen

1. Ordner auswählen

Starten Sie das Programm »Ordneraktionen konfigurieren« aus dem Ordner »Programme/ AppleScript« und klicken Sie dort auf die Schaltfläche »+« unter der Spalte »Ordner mit Aktionen«.

Es erscheint ein Öffnen-Dialog, in dem Sie den Ordner bestimmen können, an den das Skript angehängt werden soll.

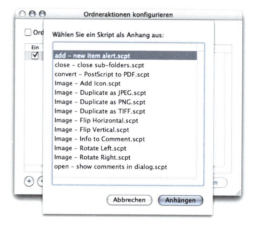

2. Skript auswählen

Sobald Sie den Ordner ausgewählt haben, erscheint ein Fenster, in dem die Ordneraktionen aus den Ordnern »Library/Scripts/Folder Action Scripts« und »Privat/Library/Scripts/ Folder Action Scripts« aufgelistet werden. Wählen Sie das gewünschte Skript aus der Liste aus und klicken Sie auf die Schaltfläche »Anhängen«.

3. Ordneraktionen aktivieren

Falls die Ordneraktionen nicht aktiviert sind, aktivieren Sie die Option »Ordneraktionen aktivieren«.

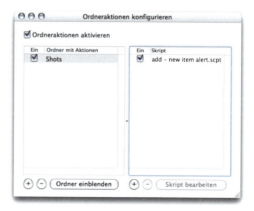

Weitere Ordneraktionen hinzufügen

Wenn Sie an einen Ordner eine weitere Aktion anhängen wollen, klicken Sie unter der Spalte »Skript« auf die Schaltfläche »+« und wählen ein weiteres Skript aus der Liste aus.

Ordneraktion entfernen

- **Einzelne Ordneraktionen entfernen:** Um eine einzelne Aktion zu entfernen, klicken Sie den gewünschten Ordner in der Liste »Ordner mit Aktionen« an, wählen Sie die jeweilige Aktion in der Skript-Liste aus und klicken Sie auf die Schaltfläche »-«.
- **Alle Ordneraktionen eines Ordners entfernen:** Wenn an den Ordner gar keine Ordneraktionen mehr angehängt sein sollen, wählen Sie ihn in den Ordner-mit-Aktionen-Liste aus und klicken Sie auf die Schaltfläche »-«.

Ordneraktionen bearbeiten

Mit der Schaltfläche »Skript bearbeiten« können die angehängten Skripte bearbeitet werden.

Ordneraktionen aktivieren und deaktivieren

Mit dem Häkchen »Ordneraktionen aktivieren« im Programm »Ordneraktionen konfigurieren« werden alle Ordneraktionen global aktiviert bzw. deaktiviert. Mit dem Häkchen vor dem jeweiligen Ordner und vor den Aktionen können ganze Ordner oder einzelne Aktionen aktiviert und deaktiviert werden.

Ordneraktion starten

Es gibt fünf verschiedene Arten von Ordneraktionen. Die einen werden gestartet, wenn der Ordner geöffnet oder geschlossen wird. Andere Skripte werden gestartet, wenn in den Ordner ein Objekt hineingelegt bzw. entfernt wird. Wieder andere werden gestartet, wenn das Fenster verschoben wird.

Anleitung zu Ordneraktionen

Unter <http://www.apple.com/applescript/folder_actions/> liefert Apple eine kleine (englischsprachige) Anleitung zu den Ordneraktionsskripten. Sie enthält auch Beispielquelltexte für die unterschiedlichen Aktionstypen.

Sicherheit

Da mit Ordneraktionen auch böser Unfug getrieben werden kann, sollten Sie Ordneraktionen, die Sie auf CDs oder im Internet gefunden haben, zuerst im »Skripteditor« öffnen und den Quelltext nachvollziehen, bevor Sie die Aktion anhängen oder ausführen. Wie alle AppleScripts werden auch die Ordneraktionen immer nur mit den Benutzerrechten des jeweiligen Benutzers ausgeführt. Dass eine Ordneraktion das ganze System beschädigt, ist daher äußerst unwahrscheinlich.

95 ◄
Benutzerrechte

Diese Meldung erscheint nach der Aktivierung des im Beispiels ausgewählten Skripts auf dem Bildschirm, wenn – z.B. von einem anderen Benutzer über das Netzwerk – ein Objekt einen Ordner bewegt wird. Mausklick auf die Schaltfläche »Yes« zeigt das Objekt im Finder.

Vergangenheitsbewältigung

Klassische Mac-OS-Programme in der Classic-Umgebung

Damit die vielen Programme des Mac OS auch unter Mac OS X laufen, hat Apple die Classic-Umgebung geschaffen. Was es damit auf sich hat und welche Einstellungen hier gemacht werden können, das beschreibt dieses Kapitel.

Was ist Classic?

In der Classic-Umgebung läuft ein komplettes Mac OS 9.1 (oder 9.2) innerhalb eines einzigen Prozesses – der in der Prozessliste der Aktivitäts-Anzeige mit dem schönen Namen »TrueBlueEnvironment« erscheint.

▶ 272
Referenz,
Aktivitäts-
Anzeige

Nach einem normalen »Systemstart« wird jedoch statt des Mac-OS-9-Finders »Classic« geladen. Classic macht die Classic-Umgebung völlig transparent für den Mac-OS-X-Benutzer. Die geladenen Classic-Programme erscheinen einzeln im Dock. Zwischen Mac-OS-Programmen und Mac-OS-X-Programmen kann ganz normal gewechselt werden.

Einer der größten Nachteile des klassischen Mac OS bleibt dabei jedoch erhalten. Alle Classic-Programme befinden sich innerhalb eines Speicherbereichs und können sich so unter Umständen gegenseitig beeinflussen. Die Classic-Umgebung ist jedoch gegen die anderen Prozesse im Mac OS X abgeschottet, ein Absturz eines Classic-Programms kann also andere Classic-Programme mitreißen, jedoch keine Mac-OS-X-Programme.

◀ 36
Technik,
Speicher-
verwaltung,
Speicher-
schutz

Speicher

Classic-Programme verwalten den Speicher wie im klassischen Mac OS: Jedem Programm wird ein fester Block zugeteilt. Da der gesamte Speicherbereich der Classic-Umgebung jedoch vom Mach-Kernel des Mac OS X verwaltet wird, steht den Programmen hier unabhängig vom tatsächlich vorhandenen Arbeitsspeicher insgesamt 1 GB an Arbeitsspeicher zur Verfügung.

Erscheinungsbild

Classic-Programme behalten auch in Mac OS X ihr Mac-OS-9-Erscheinungsbild. Sie haben also eine graue Menüleiste, graue Fensterrahmen usw. Auch verwenden sie die Dialoge des klassischen Mac OS.

Systemerweiterungen

Das Mac OS 9.1 wird in der Classic-Umgebung ganz normal geladen. Jedoch können Systemerweiterungen nicht direkt auf die Hardware des Mac zugreifen. Diese Systemerweiterungen werden dann beim Start ignoriert.

Die Classic-Umgebung starten

Classic starten

1. Systemeinstellungen öffnen

Öffnen Sie die Systemeinstellungen (im Ordner »Programme« (⌘⇧A)), z. B. mit dem entsprechenden Befehl aus dem Apple-Menü, und
wählen Sie das Kontrollfeld »Classic«.

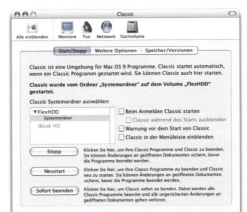

288 ►
Referenz,
Kontrollfeld
»Classic«

2. Classic starten

Um die Classic-Umgebung zu aktivieren, klicken Sie auf der Seite »Start/Stopp« auf die
Schaltfläche »Start«. Dabei können Sie aus
der Liste das Volume auswählen, von dem das
klassische Mac OS gestartet werden soll.
*Es erscheint ein Fenster, in dem der Status des
Systemstarts angezeigt wird. Gleichzeitig wird
im Dock das Classic-Symbol eingeblendet.*

3. Classic-Programm starten

Wenn das Mac OS in der Classic-Umgebung
fertig gestartet wurde, verschwinden das
Startfenster und das Docksymbol. Jetzt können Sie jedes beliebige Mac-OS-9-Programm
starten.

Erster Start

Beim ersten Starten von Classic erscheint eine
Meldung, dass bestimmte Teile zum System
hinzugefügt werden müssen. Wenn Sie auf
»Weiter« klicken, werden die Dokumente
»Classic«, »ClassicSupport« und »Classic Sup-
port UI« in der obersten Ebene des Mac-OS-9-
Systemordners eingefügt.

Diese Objekte werden in der Classic-Umge-
bung anstelle des Finders benötigt. Wird der
Mac direkt aus Mac OS 9 gestartet, haben die
Objekte keinen Einfluss.

Alternative

Wenn Sie ein Mac-OS-9-Programm starten oder ein Dokument eines solchen Programms öffnen, während die Classic-Umgebung nicht aktiv ist, wird diese automatisch gestartet. Ist die Option »Warnung vor dem Start von Classic« aktiviert, können Sie den Startvorgang vorher abbrechen oder bestätigen.

Automatisch starten

Wenn Sie viel mit Classic-Programmen arbeiten, kann Classic auch automatisch beim Anmelden gestartet werden. Dafür aktivieren Sie im Kontrollfeld »Classic« auf der Seite »Start/Stopp« die Option **»Classic beim Anmelden an diesem Computer automatisch starten«**.

Classic neu starten oder beenden

Da in der Classic-Umgebung der Finder des Mac OS 9 nicht aktiviert wird, sind die Befehle »Ausschalten« oder »Neustart« nicht verfügbar. Stattdessen stehen sie im Kontrollfeld »Classic« auf der Seite »Start/Stopp« zur Verfügung.

Weitere Optionen

◄ 122ff
Netzwerk
einrichten

Mit dem für die Classic-Umgebung verwendeten Systemordner lässt sich der Mac auch direkt unter Mac OS 9.x starten. Falls Sie das Mac OS in der Classic-Umgebung mit anderen Optionen starten wollen oder falls Sie Probleme mit der Classic-Umgebung haben, können Sie auf der Seite »Weitere Optionen« mittels des Aufklappmenüs **»Startoptionen«** bestimmen, mit welchen Optionen Classic gestartet werden soll.

Sinnvoll kann es hier z.B. sein, ein spezielles Erweiterungsset für Classic anzulegen und dieses beim Starten im Kontrollfeld »Erweiterungen Ein/Aus« zu aktivieren.

Classic mit persönlichen Einstellungen starten

Wenn Sie die Option »Einstellungen aus dem Ordner „Privat" verwenden« aktiviert haben, legt Classic bestimmte Dateien im Ordner »*Privat*/Library/Classic« ab und kopiert diese beim Starten von Classic (nach Abfrage) in den Systemordner. So können verschiedene Benutzer Classic mit unterschiedliche Einstellungen starten.

Ruhezustand der Classic-Umgebung

Die Classic-Umgebung verbraucht relativ viel Arbeitsspeicher und Prozessorzeit, selbst wenn kein einziges Classic-Programm gestartet wurde. Deshalb kann im Kontrollfeld »Classic« eine Zeit eingestellt werden, nach der die Classic-Umgebung in den Ruhezustand versetzt wird, wenn sie nicht gebraucht wird. Sie bekommt dann keine Prozessorzeit mehr zugeteilt, so dass diese Rechenzeit den anderen Prozessen zur Verfügung steht.

Wechseln zwischen Programmen

Classic-Programme werden genau wie Mac-OS-X-Programme im Dock angezeigt. Zwischen ihnen – und den Mac-OS-X-Programmen – kann per Klick auf das Symbol oder mit der Tastenkombination ⌘Tab bzw. ⌘⇧Tab gewechselt werden.

Netzwerk

Wenn die Classic-Umgebung gestartet wird, werden die Netzwerk-Kontrollfelder des Mac OS 9.x deaktiviert. Die im Netzwerk-Kontrollfeld aktivierten TCP/IP-Einstellungen werden in die Classic-Umgebung projiziert. Wird im Mac OS X die Umgebung gewechselt, ändern sich die Einstellungen in der Classic-Umgebung entsprechend. So können Classic-Programme genauso am Netzwerk teilhaben wie Mac-OS-X-Programme.

Besonderheiten der Classic-Umgebung

Classic-Programme verwenden die Programm-
Schnittstellen des klassischen Mac OS 9.x.
Deshalb unterscheiden sie sich im Erschei-
nungsbild von Mac-OS-X-Programmen.

Menüleiste

Classic-Programme verwenden die Menüs aus
dem klassischen Mac OS. Die Menüleiste ist
grau.
- Am linken Ende befindet sich das klassische
  Apple-Menü. Darin werden die Objekte angezeigt, die sich im Ordner »Apple-Menü« im
  Mac-OS-9.1-Systemordner befinden.
- Am rechten Ende findet sich das Programm-
  Menü, in dem alle laufenden Programme inklusive der Mac-OS-X-Programme aufgelistet
  sind.

Ein Classic-Programm unter Mac OS X

Fenster

Die Fenster der Classic-Programme können
rundherum angefasst und bewegt werden. In
der Titelleiste finden sich drei Schaltflächen.
- Der Schalter links schließt das Fenster.
- Der Schalter rechts mit dem Rechteck optimiert die Fenstergröße.
- Der Schalter ganz rechts reduziert das Fenster auf die Titelleiste. Fenster von Classic-Programmen können nicht in das Dock gesaugt
  werden.

Wenn im Mac-OS-9.1-Kontrollfeld »Erscheinungsbild« auf der Seite »Optionen« die Option
»Proportionale Rollbox« aktiviert ist, befinden
sich beide Rollpfeile in der unteren rechten
Ecke des Fensters.

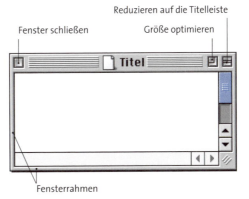

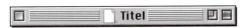

Ein Classic-Fenster wird nicht in das Dock gesaugt,
sondern lediglich auf die Titelleiste reduziert.

Öffnen- und Sichern-Dialoge in Classic-Programmen

In Classic-Programmen werden andere Öffnen- oder Sichern-Dialoge verwendet als in Mac-OS-X-Programmen. An welcher Stelle der Hierarchie diese Liste beginnt, wird im Mac-OS-9-Kontrollfeld »Allgemeine Einstellungen« bestimmt. Die Dialoge können in verschiedenen Programmen unterschiedlich aussehen, sie haben jedoch eine gemeinsame Grundlage.

Auf der Schreibtisch-Ebene können die Volumes ausgewählt und geöffnet werden.

Wo bin ich?

In einem Aufklappmenü im oberen Bereich werden Name und Symbol des aktuellen Ordners angezeigt. Das Fenster darunter zeigt seinen Inhalt.

Im Öffnen-Dialog wird eine Vorschau des aktiven Dokuments gezeigt.

Vorwärts

Per Doppelklick auf einen Ordner, der im Fenster aufgelistet wird, machen Sie erst die Unterordner und schließlich einzelne Dateien sichtbar.

Neuer Ordner

Im Sichern-Dialog kann mit der Schaltfläche »Neu« im aktuellen Listeninhalt ein neuer Unterordner angelegt werden.

Rückwärts

Das Aufklappmenü über der Liste zeigt die Hierarchie bis zur obersten Ebene an. Hier können Sie sich in der Hierarchie zurückbewegen.

Alternativ können Sie sich per Klick auf das Volumesymbol (oben rechts) jeweils einen Schritt zurück bewegen. Mit der Schaltfläche »Schreibtisch« können Sie direkt zum Schreibtisch wechseln, um dort beispielsweise ein anderes Volume auszuwählen.

Spezielle Optionen

Im Öffnen-Dialog wird links von der Liste eine Vorschau des ausgewählten Objekts angezeigt.

Im Textfeld des Dialogs »Sichern unter« kann der Dateiname für die zu sichernde Datei eingegeben werden.

Schnelleres Bewegen mit der Tastatur

Wenn Sie sich schneller durch die Ordner bewegen wollen, können Sie die Pfeiltasten verwenden. Innerhalb der Liste bewegen Sie sich mit der Auf- bzw. Abwärtspfeiltaste (↑ bzw. ↓). Um an einen bestimmten Punkt innerhalb der Liste zu springen, drücken Sie den Anfangsbuchstaben des gewünschten Objekts. Mit ⌘↓ gelangen Sie in die nächste Hierarchiestufe, mit ⌘↑ wechseln Sie eine Hierarchiestufe zurück.

Navigation Services

Seit Mac OS 8.5 bietet das klassische Mac OS den Programmen eine neue Form von Öffnen- und Sichern-Dialogen an, die Navigation Services. Sie enthalten zusätzlich zu den beschriebenen noch weitere Funktionen. Die Navigation Services werden jedoch nur von neueren Classic-Programmen unterstützt.

In diesen neuen Dialogen wird die Hierarchie in einer Listenansicht gezeigt. Als Spalten stehen der Name und das Änderungsdatum zur Verfügung. Die Sortierung kann verändert werden, indem auf die Spaltentitel geklickt wird. Der Pfeil rechts dreht die Sortierung um.

Der Öffnen-Dialog der Navigation Services

Volumes und Server

Wenn Sie auf das Feld mit der Festplatte und der Weltkugel klicken, können Sie in einem Menü unter allen Volumes oder dem Schreibtisch auswählen. Die Netzwerkvolumes müssen jedoch mit dem Befehl **»Mit Server verbinden«** (⌘K) aus dem Menü des Mac-OS-X-Finders gemountet werden.

150 ◀
Am Server
Anmelden

Der Sichern-Dialog der Navigation Services

Favoriten

Im Menü »Favoriten« (die Schaltfläche mit dem Ordnersymbol mit Lesezeichen) werden alle Objekte aus dem Ordner »Favoriten« innerhalb des Systemordners aufgelistet. Mit dem Menübefehl »Zu Favoriten hinzufügen« nehmen Sie ein Objekt in den Ordner »Favoriten« auf. Der Befehl legt nur ein Alias des im Dialog aktivierten Objekts in den Ordner »Favoriten«.

Zuletzt geöffnete Objekte

In dem Menü, das die Schaltfläche mit der Uhr einblendet, werden die Objekte angezeigt, die zuletzt mit den Navigation Services geöffnet wurden.

Schriften in Classic-Programmen

Die Schriften, die in Classic-Programmen verwendet werden sollen, müssen sich im Ordner »Zeichensätze« des Classic-Systemordners befinden. Alle Zeichensätze, die sich in diesem Ordner befinden, werden im Schriftenmenü der Classic-Programme angezeigt.

◄ 184ff
Schriften

In der Classic-Umgebung können die gleichen Schriften verwendet werden wie im klassischen Mac OS. Die TrueType Fonts im Datenzweig (.dfont) des Mac OS X, Windows-TrueType- und OpenType-Schriften können in Classic nicht verwendet werden.

Bitmap- und TrueType-Zeichensätze, die im klassischen Mac OS in Zeichensatzkoffern zusammengefasst wurden, stellt der Finder als eine Datei dar, es werden jedoch trotzdem alle Schriften, die in diesem Koffer (bzw. dieser Datei) enthalten sind, einzeln im Schriftenmenü angezeigt.

Besonderheit von Bitmap-Schriften

Im Schriftgrößen-Menü eines Classic-Programms werden alle Schriftgrößen, die in einer Bitmap-Zeichensatzdatei enthalten sind, in Konturschrift dargestellt. Andere Größen können zwar ausgewählt werden, sie werden jedoch eventuell sehr pixelig dargestellt.

Besonderheit von PostScript-Schriften

Classic-Programme verwenden zur Bildschirmdarstellung der PostScript-Zeichensätze den korrespondierenden Bitmap-Zeichensatz. Wenn dieser auf dem Bildschirm in jeder Größe mit glatten Rändern dargestellt werden soll, muss das Kontrollfeld »~ATM« von Adobe im Classic-Systemordner installiert werden. ATM (Adobe Type Manager) ist Freeware, ein Installer findet sich auf der Mac-OS-9.1-CD im Ordner »Adobe Software«.

Schriftenverwaltung

Im klassischen Mac OS gibt es keine Software zur Schriftenverwaltung, deshalb brauchen Sie für das professionelle Arbeiten mit Schriften in Classic-Programmen Zusatzsoftware von anderen Herstellern. Sind zu viele Schriften installiert, wird das Schriftenmenü lang und unübersichtlich. Außerdem benötigen einige Programme wesentlich mehr Zeit zum Starten, da sie ein Schriftenmenü mit allen installierten Schriften aufbauen.

- **»Type Reunion«**, ein Kontrollfeld von Adobe, fügt Schriften einer Familie im Schriftenmenü in Untermenüs zusammen.
- Mit **»Suitcase«** von Extensis, **»Font Reserve«** von Diamondsoft oder **»ATM Deluxe«** von Adobe können Schriften in Paketen verwaltet werden, die nur dann geladen werden, wenn sie für ein Projekt benötigt werden. Die Fonts befinden sich nicht mehr im Ordner »Zeichensätze«, sondern in beliebigen Ordnern irgendwo auf dem Rechner oder im Netzwerk. Suitcase 10.1 läuft unter Mac OS X und verwaltet auch die Schriften für die Classic-Umgebung.
- **Shareware:** Es gibt auch einige Shareware-Utilities, mit denen sich die vorhandenen Zeichensätze katalogisieren lassen.

 Das Symbol der Kontrollfelder »~ATM« (ATM und ATM Deluxe)

  Die Symbole von »Suitcase« und der zugehörigen Systemerweiterung

 Das Symbol von »Type Reunion«

Speicherzuteilung bei Classic-Programmen

Im klassischen Mac OS wird jedem Programm beim Start ein fester Speicherbereich zugeteilt. Der Programmierer hat dafür einen bestimmten Wert festgelegt, den das Programm zugeteilt bekommen soll. Der Anwender kann zusätzlich einen Wert bestimmen, den das Programm unter optimalen Bedingungen bekommen soll. Viele Programme werden durch höhere Speicherzuteilung schneller und stabiler.

Der Speicher, den die Classic-Umgebung vom Mach-Kernel zugeteilt bekommt, entspricht jedoch nicht dem tatsächlich vorhandenen Arbeitsspeicher. Dem Mac OS 9.x in der Classic-Umgebung steht so immer eine ausreichende Menge Arbeitsspeicher zur Verfügung. Tatsächlich befindet sich jedoch nur der Teil im Arbeitsspeicher, der wirklich gebraucht wird. Die Speicherzuteilung eines Classic-Programms wird im Info-Fenster festgelegt.

Werte in den Feldern

- **Minimale Größe** gibt die Speichermenge an, die mindestens frei sein muss, damit das Programm überhaupt geladen wird. Wenn Sie die minimale Größe auf einen Wert kleiner als den vorgegebenen einstellen, ist nicht sichergestellt, dass das Programm noch ordnungsgemäß arbeitet.
- **Bevorzugte Größe** gibt die Menge Speicher an, die dem Programm immer zugeteilt wird. Da der Classic-Arbeitsspeicher vom Mach-Kernel verwaltet wird, kann dem Programm auch mehr Arbeitsspeicher zugeteilt werden, als tatsächlich vorhanden ist. Es können dann trotzdem weitere Programme gestartet werden.

Die Speicherzuteilung wird in einer Resource des Programms gespeichert. Sie bleibt auch beim Kopieren der Programmdatei erhalten.

Im Kontrollfeld »Classic« können Sie auf der Seite »Speicher/Versionen« den Speicherstatus der aktiven Classic-Programme beobachten.

35f ◄
Grundlagen, Speicherverwaltung

288 ►
Referenz, Kontrollfeld »Classic«

Speicherzuteilung eines Programms ändern

1. Info-Fenster öffnen

Um die Speicherzuteilung eines Programms zu ändern, aktivieren Sie das Programmsymbol und wählen den Befehl »Information« (⌘I) aus dem Menü »Ablage«. Öffnen Sie den Bereich »Speicher«, indem Sie auf das kleine Dreieck klicken.

In der ersten Zeile wird die empfohlene Größe des Speicherplatzes angezeigt, der für das Programm reserviert wird.

2. Wert ändern

Geben Sie in das Feld »Bevorzugte Größe« den von Ihnen gewünschten größten Wert ein.

Die Werte in den Zeilen »Minimale Größe« und »Bevorzugte Größe« können per Zahleneingabe verändert werden. Beide Werte sind vom Programmierer vorgegeben, wenn sie nicht verändert wurden.

Drucken in der Classic-Umgebung

Um aus einem Classic-Programm zu drucken, muss ein geeigneter Druckertreiber für das klassische Mac OS im Mac-OS-9-Systemordner installiert sein. Classic-Programme verwenden nicht die Druckertreiber des Mac OS X, im Programm »Drucker Dienstprogramm« installierte Drucker stehen nicht für Classic-Programme zur Verfügung.

Da die Schreibtischdrucker des Mac OS 9 unter Mac OS X nicht sichtbar sind, kann nur über das Programm »Auswahl« aus dem Classic-Apple-Menü zwischen mehreren Druckern gewechselt werden. Das Programm finden Sie auch im Ordner »Systemordner/Apple Menü«.

In der Auswahl werden auf der linken Seite die installierten Druckererweiterungen angezeigt. Auf der rechten Seite kann dann die Schnittstelle ausgewählt werden, an die der ausgewählte Drucker angeschlossen ist.

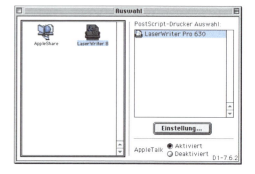

Pflege der Classic-Umgebung

Damit die Classic-Umgebung ohne Probleme läuft, sollte der Mac-OS-9-Systemordner gepflegt werden.

Der Ordner »Preferences«

Jedes Classic-Programm, das einmal gestartet wurde, legt im Ordner »Preferences« im Mac-OS-9-Systemordner eine Datei mit seinen Voreinstellungen ab. Dadurch wird der Ordner mit der Zeit immer dicker.

Aus diesem Grund sollten Sie regelmäßig einen Blick in den Ordner »Preferences« werfen und dort Voreinstellungsdateien von nicht genutzten Programmen in den Papierkorb bewegen. Lassen Sie sich den Inhalt des Ordners »Preferences« in der Listenansicht nach Datum sortiert anzeigen und überprüfen Sie die neuesten Dateien. Dabei brauchen Sie nur ein paar Kleinigkeiten zu beachten:

- In den meisten Fällen können Sie am Namen erkennen, zu welchem Programm die Voreinstellungsdatei gehört.
- Einige Voreinstellungsdateien werden mit jedem Systemstart erneuert. Diese kennen Sie jedoch bald.
- Falls Sie einmal die falschen Voreinstellungen gelöscht haben, startet das betroffene Programm beim nächsten Mal mit den werksmäßigen Voreinstellungen und legt eine neue Datei an.
- Einige wenige Programme legen ihre Registrierung in den Preferences an. Da Sie aber keine raubkopierten Programme benutzen, können Sie nach dem Start die Seriennummer neu eingeben, falls Sie die Voreinstellungsdatei gelöscht haben.

Der Ordner »Systemerweiterungen«

Es ist immer empfehlenswert, Classic mit so wenigen Systemerweiterungen wie möglich zu betreiben. Die meisten Programme verlangen außer dem System und vielleicht noch »Quick-Time« kein besonders erweitertes System. Trotzdem legen viele Installationsprogramme neue Systemerweiterungen in den Erweiterungsordner.

Schauen Sie deshalb regelmäßig in den Systemerweiterungsordner. Erweiterungen, die Ihnen unbekannt vorkommen, können Sie dann in den Ordner »Systemerweiterungen (Aus)« legen. Hierfür können Sie natürlich auch das Kontrollfeld »Erweiterungen Ein/Aus« verwenden.

Eine Erweiterung zuviel zu deaktivieren, ist kein Problem. Die Classic-Umgebung läuft auch ohne Erweiterungen. Und falls doch einmal ein Programm nach einer speziellen Erweiterung fragt, können Sie eine fehlende Erweiterung einfach wieder aktivieren oder neu installieren.

Schreibtischdatei erneuern

In der Schreibtischdatei legt der Mac-OS-9-Finder die Verknüpfungen zwischen Programmen, Dokumenten und Symbolen an. Da diese Datei – wie jede andere Datei, die laufend verändert wird – auch einmal beschädigt werden kann, sollte sie regelmäßig erneuert werden. Eine defekte Schreibtischdatei erkennen Sie an folgenden Symptomen:

- Manche Programme haben nicht mehr ihr eigenes Symbol, sondern ein allgemeines Programmsymbol.
- Einige Programme lassen sich nicht mehr durch Drag&Drop von Dateien aktivieren.

Spätestens jetzt sollten Sie die Schreibtischdatei erneuern.

Um möglichen Fehlern vorzubeugen, sollte die Schreibtischdatei etwa einmal im Monat erneuert werden – je nachdem, wie intensiv Sie Classic und das Volume verwenden.

Im Kontrollfeld »Classic« findet sich auf der Seite »Weitere Optionen« eine Option, mit der die Schreibtischdateien der verschiedenen Volumes erneuert werden können.

288 ▶

Referenz, Kontrollfeld »Classic«

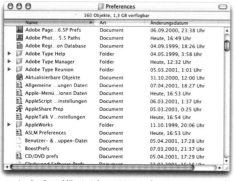

In der Regel lässt sich am Namen bestimmen, zu welchem Programm die Voreinstellungsdatei gehört.

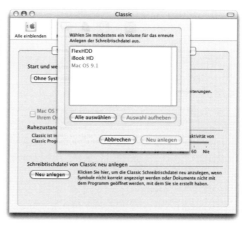

Probleme mit der Classic-Umgebung

Wenn die Classic-Umgebung schon beim Starten abstürzt, ist wahrscheinlich eine Systemerweiterung mit einer anderen inkompatibel. In diesem Fall müssen Sie sich auf die Suche nach der problematischen Erweiterung begeben.

1. Absturzstelle beobachten

Beobachten Sie beim Systemstart, an welcher Stelle in der Symbolparade es zum Absturz kommt. Dafür müssen Sie mit dem kleinen Dreieck das Classic-Startfenster sichtbar gemacht haben.

Da die Erweiterungen alphabetisch geladen werden (erst die Systemerweiterungen, dann die Kontrollfelder), können Sie auf diese Weise ungefähr herausfinden, welche Erweiterung Probleme bereitet.

2. Classic ohne Systemerweiterungen neustarten

Öffnen Sie in den Systemeinstellungen das Kontrollfeld »Classic«. Auf der Seite »Weitere Optionen« wählen Sie aus dem Aufklappmenü »Erweiterte Startoptionen« den Menüpunkt »Systemerweiterungen deaktivieren«. Dann drücken Sie die Schaltfläche »Classic neustarten«.

3. Erweiterungen Ein/Aus

Öffnen Sie das Kontrollfeld »Erweiterungen Ein/Aus« und wählen Sie im Menü »Inhalt« die Option »Nach Ordnern«. Jetzt können Sie alle Erweiterungen deaktivieren, die auf die zuletzt geladene folgen (z.B. anhand des Symbols, das Sie sich in Schritt 1 gemerkt haben). Klicken Sie dann auf »Neustart«.

3. Erweiterung finden

Wenn der Systemstart erfolgreich war, aktivieren Sie die nächste Erweiterung und starten dann wieder neu. Wiederholen Sie diese Prozedur, bis Classic wieder abstürzt. Jetzt haben Sie die »böse« Erweiterung gefunden.

Zuletzt wurde der »Sound Manager« geladen, also ist die störende Erweiterung eine Systemerweiterung, deren Name mit Sp bis Z beginnt, oder ein Kontrollfeld.

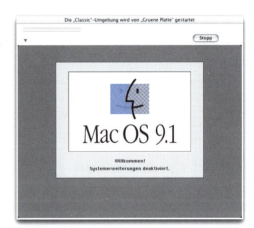

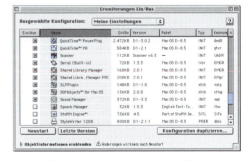

Alle Systemerweiterungen, die im Alphabet nach »Sound Manager« kommen, und alle Kontrollfelder wurden deaktiviert.

Falsche Reihenfolge

Manchmal kann es vorkommen, dass die Reihenfolge, in der zwei Erweiterungen geladen werden, den Absturz verursacht. Da die Erweiterungen alphabetisch geladen werden (erst der Inhalt des Ordners »Systemerweiterungen«, dann der des Ordners »Kontrollfelder«), können Sie die Objekte durch eine Umbenennung anders sortieren. Erweiterungen mit führendem Leerzeichen werden zuerst geladen, mit führendem • (⌥ü) zuletzt.

Inkompatible Erweiterungen und Programme

Ca 15.000 bekannte Mac-OS-Programme laufen in der Classic-Umgebung. Darunter finden sich sogar Programme, die für das System 6 geschrieben wurden. Es gibt jedoch ein paar Ausnahmen. Systemerweiterungen oder Programme, die direkt auf die Hardware des Mac zugreifen wollen, können in der Classic-Umgebung zu Konflikten führen. Deshalb werden solche Erweiterungen in der Regel einfach beim Systemstart ignoriert. Programme, die auf die Hardware zugreifen wollen, werden schon beim Starten wieder beendet.

Bei einigen Programmen, die nicht mit der Classic-Umgebung kompatibel sind, wurde schon bei der Programmierung eine passende Fehlermeldung implementiert.

Abstürzende Programme

Wenn ein Programm häufig abstürzt und eventuell auch noch das ganze Classic-System mit in den Abgrund zieht, ist meist ein Fehler in der Programmdatei oder in den Voreinstellungen schuld.

Dann sollten Sie erst einmal versuchen, die Voreinstellungsdatei des Programms im Ordner »Preferences« zu suchen und zu löschen. Wenn das nicht hilft, ersetzen Sie die Programmdatei durch eine andere Kopie. Bei manchen Programmen ist auch die Speicherzuteilung zu gering vorgegeben. Versuchen Sie es mit einer Erhöhung der Speicherzuteilung. Manchmal jedoch ist ein Programm einfach nur unsauber programmiert.

37 ◄
Voreinstellungen

211 ◄
Speicherzuteilung eines Classic-Programms

Classic löschen

Wenn Sie nach einiger Zeit feststellen, dass Sie die Classic-Umgebung überhaupt nicht mehr benutzen, können Sie sie ohne Probleme löschen. Dafür legen Sie einfach die zu Mac OS 9 gehörenden Objekte in den Papierkorb. Zu Classic gehören folgende Ordner:

- Systemordner
- Applications (Mac OS 9)
- Dokumente

Bevor Sie den Dokumente-Ordner löschen, sollten Sie natürlich eventuelle eigene Dokumente in Ihren privaten Dokumenten-Ordner kopieren.

Mac OS 9 legt außerdem noch einige unsichtbare Dateien und Ordner auf der obersten Ebene der Festplatte an. Auch diese können Sie löschen – da die Dateien und Ordner unsichtbar sind und dem System gehören am besten im Terminal mit dem Befehl »sudo rm -rf / Name\ des\ Objektes« (bitte vorsichtig tippen!).

- Desktop Folder
- Desktop DB
- Desktop DF
- TheVolumesSettingsFolder
- TheFindbyContentFolder
- Trash
- Network Trash Folder
- Cleanup At Startup

Die beiden Dateien DesktopDB und DesktopDF werden von CarbonCFM-Programmen wieder neu angelegt.

216ff ◄
Shell

Harte Schale, weicher Kern

Die Programme des BSD-Subsystems und X11-Programme

*Unter der Aqua-Oberfläche von Mac OS X
liegt ein UNIX-System. Mit dem Programm
»Terminal« kann die Kommandozeile der Shell
bedient werden. Programme, die das X-Window-
System benutzen, können mit dem Programm
»X11« unter Mac OS X benutzt werden.*

Mit Mac OS X bzw. »Darwin« – der Open-Source-Grundlage von Mac OS X – können jetzt auch Mac-OS-X-Anwender an den Errungenschaften der Open-Source-Community teilhaben. Für die verschiedenen UNIX-Varianten wurden viele freie Programme und Tools programmiert, von denen einige für Mac OS X kompiliert und dem Mac OS X beigelegt sind.

Wenn Sie bei der Installation von Mac OS X das Paket »BSD-Subsystem« mit installiert haben – also z.B. die einfache Installation durchgeführt haben – werden mehrere hundert Open-Source-UNIX-Programme auf Ihrem Rechner installiert. Diese befinden sich in den unsichtbaren Ordnern »/usr/bin« und »/usr/sbin« (zusätzlich zu den System-Programmen in den Ordnern »/bin« und »/sbin«). Es handelt sich hierbei um Kommandozeilen-Programme, die über die Shell mit dem Programm »Terminal« bedient werden können.

Die enormen Möglichkeiten, die diese Programme bieten, würden den Umfang dieses Buchs sprengen, deshalb hier nur eine kleine Einführung in die Shell. Wenn Sie die Möglichkeiten des BSD-Subsystems intensiver nutzen wollen, sollten Sie eines der zahlreichen Bücher zur Einführung in UNIX lesen.

Anleitungen

Open-Source-Programme werden in der Regel von den Programmierern sehr gut dokumentiert. Als Anleitung werden die sogenannten Manpages mitgeliefert. Die Manpage für ein Programm wird im Terminal mit dem Befehl »man *Programmname*« aufgerufen. Unter <http://developer.apple.com/documentation/Darwin/Reference/ManPages/index.html> können alle Manpages auch mit dem Internetbrowser betrachtet werden. Hilfreich sind auch die Darwin-Dokumentation unter <http://developer.apple.com/darwin/>, sowie das FreeBSD-Handbuch, das großenteils ins Deutsche übersetzt ist, und die FreeBSD-FAQ unter <http://www.de.FreeBSD.org/de/de/>.

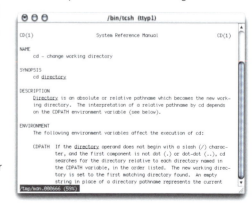

Die Shell

Die Shell ist die klassische UNIX-Benutzer-
schnittstelle. Sie interpretiert die von Ihnen
eingegebenen Befehle und gibt sie als System-
aufrufe an die entsprechenden Prozesse weiter.

Beim Starten des Programms »Terminal«
(im Ordner »Dienstprogramme« (⌘⇧U)) wird
»bash« als Login-Shell gestartet. In den Voreinstellungen können Sie aber auch alternativ eine
andere Shell auswählen. Installiert sind die alte
Bourne-Shell »sh«, die Z-Shell »zsh« und »tcsh«,
eine C-Shell mit erweiterten Funktionen.

Navigieren mit der Shell

Mit dem Terminal kann mit den Befehlen
»ls« und »cd« in den Verzeichnissen navigiert
werden. Der Befehl »ls« listet den Inhalt des
aktuellen Verzeichnisses auf. Die Option »l«
zeigt dabei im Listenformat die Zugriffsrechte,
Größe und Erstellungsdatum der Dateien an.
Sollen auch unsichtbare Dateien angezeigt
werden (nach UNIX-Konvention solche, die mit
einem Punkt ».« beginnen), wird die Option »a«
benutzt. Der Befehl »ls -al« zeigt also den Inhalt
des aktuellen Verzeichnisses mit unsichtbaren
Dateien als Liste an. Hinter den Optionen
kann zusätzlich der Pfad zu einem anderen
Verzeichnis angegeben werden. (Interessant
– besonders für Ordner mit vielen Objekten
– ist die Möglichkeit, mit dem angehängten
Befehl »|« (Pipe) die Ausgabe an einen Textbe-
trachter weiterzuleiten – z.B. »ls -al /Applicati-
ons | more«. Er zeigt die Liste dann in »more«
in Seiten aufgeteilt an. Mit der Leertaste kann
weitergeblättert werden.)

»cd« wechselt zwischen den Verzeichnissen.
Hierbei kann auch direkt der gewünschte Pfad
eingegeben werden.

Ausführen eines Befehls für ein bestimmtes Objekt

Das Terminalprogamm interagiert mit dem
Finder. Geben Sie den Befehl und ein Leerzeichen ein und ziehen Sie dann das Objekt aus
dem Finder in das Terminalfenster, so wird der
Pfad zum gewünschten Objekt automatisch
in die Kommandozeile eingetragen. Wenn Sie
jetzt die Eingabetaste drücken, wird der Befehl
ausgeführt.

Die für den Finder unsichtbaren UNIX-Ver-
zeichnisse können Sie mit dem Befehl »Gehe
zum Ordner« (⌘⇧G) erreichen. Oder Sie können sie – und auch die Dateien, die mit einem
Punkt beginnen – z.B. mit der Freeware »Tin-
kerTool« sichtbar machen.

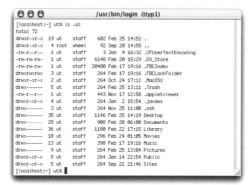

»ls -al«
listet Benut-
zerrechte,
Eigentümer,
Gruppe,
Größe und
Änderungs-
datum für
alle Objekte
auf.

cd: Navigation zu bestimmten Verzeichnissen

Befehl	Verzeichnis
cd ..	ein Verzeichnis höher
cd ~	privater Ordner
cd /	oberste Ebene

Kommandozeilenprogramme starten

Kommandozeilen-Programme werden in der Shell durch Eingabe des Befehls mit den gewünschten Optionen gestartet. Die Optionen werden mit Leerzeichen und einem Bindestrich an den Befehl angehängt. Dabei liest das Programm meist eine Konfigurationsdatei aus, deren Anweisungen es dann befolgt.

Für einige UNIX-Programme gibt es Mac-OS-X-Programme, die eine grafische Benutzeroberfläche für das jeweilige UNIX-Programm liefern. Einige sind im Mac OS X enthalten: »httpd« und »sshd« beispielsweise werden im Kontrollfeld »Sharing« aktiviert, »ping«, »dig«, »traceroute« etc. werden vom »Netzwerk-Dienstprogramm« angesprochen. Shareware-Autoren liefern weitere: »Cronnix« erstellt die Steuerdateien (crontab) für »cron«, das Kommandos zu bestimmten Zeitintervallen ausführt.

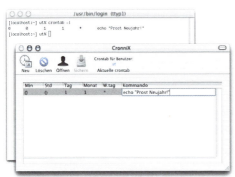

»Cronnix« stellt eine grafische Oberfläche für »crontab« zur Verfügung.

Konfigdateien

Voreinstellungen für UNIX-Programme werden – ähnlich wie die Voreinstellungen der Mac-OS-Programme – in Konfigurationdateien gespeichert. Diese Konfigurationsdateien sind einfache Textdateien, die mit einem beliebigen Texteditor erstellt oder bearbeitet werden können. Betrachtet werden können die Dateien beispielsweise mit dem Befehl »more«. Die Zeilen, die mit einem Doppelkreuz (#) beginnen, sind Kommentare bzw. auskommentierte Befehle, die durch Entfernen des Doppelkreuzes aktiviert werden können. Zum Bearbeiten stehen in Mac OS X mehrere Texteditoren zur Verfügung, z.B. »vi«, »ex« und »pico«. Wenn Sie den entsprechenden BSD-Ordner mit dem Befehl »Gehe zu Ordner« (⌘⇧G) im Finder geöffnet haben, können Sie alternativ auch die Dateien per Drag&Drop in »TextEdit« öffnen.

Welcher Syntax die Konfigdatei folgen und in welchem Verzeichnis sie liegen muss, erklärt die Manpage des jeweiligen Programms bzw. die Manpage für das Dateiformat diese wird mit dem Befehl »man 5 *Dateiname*« aufgerufen.

Auch die bash-Shell kann mit einer Konfigdatei nach persönlichen konfiguriert werden. Viele Beispiele hierzu finden sich im Internet.

Shellskripte

Mit den Shellskripten gibt es in der Shell die Möglichkeit, eine Reihe von Befehlen, die voneinander abhängig sind, nacheinander auszuführen, ohne dass der Benutzer einen Befehl nach dem anderen in die Kommandozeile eingeben muss. Auch bei Shellskripten handelt es sich um einfache Textdateien, in denen die Befehle und die logischen Verknüpfungen nacheinander eingetragen sind. Beispielsweise werden beim Systemstart einige Systemdienste mithilfe von Shellskripten automatisch gestartet.

StartupItems

Mac OS X benutzt ein besonderes System, um beim Systemstart bestimmte Dienste zu starten, die StartupItems. Ein StartupItem ist ein Ordner, in dem sich ein Shellskript befindet, das einen Dienst startet und konfiguriert. Zusätzlich wird in der Datei »StartupParamet ers.plist« eine Startpriorität vergeben. Außerdem können die Ausgaben des Skripts mit den Dateien »Localizable.strings« im Unterordner »Resources/xxx.lproj« lokalisiert werden.

Wenn Sie ein eigenes StartupItem herstellen wollen, kopieren Sie einfach ein vorhandenes aus »System/Library/StartupItems«. Ändern Sie den Namen des Ordners, tauschen Sie dann das Skript aus und ändern Sie die StartupParameters.plist entsprechend der gewünschten Parameter und die Localizable.strings (z.B. in TextEdit). Das fertige StartupItem legen Sie in den Ordner »Library/StartupItems« (falls dieser nicht vorhanden ist, können Sie ihn neu anlegen).

In der Knowledgebase (http://kbase.info. apple.com) gibt es Anleitungen für StartupItems, z.B. zur Konfiguration der Ethernet-Schnittstelle.

Multiuser

Unabhängig von der Anmeldung über die grafische Benutzeroberfläche können in der Shell mehrere Benutzer gleichzeitig angemeldet sein. Mit dem Befehl »su *kurzer Name*« wird nach Abfrage des Passwortes eine Kindshell für den anderen Benutzer gestartet. So können beispielsweise Dateien dieses Benutzers mit dem Befehl »cp« oder »mv« kopiert oder bewegt werden, damit sie für den grafisch angemeldeten Benutzer erreichbar sind.

Mit dem Befehl »exit« wird die Kindshell wieder beendet und in die Muttershell zurückgewechselt.

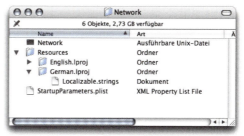

Der Aufbau eines StarupItems im Finder

Zugriff aus dem Netz

Mit der Secure Shell »ssh« können Sie die Kommandozeile eines Mac-OS-X-Computers über das Netzwerk von einem anderen Computer aus bedienen. Dafür aktivieren Sie im Kontrollfeld »Sharing« auf der Seite »Programmverbindungen die Option »Zugriff aus dem Netzwerk aktivieren«. (Dies startet den Daemon »sshd«.) Mit dem Befehl »ssh -1 *kurzer Name@IP-Adresse*« können Sie sich dann im Terminalprogramm eines beliebigen anderen Computers mit SSH-Software einloggen. Auf einem anderen Mac mit Mac OS X 10.3 wird Ihr Computer im Terminal im Fenster »Mit Server verbinden« (⌘⇧K) aus dem Ablage-Menü unter »Sichere Shell (ssh)« angezeigt. SSH verschlüsselt die Daten bei der Übertragung über das Netz.

Ist der Dienst »Entfernte Anmeldiung« im Kontrollfeld »Sharing« aktiviert, kann die Kommandozeile von einem beliebigen anderen Computer aus bedient werden.

Starten von Aqua-Programmen mit der Kommandozeile

Aqua-Programme können mit dem Befehl »open« aus der Kommandozeile gestartet werden (z.B. startet der Befehl »open /Applications/Calculator.app« das Programm »Rechner«). Das geht natürlich auch über das Netzwerk.

Umgang mit Resourcen in der Shell

Der Resourcenzweig wird in der Shell als »Dateiname/rsrc« codiert. »ls */rsrc« zeigt also die Resourcenzweige im aktuellen Verzeichnis an. Falls die Datei einen Resourcenzweig besitzt, kann sie nicht einfach mit »cp« kopiert werden, der normale Befehl »cp« kopiert nur den Datenzweig. Der Befehl, um eine Datei mitsamt Resourcen von einem Ort zu einem anderen zu kopieren, heißt also: »cp /Pfad/Dateiname /anderer Pfad/Dateiname; cp /Pfad/Dateiname/rsrc /anderer Pfad/ Dateiname/rsrc«. Da der Type- und Creator-

Dies wird den anderen Rechnern im Netzwerk über Rendevous mitgeteilt.

Code nicht mitkopiert wird, lassen sich so kopierte Mac-OS-9-Programme aber trotzdem nicht starten. Hier empfiehlt sich das Programm »ditto« (bzw. »CpMac«, das mit den Developertools in den Ordner »Developer/Tools« installiert wird).

◀126
Netzwerk,
Rendevous

X11

In Mac OS X kann zusätzlich zum BSD-Subsystem auch eine X11-Programmumgebung installiert werden. X11 bzw. das X-Window-System ist die Standard-Grafikumgebung für UNIX-Programme. X11 wird beispielsweise unter Linux mit dem KDE-Desktop verwendet. Apples X11-Implementation verwendet keinen eigenen Desktop, sondern arbeitet an Aqua und Quartz gebunden. Die Inhalte aller X11-Fenster werden dabei in normale Mac-OS-X-Fenster projiziert und sind damit transparent in das normale Aqua-Interface eingebunden.

Die Bedienung der X11-Progamme unterscheidet sich jedoch stark von der normaler Mac-OS-X-Programme.

X11 installieren

Die X11-Umgebung wird in der einfachen Installation nicht mit installiert. Sie muss bei der Installation von Mac OS X im Installer in der manuellen Auswahl aktiviert werden. Alternativ kann X11 auch per Doppelklick auf das Paket »X11.pkg« auf der dritten Mac-OS-X-CD installiert werden.

Das Bildbearbeitungsprogramm »The GIMP« in der X11-Umgebung von Mac OS X. Mit dem Befehl im »xterm« wurde das Programm gestartet, das Werkzeug-Fenster »The GIMP« enthält auch die Programm-Menüs. Die Bedienung erfolgt über das Kontextmenü.

X11-Programme installieren

Einige X11-Programme sind im Internet als fertige Mac-OS-X-Installer-Pakete erhältlich, die alle erforderlichen Dateien und Librarys enthalten. Andere müssen ähnlich wie Debinan-Linux-Pakete mit dem Darwinports-Paketmanager installiert werden.

Programme starten

Im X-Term-Fenster, das sich öffnet, sobald das Programm X11 gestartet wurde, geben Sie den Pfad zum gewünschten Programm mit den gewünschten Startparametern ein. Wenn Sie das Programm öfter benutzen wollen, tragen Sie es im Menü »Applications« in die Liste unter »Customize« ein. Dann können Sie es später einfach aus dem Menü »Applications« starten.

Arbeiten mit den Programmen

X11-Programme benutzen die Mac-Menüleiste nicht. Die Menüs finden sich in einem oder mehreren der Fenster, die von dem jeweiligen Programm erzeugt werden.

Rechte Maustaste

X11-Programme sind für die Bedienung mit einer Drei-Tasten-Maus konzipiert, mindestens aber für zwei Maustasten. Die rechte Maustaste, die die Kontextmenüs öffnet, wird bei Apples X11 durch Mausklick mit gedrückter ⌘-Taste simuliert.

155 ◄
Lesen Sie im Kapitel »FileSharing«, wie Sie vom Web-DAV-Server des OpenDarwin-Projektes fertige X11-Programmpakete herunterladen können..

Massenhaft Speicher

Festplatten installieren am Mac

In den meisten Macs ist ab Werk eine Festplatte eingebaut, bei manchen auch schon zwei. Zusätzlich zu dieser Festplatte können noch weitere interne und externe Festplatten angeschlossen werden. Was dabei zu beachten ist und wie die Festplatte zu einem Mac-Volume wird, erklärt dieses Kapitel.

Der Mac ist sehr flexibel im Umgang mit Festplatten (und anderen Massenspeichern). Da das Mac OS keine Laufwerksbuchstaben verwendet, können praktisch unendlich viele Festplatten am Mac betrieben werden.

Die einzige Einschränkung ist die Anzahl der freien Schnittstellen. Für die internen Geräte besitzt der Mac eine **IDE**-Schnittstelle. An jeden IDE-Bus können höchstens zwei interne Geräte angeschlossen werden. Mac OS X kann aber mehrere IDE-Busse verwalten. Meist besitzt der Mac einen langsamen und einen schnellen IDE-Bus. Weitere IDE-Busse können mit einer PCI-Karte nachgerüstet werden.

An die **FireWire**- und **USB**-Schnittstellen können externe Festplatten angeschlossen werden. Besonders der FireWire-Bus eignet sich hier aufgrund seiner hohen Geschwindigkeit sehr gut. Die niedrige Geschwindigkeit des USB bremst die Datenübertragung mit der Festplatte.

In USB- oder FireWire-Gehäusen – es gibt auch Gehäuse, die beide Schnittstellen besitzen – werden IDE-Festplatten eingesetzt.

Außerdem kann an vielen Macs mit einer PCI-Karte eine **SCSI**-Schnittstelle nachgerüstet werden. Die SCSI-Schnittstelle ist aufwendiger konzipiert als die IDE-Schnittstelle. An diesen Bus können sowohl interne als auch externe Geräte angeschlossen werden. An einen SCSI-Bus können bis zu sieben Geräte angeschlossen werden, an einen Wide-SCSI-Bus bis zu 15. Mac OS X kann jedoch auch mehrere SCSI-Busse verwalten. SCSI-Festplatten sind mittlerweile sehr viel teurer als IDE-Festplatten.

Eine neu angeschlossene Festplatte muss dann nur noch mit dem »Festplatten-Dienstprogramm« zu einem Mac-Volume gemacht werden.

Mit diesem Programm kann eine Festplatte auch in mehrere Volumes aufgeteilt (partitioniert) werden. Eine solche partitionierte Festplatte wirkt für den Anwender wie mehrere unterschiedliche Festplatten. Auf dem Desktop wird für jede dieser Festplattenpartitionen ein ganz normales Volumesymbol angezeigt.

Die unterschiedlichen Bus-Typen

IDE (Integrated Drive Electronics)

Bei den meisten Macs kommen die interne Festplatte und das CD-ROM-Laufwerk als IDE-Geräte zum Einsatz. Der Bus wird auch als »**ATA**« (Advanced Technology Attachement) bzw. »**ATAPI**« bezeichnet. Die zwei internen Busse sind unterschiedlich schnell, ein langsamer für die optischen Laufwerke (bzw. für das CD-Laufwerk und ein ZIP-Laufwerk) und ein schneller für die Festplatten. Es können zwei IDE-Geräte pro Bus angeschlossen werden. Ein einzelnes Gerät ist meist im Modus »Single« konfiguriert. Wenn zwei Geräte an den Bus angeschlossen werden, muss eins als »Master« und das andere als »Slave« konfiguriert werden. Bei den PowerMacs mit der verspiegelten Laufwerksblende ist auch der Modus »Cable Select« möglich. Dabei wird das Gerät, das am Ende des Kabels hängt automatisch zum Master und das Gerät in der Mitte des Kabels zum Slave.

Serial ATA

Die neuen PowerMac G5 verwenden Serial ATA als Festplatten-Schnittstelle. Hier werden die Daten seriell übertragen. An einen Anschluss kann nur eine Festplatte angeschlossen werden, sie braucht nicht konfiguriert zu werden.

FireWire und USB

Die Festplatten sind in ein externes Gehäuse eingebaut und können im laufenden Betrieb an den Bus angeschlossen werden. FireWire-Gehäuse für 2,5"-NoteBook-Festplatten benötigen dabei meist nicht einmal eine eigene Stromversorgung. Bei der in das Gehäuse eingebauten Festplatte handelt es sich meist um eine IDE-Festplatte.

SCSI

An einen SCSI-Bus (Small Computers System Interface) können bis zu sieben (bei Wide-SCSI 15) interne und externe Geräte angeschlossen werden – Festplatten, Wechselplattenlaufwerke, CD-ROM-Laufwerke, Scanner, Drucker usw. Jedes SCSI-Gerät bekommt eine ID zugewiesen. Jede SCSI-ID darf (pro Bus) nur einmal vergeben werden, sonst kommt es zu Konflikten.

Das letzte Gerät in der Kette, also am äußersten Ende des Kabels, muss mit einem Abschlusswiderstand »terminiert« werden, damit es an den Kabelenden nicht zu störenden Signalreflexionen kommt.

Externe SCSI-Festplatten werden in Gehäusen verkauft, an denen die ID mit einem Schalter eingestellt wird. Zur Terminierung der Kette stecken Sie einen SCSI-Terminator auf den freien Stecker am letzten Gerät. SCSI-Terminatoren gibt es in aktiver und passiver Form in jedem Computergeschäft zu kaufen. Einige Gehäuse haben auch einen Schalter, mit dem ein eingebauter Terminator aktiviert werden kann.

26 ◄
Technik, Interne Schnittstellen

27f ◄
Technik, Peripherie-Schnittstellen

Im Info-Fenster des Festplatten-Dienstprogramms wird der verwendete Bus angezeigt (Schaltfläche »Info« in der Symbolleiste)

Interne Festplatte installieren

1. Jumper einstellen

*Wenn Sie eine interne IDE-Festplatte ein-
bauen, müssen Sie sie mit Jumpern (kleinen
Überbrückungssteckern) als »Master« oder als
»Slave« konfigurieren.*

*Bei einer SCSI-Festplatte müssen Sie eine SCSI-
ID einstellen, die noch von keinem anderen
Gerät in der Kette verwendet wird. Wenn die
Festplatte das letzte Gerät in der Kette sein
soll, müssen Sie außerdem mit einem Jumper
die Terminierung aktivieren.*

*Welche Jumper dafür gesetzt werden, lesen
Sie in der Anleitung der Festplatte nach. Das
ist bei jeder Platte anders. Meist sind die Jum-
per nicht einmal beschriftet. Falls Sie keine
Anleitung haben, sollten Sie es einmal auf der
Internet-Seite des Herstellers versuchen.*

2. Festplatte montieren

*Die Festplatte wird auf einem Schlitten in ei-
nen freien Laufwerksschacht eingebaut.*

*Anleitungen zum Einbau der Festplatten in
den unterschiedlichen Macs finden Sie unter
<http://www.info.apple.com/dede/cip/>.*

3. Festplatte anschließen

*Ein freier IDE-Stecker (bzw. SCSI-Stecker) und
ein freier Stecker des Stromkabels werden in
die Buchsen an der Festplatte eingesteckt.*

Eine Festplatte formatieren

Da neue Festplatten in der Regel unformatiert
oder aber für DOS formatiert sind, muss die
Festplatte initialisiert werden.

Festplatte initialisieren

1. »Festplatten-Dienstprogramm« starten

*Starten Sie das Programm »Festplatten-
Dienstprogramm« (im Ordner »Dienstprogramme« (⌘cU)) und wählen Sie im Programmfenster Ihre neue Festplatte aus der
Liste auf der linken Seite aus.*

*Das Programm sucht alle Busse nach Lauf-
werken ab, die es initialisieren kann. Unter
jeder Festplatte werden die darauf befindlichen Volumes aufgelistet. Am unteren Ende
des Fensters werden Informationen zu Typ und
Bus der Festplatte angezeigt.*

2. Format bestimmen

*Wechseln Sie auf die Seite »Löschen«. Wählen
Sie im Aufklappmenü »Volume-Format« die
Option »Mac OS Extended (Journaled)«.*

*»Mac OS Extended (Journaled)« ist das Stan-
dard-Format für Mac OS X 10.3. Sollte die
Festplatte für einen anderen Zweck gebraucht
werden, können Sie natürlich ein anderes Format auswählen.*

3. Löschen

*Klicken Sie auf die Schaltfläche »Löschen« und
bestätigen Sie im Warnfenster das Löschen
aller Daten.*

Auf der Mac-OS-X-CD befindet sich eine Kopie
des »Festplatten-Dienstprogramms«. Es wird
aus dem Menü »Installer« des Installers aufgerufen. Mit diesem können Sie auch eine neue
Festplatte initialisieren oder partitionieren, auf
der Sie ein neues Mac OS X installieren wollen.

CD-RW löschen

Mit der Funktion »Löschen« des Festplatten-Dienstprogramms können auch beschriebene CD-RWs zum erneuten Beschreiben gelöscht werden.

Eine CD-RW wird im Festplatten-Dienstprogramm genau wie eine Festplatte gelöscht. Einziger Unterschied, es kann kein Format ausgewählt werden. Dieses wird erst beim erneuten Brennen bestimmt.

Festplatte partitionieren

Auf der Seite »Partitionieren« im »Festplatten-Dienstprogramm« kann das Laufwerk mit einem Aufklappmenü in mehrere Partitionen aufgeteilt werden. Diese werden dann als einzelne Volumes auf dem Schreibtisch erscheinen. Mit einen Klick auf die Schaltfläche »Partitionieren« wird nach einer Abfrage die gesamte Festplatte gelöscht und in die gewünschte Anzahl von Volumes geteilt. Wenn Sie lediglich den Inhalt eines Volumes auf einer Festplatte löschen wollen, verwenden Sie »Löschen«.

- **Anzahl der Volumes:** Mittels eines Aufklappmenüs kann jetzt die Anzahl der Partitionen ausgewählt werden. Das Laufwerk kann in bis zu acht Partitionen aufgeteilt werden.

    Mit der Schaltfläche »Teilen« können Sie eine Partition in zwei Teile teilen, mit der Schaltfläche »Löschen« geht die ausgewählte Partition wieder zurück in die vorherige.
- **Größe der Volumes:** Durch Verschieben der Trennlinien zwischen den Volumes oder durch Eingabe einer Zahl in das Eingabefeld können Sie die Größe der Partitionen verändern.
- **Format der Volumes:** Für jeden Teilbereich kann das Format einzeln bestimmt werden.

38ff ◀

Technik,
Dateisystem

Warum partitionieren?

Am Mac sollten Sie es sich zweimal überlegen, ob Sie die Festplatte überhaupt partitionieren sollten. Einmal eingerichtete Partitionen lassen sich nicht wieder ändern, ohne die komplette Festplatte zu löschen. Anders als am x86-PC, wo der Anwender durch Unzulänglichkeiten des Systems häufig zum Partitionieren gezwungen wird, gibt es am Mac unter Mac OS X eigentlich keinen triftigen Grund, eine Festplatte zu partitionieren. Daher gilt am Mac normalerweise die Regel: **Eine Festplatte = eine Partition**.

DOS-formatierte Volumes und andere Formate

Die verschiedenen DOS-Formate sind inkompatibel zur »Apple partition table«. Daher ist es nicht möglich ein DOS-formatiertes Volume zusammen mit HFS- oder UFS-formatieren (oder auch für PowerPC-Linux-formatierten) Volumes auf einer Festplatte anzulegen.

RAID

Auf der Seite RAID können mehrere Festplatten zu einem gemeinsamen Volume
zusammengefasst werden. Dafür ziehen Sie
die gewünschten Festplatten aus der Liste
in das Feld »Festplatte«. Zur Auswahl stehen
hierfür IDE, FireWire und SCSI-Festplatten. Im
Aufklappmenü »Raid-Schema« können Sie die
Art des RAIDs bestimmen. Mit der Schaltfläche
»Erstellen« werden diese Festplatten vollständig gelöscht und es wird ein neues Volume
erzeugt.

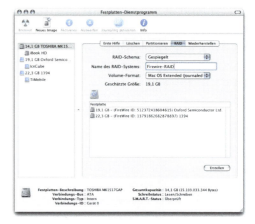

- **Verteilt:** Im Striped-RAID (Level o) werden
  die Daten gleichmäßig auf alle Festplatten
  verteilt. Dadurch erhöht sich die Schreib- und
  Lesegeschwindigkeit (bei zwei Festplatten
  verdoppelt sie sich beinahe). Da der Ausfall
  einer Festplatte auch die Daten auf den anderen Festplatten zerstört, ist hier jedoch das
  Risiko deutlich höher.

- **Gespiegelt:** Beim RAID Level 1 werden die Daten auf beide Festplatten geschrieben. Alle
  Daten sind also doppelt vorhanden. Das RAID
  ist dabei immer so groß, wie die kleinste
  Festplatte im Verbund. Wenn auf einer Festplatte Probleme auftauchen, können die Daten mit der Schaltfläche »Wiederherstellen«
  von der anderen Festplatte wiederhergestellt
  werden. Fällt eine Festplatte komplett aus,
  kann sie durch eine neue ersetzt werden.

CD oder DVD brennen

Mac OS X enthält seit Version 10.1 eine CD-Brennsoftware. Mit dieser können Daten direkt im Finder auf CD-R-, CD-RW- oder DVD-R-Medien kopiert werden. In erster Linie ist die Funktion für die internen CD-Brenner und SuperDrives der neueren Macs gedacht,

es werden jedoch auch externe FireWire- und USB-CD-Brenner unterstützt. (Eine Liste der kompatiblen Laufwerke finden Sie auf Apples iTunes-Webseite.) Wiederbeschreibbare CDs (CD-RW) können vorher im »Festplatten-Dienstprogramm« gelöscht werden.

225 ◄
CD-RW
löschen

Daten-CD/DVD im Finder brennen

1. CD/DVD vorbereiten

Legen Sie den Rohling in den Brenner. In der Meldung wählen Sie »Finder öffnen« aus und geben der CD/DVD einen Namen.

2. Daten vorbereiten

Ziehen Sie die gewünschten Dateien und Ordner auf das CD- bzw. DVD-Symbol.

Die Daten werden vom Finder auf ein unsichtbares Disk-Image kopiert.

3. CD brennen

Wenn Sie die CD/DVD brennen wollen, ziehen Sie sie einfach auf den Papierkorb, dieser wird zu einem Brennen-Symbol. Alternativ können Sie auch den Befehl »CD/DVD brennen« aus dem Ablage-Menü des Finders verwenden.

Die CD/DVD wird gebrannt und überprüft.

Der Finder brennt Daten-CDs und -DVDs im Format HFS+/ISO 9660. Die Daten können auch von Windows-Rechnern gelesen werden. Die integrierte Brennsoftware hat jedoch nur einen sehr beschränkten Funktionsumfang. Für Multisession-CDs, CD-Kopien etc. müssen Sie dann eine Brennsoftware wie z.B. »Toast« von Roxio verwenden (siehe Abbildung).

»iTunes« brennt Audio- oder MP3-CDs, im »Festplatten-Dienstprogramm« können Images auf CD/DVD gebrannt werden. In den Systemeinstellungen kann im Kontrollfeld »CDs & DVDs« eine Aktion als Standard definiert werden. Dann wird die Abfrage übergangen.

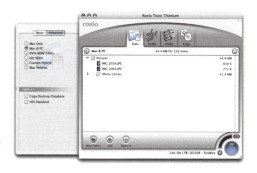

Vorsorgeuntersuchung

Systempflege für Ihren Mac

Auch wenn man den Mac nun wirklich nicht als Schreibtisch-Tamagotchi bezeichnen kann, braucht er ab und zu doch mal ein wenig Pflege. Dieses Kapitel will Ihnen zeigen, welche vorsorglichen Maßnahmen die Zuverlässigkeit Ihres Macs erhöhen.

Der Mac ist im Vergleich zu manchen anderen Computersystemen sehr pflegeleicht, aber selbst ein Rolls-Royce braucht für einen störungsfreien Betrieb Inspektionen. Durch eine regelmäßige Pflege können Sie Probleme mit dem Mac schon im Vorfeld verhindern.

- **Backup:** In jedem Fall sollten Sie eine Kopie Ihrer wichtigen Dateien als Backup auf einem anderen Volume aufbewahren, um Datenverluste zu vermeiden. Diese Sicherungskopie sollte natürlich immer auf dem neuesten Stand sein.
- **Dateisystem überprüfen:** Die Kataloge des Dateisystems werden im laufenden Betrieb regelmäßig verändert. Hier können sich Fehler einschleichen, die möglicherweise zu Problemen führen, wenn sie nicht frühzeitig behoben werden. Deshalb sollten Sie regelmäßig die Dateistruktur mit »Erste Hilfe« überprüfen.
- **Volume-Zugriffsrechte überprüfen:** Erste Hilfe bietet außerdem die Möglichkeit, die Zugriffsrechte bestimmter Systemdateien zu überprüfen und falls nötig zu korrigieren.
- **Defragmentieren:** Auch wenn das Dateisystem des Mac OS bei der Vergabe der Blöcke auf der Festplatte versucht, eine Fragmentierung (Zerstückelung) der Dateien zu verhindern, kann es nicht schaden, lange und intensiv benutzte Volumes einer Defragmentierung zu unterziehen. Dafür gibt es kein Programm im Mac OS X, es werden jedoch verschiedene kommerzielle Lösungen angeboten.

Backup, die Datensicherung

In den Dateien, die Sie auf Ihrer Festplatte gesichert haben, steckt meistens viel Arbeit. Eine Festplatte kann aber durchaus einmal defekt sein. Dann sind die Daten verloren. Deshalb sollten Sie Ihre wichtigen Dateien nicht nur auf einer Festplatte, sondern mehrfach aufbewahren. Um die Daten immer aktuell gesichert zu haben, sollten Sie regelmäßig die wichtigen Ordner auf ein anderes Volume kopieren oder gar ein komplettes Backup vornehmen.

Wiederherstellen

Im Festplatten-Dienstprogramm gibt es die Möglichkeit ein Backup auf ein Image zu erstellen. Mit der Funktion »Wiederherstellen« (eigentlich »Apple Software Restore«; in der Shell »asr«) kann außerdem auch ein komplettes Backup auf ein anderes Volume gemacht werden. Solch ein Backup kann mit der gleichen Funktion wieder auf die Ursprungsplatte zurückgebracht werden.

- *Image von einem Volume erstellen*
  Um ein Backup auf ein Image zu erstellen, öffnen Sie das Festplatten-Dienstprogramm (im Ordner »Dienstprogramme« (⌘ ⇧ U)). Klicken Sie im Fenster des Programms das gewünschte Volume im an und wählen Sie aus dem Menü »Images« den Befehl »Neu ▶ Image von xxx erstellen«.

  Von der Startfestplatte kann kein Image erstellt werden. Wenn Sie ein Image Ihrer Startfestplatte erstellen wollen, starten Sie von der Mac-OS-X-CD und verwenden das dortige Festplatten-Dienstprogramm (über das Menü »Installer«).

  Alternativ kopieren Sie auf ein vorher angelegtes leeres Image (»Neu ▶ Leeres Image« aus dem Menü »Images«).

- *Backup auf ein anderes Volume erstellen*
  Wenn Sie ein Backup eines Volumes auf ein anderes Volume erstellen wollen, wechseln Sie im Festplatten-Dienstprogramm auf die Seite »Wiederherstellen« (das ist nur möglich, wenn links ein Volume ausgewählt wurde). Ziehen Sie das Volume, von dem Sie das Backup erstellen wollen, in das Feld »Quelle« und das Volume, auf das das Backup kopiert werden soll, in den Bereich »Zielmedium«. Wenn Sie jetzt auf »Wiederherstellen« klicken, wird der Inhalt des einen Volumes auf das andere kopiert.

  Bei dem Volume kann es sich auch um ein aktiviertes Image handeln.

- *Backup zurückkopieren*

  Für das Zurückkopieren des Backups auf das ursprüngliche Volume, wechseln Sie im Festplatten-Dienstprogramm auf die Seite »Wiederherstellen« (zuerst links ein Volume auswählen). Ziehen Sie das Backup-Volume in das Feld »Quelle« und das Volume, das wiederhergestellt werden soll in den Bereich »Zielmedium« Wenn Sie jetzt auf »Wiederherstellen« klicken, wird der Inhalt des einen Volumes auf das andere kopiert.

Beim Zurückkopieren des Backups gibt es zwei Möglichkeiten:

- Das Backup kann auf das Volume kopiert werden, ohne dass dieses vorher gelöscht wird. Dann werden alle Dateien mit der Version aus dem Backup überschrieben. In der Zeit nach dem Backup angelegte, zusätzliche Objekte bleiben davon unberührt.
- Alternativ kann aber auch das Zielmedium mit der Option **»Zielmedium löschen«** gelöscht werden. Dann wird mit »Wiederherstellen« der Zustand zum Zeitpunkt des Backups wiederhergestellt.

◀ 57
Saubere
Installation
◀ 88ff
Mehrere
Benutzer

Block-Kopie

»Wiederherstellen« versucht nach Möglichkeit das Backup mit dem Modus »Blöcke kopieren« zu erstellen. Hierbei werden nicht einzelne Dateien kopiert, sondern immer komplette Zuteilungsblöcke. Eine Blockkopie ist um ein vielfaches schneller, als das Kopieren einzelner Dateien. Der Modus ist aber nur möglich, wenn beide Volumes zum Kopieren deaktiviert werden können und das Zielvolume gelöscht wird.

Alternativen

Das freie Programm »Carbon Copy Cloner« bietet mehr Einstellungsmöglichkeiten, als »Wiederherstellen«. Kommerzielle Backup-Programme bieten zusätzlich die Möglichkeit automatisierter Backups.

Einfaches Backup durch Kopieren

Als einfachere Möglichkeit, ein teilweises Backup vorzunehmen, können die Dateien im Finder auf ein anderes Volume kopiert werden. Unter Mac OS X ist es jedoch kaum möglich, mittels Kopieren im Finder ein vollständiges Backup vorzunehmen bzw. die Daten aus dem Backup wieder zurückzubringen.

Die UNIX-Dateirechte beschränken die normalen Benutzer auf ihre privaten Ordner, da sie für die anderen Ordner keine Schreibrechte besitzen. Admin-Benutzer können außerdem in die Ordner »Programme« und »Library« schreiben. Nur diese Benutzer können also gesicherte Programme wieder an den dafür vorgesehenen Ort zurückkopieren.

Der Ordner »System« und die unsichtbaren UNIX-Ordner bleiben hier von einem Backup ausgeschlossen. Um den Inhalt dieser Ordner wieder herzustellen, müssen Sie ein neues System installieren. Mit der Option »Archivieren und Installieren« und der Zusatzoption »Benutzer und Netzwerkeinstellungen beibehalten« des Installers kann das System ohne Probleme über ein vorhandenes System installiert und damit wieder hergestellt werden. Um den Zustand komplett wiederherstellen zu können, sollten Sie also die Installationspakete für Erweiterungen in Ihrem Backup aufbewahren.

Ordner: **Zugriffsrechte für Benutzer**

Ordner		normaler Benutzer	Admin	root
	Privat (eigener Ordner)	x	x	x
	Shared	x	x	x
	Applications		x	x
	Library		x	x
	System			x
	BSD-Ordner (unsichtbar)			x

Erste Hilfe

In den Katalogdateien des Dateisystems werden die Informationen zu Objekten und deren Position auf der Festplatte gespeichert. Auch die Katalogdateien der Festplatten unterliegen einer ständigen Veränderung. Daher können sich hier Fehler einschleichen. Mit »Erste Hilfe« im »Festplatten-Dienstprogramm« können diese Fehler behoben werden.

»Erste Hilfe« kann das Startvolume nicht reparieren. Nach einem Systemabsturz wird jedoch beim Neustart – während der Apfel auf grauem Grund gezeigt wird – automatisch »fsck« ausgeführt (es sei denn, das Journal ist aktiviert). Die anderen angeschlossenen Volumes werden später überprüft, wenn im Willkommen-Fenster die Meldung »Warte auf Lokale Volumes"« angezeigt wird.

Wenn Sie die interne Festplatte überprüfen wollen, müssen Sie von einem anderen Volume aus starten. Hier bietet sich die Mac-OS-X-CD an.

»Erste Hilfe« zeigt den Status der Reparatur.

Dateisystem überprüfen und reparieren

1. Volume auswählen

Starten Sie das Programm »Festplatten-Dienstprogramm« (im Ordner »Dienstprogramme« (⌘⇧U)) und wählen Sie das zu überprüfende Volume aus der Liste aus und wechseln Sie dort auf die Seite »Erste Hilfe«.

38ff ◄
Technik,
Dateisystem

2. Überprüfen

Klicken Sie die Schaltfläche »Überprüfen«.

Das Volume wird überprüft, eventuelle Fehler werden im Statusfenster angezeigt. Wenn es sich bei dem Volume um das Startvolume handelt, ist die Schaltfläche »Überprüfen« nicht auswählbar. Hier folgen Sie zuerst der Anleitung auf Seite 232.

241 ▶
fsck
50f ◄
Technik,
Systemstart
232 ▶
Journal

3. Eventuell reparieren

Wenn ein Fehler angezeigt wird, wählen Sie die Schaltfläche »Reparieren«, um den Fehler zu beheben.

Weitere Tools

Sollte »Erste Hilfe« die Fehler nicht beheben können, können Sie auch eines der Festplatten-Reparatur-Tools von anderen Herstellern ausprobieren. Beispiele hierfür sind »Drive 10« von Micromat, »Norton Disk Doktor« von Symantec oder »Disk Warrior X« von Alsoft. Diese werden mit einer startfähigen CD ausgeliefert.

Dateisystem des Startvolumes reparieren

1. Mac von der Mac-OS-X-CD starten

Um von der CD zu starten, ohne das Kontrollfeld »Startvolume« umzustellen, drücken Sie beim Systemstart die Taste »C«, bis der graue Apfel erscheint.

2. Erste Hilfe starten

Wenn der Installer vollständig geladen ist, wählen Sie im Menü »Installer« den Menüpunkt »Festplatten-Dienstprogramm«.
Damit das Programm seine Menüs deutschsprachig zeigt, sollten Sie vorher im Installer die Option »Deutsch als Standardsprache verwenden« auswählen.

3. Erste Hilfe ausführen

◀ 231
Erste Hilfe

Führen Sie »Erste Hilfe« aus, wie in der Anleitung weiter vorne in diesem Kapitel beschrieben.

4. Neustart

Beenden Sie das Festplatten-Dienstprogramm und dann den Installer. In der Meldung, die jetzt erscheint, klicken Sie auf »Neustart«.
Der Mac wird wieder vom Mac-OS-X-Startvolume gestartet.

FSCK

▶ 241
fsck

Sollten Sie keine Mac OS X-CD zu Hand haben, können Sie auch das im Mac OS X enthaltenen UNIX-Tool »fsck« im Single User Modus verwenden. Die Bedienung wird auf Seite 241 beschrieben.

Journaling Dateisystem

Seit Mac OS X 10.2.2 lässt sich bei HFS+-formatierten Volumes zusätzlich das »Journaling« aktivieren. Ein Journaling-Dateisystem schreibt, bevor es die eigentliche Dateisystemoperation – neue Dateien anlegen, verschieben etc. – vornimmt, die gewünschte Operation in eine Datei, das sogenannte Journal. Kommt es bei der Dateioperation zu einem Stromausfall oder einem Systemabsturz, kann das System anhand des Journals feststellen, an welcher Stelle des Dateisystems zum Zeitpunkt des Absturzes eine Operation durchgeführt wurde. Es braucht also nicht das gesamte Dateisystem nach Inkonsistenzen überprüft werden. Ein Durchlauf von »fsck« oder »Erste Hilfe« wird überflüssig. Der Systemstart geht – besonders bei großen Festplatten – sehr viel schneller vonstatten. Dadurch, dass jede Dateioperation dokumentiert wird, werden die Festplattenzugriffe jedoch ein klein wenig verlangsamt, der Unterschied ist im normalen Gebrauch aber kaum feststellbar.

Journaling garantiert jedoch keinen Schutz vor Fehlern, die sich im laufenden Betrieb im Dateisystem einschleichen. Volumes mit aktiviertem Journal können (und sollten auch) ganz normal mit »Erste Hilfe« überprüft werden.

Das Journaling kann im Festplatten-Dienstprogramm von Mac OS X 10.3 mit dem Befehl »Journaling aktivieren« bzw. »Journaling deaktivieren« (⌘J) aus dem Ablage-Menü aktiviert und deaktiviert werden.

Volumes mit aktiviertem Journal können ohne Probleme auch an Systemen vor Mac OS X 10.2.2 verwendet werden, die diese Funktion noch nicht beherrschen. (Beispielsweise, wenn das Volume sich auf einer FireWire-Festplatte befindet.) Hier wird das Journal einfach nicht geschrieben.

Volume Zugriffsrechte überprüfen oder reparieren

In einem UNIX-System, wie Mac OS X, brauchen bestimmte System- und Programmdateien definierte Zugriffsrechte, um problemlos zu funktionieren. Daher bietet »Erste Hilfe« die Funktion »Volume-Zuriffsrechte überprüfen« bzw. »Volume-Zuriffsrechte reparieren«. Diese überprüft bzw. repariert die Zugriffsrechte der Systemdateien und der in Mac OS X enthaltenen Programme auf dem Startvolume. Die Zugriffsrechte innerhalb ihres privaten Ordners bleiben dabei selbstverständlich unangetastet. Für Programme, die nicht zusammen mit Mac OS X installiert werden, können die Zugriffsrechte nicht repariert werden, da »Erste Hilfe« die korrekten Zugriffsrechte nicht kennt. Wenn spezielle Probleme bekannt sind, liefert der Hersteller jedoch häufig ein eigenes Programm.

Weitere Tools

Für Mac OS X gibt es einige Shareware-Tools, mit denen bestimmte Routinen zum Säubern des Systems ausgeführt werden können. Tools, wie »Cocktail« oder »System Optimizer X« erneuern das sogenannte »Prebinding« zwischen Programmen und Librarys (update_prebinding), führen die normalerweise Nachts um 3:15 von »cron« gestartete Archivierung der System-Log-Dateien aus etc.

Diese Operationen sind jedoch zum Betrieb von Mac OS X nicht notwendig und haben eigentlich auch keinen Einfluss auf die Systemstabilität und -geschwindigkeit.

Festplatte defragmentieren

Wenn auf einer Festplatte viele Dateien hin und her kopiert werden, kann es im Laufe der Zeit zu Fragmentierungen kommen. Eine Datei wird dann stückweise an verschiedenen Orten auf der Festplatte gespeichert. Das Mac-OS-X-Dateisystem HFS+ ist jedoch so organisiert, dass es sehr wenig fragmentiert. Außerdem verfügt Mac OS X 10.3 über eine Systemfunktion, die Dateien im laufenden Betrieb automatisch defragmentiert. Eine Defragmentierung ist, wenn überhaupt, erst nach langem, intensivem Gebrauch nötig. In Mac OS X gibt es kein Hilfsprogramm, mit dem Dateien auf einer Festplatte defragmentiert werden. Dafür müssen Sie auf Programme von anderen Herstellern wie »Drive 10« von Micromat oder »Norton SpeedDisk« von Symantec ausweichen. Diese werden auf einer startfähigen CD ausgeliefert.

229 ◄
Wiederher-
stellen

Da eine Defragmentierung ohnehin nicht ohne vorheriges Backup vorgenommen werden sollte, kann auch der Festplatteninhalt mit »Wiederherstellen« auf eine andere Festplatte oder in ein Image kopiert, die Festplatte gelöscht und dann der Inhalt wieder zurückkopiert werden. Dabei werden die Dateien ebenfalls defragmentiert (nicht jedoch im Modus »Blöcke kopieren«).

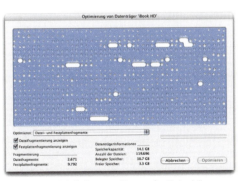

»Drive10« zeigt die Fragmentierung des Datenträgers an.

Private Sphäre

Schutzmaßnahmen gegen unbefugte Datenzugriffe

Auch der nicht-paranoide Anwender besitzt Daten auf seinem Mac, die er nicht gerne mit jedermann teilen möchte. Dieses Kapitel beschreibt mögliche Sicherheitsmaßnahmen, um unbefugten Zugriff auf Ihre Daten zu verhindern.

Damit die durch die UNIX-Dateirechte erreichte Datensicherheit nicht ausgehöhlt wird, können verschiedene Sicherheitsmaßnahmen vorgenommen werden:

- **Benutzerrechte und Passwörter** sollten mit Bedacht vergeben werden.
- Die **Anmeldung** kann so konfiguriert werden, dass die Eingabe sowohl des Namens, als auch des Passworts gefordert wird.
- Der Wechsel des Startvolumes kann mit einem **Firmware-Passwort** verhindert werden.
- Mit **FileVault** kann der gesamte private Ordner verschlüsselt werden.
- **Sicheres Löschen** verhindert die Wiederherstellung sensibler Daten.

Auch im Netzwerk können bestimmte Sicherheitsmaßnahmen unbefugten Zugriff verhindern:

- Ein **AirPort-Netzwerk** sollte mit einem Passwort versehen und die Übertragung der Daten verschlüsselt werden.
- Zugriffe aus dem Internet können mit der **Firewall** beschränkt werden.

Hardware

Abgesehen von allen softwaremäßigen Sicherheitsmaßnahmen muss natürlich auch die Hardware gegen Diebstahl geschützt werden. Hierfür besitzen Macs einen Kensigton-Lock-Anschluss. Die PowerMacs haben einen Riegel, mit dem das Öffnen der Klappe verhindert werden kann und an den mit einem Schlösschen eine Kette o.ä. angebracht werden kann.

Datensicherheit erhöhen

Mit den UNIX-Dateirechten können Dateien wirkungsvoll vor dem Zugriff anderer Benutzer geschützt werden. Damit dieser Schutz nicht unterwandert werden kann, müssen jedoch einige Dinge beachtet werden.

Benutzerrechte

In Mac OS X bekommen nur Admin-Benutzer Zugriff auf die verschiedenen System-Kontrollfelder und auf die Ordner »Library« und »Programme«. Damit andere Benutzer keinen Schaden anrichten können, sollten Sie nur wirklich vertrauenswürdigen und erfahrenen Benutzern Admin-Rechte geben.

Passwörter

Auch durch die Auswahl der Passwörter kann die Datensicherheit erhöht werden. Wählen Sie Ihr Passwort so, dass es nicht von anderen erraten werden kann. Empfehlenswert sind Passwörter, in denen Buchstaben und Zahlen kombiniert werden. Zum Überprüfen der Qualität eines Passwortes können Sie auch den Kennwort-Assistenten im Programm »Schlüsselbund« verwenden. Rufen Sie dazu die Funktion »Kennwort für Schlüsselbund „xxx"« ändern« auf und klicken Sie im Fenster auf das kleine »i«. Es wird die Eingabe im Textfeld »Neues Kennwort« überprüft.

Anmeldefenster

Im Anmeldefenster von Mac OS X werden normalerweise die auf dem Rechner eingerichteten Benutzer in einer Liste angezeigt. Diese Option lässt sich im Kontrollfeld »Benutzer« im Bereich »Anmelde-Optionen« deaktivieren, sodass nur Eingabefelder für Namen und Passwort angezeigt werden. Ein unbefugter Benutzer muss so zusätzlich zum Passwort auch noch den richtigen Namen erraten.

Automatische Anmeldung

Damit Ihre Daten nicht beim unbefugten Start für jedermann erreichbar sind, sollten Sie im Kontrollfeld »Benutzer« unter »Anmeldeoptionen« bzw. im Kontrollfeld »Sicherheit« die Automatische Anmeldung deaktivieren.

277 ▶
Referenz,
Schlüssel-
bund

88ff ◀
Mehere Be-
nutzer

284 ▶
Referenz,
Kontrollfeld
»Benutzer«

Ruhezustand

Mit der Option »Beim Beenden des Ruhezu-
stands oder Bildschirmschoners ein Kennwort
verlangen« im Kontrollfeld »Sicherheit« können Sie ihren Mac im laufenden Betrieb gegen
unerlaubte Zugriffe schützen. Besonders
interessant ist diese Option für PowerBooks
oder iBooks, die durch Zuklappen des Deckels
in den Ruhezustand versetzt werden. Damit
diese Option auch ohne Zutun des Benutzers
wirksam wird, sollte im Kontrollfeld »Energie
sparen« eine Zeit für den automatischen Ruhezustand bzw. im Kontrollfeld »Schreibtisch &
Bildschirmschoner« für die Aktivierung des
Bildschirmschoners eingestellt werden. Beim
Aufwachen erscheint dann zuerst ein Dialog, in
dem Name und Passwort eingegeben werden
müssen. Wenn der schnelle Benutzerwechsel
aktiviert ist, erscheint zusätzlich die Schaltfläche »Benutzer wechseln«. Hiermit wird das
Anmeldefenster aufgerufen.

FileVault

Mit »FileVault« bietet Mac OS X 10.3 die Möglichkeit, den kompletten privaten Ordner zu
verschlüsseln. Dadurch ist gewährleistet, dass
ein Festplatten- oder PowerBook-Dieb den
Inhalt des privaten Ordners ohne Kenntnis des
Passwortes nicht auslesen kann. Der Finder
kopiert dafür den Inhalt des privaten Ordners
auf ein Diskimage, das bei Abmeldung des Benutzers verschlüsselt wird.

File Vault aktivieren

1. *Master-Passwort*
   *Öffnen Sie das Kontrollfeld »Sicherheit«. Hier
   müssen Sie zuerst ein Master-Passwort vergeben.*
   *Mit dem Master-Passwort können alle File-
   Vault-Images auf diesem Computer entschlüsselt werden.*

3. *FileVault aktivieren*
   *Klicken Sie jetzt auf »FileVault einschalten«
   und geben Sie Ihr Passwort ein.*
   *Sie werden jetzt abgemeldet und der private
   Ordner wird in das Image kopiert.*

4. *Erneut anmelden*
   *Wenn die Verschlüsselung erfolgt ist, erscheint
   das Anmeldefenster, in dem Sie sich erneut
   anmelden müssen. Beim Anmelden wird das
   Image entschlüsselt.*

FileVault ausschalten

Im Kontrollfeld »Sicherheit« können Sie File-
Vault wieder ausschalten. Der Inhalt des
verschlüsselten Images wird dann nach auto-
matischem Abmelden in den Benutzerordner
kopiert.

Sicheres Löschen

Beim Löschen von Objekten – ob mit dem Papierkorb im Finder oder mit »rm« im Terminal – werden lediglich die Einträge im Dateisystem entfernt. Die eigentlichen Daten bleiben unverändert auf der Festplatte erhalten und können mit speziellen Programmen – sogar unabhängig von den Dateirechten – wieder ausgelesen werden. Daher bietet der Finder von Mac OS X 10.3 die Möglichkeit des sicheren Löschens. Mit dem Befehl »Papierkorb sicher entleeren« aus dem Menü »Finder« werden alle Daten mehrfach überschrieben, bevor der Eintrag der Datei im Dateisystem gelöscht wird. Ein Auslesen der Daten von der Festplatte ist dann nicht mehr möglich.

Da die Daten mehrfach überschrieben werden, dauert das Löschen einer Datei auch ein vielfaches der Zeit, wie ein Kopieren der entsprechenden Datei dauern würde. In der Zeit finden dauernde Zugriffe auf die Festplatte statt, sodass das gesamte System etwas verlangsamt wird. Sicheres Löschen bietet sich also eher für wirklich sensible Daten an.

Das Programm »srm«, das der Finder mit dem Befehl »Papierkorb sicher entleeren« aufruft, kann auch direkt im Terminal benutzt werden. Hierbei kann mit den entsprechenden Optionen eingestellt werden, wie oft und mit welchen Daten die Dateien überschrieben werden.

Firmware-Passwort

Wenn Ihr Mac von der Mac-OS-X-CD gestartet wurde, können mit dem Programm »Kennwörter zurücksetzen« die Passwörter der Benutzer geändert werden. Ebenso schützen die UNIX-Dateirechte Ihre Dateien nicht vor Zugriff, wenn Ihr Mac von Mac OS 9 gestartet wurde.

Damit Ihr Mac nicht von der Mac-OS-X-CD oder einem anderen Volume gestartet werden kann, hat Apple in den neuesten Firmware-Versionen einen Passwortschutz eingebaut. Das Firmware-Passwort wird mit dem Programm »Open Firmware Password« gesetzt. Dieses befindet sich auf der Mac-OS-X-CD (im Ordner »Applications/Utilities«). Das hier eingegebene Passwort dürfen Sie aber auf keinen Fall vergessen.

Das Programm »Open Firmware Password« besteht nur aus einem Fenster, in dem Sie die Option »Require password to change Open Firmware settings« aktivieren und dann das Firmware-Passwort zweimal eingeben. Sobald Sie hier auf »OK« geklickt haben, kann der Computer nicht mehr mit gedrückter Taste »C« von CD gestartet werden. Auch der Start im Single-User-Modus (⌘S) oder FireWire-Target-Disk-Modus (T) ist nicht mehr möglich.

216ff◄
Shell

Wenn Sie das Startvolume beim Starten wechseln wollen, können Sie jedoch weiterhin mit gedrückter ⌥-Taste starten. Die Auswahl der Volumes ist aber erst nach Eingabe des Firmware-Passworts möglich.

Achtung: Das Startvolume kann trotzdem von einem Admin-Benutzer in den Systemeinstellungen im Startvolume-Kontrollfeld gewechselt werden.

Sicherheit im Netzwerk

AirPort-Netzwerk

Wenn Sie ein Funknetzwerk mit AirPort verwenden, sollten Sie sich darüber im Klaren sein, dass auch andere, in der Nähe befindliche Rechner auf dieses Netzwerk zugreifen können. Besonders, wenn Sie eine AirPort-Basisstation betreiben bzw. Internet-Sharing oder Windows-Sharing aktiviert haben, steigt die Wahrscheinlichkeit, dass ein anderer Rechner in der Nähe ist, der auf das Netzwerk zugreifen kann. Vergeben Sie deshalb immer ein Passwort, wenn Sie ein AirPort-Netzwerk anlegen.

◀134
Internet-Sharing

◀158
Windows-
File-Sharing

Die Datenübertragung in Funknetzen wird zwar verschlüsselt, der dafür verwendete 40-bit-Schlüssel kann jedoch leicht geknackt werden. Die Auswahl der 128-bit-Verschlüsselung bietet hier eine höhere – wenn auch immer noch nicht optimale – Sicherheit.

Die Verschlüsselung lässt sich für Internet-Sharing im Kontrollfeld »Sharing« auf der Seite »Internet« mit der Schaltfläche »AirPort Optionen« aktivieren. Für Computer-zu-Computer-Netzwerke kann über den Befehl »Netzwerk anlegen« im Programm »Internet-Verbindung« oder im AirPort-Menü-Extra mit der Schaltfläche »Optionen einblenden« für die Verschlüsselung der Daten »WEP« aktiviert werden.

▶312
Referenz,
Kontrollfeld
Sharing

◀130f
AirPort-
Netzwerk
einrichten

▶302
Referenz,
Kontrollfeld
»Netzwerk«

Besser ist es die neuen Standards WPA oder 802.1x zu verwenden, die deutlich höhere Sicherheit als WEP bieten. WPA und 802.1x müssen jedoch von einem Access-Point angeboten werden, sie können in Mac OS X 10.3 nicht für Computer-zu-Computer-Netzwerke verwendet werden. Die Anmeldung an ein 802.1x-Netzwerk erfolgt im Programm »Internet-Verbindung« auf einer eigenen Seite. WPA wird für AirPort Extreme als Alternative zu WEP angeboten.

▶265
Referenz,
»Internet-
Verbindung«

Firewall

Um die Verbindung zum Internet etwas sicherer zu machen, ist in Mac OS X eine Firewall integriert. Die verschiedenen Protokolle verwenden für die Übertragung von Daten aus dem Netz zum Rechner und vom Rechner in das Netz jeweils unterschiedliche Ports. Beispielsweise verwendet das HTTP-Protokoll zum Empfangen den Port 80 und zum Senden den Port 81, SMTP verwendet Port 25, POP Port 110. Mit einer Firewall werden nur bestimmte Ports geöffnet. Damit werden Angriffe von außen oder Sendeversuche von eventuellen Trojanern etc. über deren eigene Ports verhindert.

Die Firewall wird in Mac OS X 10.3 im Kontrollfeld »Sharing« gestartet und konfiguriert. Sobald die Firewall mit einem Klick auf die Schaltfläche »Start« gestartet wurde, werden alle Ports geschlossen, mit Ausnahme derjenigen, die in der Liste mit einem Häkchen versehen sind.

Um einen bestimmten Port in die Liste einzufügen, klicken Sie auf »Neu« und wählen einen Dienst aus dem Menü aus. Wenn Sie »Andere« auswählen, können Sie beliebige Portnummern eingeben.

Die so konfigurierten Dienste können im Kontrollfeld durch einfaches Ankreuzen in der Liste aktiviert bzw. deaktiviert werden. Die vorgegebenen Dienste, die in der Liste grau angezeigt werden, werden automatisch aktiviert, wenn auf der Seite »Dienste« der entsprechende Dienst gestartet wird.

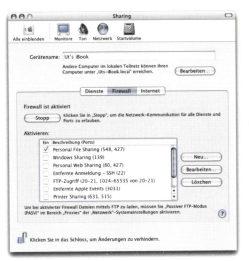

136ff ◄
Internet
148ff ◄
FileSharing

312 ►
Refernz,
Kontrollfeld
»Sharing«

Notaufnahme

Erste Hilfe bei Problemen

*Wenn es am Mac zu Problemen kommt, können
Sie diese meist ohne fremde Hilfe bewältigen.
Dieses Kapitel zeigt einige ernsthaftere Probleme
und ihre Lösungen auf.*

Trotz der allgemein sehr geringen Störanfälligkeit kann es am Mac doch zu Problemen kommen. Viele Probleme lassen sich schon im Vorfeld durch eine regelmäßige Pflege verhindern. Bitte lesen Sie hierzu das Kapitel »Vorsorgeuntersuchung«.

◄ 228ff
Systempflege
für Ihren Mac

Wenn es dann doch zu Problemen wie beispielsweise häufigen Abstürzen kommt, sind meist defekte Dateien schuld. Die meisten Probleme lassen sich jedoch relativ einfach lösen.

Als Ausgangspunkt für eine Fehlebeseitigung hat Apple im Internet unter <**http://www.info.apple.com/dede/macosx/tshoot.html**> eine Seite mit systematisch geordneten Links zu Knowledgebase-Artikeln zusammengestellt. Die Knowledgebase unter <**http://kbase.info.apple.com**> stellt außerdem eine Suchfunktion bereit. Viele Artikel sind aber nur in englisch verfügbar. Sie können jedoch versuchen, ob eine deutschsprachige Version vorhanden ist, indem Sie an die Artikelnummer in der Adresse »-d« anhängen (...artnum=xxxxx-d).

◄ 139f
Internet-
Browser

In diesem Kapitel werden ein paar Probleme und ihre Lösungen aufgegriffen:

- Mit »Erste Hilfe« oder »fsck« können Fehler im **Dateisystem**, die den vollständigen Start von Mac OS X verhindern, beseitigt werden.
- Eventuell ist auch eine Voreinstellung im **P-RAM** oder **NV-RAM** defekt. Diese können einfach zurückgesetzt werden.
- Abstürzende Programme werden häufig nach dem Entfernen der **Voreinstellungsdatei** wieder brauchbar.
- Gegen die wenigen Mac-**Viren** können Sie sich mit einem Virenscanner schützen. Dieser kann den Virenbefall im Vorfeld verhindern, Viren aufspüren und eventuell sogar Schäden beseitigen, die durch ein Virus verursacht wurden.

Bei größeren Problemen wie einer Festplatte, die nicht mehr lesbar ist, müssen Sie professionelle Tools verwenden.

Hier gibt es Software von verschiedenen Herstellern z.B. »TechTool Pro« oder »Drive 10« von Micromat, »Norton Utilities« von Symantec, »Hard Disk Toolkit« von FWB oder »Disk Warrior X« von Alsoft. Die Tools enthalten in der Regel auch eine startfähige CD-ROM, sodass auch an einem defekten Startvolume meistens noch Reparaturen vorgenommen werden können.

Probleme mit dem Mac OS X

Kernelpanic

Normalerweise wird Mac OS X von abstürzenden Programmen oder defekten Treibern nicht in seiner Gesamtheit beeinträchtigt. Die Microkernel-Struktur und der Speicherschutz verhindert ein Übergreifen von Fehlern in einzelnen Elementen auf andere. Unter ganz besonderen Umständen kann es jedoch zu einer »Kernelpanic« kommen. Das System gibt noch eine letzte Meldung aus und bleibt endgültig stehen. Dabei schreibt Mac OS X eine Reihe von Informationen in das NV-RAM der Firmware. Dieser Text wird dann beim Neustart in eine Datei »panic.log« im Ordner »Library/Logs« geschrieben. Für den normalen Anwender handelt es sich dabei nur um kryptische Zahlenreihen. Ein Programmierer kann jedoch anhand des Textes erkennen, welcher Art der Fehler ist.

Wenn Sie jetzt Ihren Mac neu starten – über die Tastenkombination ⌘ ctrl und Einschalttaste, durch 5 Sekunden langes Drücken der Einschalttaste oder mit dem Reset-Schalter des Rechners – wird der Fehler wahrscheinlich nicht noch einmal auftreten. Falls doch, merken Sie sich, unter welchen Umständen der Fehler auftrat und wenden Sie sich an die Apple-Support-Hotline.

Wenn Sie Zeit haben, können Sie die Ausgabe der Kernelpanic unter <www.apple.com/support> in das Diskussionsforum (Discussions) stellen. Apple benutzt die Information dann, um diesen Fehler in einer der nächsten Versionen von Mac OS X zu beseitigen.

Unter <http://docs.info.apple.com/article.-html?artnum=106228> wird detailliert (auf englisch) beschrieben, welche Informationen Sie dabei mitgeben sollten.

Unvollständiger Start

231f ◄
Erste Hilfe

Wenn Mac OS X beim Starten stehen bleibt, ist wahrscheinlich ein defektes Dateisystem schuld. Dann können Sie versuchen, ob das Problem mit dem Programm »Erste Hilfe« beseitigt werden kann.

Wenn Sie jedoch keine Mac-OS-X-CD zur Hand haben, können Sie auch das UNIX-Dateisystem-Reparaturprogramm »fsck« starten.

Wenn der Mac beim Start nicht vom Startfenster in das Anmeldefenster wechselt bzw. vom Anmeldefenster nicht in den Finder, müssen Sie den Mac zuerst im sogenannten »Single User Mode« starten. Über die Tastenkombination ⌘ ctrl und Einschalttaste, durch 5 Sekunden langes Drücken der Einschalttaste oder mit dem Reset-Schalter des Rechners starten Sie den Mac neu und halten dabei die Tasten ⌘S gedrückt. Statt eines Startfensters erscheinen Textzeilen.

Wird beim Start eine Kommandozeile angezeigt (»file system dirty, run fsck«), brauchen Sie nicht erst neu zu starten.

Am #-Prompt geben Sie den Befehl »fsck -y« ein. Der Mac verwendet in diesem Stadium noch die US-Tastaturbelegung. Geben Sie deshalb auf der Tastatur »fsck Leerzeichen ßz« ein. Mit dem Parameter »-y« werden alle Fragen automatisch mit »yes« beantwortet. Wenn die Meldung »***** FILE SYSTEM WAS MODIFIED *****« erscheint, wiederholen Sie die Eingabe des Befehls (mit der ↑-Taste). Erst wenn die Meldung »** The Volume *xxx* appears to be OK« erscheint, können Sie den Mac durch Eingabe des Befehls »reboot« neu starten.

Falls das Problem damit nicht behoben ist, finden Sie unter <**http://docs.info.apple.com/article.html?artnum=106464-d**> weitere Maßnahmen.

Sicherer Systemstart

Einige Probleme, die beim Starten auftreten lassen sich auch ohne den Umweg über den Single-User-Modus lösen. Wenn Sie beim Starten die ⇧-Taste gedrückt gehalten wird, wird ein sogenannter »sicherer Start« ausgeführt. Es werden nur die nötigsten Erweiterungen von Apple und keine von anderen Herstellern geladen. Eine eventuell problematische Erweiterung kann dann in einem beinahe vollwertigen System entfernt werden.

P-RAM und NV-RAM

◀ 22
Technik,
NV-RAM

◀ 50
Technik,
Systemstart,
NV-RAM

Eventuell sind aber auch einige der Einstellungen defekt, die im Parameter-RAM (P-RAM) oder im Non-volatile-RAM (NV-RAM) in einem speziellen Speicherbaustein auf dem Mainboard gespeichert werden. Dann löschen Sie das P-RAM und das NV-RAM, indem Sie beim Einschalten die Tasten ⌘⌥PR gedrückt halten. Der Startgong ertönt dann erneut. Ist der Startgong zum dritten Mal erklungen, lassen Sie die Tasten los, und der Mac startet normal weiter. Eventuell startet der Mac jedoch nicht vom ausgewählten System. Dann müssen Sie im Kontrollfeld »Startvolume« wieder das richtige System auswählen.

NV-RAM in der Firmware löschen

◀ 37
Technik, Vor-
einstellungen

◀ 22
Firmware-
Shell

▶ 248
Referenz,
Sofort be-
enden

Da das P-RAM unter Mac OS X kaum gebraucht wird und das NV-RAM bei der oben beschriebenen Vorgehensweise nicht vollständig zurückgesetzt wird, können Sie auch versuchen, das NV-RAM in der Firmware zu löschen. Hierfür starten Sie mit Starten mit gedrückten Tasten ⌘⌥OF. Auf dem Bildschirm erscheint die Shell der OpenFirmware. Dort geben sie folgende Befehle, jeweils gefolgt von der Eingabetaste ein: »reset-nvram«, »set-defaults« und »reset-all«. Die Eingabe wird jeweils mit »OK« beantwortet, nach dem letzen Befehl startet der Mac automatisch neu.

Pufferbatterie defekt

Wenn Ihr Mac nach jedem Start das Datum 01.01.1904, 27.08.1956 oder 01.01.1970 zeigt und die Einstellungen für AppleTalk und die Bildschirmauflösung immer wieder zurückgesetzt werden, dann ist die Pufferbatterie des Uhrchips und des Parameter-RAMs defekt. Sie sitzt auf der Hauptplatine und kann bei den meisten Macs leicht ausgewechselt werden. Eine Anleitung erhalten Sie unter <http://www.info.apple.com/dede/cip>. Der 27.08.1956 ist übrigens das Geburtsdatum des Entwicklers, der bei Apple den Microcontroler »Cuda« entworfen hat, der auch die Uhr steuert.

PowerManager

Die PowerBooks und iBooks haben einen speziellen Baustein auf dem Mainboard, der unter anderem die Batterie überwacht. Der Power-Manager (oder PMU) kann zurückgesetzt werden, wenn er sich irgendwie verschluckt hat. Detaillierte Anleitungen zu jedem Modell erhalten Sie unter <**http://docs.info.apple.com/article.html?artnum=14449-d**>.

Abstürzende Programme

Wenn ein Programm häufig abstürzt, ist meist ein Fehler in der Programmdatei oder in den Voreinstellungen schuld.

Dann sollten Sie erst einmal versuchen, die Voreinstellungsdatei des Programms im Ordner »*Privat*/Library/Preferences« zu suchen und zu löschen. Die Datei trägt in der Regel den Namen des Programmpakets (z.B. »com.apple.textedit.plist« für »TextEdit«). Wenn das nicht hilft, ersetzen Sie die Programmdatei durch eine andere Kopie.

Wenn ein Programm einfach nicht mehr reagiert, können Sie es mit dem Befehl »Sofort beenden« aus dem Apple-Menü oder mit der Tastenkombination ⌘⌥esc-Taste zwangsweise beenden.

Fehlernummern

Manchmal werden in Fehlermeldungen keine erklärenden Texte ausgegeben, sondern lediglich Fehlerkodes. Auf diesen Knowledgebase-Seiten werden die Fehlerkode-Nummern mit kurzen Erklärungen aufgelistet. Unter Umständen hilft diese Information den Fehler einzugrenzen.

Fehler 1 bis 32767 <http://docs.info.apple.com/article.html?artnum=9806>
Fehler -1 bis -261 <http://docs.info.apple.com/article.html?artnum=9805>
Fehler -299 bis -5553 <http://docs.info.apple.com/article.html?artnum=9804>

Viren

Da es nicht einmal 50 bekannte Viren für das klassische Mac OS gibt und auch Viren für BSD-UNIX so gut wie unbekannt sind, sollte man ja eigentlich denken, dass Viren am Mac kein großes Thema sind. (Informationen zu Mac-Viren finden Sie im Internet in verschiedenen, regelmäßig aktualisierten Viren-Informations-Datenbanken.)

Trotzdem kann es nicht schaden, einen Virenscanner auf dem Mac zu haben. Am besten sind kommerzielle Lösungen, die einem regelmäßigen Update unterzogen werden. Diese überprüfen auch Wechselplattenlaufwerke beim Einlegen und Downloads bei der Übertragung nach Viren. Gängig sind »Virex« von Network Associate, »Norton Antivirus« von Symantec oder »VirusScan« von MacAffee.

Makroviren

Ein ernsteres Problem stellen die Makroviren in Dokumenten der in der PC-Welt verbreiteten Programme Microsoft Word und Excel dar. Von diesen Makroviren gibt es Tausende, und jeden Tag kommen neue hinzu. Wenn Sie diese Programme nicht besitzen, brauchen Sie sich keine Sorgen zu machen. Sollten Sie aber mit Word oder Excel arbeiten und Dokumente dieser Programme von PCs oder aus dem Internet bekommen, sollten Sie einen kommerziellen

Virenscanner benutzen und diesen regelmäßig einem Update unterziehen.

Auch die in letzter Zeit häufig aufgetauchten E-Mail-Würmer sind auf der Microsoft-Makrosprache »VBS« aufgebaut. Die Zerstörungsroutinen dieser Viren können Mac OS X wahrscheinlich nichts anhaben – aufgrund der UNIX-Dateirechte und weil sich diese Schadroutinen auf spezielle Windows-Systemdateien beziehen. Die Weiterleitungsfunktion, mit der der Wurm an weitere Empfänger verschickt wird, funktioniert jedoch unter Umständen mit Entourage auch unter Mac OS X.

Damit Sie diese Viren schon am Namen erkennen, sollten Sie Option »Suffix immer zeigen« in den Finder-Voreinstellungen aktivieren. Der Makrovirus »I Love You.txt.vbs« würde sonst im Finder harmlos als »I Love You.txt« angezeigt.

Dialer

Auch Dialer sind nur unter Windows ein Problem. Sie bedienen sich spezieller Windows-System-Routinen, um eine Modem-Verbindung einzurichten und aufzubauen. Für Mac OS X sind diese Windows-Dialer lediglich Textdateien, die Sie einfach von Schreibtisch in den Papierkorb legen können. .

Referenz

Infrastruktur

Menübefehle und Einstellungen im Finder

Der Finder erleichtert es dem Mac-OS-Anwender, durch tiefe Ordnerhierarchien zu navigieren. Er stellt alle Objekte und deren Beziehung zu anderen Objekten auf den Volumes anschaulich dar.

Der Finder ist eigentlich auch nur ein normales Mac-OS-X-Programm, er befindet sich im Ordner »System/Library/Core Services«. Der Finder ist essenziell für das Mac OS. Er lässt sich nicht durch einen Menübefehl beenden. Sollte er aber einmal abstürzen (dies kann durchaus mal passieren, wie bei allen anderen Programmen), startet er automatisch wieder.

- Im **Apple-Menü** stehen einige Befehle so zur Auswahl, dass sie von jedem Programm aus geöffnet werden können.
- Mit den **Menübefehlen** des Finders können verschiedenste Manipulationen an den Objekten (an Ordnern und Volumes, aber auch an Programmen und Dokumenten) vorgenommen werden.
- Im **Informationsfenster** werden detaillierte Informationen zu einem Objekt gezeigt.
- In den **Voreinstellungen** werden die Optionen für das Verhalten des Finders eingestellt. Außerdem wird hier das Erscheinungsbild des Schreibtischs bestimmt.
- In den **Darstellungsoptionen** kann das Aussehen aller Fenster oder eines einzelnen Fensters modifiziert werden.

Das Apple-Menü

Das Apple-Menü steht, unabhängig von der individuellen Menüstruktur des Programms, in jedem Anwendungsprogramm als erstes Menü zur Verfügung. Es ist eigentlich zum größten Teil die Benutzeroberfläche des Programmes »Loginwindow«.

Über diesen Mac
Im Finder wird ein Fenster geöffnet, in dem die Version des Mac OS auf dem Computer angezeigt wird. Ein Mausklick in die Versionsnummer zeigt die Buildnummer und ein weiterer Mausklick die Seriennummer des Rechners an. Außerdem ist hier zu erkennen, wieviel

Arbeitsspeicher und welcher Prozessortyp installiert ist. Die Schaltfläche »Weitere Informationen« startet den »System Profiler«.

Software aktualisieren
Startet das Programm »Software-Aktualisierung«, das dann auf Apples Software-Update-Server nach Updates sucht.

Mac OS X Software...
Im Standard-Internetbrowser wird die Seite <www.apple.com/de/macosx/get> geöffnet.

Systemeinstellungen...
Das Programm »Systemeinstellungen« wird geöffnet. Mit diesem Programm haben Sie Zugriff auf alle Kontrollfelder, mit denen sich Mac OS X konfigurieren lässt.

280ff ▶
Systemeinstellungen

51f ◀
Systemstart, Loginwindow

Dock ▶
In einem Untermenü können Einstellungen am Dock direkt vorgenommen werden.

84f ◀
Praxis, Dock

- **Vergrößerung einschalten:** Die Objekte im Dock, über die der Mauszeiger fährt, werden vergrößert angezeigt.
- **Automatisch einblenden (⌘⌥D):** Das Dock wird ausgeblendet und erscheint erst, wenn der Mauszeiger an den Bildschirmrand bewegt wird, an dem sich das Dock befindet.
- **Links, Unten bzw. Rechts positionieren:** Mit einem der drei Menüpunkte bestimmen Sie die Position des Docks.
- **Systemeinstellung „Dock":** Das Kontrollfeld »Dock« in den Systemeinstellungen wird geöffnet.

291 ▶
Kontrollfeld »Dock«

Umgebung ▶

◀122ff
Praxis,
Netzwerk
einrichten

In diesem Untermenü kann zwischen den im Kontrollfeld »Netzwerk« angelegten Netzwerkumgebungen gewechselt werden. Die angelegten Umgebungen werden in dem Untermenü aufgelistet.

▶302ff
Kontrollfeld
»Netzwerk«

Mit **»Systemeinstellung „Netzwerk"«** wird das Kontrollfeld »Netzwerk« in den Systemeinstellungen geöffnet.

Benutzte Objekte ▶

In einem Untermenü (siehe die Abbildung auf der vorherigen Seite) werden die zuletzt benutzten Programme und Dokumente aufgelistet. Mit dem Befehl »Menü löschen« wird das Menü geleert.

Sofort beenden... (⌘⌥esc)

▶272
Aktivitäts-
Anzeige

In einem schwebenden Fenster werden die laufenden Programme aufgelistet. Mit der Schaltfläche »Sofort beenden« kann ein aus der Liste ausgewähltes Programm zwangsweise beendet werden (**»Kill«**-Befehl). Offene Dokumente können dann jedoch nicht mehr gesichert werden.

◀204ff
Praxis, Classic

Classic-Programme lassen sich einzeln beenden, unter ungünstigen Umständen werden jedoch die Classic-Umgebung und alle darin laufenden Programme in Mitleidenschaft gezogen.

Mit zusätzlich gedrückter ⇧-Taste wird das aktive Programm ohne weitere Abfrage sofort beendet.

Ruhezustand

▶292
Kontrollfeld
»Energie
sparen«

Der Mac wird in einen Energiesparmodus versetzt, in dem der Bildschirm und die Festplatte ausgeschaltet werden, der Inhalt des Arbeitsspeichers jedoch vollständig erhalten bleibt. Der Mac kann dann mit einem beliebigen Tastendruck wieder geweckt werden.

◀88ff
Praxis, Mehrere Benutzer

Neustart

Mit diesem Befehl wird der Mac ausgeschaltet und gleich wieder neu gestartet. Dafür werden automatisch alle offenen Programme beendet. Falls es noch ungesicherte Änderungen in einem Dokument gibt, wird der Vorgang erst fortgesetzt, wenn die Sicherheitsabfrage bestätigt wurde.

Ausschalten

Der Mac wird ausgeschaltet, nachdem alle Dokumente gesichert und alle Programme beendet wurden.

Alternativ können Sie auch die Ein-/Ausschalttaste bzw. die Tastenkombination »⌘ctrl CD-Auswurftaste« drücken und eine der Optionen »Ruhezustand«, »Neustart« oder »Ausschalten« wählen.

xxx Abmelden... (⌘⇧Q)

Nach einer Abfrage werden alle laufenden Programme inkl. dem Finder beendet, und das Anmeldefenster wird geöffnet. Mit gedrückter ⌥-Taste wird die Abfrage übergangen.

Das Programm-Menü

Das erste Menü ist das Programm-Menü. Es trägt den Namen des aktiven Programms. Der oberste Menüpunkt ist für die »About-Box« reserviert. Mit dem Befehl »Über *Programm X*« wird das Informationsfenster des aktiven Programms aufgerufen.

Über den Finder/Über *Programm X*
Öffnet ein Fenster, in dem kurze Infos über den Finder bzw. das aktuelle Programm angezeigt werden.

Einstellungen... (⌘,)
Es öffnet sich ein Kontrollfeld, in dem die Grundeinstellungen für den Finder (bzw. für das jeweils aktive Programm) vorgenommen werden können.

Papierkorb entleeren... (⌘⇧Rückschritt)
Nach einer Sicherheitsabfrage werden alle Objekte, die sich im Papierkorb befinden, gelöscht.
Bei gedrückter ⌥-Taste werden die Objekte im Papierkorb ohne Abfrage gelöscht.

Papierkorb sicher entleeren
Die Objekte im Papierkorb werden gelöscht und die verwendeten Blöcke auf der Festplatte mehrfach überschrieben.

Dienste
In einem Untermenü werden die verfügbaren Dienste aufgelistet.

Finder ausblenden (⌘H)/
Programm X ausblenden (⌘H)
Wenn die Fenster des aktiven Programms stören, kann das Programm mit diesem Befehl ausgeblendet werden. Alle seine Fenster werden dann unsichtbar. Auch die Fenster, die im Dock abgelegt sind, verschwinden. Das Programm ist nur noch über sein Symbol im Dock zu erreichen.
Alternativ kann auch mit gedrückter ⌥-Taste von einem in ein anderes Programm gewechselt werden. Das zuletzt aktive Programm wird dann ausgeblendet.

Andere ausblenden (⌘⇧H)
Alle anderen Programme werden ausgeblendet. Nur noch die Fenster des im Vordergrund befindlichen Programms sind sichtbar.

Alle einblenden
Die Fenster aller ausgeblendeten Programme werden wieder sichtbar.

254 ▶
Einstellungen für den Finder

237 ◀
Praxis, Sicherheit, Sicheres Löschen

167 ◀
Praxis, Dienste

Das Menü »Ablage«

Information einblenden (⌘I)

▶ 257ff
Das Informationsfenster

Für die aktivierten Objekte wird ein Fenster geöffnet, in dem detaillierte Informationen zu dem Objekt gezeigt werden. Innerhalb dieses Fensters können über kleinen Dreiecke weitere Informationen eingeblendet werden.

Mit gedrückter ⌥-Taste wird ein schwebendes Fenster geöffnet, das die Informationen zum jeweils aktuell markierten Objekt enthält (Inspector).

◀174f
Praxis, Dokument einem Programm zuteilen.

Duplizieren (⌘D)

Die aktivierten Objekte bzw. Ordner mit ihrem gesamten Inhalt werden dupliziert. Die Duplikate erhalten im Namen den Zusatz »Kopie«. Alternativ können Objekte mit gedrückter ⌥-Taste bewegt werden. Werden die Objekte aus dem Ordner des Originals hinausbewegt, erhält der Name keinen Zusatz.

Alias erzeugen (⌘L)

◀72
Praxis, Alias

Von den aktivierten Objekten werden Aliase erzeugt. Diese werden mit dem Namenszusatz »Alias« versehen. Alternativ können auch Objekte mit den gedrückten **Tasten ⌘** und ⌥ bewegt werden. Werden die Objekte in einen anderen Ordner bewegt als das Original, wird an den Namen kein Zusatz angehängt.

Neues Fenster (⌘N)

Es wird ein neues Fenster geöffnet. Je nach Einstellung in den Finder-Voreinstellungen zeigt es die oberste Ebene der Gesamthierarchie oder die oberste Ebene des privaten Ordners.

Neuer Ordner (⌘⇧N)

Mit diesem Befehl wird im aktiven Fenster ein neuer Ordner mit dem Namen »Neuer Ordner« angelegt. Der Dateiname ist aktiviert. Sie können also direkt einen neuen Namen eingeben.

Öffnen (⌘O)

Alle aktivierten Objekte werden geöffnet. Ordner öffnen ein Fenster, Programme werden gestartet und Dokumente werden vom zugehörigen Programm geöffnet. Dieser Befehl entspricht dem Doppelklick auf ein Objekt.

Öffnen mit ▶

In einem Untermenü werden alle Programme aufgelistet, die das aktivierte Objekt öffnen können. Die Auswahl eines Programmes öffnet das Objekt in diesem Programm. Mit gedrückter ⌥-Taste heißt der Befehl »**Immer öffnen mit**«. Das Objekt wird zusätzlich dem ausgewählten Programm zugeteilt, sodass es später per Doppelklick mit diesem Programm geöffnet werden kann.

Schließen (⌘W)

Das aktive Fenster wird geschlossen. Alternativ kann auch das Schließfeld eines Fensters angeklickt werden.

Mit gedrückter ⌥-**Taste** schließt dieser Befehl alle geöffneten Finder-Fenster – nicht nur das aktive. (Das **W** kommt vom englischen Befehlsnamen »Close **W**indow«.)

Original zeigen (⌘R)

Wenn ein Alias aktiviert ist, wird das Fenster geöffnet, dsa den Ordner zeigt, in dem sich das Original zum Alias befindet.

Zur Seitenleiste hinzufügen (⌘T)

Das markierte Objekt wird in den unteren Teil der Seitenleiste eingefügt. Mit gedrücktzer ⇧-Taste heißt der Befehl **»Zu Favoriten hinzu-fügen« (⌘⇧T)**. Ein Alias des Objektes wird im Ordner »*privat*/Library/Favorites« angelegt.

Archiv erstellen

Vom ausgewählten Objekt wird ein ZIP-Archiv erstellt.

In den Papierkorb legen (⌘Rückschritt)

Aktivierte Objekte werden in den Papierkorb bewegt.

Auswerfen (⌘E)

Ein aktiviertes Wechselvolume wird ausge-worfen und alle seine Fenster werden vom Schreibtisch und aus dem Dock entfernt. Alter-nativ kann das Volume auch auf den Papier-korb gezogen werden.

CD/DVD brennen...

Wenn eine leere CD-R, CD-RW oder DVD-R ein-gelegt ist, werden die vorbereiteten Daten auf den Rohling gebrannt.

Suchen... (⌘F)

Mit diesem Befehl wird das Suchfenster geöff-net.

Etiketten

Im Bereich unterhalb dieses Befehlsnamens kann eines von 8 Etiketten für das ausgewählte Objekt bestimmt werden. Die Objektnamen werden dann zum besseren Erkennen in der gewählten Farbe eingefärbt.

Das Menü »Bearbeiten«

Letzten Befehl Widerrufen (⌘Z)

Mit diesem Befehl kann der letzte Befehl wider-rufen werden. Die Art des letzten Befehls wird im Menübefehl angezeigt. Mit »Wiederholen« kann das Widerrufen wiederum rückgängig gemacht werden.

Ausschneiden (⌘X)

Der markierte Text im Objektnamen wird aus dem Objektnamen ausgeschnitten und in die Zwischenablage bewegt.

Kopieren (⌘C)

Der markierte Objektname wird in die Zwi-schenablage kopiert. Wenn Objekte aktiviert wurden, werden die Objektnamen und Infor-mationen zu den Objekten in die Zwischenab-lage gelegt. Die Objekte können dann mit dem Befehl »x Objekte einsetzen« in einen anderen Ordner kopiert werden. Alternativ können die Objektnamen als Text mit Zeilenumbrüchen in einem Textprogramm eingesetzt werden. So lassen sich bequem Objektlisten erstellen.

Einsetzen (⌘V)

Der Inhalt der Zwischenablage wird an der Position des Textcursors oder anstelle des mar-kierten Textes eingesetzt. Wenn Objekte in die Zwischenablage kopiert wurden, heißt der Be-fehl »x Objekte einsetzen«. Die Objekte werden an die gewünschte Stelle kopiert.

72 ◄
Praxis, Alias

162 ◄
Praxis, ZIP-Archiv

165 ◄
Praxis, Zwi-schenablage

67 ◄
Praxis, Volumes

227 ◄
Praxis, CD brennen

108ff ◄
Praxis, Datei-en finden

118 ◄
Praxis, Etiket-ten verwen-den

Alles auswählen (⌘A)

◄165
Praxis, Zwi-
schenablage

Mit diesem Befehl werden alle Objekte im aktiven Fenster aktiviert. Wenn sich der Text-cursor in einem Objektnamen befindet, wird der ganze Name markiert.

Zwischenablage einblenden

Mit diesem Befehl wird ein Fenster geöffnet, das den Inhalt der Zwischenablage zeigt. In der Infozeile dieses Fensters ist die Art des Inhalts vermerkt. Die Texte oder Grafiken, die sich in der Zwischenablage befinden, können in jedem Programm genutzt werden.

Sonderzeichen...

Die Zeichenpalette wird geöffnet.

Das Menü »Darstellung«

◄75ff
Praxis,
Darstel-
lungen in den
Fenstern

◄81ff
Praxis,
Ein-Fenster-
Betrieb

Als Spalte (⌘1), Als Symbole (⌘2), Als Liste (⌘3)

Im ersten Teil gibt es drei Menüpunkte, mit denen Sie zwischen der Spalten-, der Symbol- oder der Listendarstellung für die Objekte im aktiven Fenster auswählen können.

Aufräumen/Auswahl aufräumen

Mit diesem Befehl werden die Objekte im Fens-ter an einem Raster ausgerichtet. Lange Datei-namen überschneiden sich dann nicht mehr. Mit gedrückter ⌥-Taste werden alle Objekte aufgeräumt.

Ausrichten nach ►

►256
Darstellungs-
optionen

In der Symboldarstellung sortieren sich die Ob-jekte im Fenster so nach Namen geordnet, dass die Breite des Fensters ausgenutzt wird und die Dateinamen sich nicht überschneiden.

Symbolleiste einblenden (⌘B)

Die Symbolleiste wird ein- bzw. ausgeblendet. Alternativ kann auch die Schaltfläche an der rechten Seite der Titelzeile des Fensters ver-wendet werden.

Symbolleiste anpassen...

Im Fenster erscheinen Objekte, die in die Sym-bolleiste eingefügt werden können. Die Ände-rungen gelten für alle Fenster, bei denen die Symbolleiste eingeblendet ist.

Statusanzeige einblenden

Unter der Titelleiste des Fensters wird eine Zeile eingeblendet, in der verschiedene Infor-mationen wie die Anzahl der Objekte im ge-wählten Ordner, die Anzahl markierter Objekte und der freie Speicherplatz auf dem Volume angezeigt werden.

Darstellungsoptionen einblenden

Es öffnet sich ein Kontrollfeld, in dem Ein-stellungen für die Darstellung des Inhalts im aktiven Fenster und auch für alle Fenster vorge-nommen werden können.

Das Menü »Gehe zu«

In diesem Menü kann direkt in bestimmte Ordner des Finders gewechselt werden.

Zurück (⌘←), Weiter (⌘→)
Innerhalb des Fensters kann zwischen den zuletzt besuchten Ordnern geblättert werden.

Übergeordneter Ordner (⌘↑)
Wechselt eine Hierarchiestufe höher.

Computer (⌘⇧C)
Die oberste Hierarchieebene wird geöffnet. Hier werden alle verfügbaren Volumes sowie der Ordner »Netzwerk« angezeigt.

Privat (⌘⇧H)
Die oberste Ebene des privaten Ordners des jeweiligen angemeldeten Benutzers im Ordner »Users« wird geöffnet. (Das »H« steht für Home, die englische Bezeichnung für dieses Verzeichnis.)

Netzwerk (⌘⇧K)
Der Ordner »Netzwerk«, in dem verfügbare AppleShare- und SMB-Server angezeigt werden, wird geöffnet.

iDisk ▶
Wenn Sie eine iDisk im Internet angelegt haben, wird diese mit (⌘⇧I) auf dem Schreibtisch angezeigt und ein Fenster mit der obersten Ebene wird geöffnet. Die iDisks andere Benutzer können mit den weiteren Befehlen im Untermenü gemountet werden.

100ff ◀
Praxis, Ordner-hierarchie

Programme (⌘⇧A), Dienstprogramme (⌘⇧U)
Der Ordner »Programme« bzw. »Programme/Dienstprogramme« des Startvolumes wird geöffnet.

Benutzte Ordner ▶
In einem Untermenü werden die zuletzt besuchten Ordner aufgelistet.

81 ◀
Praxis, Ein-Fenster-Betrieb

Gehe zu Ordner... (⌘⇧G)
Ein Fenster wird geöffnet, in dem Sie einen Pfad zu einem Ordner eingeben können. Hierarchiestufen werden dabei mit dem Schrägstrich (/) getrennt. Hiermit können auch die unsichtbaren BSD-Ordner im Finder geöffnet werden (z.B. /usr/bin).

Mit Server verbinden... (⌘K)
In einem Fenster können Sie einen im Netzwerk verfügbaren File-Sharing-Server aus einer Liste auswählen.

151 ◀
Praxis, Mit Server verbinden

150 ◀
Praxis, Server im Ordner »Netzwerk«

Das Menü »Fenster«

◀73ff
Praxis,
Fenster

◀84ff
Praxis, Dock

Das Fenster-Menü erscheint in jedem Programm. Unterhalb der beiden Befehle werden alle in diesem Programm geöffneten Fenster angezeigt. Das aktive Fenster ist mit einem Häkchen markiert, Fenster, die im Dock verkleinert sind, mit einer Raute.

Im Dock ablegen (⌘M)

Das aktive Fenster wird in das Dock gesaugt. Wenn zusätzlich die ⌥-Taste gedrückt wird, werden alle Fenster in das Dock gesaugt.

Alle nach vorne bringen

Legt alle Fenster dieses Programms vor die Fenster der anderen Programme. Mit gedrückter ⌥-Taste erscheint hier der Befehl »Aufräumen«. Dieser Befehl ordnet die Fenster gestaffelt auf dem Bildschirm an, sodass die Titelleisten aller Fenster sichtbar sind.

Das Menü »Hilfe«

◀120f
Praxis, Hilfe

Mac Hilfe (⌘?)

Die Seite »Mac Hilfe« im »Help Viewer« wird geöffnet.

Einstellungen für den Finder

Mit dem Befehl »Einstellungen« im Programm-Menü des Finders wird ein Dialog geöffnet, in dem Voreinstellungen definiert werden können.

Allgemein

• **Diese Objekte auf dem Schreibtisch zeigen:**
Wenn die Option aktiviert ist, werden Volumes des jeweiligen Typs zusätzlich zur Anzeige im Fenster »Computer« (⌘⇧C) auch – wie vom klassischen Mac OS gewohnt – auf der rechten Seite des Schreibtischs angezeigt.

- **Neue Fenster in Finder zeigen:** Wenn mit dem Befehl »Neues Fenster« (⌘N) ein neues Fenster geöffnet wird, zeigt dieses das hier eingestellte Objekt.
- **Ordner immer in einem neuen Fenster öffnen:** Auch wenn die Symbol- und Seitenleiste aktiviert ist, wird ein Ordner per Doppelklick in einem neuen Fenster geöffnet.
- **Neue Fenster in Spaltenansicht öffnen:** Ein neues Fenster zeigt immer die Spaltenansicht.

Etiketten
Hier können die Namen der Etiketten geändert werden.

Seitenleiste
Auf dieser Seite werden die Objekte bestimmt, die standardmäßig in der Seitenleiste angezeigt werden.

Erweitert
- **Alle Suffixe zeigen:** Dateinamenssuffixe werden angezeigt, auch wenn im Infofenster die Option »Suffix ausblenden« aktiviert ist. (Zusätzlich werden die lokalisierten Objekte in englisch angezeigt.)
- **Vor dem Entleeren des Papierkorbs warnen:** Ist diese Option deaktiviert, wird der Papierkorb ohne Abfrage entleert.
- **Sprachen für das Durchsuchen des Dateiinhalts:** In einem Fenster können aus einer Liste die Sprachen ausgewählt werden, die beim Indizieren für die Suche nach Inhalt berücksichtigt werden sollen.

75ff ◄
Praxis, Darstellungen inde Finderfenstern

118f ◄
Praxis, Etiketten verwenden

82f ◄
Praxis, Seitenleiste

43 ◄
Grundlagen, Ordnerlokalisierungen

69◄
Praxis, Papierkorb

111f ◄
Praxis, Nach Inhalt suchen

Darstellungsoptionen

◀ 75ff
Praxis,
Darstel-
lungen in
den Finder-
Fenstern

Im Fenster »Darstellungsoptionen« (⌘J) aus dem Menü »Darstellung« lässt sich die Darstellung der Objekte in den Fenstern allgemein und für jedes Fenster einzeln verändern.

Nur dieses Fenster

Die Einstellungen gelten nur für dieses Fenster.

Alle Fenster

◀ 117
Praxis, Sym-
bolvorschau

Wenn die Option »Alle Fenster« aktiviert ist, werden die hier eingestellten Darstellungsoptionen von allen Fenstern übernommen, für die keine eigene Einstellung definiert wurde.

Symbole

- **Symbolgröße:** Mit einem Regler kann die Symbolgröße stufenlos eingestellt werden.
- **Textgröße:** Hier kann die Schriftgröße der Objektnamen bestimmt werden.
- **Bezeichnung steht:** Der Objektname kann unter oder rechts von dem Objekt angezeigt werden.

- **Am Raster ausrichten:** Ist diese Option eingestellt, werden die Objekte so ausgerichtet, dass sie in einer Linie neben- bzw. untereinander angeordnet sind.
- **Objektinfos anzeigen:** Unter dem Objektnamen werden zusätzliche Infos, wie Anzahl der Objekte in einem Ordner, Bildgröße oder bei Film- oder Tondateien die Laufzeit angezeigt.
- **Symbolvorschau zeigen:** Bei Bilddateien wird statt des Symbols der Bildinhalt angezeigt
- Wenn »**Immer ausrichten nach:**« angekreuzt ist, können Sie in einem Aufklappmenü ein Kriterium aussuchen, nach dem die Objekte im Fenster angeordnet werden sollen. Die Objekte werden dann immer so angeordnet, dass sie die Breite des Fensters einnehmen, neue Objekte werden automatisch an die richtige Stelle eingeordnet.
- **Hintergrund:** Ist die Option »**Farbe**« angekreuzt, können Sie mittels eines Klicks auf das Farbfeld den Farbregler aufrufen und eine Farbe bestimmen.

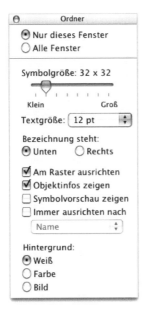

Mit der Option **»Bild«** können Sie mit der Schaltfläche ein beliebiges Bild auf Ihrer Festplatte aussuchen, das dann als Hintergrund im Fenster erscheint.

Listen

- **Symbole:** Für die Listendarstellung kann zwischen zwei Symbolgrößen ausgewählt werden.
- **Textgröße:** Hier kann die Schriftgröße der Objektnamen bestimmt werden.
- **Spaltenanzeige:** Hier können die einzelnen Spalten für die Listenansicht aktiviert werden. Lediglich die Spalte »Name« ist immer vorhanden. Wenn keine Einstellungen vorgenommen wurden, sind die Spalten »Änderungsdatum«, »Größe« und »Art« aktiviert.

- **Relatives Datum:** Das heutige Datum wird als »Heute« und das gestrige Datum als »Gestern« angezeigt.
- **Alle Größen berechnen:** In der Spalte »Größe« wird die Größe des gesamten Inhalts eines Ordners angezeigt.

Spalten

- **Textgröße:** Hier kann die Schriftgröße der Objektnamen bestimmt werden.
- **Symbole einblenden:** Ist diese Option deaktiviert, werden lediglich die Objektnamen angezeigt.
- **Vorschau einblenden:** Wenn diese Option deaktiviert ist, wird die Vorschau-Spalte bei einem Klick auf ein Objekt nicht geöffnet.

75ff ◄
Praxis, Darstellungen in den Finderfenstern

Das Informationsfenster

Das Informationsfenster zeigt detaillierte Informationen über Objekte im Finder. In Mac OS X 10.3 gibt es zwei Formen des Informationsfensters. Der Befehl **»Information« (⌘I)** aus dem Menü »Ablage« öffnet ein Fenster, das Informationen zu den bei Befehlsaufruf im Finder ausgewählten Objekten enthält. Zu jedem Objekt kann ein einzelnes Informationsfenster geöffnet werden.

Mit gedrückter ⌥-Taste heißt der Befehl **»Informationen einblenden« (⌘⌥I)**. Hier wird ein schwebendes Fenster geöffnet, dass wechselnd die Informationen zu den aktuell im Finder markierten Objekten enthält. (Im englischen heißt dieses Fenster »Inspector«.)

Über die kleinen Dreiecke können Sie innerhalb verschiedene Bereiche mit unterschiedlichen Informationsarten einblenden.

- **Symbol:** Das Symbol kann per Copy&Paste durch ein anderes ersetzt werden.

Allgemein

Unter »Allgemein« werden alle verfügbaren Informationen zu einem Objekt angezeigt.

- **Art:** Hier lässt sich erkennen, um welche Art von Objekt es sich handelt.
- **Größe:** zeigt zwei Werte. Der erste entspricht dem Wert in der Listendarstellung des Finders. Dies ist der Festplattenplatz, den das Objekt verbraucht – ein Vielfaches der Größe eines Zuteilungsblocks. Der zweite Wert in Klammern ist die tatsächliche Größe. Wenn das Objekt ein Ordner ist oder wenn mehrere Objekte markiert sind, wird die Gesamtgröße aller enthaltenen Objekte berechnet.
- **Ort:** Der Ort wird als Pfad zu einem Objekt gezeigt. Die Doppelpunkte trennen die Hierarchiestufen.
- **Erstellt** und **Geändert:** zeigen das Erstellungsdatum und das Datum der letzten Änderung.

43ff ◄
Grundlagen, Objektattribute

117 ◄
Symbole ändern

- **Format:** zeigt bei Volumes an, in welchem Dateisystem das Volume formatiert wurde.
- **Kapazität:** zeigt bei Volumes die Größe des Volumes an.
- **Frei:** zeigt bei Volumes den freien Speicherplatz an.
- **Benutzt:** zeigt bei einem Volume die Größe des insgesamt belegten Speicherplatzes an. Dabei werden wie bei »Größe« zwei Werte angegeben (belegter Festplattenspeicher, Summe der Größe aller Objekte).
- **Version:** Unter »Version« finden Sie den langen Versions-String, der neben der Versionsnummer ergänzende Informationen enthält.
- **Original:** zeigt bei einem Alias den Ort, an dem sich das Original befindet, als Pfad an.
- **Original neu zuweisen:** stellt bei einem Alias eine neue Verbindung zu einer Originaldatei her.
- **Formularblock:** Bei einem Doppelklick auf einen Formularblock legt der Finder eine Kopie des Objektes an und öffnet diese in dem zugeteilten Programm. Das Original bleibt unverändert.

◀ 72
Praxis, Alias

◀ 71
Praxis, Formularblock

◀ 175
Praxis, Dokument mit Programm verknüpfen

Infofenster für ein Volume

- **In der Classic-Umgebung öffnen:** Programme, die sowohl unter Mac OS X als auch unter Mac OS 9 mit CarbonLib laufen (Carbon CFM-Programme), werden bei aktivierter Option innerhalb der Classic-Umgebung gestartet.
- **Geschützt:** Wird das Feld »Geschützt« angekreuzt, kann das Objekt nicht verändert oder gelöscht werden.
- **Codierung:** Wenn das Objekt ein HFS-Volume ist, kann hier die Textcodierung für die Dateinamen eingestellt werden.

Name und Suffix

In einem Textfeld wird der vollständige Name des Objekts angezeigt. Er kann hier geändert werden.

- **Suffix ausblenden:** Der Finder zeigt den Teil des Namens hinter dem letzten Punkt nicht an. Aus »Text.txt« wird »Text«. Diese Option kann in den Finder-Voreinstellungen unwirksam gemacht werden.

Öffnen mit

In einem Menü kann ein Programm ausgewählt werden, mit dem das Objekt geöffnet werden soll.

- **Alle ändern:** Wenn diese Schaltfläche geklickt wird, können alle Objekte dieses Typs – mit demselben Type/Creator-Kode bzw. mit demselben Suffix – per Doppelklick mit dem ausgewählten Programm geöffnet werden.

Übersicht

In diesem Bereich wird eine Vorschau des Objekts angezeigt. Wenn das Objekt keine Vorschau besitzt, wird das Symbol des Objekts in der größten Größe angezeigt.

Index

In diesem Bereich werden Informationen zum Index für die Suche nach Inhalt angezeigt.

- **Jetzt indizieren:** aktualisiert den Index bzw. legt einen neuen an.
- **Index löschen:** löscht den Index.

Eigentümer und Zugriffsrechte

Im Bereich »Eigentümer und Zugriffsrechte« werden die Eigentumsrechte der Objekte bestimmt.

- **Sie dürfen:** Hier werden die Rechte des aktuell angemeldeten Benutzers angezeigt.

- **Eigentümer auf dem Volume ignorieren:** Auf Volumes außer dem Startvolume können die Eigentumsrechte außer Kraft gesetzt werden.

Unter **»Details«** können der Benutzer und die Gruppe verändert werden.

- **Eigentümer:** legt den Eigentümer des Objektes fest. Unter **»Rechte«** können die Zugriffsrechte des Eigentümers bestimmt werden.
- **Gruppe:** legt die Gruppe fest. Unter **»Rechte«** können die Zugriffsrechte der Gruppe festgelegt werden.

95ff ◄
Praxis, Benutzerrechte

Infofenster für einen Ordner

Infofenster für eine Bilddatei

- **Andere:** legt die Zugriffsrechte für alle Benutzer fest, die nicht zu der unter »Gruppe« angegebenen Gruppe gehören.
- **Auf alle Unterobjekte anwenden:** definiert dieselben Zugriffsrechte für untergeordnete Ordner.

Speicher

◀ 213
Praxis,
Classic,
Speicherzu-
teilung

Wenn das Objekt ein Classic-Programm ist, können Sie den Bereich »Speicher« öffnen. Hier können Sie die Speicherzuteilung verändern.
- **Empfohlene Größe:** ist eine Empfehlung des Programmierers, wie hoch der Arbeitsspeicher für ein optimales Arbeiten mit dem Programm mindestens sein sollte.
- **Minimale Größe:** legt fest, wieviel Arbeitsspeicher mindestens frei sein muss, damit das Programm gestartet wird.
- **Bevorzugte Größe:** bestimmt die maximal für das Programm zu verwendende Menge Arbeitsspeicher.

Sprachen

◀ 41
Technik,
Bundles

Für ein Mac-OS-X-Programm werden hier die installierten Sprachpakete angezeigt. Mit den entsprechenden Schaltflächen können einzelne Sprachen aktiviert, deaktiviert, entfernt oder hinzugefügt werden

Plug-Ins

Hier werden für ein Mac-OS-X-Programm die installierten Plug-Ins angezeigt. Sie können mit den jeweiligen Schaltflächen aktiviert und deaktiviert, entfernt oder hinzugefügt werden.

Kommentar

In das Feld »Kommentar« lässt sich ein beliebiger Text eintragen. Dieser wird dann in der Listenansicht in der Spalte »Kommentar« – sofern aktiviert – angezeigt.

Infofenster für ein Programm

Den Kommentar speichert der Finder – ebenso wie die Fenstergröße und die Positionen der Symbole etc. – in der Datei ».DS_Store« des Ordners, in dem sich das Objekt befindet.

Screenshots

Der Inhalt des Bildschirms kann in Mac OS X als Bildschirmfoto gespeichert werden. Die dafür benötigte Funktion ist schon im System einge-baut. Die dabei entstehenden PDF-Bilder wer-den auf den Schreibtisch des Benutzers gelegt und können dann im Programm »Vorschau« angesehen, in ein anderes Format exportiert oder in Bildbearbeitungsprogrammen weiter-verarbeitet werden.

Screenshot des ganzen Bildschirms

Wenn Sie die Tasten ⌘ ⇧ 3 drücken, ertönt ein Kameraklicken. Ein Foto des gesamten Bild-schirms wird als PDF-Datei gespeichert.

Screenshot eines Ausschnitts

Wenn Sie die Tasten ⌘ ⇧ 4 drücken, erscheint ein Fadenkreuzcursor. Mit diesem können Sie einen beliebigen Bereich des Bildschirms auswählen (bei gedrückter Maustaste Aus-wahlrechteck aufziehen). Sobald die Maustaste losgelassen wird, ertönt das Kameraklicken, und der gewählte Ausschnitt wird als PDF-Da-tei abgelegt.

Einzelnes Element freistellen

Wenn Sie, nachdem Sie die Srceenshotfunk-tion mit ⌘ ⇧ 4 gestartet haben, die Leertaste drücken, erscheint statt des Fadenkreuzcur-sors eine Kamera. Das Element, über dem die Kamera sich befindet – ein Fenster, ein Menü, ein Finder-Objekt etc. – werden grau abgetönt. Wenn Sie jetzt die Maustaste drücken wird das aktivierte Element freigestellt als PDF-Datei auf dem Schreibtisch abgelegt.

Srceenshot in die Zwischenablage

Mit gedrückter ctrl-Taste wird das Bildschirm-foto in die Zwischenablage kopiert und keine PDF-Datei angelegt.

Screenshot mit dem Programm »Bildschirmfoto«

Alternativ zu der Screenshotfunktion des Systems können Screenshots auch mit dem Programm »Bildschirmfoto« (im Ordner »Dienstprogramme« (⌘ ⇧ U)) erstellt wer-den. Hier steht für kniffelige Situationen eine Selbstauslöser-Funktion zur Verfügung. In den Voreinstellungen lässt sich der abgebildete Cursor auswählen.

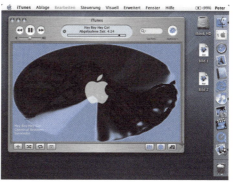

Hier wird mit der Tastenkombination ⌘ ⇧ 4 ein Screen-shot eines Bildschirmausschnittes gemacht. Die Datei wird mit dem Namen Bild 3.pdf auf dem Schreibtisch angelegt werden. Unten sehen Sie das Ergebnis.

Mit dem Fadenkreuz-cursor kön-nen Sie einen beliebigen Bereich des Bildschirms auswählen.

273 ▶
Bildschirm-foto

Tastaturkürzel: Screenshots

Tastaturkürzel	Funktion
⌘ ⇧ 3	ganzer Bildschirm
⌘ ⇧ 4	beliebiger Ausschnitt
Leertaste	Element freistellen
ctrl-Taste	Screenshot in die Zwischenablage

Programme

Programme aus dem Ordner »Programme«

Adressbuch

Mit dem Programm »Adressbuch« lassen sich private und geschäftliche Kontakte verwalten. Neben der E-Mail-Adresse können für die hier gespeicherten Kontakte weitere Daten wie Adresse und Telefonnummern gespeichert werden. Jedes Programm in Mac OS X kann auf das Adressbuch zugreifen.

◄144f
Praxis,
E-Mails

Adressen anlegen

Im Fenster klicken Sie auf die »+« Schaltfläche unter der Spalte »Name« und geben in die entsprechenden Felder den Vor- und Nachnamen sowie weitere Daten wie die E-Mail-Adresse ein. In das Feld oben links können Sie per Drag&Drop ein Bild einfügen. Klicken der Schaltfläche »Bearbeiten« wechselt zwischen dem Bearbeitungs- und dem Ansichtsmodus. Mit dem Befehl »Das ist meine Visitenkarte« aus dem Menü »Visitenkarte« können Sie Ihre eigene Adresse markieren.

Adressen gruppieren

Die so eingegebenen Adressen lassen sich in Gruppen sortieren. Dafür klicken Sie auf das »+« unter der Spalte »Gruppe« und geben der neuen Gruppe einen Namen. Um Adressen aus dem Adressbuch in die Gruppe einzufügen, klicken Sie einmal auf »Alle« (um alle Adressen einzublenden) und ziehen dann einfach die gewünschten Namen aus der Spalte »Name« in die Gruppe.

AppleScript

◄198ff
Praxis,
AppleScript

In diesem Ordner finden sich die Programme für Apples systemweite Skriptsprache »AppleScript« Lesen Sie mehr hierzu im Kapitel »Automatikgetriebe«.

Chess

Dieses Schachspiel kann mittels (englischer) Spracheingaben gesteuert werden.

► 316
Kontrollfeld
»Sprache«

Digitale Bilder

Mit dem Programm »Digitale Bilder« lassen sich Bilder von einer USB-Digitalkamera auf die Festplatte kopieren. Mit der Schaltfläche »Alle laden« werden die Bilder an den ausgewählten Ort auf der Festplatte kopiert. Die Schaltfläche »Einige laden« erweitert das Fenster und der Inhalt der Kamera wird angezeigt. Hier können einzelne Bilder zum Download ausgewählt werden. Im Menü »Automatischer Prozess« lässt sich eine Aktion auswählen, die automatisch ausgeführt wird. Das Skript »Build web page« erstellt eine HTML-Vorschauseite mit Links zu HTML-Seiten mit den einzelnen Bildern.

► 265
iPhoto

◄ 27
Technik, USB

DVD-Player

 Mit dem DVD-Player können auf einem Mac mit DVD-Laufwerk DVD-Videos betrachtet werden. Die Steuerung ist einer Fernbedienung nachempfunden.

iCal

 Das Progamm iCal ist ein Terminkalender. Zusätzlich zu mehreren eigenen Kalendern können auch über das Internet freigegebene Kalender eingefügt werden.

iChat

 Mit iChat können Sie über Rendevous im internen Netzwerk oder über das AOL-Instand-Messaging-Netzwerk im Internet chatten. Bei einer angeschlossenen Videokamera (iSight) sind auch Video-Chats möglich.

iMovie

 Mit iMovie liefert Apple ein vollwertiges Video-Schnittprogramm. Videos können über FireWire von der Digital-Video-Kamera auf die Festplatte geladen werden. In iMovie werden die Sequenzen dann in die richtige Reihenfolge gebracht und mit Übergangseffekten, Texteinblendungen etc. versehen.

28
Technik,
Firewire

Internet Verbindung

Das Programm »Internet-Verbindung« dient dazu, eine Internet-Verbindung mittels des PPP- bzw. PPPoE-Protokolls aufzubauen. In der Symbolleiste können Sie die gewünschte Verbindungsschnittstelle auswählen (z.B. für ein DSL-Modem »Ethernet (integriert)«). Wenn Sie auf die Schaltfläche »Verbinden« klicken, wird die Verbindung wie im Kontrollfeld »Netzwerk« in den Systemeinstellungen aktiviert aufgebaut. Im unteren Teil des Fensters werden die Verbindungsdaten angezeigt. Außerdem zeigt das Programm eine aktive Verbindung mit einem Blitz im Dock-Symbol an.

Als weitere Funktion können im Programm »Internet Verbindung« das AirPort-Netzwerk, sowie VPN- und 802.1x-Verbindungen konfiguriert werden. Näheres hierzu lesen Sie in den Kapiteln »Netzwerk« und »Sicherheit«.

132f ►
Praxis, Internetzugang einrichten

130f ◄
Praxis, AirPort

238 ◄
Praxis, Sicherheit im AirPort-Netzwerk

302ff ►
Kontrollfeld »Netzwerk«

iPhoto

iPhoto ist das vierte Programm für Apples Digital-Hub-Strategie. Es liest digitale Kameras aus – ähnlich wie das Programm »Digitale Bilder«. Die gespeicherten Bilder können katalogisiert, nach Kategorien sortiert, mit einfachen Werkzeugen (Freistellen, Rote Augen) bearbeitet und ausgedruckt werden. Auch Bilder, die sich schon auf der Festplatte befinden, lassen sich katalogisieren. Außerdem können die Kataloge als Webseiten oder als Photoalbum ausgegeben werden. Die iPhoto-Library steht auch anderen Programmen, wie z.B. iMovie zur Verfügung.

263 ◄
Digitale Bilder

iTunes

 iTunes ist ein Player für Audio-CDs, MP3 und Internet-Radio. Die wichtigsten Funktionen von iTunes können auch direkt im Dockmenü von iTunes bedient werden. Die iTunes-Library wird auch anderen Programmen, wie iMovie und iPhoto zur Verfügung gestellt.

- **Audio-CDs:** iTunes spielt Audio-CDs ab. Beim Einlegen einer unbekannten CD fragt es die Titel der CD und der einzelnen Tracks bei CD-Titellisten-Servern im Internet (CDDB) ab und zeigt diese dann im Klartext an.
- **Import:** Die Titel können durch einfaches Ziehen auf das Symbol »Bibliothek« als MP3 oder AAC auf die Festplatte importiert werden. Die Kompressionsrate kann in den Voreinstellungen eingestellt werden.
- **Bibliothek:** Hier werden die MP3-Dateien angezeigt, die sich auf Ihrer Festplatte befinden. Sie können dann in Playlisten sortiert werden. Dafür erstellen Sie mit dem Befehl »Neue Wiedergabeliste« (⌘N) eine Playlist und ziehen anschließend die gewünschten Titel aus der Bibliothek auf das Symbol der gewünschten Wiedergabeliste.

◀ 126
Rendevous

- **Internet-Radio:** In der Liste werden die verschiedenen Musikrichtungen angezeigt. Mit einem Klick auf das Dreieck stellt iTunes eine Internet-Verbindung zum Radiodienst-Server im Internet her und listet die hier einge-

◀ 227
Praxis,
Daten-CD
brennen

tragenen Server auf. Ein Doppelklick auf den gewünschten Server startet den Radioempfang. Mit dem Befehl »Stream öffnen« (⌘U) können auch Server angewählt werden, die nicht im Radiodienst verzeichnet sind. Diese werden dann automatisch in die Bibliothek eingefügt.

- **Music Store:** Im »iTunes Music Store« können Musiktitel einzeln oder als komplettes Album gekauft werden. Leider steht der iTunes Music Store derzeit nur Benutzern mit einer US-Kreditkarte zur Verfügung. Blättern und Probehören ist jedoch auch für den Europäer möglich.

Musik gemeinsam nutzen

Mit der Funktion »Gemeinsam nutzen« (in den Voreinstellungen (⌘,)) kann die Bibliothek über Rendevous an andere Rechner mit iTunes freigegeben werden. Die freigegebenen Wiedergabelisten erscheinen dann unter dem angegebenen Namen in der Spalte »Quelle«. Die Musik wird über das Netzwerk gestreamt.

Audio-CD brennen

Mit iTunes lassen sich auch Audio-CDs brennen. Dafür erstellen Sie eine Wiedergabeliste und klicken auf das CD-brennen-Symbol oben rechts. Die Titel werden in das CD-Audio-Format konvertiert und dann in der gewählten Reihenfolge auf CD gebrannt.

iPod

iTunes verwaltet auch die Playlisten des Apple-MP3-Players iPod. Wenn der iPod an die Fire-Wire-Schnittstelle angeschlossen wird, wird die Wiedergabeliste auf dem iPod automatisch mit der in iTunes abgeglichen und die veränderten Titel zum iPod übertragen. Ähnliche Funktion steht auch für weitere MP3-Player zur Verfügung.

◀ 28
Technik,
Firewire

Equalizer

Mit dem Befehl »Equalizer« (⌘2) wird in einem weiteren Fenster ein 10-Band-Equalizer geöffnet. Mit den Schiebereglern können Sie den Klang anpassen. Die Einstellungen lassen sich mit dem Befehl »Neue Voreinstellung« aus dem Menü über den Schiebereglern sichern. In der Bibliothek und in den Playlisten können Sie in der Spalte »Equalizer« für jedes Stück eine eigene Equalizer-Einstellung auswählen.

Visuelle Effekte

Mit dem Befehl »Visuelle Effekte ein« (⌘T) aus dem Menü »Visuell« werden psychodelische Muster auf dem Bildschirm erzeugt, die sich mit der Musik verändern.

iSync

Mit »iSync« können Adressbuch-Einträge und Kalenderdaten zwischen dem Adressbuch bzw. iCal und dem iPod, Handys und PDAs abgeglichen werden.

Mail

◀144
Praxis,
E-Mails

Mehr zu E-Mail-Programm »Mail« lesen Sie im Kapitel »Netz der Netze«.

QuickTime Player

◀139ff
Praxis, Inter-
netbrowser

▶308f
Kontrollfeld
»QuickTime«

Das Programm »QuickTime Player« dient als Abspielsoftware für Filme. Wenn Sie »**QuickTime Pro**« registriert haben, wird der QuickTime-Player zu einer einfachen Editierungssoftware für Filme. Hier können Filme und Musikstücke importiert werden. Einzelne Filmsequenzen lassen sich mit gedrückter ⇧-Taste aus der Zeitleiste auswählen. Sie können dann ausgeschnitten oder kopiert und in andere Filme eingefügt werden.

Rechner

Das Programm »Rechner« ist in der Form **»Standard« (⌘1)** ein einfacher Taschenrechner, der die vier Grundrechenarten beherrscht. In der Form **»Erweitert« (⌘2)** ist es ein vollwertiger wissenschaftlich-technischer Taschenrechner.

Zahlen können aus der Zwischenablage für die Berechnung eingesetzt werden, wobei auch Zahlen in wissenschaftlicher Schreibweise (z.B. 1E3 = 1.000) zulässig sind. Das im Display angezeigte Ergebnis lässt sich in die Zwischenablage kopieren (⌘C) und so in anderen Programmen verwenden.

165 ◄
Praxis, Zwischenablage

Mit den Funktionen im Menü **»Konvertieren«** lassen sich verschiedene Maßeinheiten und Währungskurse konvertieren. Zusätzlich lässt sich mit dem Befehl »Beleg einblenden« aus dem Menü »Darstellungen« der Rechenverlauf beobachten. Neben Dezimalzahlen können auch weitere Zahlenformate dargestellt und berechnet werden (Menü »Darstellung«, »Darstellungsformat ►«).

Safari

Mehr zum Internetbrowser »Safari« lesen Sie im Kapitel »Netz der Netze«.

Schriftsammlung

Zur Zeichensatzverwaltung und den Schriftfunktionen in Mac OS X lesen Sie mehr im Kapitel »Starke Typen«.

139ff ◄
Praxis, Internetbrowser

184ff ◄
Praxis, Schriften

Sherlock

◄ 146f
Praxis,
Sherlock

In »Sherlock« kann in verschiedenen Rubriken mit angepasster
Benutzeroberfläche im Internet-
nach speziellen Inhalten gesucht
werden. Mehr dazu im Kapitel »Netz der
Netze«.

Stickies

Das Programm »Stickies« klebt
kleine, farbige Textfenster auf
den Schreibtisch, in die sich Texte
eingeben oder per Copy&Paste
bzw. Drag&Drop einfügen lassen. Die Farbe
des Zettels und die Schriftattribute können für
jeden Zettel einzeln bestimmt werden. Auch
innerhalb eines Zettels kann der Text unterschiedlich formatiert werden und sogar Bilder
sind als Inhalte möglich.

Systemeinstellungen

► 280ff
Systemein-
stellungen

Näheres zu den einzelnen in
diesem Programm zusammenge-
fassten Kontrollfeldern lesen Sie
im Kapitel »Systemeinstellungen«

TextEdit

In »TextEdit« können RTF-Dateien, reine Textdateien, Unicode-und Microsoft-Word-Dateien betrachtet, bearbeitet und erstellt werden. SimpleText- und HTML-Dateien lassen sich öffnen.

TextEdit kann auch als HTML-Quelltext-Editor verwendet werden, wenn Sie folgende Voreinstellungen vornehmen:

- Eigenschaften für neue Dokumente: »Reiner Text«
- Behandlung von formatiertem Text: Option »Formatierungs-Befehle in HTML-Dateien ignorieren« aktiviert
- Beim Sichern: Option ».txt-Erweiterung an neue Textdateien anhängen« deaktiviert

Mit den Standardeinstellungen werden HTML-Dateien wie im Internetbrowser angezeigt. Hier zeigt TextEdit dieselbe HTML-Seite einmal im Quelltext und einmal formatiert.

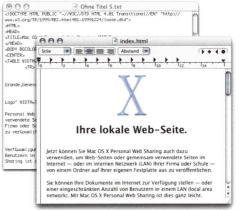

178ff ◄
Praxis, Datenaustausch mit Windows

Vorschau

Im Programm »Vorschau« können Sie Grafikdateien und PDF-Dokumente ansehen und in anderen Grafikformaten exportieren, sowie eine Druckvorschau beliebiger Dokumente im PDF-Format sichern (siehe hierzu Kapitel »Weltenbummler«).

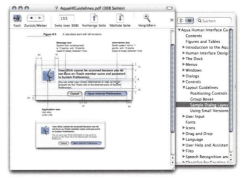

178ff ◄
Praxis, Datenaustausch mit Windows

173 ◄
Praxis, Als PDF sichern

Kleine Helferlein

Programme aus dem Ordner »Dienstprogramme«

AirPort Assistent

◀ 130
Praxis,
AirPort

Mit dem «AirPort Assistent« können Sie Ihren Mac für die Benutzung eines vorhandenen AirPort-Netzwerkes konfigurieren oder eine AirPort-Basisstation einrichten.

AirPort Admin. Dienstprogramm

Mit dem »AirPort Admin. Dienstprogramm« können AirPort-Basisstationen konfiguriert werden.

Aktivitäts-Anzeige

◀ 35ff
Grundlagen,
Speichgerver-
waltung

In der »Aktivitäts-Anzeige« werden alle Prozesse – die sichtbaren Programme und die unsichtbaren Hintergrundprozesse – in einer Liste angezeigt. Diese kann nach unterschiedlichen Kriterien sortiert werden. Per Doppelklick auf einen Prozess oder mit der Schaltfläche »Informationen« können Speicherinformationen und Statistiken zum ausgewählten Prozess angezeigt werden. Die Seite »Geöffnete Dateien« zeigt unter anderem die von diesem Programm verwendeten Frameworks an.

Mit dem Befehl »Prozess beenden« ($\mathcal{H} \frown Q$) aus dem Menü »Prozess« kann der ausgewählte Prozess beendet oder »gekillt« (zwangsweise beendet) werden.

Im unteren Bereich können aktuelle Statistiken zu Prozessor, Speicher, Festplatten und Netzwerk-Aktivität angezeigt werden.

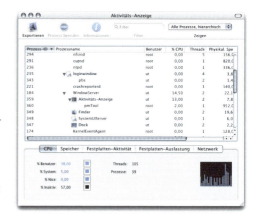

Audio-Midi-Konfiguration

Mit diesem Programm können die Audio-Schnittstellen konfiguriert und Midi-Geräte virtuell verkabelt werden.

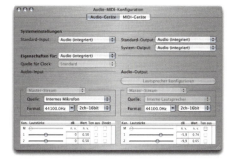

319 ▶
Kontrollfeld
»Ton«

Bildschirmfoto

Mit den Befehlen aus dem Menü »Foto« des Bildschirmfoto-Utilities kann der gesamte Bildschirm oder ein ausgewählter Bereich des Bildschirms fotografiert werden. Wird der Selbstauslöser gewählt, so haben Sie noch zehn Sekunden Zeit, um den Bildschirminhalt nach Belieben zu arrangieren. Die Funktion »Fenster« schneidet ein angeklicktes Fenster sauber aus.

In den Voreinstellungen kann ein Mauszeiger ausgewählt werden, der dann in das Bildschirmfoto eingefügt wird. Ist die erste Option ausgewählt, wird kein Mauszeiger eingefügt.

Die Bildschirmfotos werden im TIFF-Format gesichert.

261 ◀
Screenshots

Bluetooth Assistent

Mit dem »Bluetooth Assistent« können Sie Schritt für Schritt die virtuellen seriellen Schnittstellen zum Anschluss der verschiedenen Bluetooth-Geräte konfigurieren.

Bluetooth Datenaustausch

Verwenden Sie dieses Programm, wenn Sie Dateien an ein Bluetooth-Gerät verschicken wollen.

287 ▶
Kontrollfeld
»Bluetooth«

27 ◀
Technik,
Bluetooth

Bluetooth Dienstprogramm

Im »Bluetooth-Dienstprogramm« werden die eingerichteten seriellen Schnittstellen in einer Liste angezeigt. Mit der Schaltfläche »Neu« können Sie eine weitere Schnittstelle einrichten. Mit den Schaltflächen »Bearbeiten« und »Löschen« lassen sich eingerichtete Schnittstellen ändern bzw. löschen.

ColorSync Dienstprogramm

◄190ff

Praxis, Farb-
management

 Mit dem ColorSync-Dienstpro-
gramm können ColorSync-Profile
ausgewählt, überprüft und repariert werden (siehe Kapitel »Alles
so schön bunt hier«).

DigitalColor Farbmesser

 Mit dem Programm »DigitalColor
Farbmesser« können Sie sich die
Farben auf dem Bildschirm als
Farbwerte anzeigen lassen. Der
Befehl »Farbe merken« (⌘⇧H) aus dem Menü
»Farbe« speichert einen bestimmten Farbwert.
(Der Befehl muss als Tastenkürzel eingegeben
werden, wenn sich der Mauszeiger auf der ent-
sprechenden Farbe befindet.) Die Farben lassen
sich mit dem Aufklappmenü im Fenster in ver-
schiedenen Farbmodi darstellen.

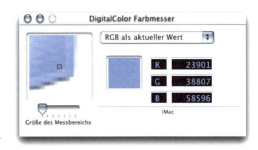

Drucker-Dienstprogramm

◄176ff

Praxis,
Drucken

 Das Programm »Print Center«
dient der Auswahl eines installierten Druckers und dem Installieren weiterer Drucker. Mehr dazu
lesen Sie im Kapitel »Schwarz auf Weiß«.

Festplatten-Dienstprogramm

Mehr über das Programm »Festplatten-Dienstprogramm« und dessen Komponenten »Laufwerke konfigurieren«, »Erste Hilfe« sowie »Disk-Images« und »Wiederherstellen« lesen Sie in den Kapiteln »Massenhaft Speicher« und »Vorsorgeuntersuchung«.

Installationsprogramm

Mit dem Installer werden das Mac OS X und Erweiterungen installiert. Mehr dazu lesen Sie im Kapitel »Aller Anfang ist leicht«.

224ff ◄
Praxis, Festplatte einrichten

231 ◄
Praxis, Erste Hilfe

163 ◄
Praxis, Disk-Images

54ff ◄
Praxis, Installation

Java

Im Ordner »Java« finden sich Hilfsprogramme für Java-Appletts.

Applet Launcher

Mit dem »Applet Launcher« können Java-Programme ausgeführt werden. Die HTML-Dateien, die den Java-Code enthalten, werden mit der Schaltfläche »Öffnen« geöffnet und dann mit der Schaltfläche »Starten« ausgeführt.

Java Web Start

Mit dem Programm »Java Web Start« werden Java-Programme im Format Java-Web-Start (.jnlp) ausgeführt.

33 ◄
Technik, Java

139ff ◄
Praxis, Internet-Browser

Konsole

In der Konsole werden Fehlermeldungen des Systems ausgegeben. Außerdem können hier die Log-Dateien gelesen werden.

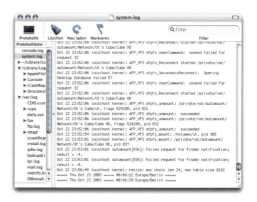

NetInfo Manager

◄ 88ff
Praxis, Meh-
rere Benutzer

In der NetInfo-Verzeichnisdatei sind Benutzer, Gruppen, Passwörter, Namen der Webordner und der öffentlichen Ordner etc. gespeichert. Mit dem Programm »NetInfo Manager« kann die NetInfo-Datei bearbeitet oder von einem übergeordneten NetInfo-Server importiert werden. Mit den Befehlen aus dem Menü »Sicherheit« kann der root-Account aktiviert und deaktiviert werden. Mehr hierzu lesen Sie im Kapitel »Mein Mac, dein Mac«.

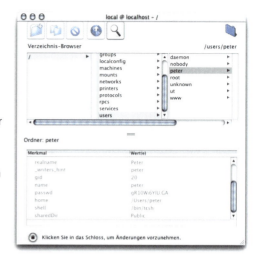

Netzwerk Dienstprogramm

◄ 122ff
Praxis,
Netzwerk

Das Netzwerk-Dienstprogramm ist eine grafische Benutzeroberfläche für die verschiedenen TCP/IP-Netzwerk-Utilities des BSD-UNIX.

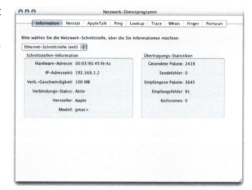

ODBC Administrator

Der ODBC-Administrator konfiguriert Open Database Connectivity Treiber und Datenquellen.

Schlüsselbund

Mac OS X sammelt alle Ihre Passwörter in einem Schlüsselbund, damit Sie sie nicht erneut eingeben müssen. Der Schlüsselbund wird automatisch mit der Anmeldung freigegeben. Mit dem Befehl »Schützen« im Programm »Schlüsselbund« können Sie alle Ihre Passwörter deaktivieren. Der von Mac OS X automatisch angelegte Schlüsselbund bekommt den kurzen Namen des Benutzers und verwendet das Benutzer-Passwort als Master-Passwort.

Sie können jedoch auch verschiedene Schlüsselbunde für unterschiedliche Zwecke anlegen, oder einen Schlüsselbund auf einen anderen Rechner exportieren.

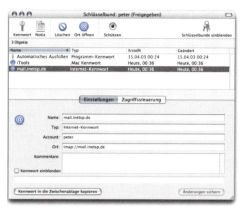

234 ◀
Praxis,
Sicherheit

Freigeben

Wenn Sie im Programm »Schlüsselbund« die Schaltfläche »Freigeben« klicken, werden nach Eingabe des Master-Passwortes alle in diesem Schlüsselbund gesammelten Passwörter freigegeben. Im Fenster werden sie in einer Liste angezeigt. Im unteren Bereich des Fensters werden Informationen zum ausgewählten Passwort angezeigt. Dort kann das Passwort auch mit der Option »Kennwort einblenden« im Klartext angezeigt werden. Unter »Zugriffssteuerung« können Sie bestimmen, welche Programme auf dieses Passwort zugreifen dürfen.

Neuer Schlüsselbund

Mit dem Befehl »Neuer Schlüsselbund« (⌘⌥N) aus dem Menü »Ablage« wird ein Fenster geöffnet, in dem Sie Namen und Passwort des neuen Schlüsselbunds angeben. Im Ordner »*Privat*/Library/Keychains« wird eine Schlüsselbund-Datei mit diesem Namen angelegt, im Menü »Schlüsselbunde« können die vorhandenen Schlüsselbunde ausgewählt werden.

Einstellungen

Mit dem Befehl **»Kennwort für Schlüsselbund** *Name* **ändern«** wird ein Fenster geöffnet, in dem das Master-Passwort geändert werden kann. Ein Klick auf das »i« öffnet den **Kennwort-Assistenten**, der die Güte des Passwortes überprüft. Mit dem Befehl **»Einstellungen für Schlüsselbund** *Name* **ändern«** kann ein Schlüsselbund automatisch geschützt werden.

StuffIt Expander

◀ 142
Praxis,
Downloads
aus dem In-
ternet

◀ 162f
Praxis, Daten
Kodieren

Mit dem »StuffIt Expander«
werden kodierte und gepackte
Dateien dekodiert und ausgepackt
(siehe dazu auch die Kapitel »Netz
der Netze« und »Daten schleu-
dern«).

System Profiler

Das Programm »System Profiler«
listet detaillierte Informationen
zur Hard- und Software Ihres Macs
auf.

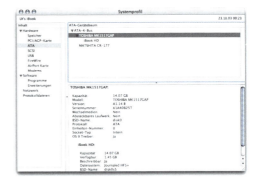

- **Hardware:** Hier werden Informationen zur
  Hardware des Mainboards angeboten. Auf
  den weiteren Seiten, die unter dem kleinen
  Dreieck angezeigt werden, erhalten Sie In-
  formationen zu Geräten am IDE-Bus (ATA),
  USB- und FireWire-Bus sowie eventuelle
  PCI-Steckkarten etc. Informationen zu den
  Volumes werden unter dem entsprechenden
  Bus angezeigt.
- **Software:** Hier werden Informationen zur
  Systemsoftware angezeigt. Auf weiteren Sei-
  ten werden alle Systemerweiterungen bzw.
  Programme aufgelistet.
- **Netzwerk:** Hier werden Informationen zu
  den Netzwerk-Schnittstellen und den ver-
  wendeten Einstellungen gezeigt.
- **Exportieren:** Mit den Befehlen »Sichern«
  (⌘S) bzw. »Exportieren« aus dem Menü »Ab-
  lage« kann der aktuelle Zustandsbericht als
  XML-, RTF- oder Textdatei gesichert werden
  kann.

Terminal

Im Terminal können UNIX-Kom-
mandozeilen-Programme ausgeführt werden. Mehr hierzu lesen
Sie im Kapitel »Die Programme
des BSD-Subsystems«.

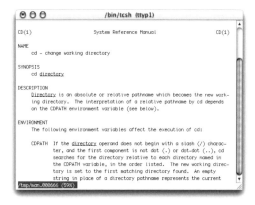

217◄

Praxis, Shell

Verzeichnisdienste

Mit diesem Utility können Sie Verzeichnisdienste, wie sie von Net-
Info-, LDAP- oder Active-Directory-
Servern etc. angeboten werden,
konfigurieren.

88ff◄

Praxis, Meh-
rere Benutzer

158f◄

Praxis, Win-
dows-File-
Sharing

X11

Mehr zur UNIX-Grafikumgebung
X-Window und X11 lesen Sie im Kapitel »Harte Schale, weicher Kern«.

221◄

Praxis, X11

Systemeinstellungen

Kontrollfelder in Mac OS X

In Mac OS X sind alle Kontrollfelder, mit denen Funktionen des Systems gesteuert werden, im Programm »Systemeinstellungen« zusammengefasst.

Das Programm »Systemeinstellungen« befindet sich im Ordner »Programme« (⌘ ⇧ A). Das Programm ist außerdem mit dem Befehl »Systemeinstellungen« aus dem Apple-Menü zu erreichen. Die einzelnen Kontrollfelder befinden sich im Ordner »System/Library/PreferencePanes«.

Die Kontrollfelder werden im Fenster des Programms »Systemeinstellungen« nach Kategorien sortiert aufgelistet.

Weitere Systemeinstellungen

Weitere Kontrollfelder, die für bestimmte Programme oder Geräte benötigt werden, können in den Ordnern »Library/PreferencePanes« und »Privat/Library/PreferencePanes« für alle bzw. für einen einzelnen User hinzugefügt werden. Diese Kontrollfelder erscheinen dann in den Systemeinstellungen in einer fünften Kategorie »Sonstige«.

Diese Systemeinstellungen können mit dem Befehl »Systemeinstellung xxx entfernen«, der sich mit ctrl-Klick auf die jeweilige Systemeinstellung zeigt, entfernt werden.

Menü-Extras

Die Funktionen einzelner Kontrollfelder lassen sich auf Wunsch auch über sogenannte Menü-Extras von jedem Programm aus direkt aus der Menüleiste aufrufen. Wenn im entsprechenden Kontrollfeld die Option »xxx in der Menüleiste anzeigen« aktiviert wurde, wird das Extra am rechten Ende der Menüleiste zu den anderen Extras hinzugefügt.

Menü-Extras können mit gedrückter ⌘-Taste umsortiert werden. Durch Ziehen auf den Schreibtisch kann ein Menü-Extra wieder aus der Menüleiste entfernt werden. Die Menü-Extras befinden sich im Ordner »System/Library/CoreServices/Menu Extras«.

Wechseln zwischen den Kontrollfeldern

1. Ein Kontrollfeld öffnen

Starten Sie das Programm »Systemeinstellungen« und klicken Sie dann im unteren Bereich des Fensters auf das gewünschte Kontrollfeld.

Im unteren Bereich des Fensters wird nun das gewählte Kontrollfeld angezeigt.

2. Alle zeigen

Klicken Sie auf den Schalter »Alle einblenden« in der oberen rechten Ecke des Fensters oder wählen Sie aus dem Menü »Einstellungen« den Befehl »Alle Systemeinstellungen einblenden« (⌘L).

Im unteren Bereich des Fensters wird das Kontrollfeld ausgeblendet, und es erscheint wieder die Auswahl.

3. Anderes Kontrollfeld wählen

Jetzt können Sie wieder ein beliebiges Kontrollfeld auswählen.

Alternativ können Sie das gewünschte Kontrollfeld auch aus dem Menü »Einstellungen« auswählen. Hier werden die Kontrollfelder in alphabetischer Reihenfolge aufgelistet.

Favoriten

Für einen schnelleren Zugriff können Sie sich häufig benötigte Kontrollfelder in die Symbolleiste oben im Fenster »Systemeinstellungen« ziehen. Diese sind dann ohne den Umweg über »Alle einblenden« zu erreichen. Die eingefügten Kontrollfelder lassen sich in eine beliebige Reihenfolge verschieben.

Alphabetisch anzeigen

Mit dem Befehl »Alphabetisch ordnen« aus dem Menü »Einstellungen« können Sie die Kontrollfelder statt in Kategorien sortiert auch alphabetisch sortiert anzeigen lassen.

.mac

◄147
Praxis,
Internet,
.mac

.mac

Hier können Sie die Daten Ihres .mac-Accounts eingeben. Wenn Sie noch keinen iTools-Account besitzen, können Sie sich direkt mit der Schaltfläche »Registrieren« für einen Probe-Account anmelden. Dafür wird im Standard-Internetbrowser die Seite <www.mac.com> geöffnet.

iDisk

Auf dieser Seite werden Größe und verfügbarer Speicherplatz der »Internet-Festplatte« iDisk angezeigt, die im .mac-Account enthalten ist. Die iDisk kann dann direkt über das Menü »Gehe zu« des Finders geöffnet werden. Außerdem werden hier Zugriffsrechte und Kennwort für die freigegebenen Ordner auf der iDisk bestimmen.

Bedienungshilfen

Sehen

Hier können verschiedene Funktionen aktiviert werden, die es Menschen mit Sehschwächen erlauben, mit dem Mac zu arbeiten.

Hören

- **Der Bildschirm blinkt, wenn ein Warnton ertönt:** Zusätzlich zum Warnton blitzt der gesamte Bildschirm hell auf. Die Funktion kann mit der Schaltfläche »Bildschirm blinken lassen« getestet werden.

Tastatur

- **Einfingerbedienung:** Die Sondertasten ⌘, ⌥, ⇧ und ctrl können durch Klicken nacheinander aktiviert und deaktiviert werden. Diese Funktion kann optional durch fünfmaliges Drücken der ⇧-Taste aktiviert werden. Optional kann das Drücken einer Sondertaste mit einem Piepton begleitet werden und die aktivierten Sondertasten oben rechts im Bildschirm eingeblendet wereden. Die ctrl-Taste wird durch das Zeichen ^ dargestellt.

- **Tasten-Wiederholrate:** Mit dieser Funktion kann die Reaktion der Tastatur verzögert werden. Der Tastendruck und die Reaktion kann zusätzlich mit Geräuschen unterlegt werden. Mit der Schaltfläche »Wiederholrate setzen« wird das Kontrollfeld »Tastatur« geöffnet.

Maus

Die Maus wird mit den Tasten des Ziffernblocks über den Bildschirm gefahren. Beispielsweise bewegt die Taste 8 die Maus nach oben, die 1 nach links unten, etc. Die Taste 5 entspricht einem Mausklick. Mit zwei Reglern kann die Geschwindigkeit eingestellt werden. Die Maussteuerung kann optional durch fünfmaliges Drücken der ⌥-Taste ein- und ausgeschaltet werden.

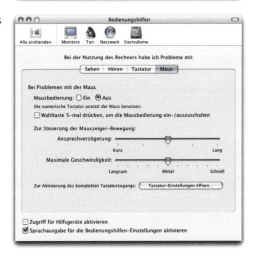

Benutzer

◀ 88ff
Praxis, Mehrere Benutzer

Die Einstellungen in diesem Kontrollfeld können nur von Admin-Benutzern vorgenommen werden. In einer Liste werden die für diesen Mac angelegten Benutzer aufgelistet. Der eigene Account wird in der Liste ganz oben angezeigt.

- **Neuer Benutzer:** Wenn Sie auf die Schaltfläche »+« klicken, wird ein neuer Benutzer angelegt.
- **Benutzer bearbeiten:** Die Einstellungen für einen aus der Liste ausgewählten Benutzer können im Bereich rechts geändert werden.
- **Benutzer löschen:** Der ausgewählte Benutzer wird mit einem Klick auf die Schaltfläche »-« gelöscht. Seine privaten Ordner werden je nach Option in der folgenden Abfrage entweder in ein Disk-Image (*Kurzer Benutzername*.dmg) im Ordner »Benutzer/Deleted Users« kopiert oder sofort gelöscht.

◀ 236
Praxis, File-Vault

Kennwort

◀ 90
Praxis, Admin Benutzer

Im rechten Bereich des Fensters geben Sie dem Benutzer einen Namen. Der Kurzname erscheint automatisch, kann bei einem neuen Benutzer aber verändert werden. Bei einem vorhandenen Benutzer kann der Kurzname jedoch nicht mehr verändert werden. Hier legen Sie auch ein Passwort für den Benutzer fest. Außerdem können Sie eine Merkhilfe eingeben, die nach dreimaliger Falscheingabe des Kennwortes im Anmeldefenster angezeigt wird.

Bild

Aus der Liste können Sie ein Bild auswählen. Oder ziehen Sie ein Bild des Benutzer aus dem Finder in das Fenster. Mit der Schaltfläche »Bearbeiten« kann ein auf der Festplatte gespeichertes Bild ausgewählt werden.

Sicherheit

- **FileVault:** Wenn FileVault aktiviert wird, wird Ihrer privaten Ordner auf ein verschlüsseltes Disk-Image verschoben. Dafür werden Sie zuerst abgemeldet. Mit der Schaltfläche »Hauptkennwort festlegen« kann ein Kennwort festgelegt werden, mit dem alle File-Vault-Images entschlüsselt werden können.
- **Der Benutzer darf diesen Computer verwalten:** Wenn diese Option markiert ist, darf der Benutzer Einstellungen in bestimmten,

für normale Benutzer gesperrten Kontrollfeldern oder Programmen vornehmen. Mit
diesem Benutzernamen und Passwort kann
sich ein Benutzer auch – durch Klick auf das
Schloss-Symbol – als Admin identifizieren,
wenn ein normaler Benutzer angemeldet ist.

Startobjekte

In einer Liste werden die Programme angezeigt, die beim Starten des Mac automatisch
gestartet werden sollen.

- **Hinzufügen:** Mit der Taste »+« kann ein
  Programm in die Liste eingefügt werden. Sie
  können es auch per Drag&Drop aus dem Finder in die Liste ziehen.
- **Verschieben:** Die Objekte lassen sich in der
  Liste verschieben. Auf diese Weise kann die
  Reihenfolge des Programmstarts festgelegt
  werden.
- **Ausblenden:** Die mit der Option »Ausblenden« markierten Objekte werden nach
  dem Starten vom Finder ausgeblendet.
- **Entfernen:** Mit der Taste »-« wird das ausgewählte Objekt aus der Liste entfernt.

Einschränkungen

Auf dieser Seite können die Benutzerrechte
von normalen Beutzern weiter eingeschränkt
werden.

- **Keine:** Der Benutzer hat normale Rechte.
- **Bestimmte:** Der Benutzer wird entsprechend
  der gewählten Optionen weiter eingeschränkt.
- **Einfachen Finder:** Der einfache Finder besteht lediglich aus einem Fenster, das entweder die freigegebenen Programme, die Dokumente oder den Ordner »Für alle Benutzer«
  anzeigt.

99 ◀
Praxis, einfa-
cher Finder

Anmelde-Optionen

- **Anmeldefenster enthält:** Wenn die Option **»Liste der Benutzer«** aktiviert ist, werden alle im Kontrollfeld »Benutzer« angelegten Benutzer mit Bild aufgelistet. Mit einem Klick auf den jeweiligen Benutzer zeigt das Anmeldefenster ein Textfeld zur Eingabe des Passworts. Ist der Benutzer ohne Passwort angelegt, erfolgt die Anmeldung ohne Abfrage. Mit einem Klick in den letzten Eintrag »Andere...« (er ist nur bei entsprechender Konfiguration vorhanden) werden zwei Textfelder zur Eingabe von Name und Passwort angezeigt. Auf diese Weise können sich zentral im Netzwerk registrierte Benutzer auf dem Rechner anmelden.

  Ist die Option **»Name und Kennwort«** aktiviert, zeigt das Anmeldefenster lediglich Textfelder zur Eingabe von Name und Passwort an.

◄ 235f
Praxis,
Sicherheit

- **Automatische Anmeldung:** In dem Menü können Sie eine Benutzer auswählen und dann das Passwort des Benutzers eingeben. Wenn der Mac anschließend neu gestartet wird, wird dieser Benutzer automatisch angemeldet, ohne dass das Anmeldefenster erscheint. Die Automatische Anmeldung

► 314
Kontrollfeld
»Sicherheit«

kann zusätzlich im Kontrollfeld »Sicherheit« deaktiviert werden.

- **Die Tasten „Ruhezustand", „Neustart" und „Ausschalten" ausblenden:** Im Anmeldefenster ist kein Ruhezustand, Neustart oder Ausschalten möglich.

- **Schnellen Benutzerwechsel ermöglichen:** Wenn der schnelle Benutzerwechsel aktiviert ist, können sich weitere Benutzer anmelden, ohne dass sich die anderen Benutzer abmelden müssen.

Bluetooth

Einstellungen

Hier werden grundlegende Einstellungen für Bluetooth vorgenommen.

- Bluetooth Signal: Mit der Schaltfläche »Bluetooth aktivieren« bzw. »deaktivieren« wird Bluetooth ein- bzw. ausgeschaltet.
- **Bluetooth-Name:** Der Name kann im Kontrollfeld »Sharing« geändert werden.

Datenaustausch

Auf dieser Seite nehmen Sie Einstellungen für den Datenaustausch mit Bluetooth-Geräten vor.

- **Bluetooth-Datenaustausch:** Hier können Sie die Aktionen für den Empfang verschiedener Datentypen bestimmen und einen Download-Ordner bestimmen.
- **Bluetooth-Dateiübertragung:** Hier können Sie einen Ordner auswählen, den Sie für Bluetooth-Geräte zum Zugriff freigeben.
- **Geräte:** Auf dieser Seite werden die angeschlossenen Bluetooth-Geräte angezeigt. Mit der Schaltfläche »**Verbindung zu neuem Gerät**« können Sie eine neue Verbindung aufbauen. Die Schaltfläche »Neues Gerät Konfigurieren« öffnet den »**Bluetooth Assistenten**«. Mit den Schaltflächen »Verbindung trennen« und »Löschen« lassen sich vorhandene Verbindungen trennen oder ganz aus der Liste löschen.

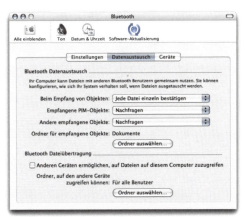

273 ◄
Bluetooth-Programme

312 ◄
Kontrollfeld »Sharing«

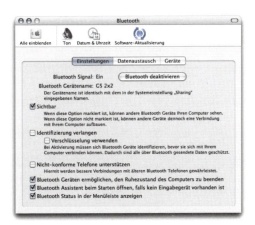

CDs & DVDs

◄ 227
Praxis, CD
brennen

Hier können Sie einstellen, welche Aktion erfolgt, wenn CDs, DVDs oder CD/DVD-Rohlinge
eingelegt werden.

◄ 266
iTunes,
Audio-CD
brennen

Classic

◄ 204ff
Praxis, Classic

Start/Stopp

- **Classic Systemordner auswählen:** In einer Liste können Sie unter allen verfügbaren Mac-
OS-9.x-Systemordnern einen auswählen, der
in der Classic-Umgebung gestartet werden
soll.

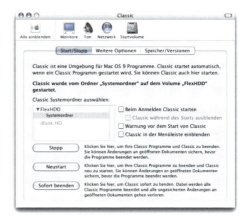

- **Beim Anmelden Classic starten:** Wenn Sie
viel mit Classic-Programmen arbeiten, kann
Classic automatisch beim Anmelden gestartet werden.

- **Warnung vor dem Start von Classic:** Bevor
Classic gestartet wird, wird ein Fenster eingeblendet, in dem Sie den Start bestätigen
oder abbrechen können.

- **Classic in der Menüleiste einblenden:** Im
Classic-Menü-Extra können Sie Classic star-
ten und stoppen sowie auf das Classic-Apple-
Menü zugreifen.

- **Start** bzw. **Stopp:** Mit dieser Schaltfläche
können Sie die Classic-Umgebung starten.
Wenn Classic aktiv ist, können Sie die Umgebung mit dieser Schaltfläche beenden
(als Ersatz für den Befehl »Ausschalten« im
Finder von Mac OS 9.x). Dabei können alle
ungesicherten Dokumente gesichert werden.

- **Neustart:** Alle Classic-Programme werden
beendet – ungesicherte Dokumente können
gesichert werden – und Mac OS 9.x wird neu
gestartet.

- **Sofort beenden:** Mac OS 9.x und alle Classic-Programme werden beendet, ohne dass ungesicherte Dokumente gesichert werden können.

Weitere Optionen
- **Startoptionen:** In einem Aufklappmenü können Sie Optionen für den Mac-OS-9.x-Systemstart auswählen. Die Schaltfläche »Classic starten« startet Mac OS 9.x mit der gewählten Option neu.
- **Ruhezustand für Classic aktivieren nach einer Inaktivität von:** Nach der eingestellten Zeit bekommt Classic keine CPU-Zeit mehr vom Mach-Kernel zugeteilt.
- **Schreibtischdatei von Classic neu anlegen:** Mit dieser Schaltfläche wird die Schreibtischdatei – in der die Verknüpfungen zwischen Classic-Programmen und Dokumenten gespeichert werden – neu angelegt.

Speicher/Versionen

In einer Liste werden die laufenden Classic-Programme sowie der verwendete Arbeitsspeicher angezeigt. Darunter wird die Version des aktiven Classic-Systems angezeigt.

- **Programme im Hintergrund anzeigen:** Auch Systemprogramme ohne Oberfläche werden aufgelistet.

Datum & Uhrzeit

Wie der Name schon sagt, werden mit dem Kontrollfeld »Datum & Uhrzeit« das Datum und die Uhrzeit des Systems eingestellt. Da der Mac eine interne, batteriebetriebene Uhr besitzt, muss dieses Kontrollfeld nur sehr selten geöffnet werden. Die Einstellungen für das Datums- und Uhrzeitformat werden im Kontrollfeld »Landeseinstellungen« vorgenommen. Die Einstellungen von Datum, Uhrzeit, Zeitzone und Netzwerkzeit können nur von Admin-Benutzern vollzogen werden.

Datum &Uhrzeit

Auf dieser Seite können Sie mit den kleinen
Pfeilen das Datum und die Uhrzeit einstellen.
Sie können auch die Zeiger der Uhr direkt be-
wegen.

◄122ff
Praxis,
Netzwerk

- **Datum & Uhrzeit automatisch stellen:** Mit
  der Uhrzeitsynchronisierung hat der Mac die
  Möglichkeit, ein Zeitsignal aus dem Internet
  zu empfangen, mit dem die Systemuhr syn-
  chronisiert wird. Aus dem Menü können Sie
  einen Server auswählen oder in das Texteingabefeld eine beliebige Internet-Zeitserver-
  Adresse eingeben (z.B. <ptbtime1.ptb.de> für
  die Atomuhr in Braunschweig).

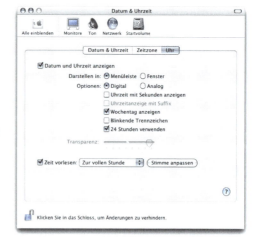

Zeitzone

Auf der Weltkarte können Sie eine Zeitzone
anklicken und dann im Aufklappmenü ein Land
aus dieser Zeitzone auswählen.

Uhr

- **Menüleiste:** Die aktuelle Uhrzeit kann an
  der rechten Seite der Menüleiste als kleine
  Uhr oder digital (als Text) angezeigt werden.
  Für die digitale Menüleistenuhr stehen verschiedene Einstellungen zur Auswahl. Die
  Einstellungen werden direkt von der Menüleistenuhr übernommen.

    Ein Klick auf die Menüleistenuhr öffnet ein
  Menü, in dem das Datum angezeigt wird.
- **Fenster:** Die Uhrzeit kann alternativ analog
  oder digital in einem halbtransparenten
  Fenster angezeigt werden. Die digitale Uhr
  zeigt zusätzlich ein Kalenderblatt mit dem
  Datum an.
- **Zeit vorlesen:** Die Uhrzeit wird zum einge-
  stellten Intervall (auf englisch) vorgelesen.

Dock

- **Größe des Docks:** Mit einem Regler können Sie die Größe des Docks einstellen. Alternativ lässt sich die Größe auch direkt am Dock selbst einstellen, indem auf die Trennlinie geklickt und diese mit der Maus nach oben oder unten (bzw. links und rechts) gezogen wird. Hierbei schnappt das Dock mit gedrückter ⌥-Taste in Standardgrößen (16, 32, 64 Pixel) ein.

- **Vergrößerung:** Bei aktivierter Option werden die Objekte, die sich unter dem Mauszeiger befinden, vergrößert dargestellt. Die Stärke der Vergrößerung kann mit dem Regler eingestellt werden. Die Vergrößerung lässt sich im Apple-Menü mit dem Befehl »Dock ▶ Vergrößerung einschalten« bzw. »Vergrößerung ausschalten« ein- und ausschalten.

- **Position auf dem Bildschirm:** Das Dock lässt sich am rechten, linken oder unteren Bildschirmrand positionieren.

- **Effekt beim Ablegen:** Hier wird der Effekt bestimmt, mit dem ein Fenster in das Dock verkleinert wird. »Trichter« saugt es ein, wie einen Flaschengeist (im englischen wird der Effekt »Genie« genannt), »Linear« verkleinert es lediglich.

84ff ◄
Praxis, Dock

- **Das Öffnen der Programme animieren:** Bei aktivierter Option hüpft das Symbol eines Programms, während es gestartet wird.

- **Dock automatisch ein- und ausblenden:** Bei aktivierter Option verschwindet das Dock und erscheint erst, wenn sich der Mauszeiger an den Bildschirmrand bewegt wird, an dem sich das Dock befindet. Das Dock kann auch mit dem Befehl »Dock ▶ Automatisch einblenden« (⌘⌥D) aus dem Apple-Menü aus- bzw. eingeblendet werden.

Drucken & Faxen

Drucken

Hier können der aktive Drucker und das Standard-Papierformat im Druckerdialog bestimmt werden. Die Schaltfläche »Drucker konfigurieren« startet das »Drucker-Dienstprogamm«.

Faxen

Hier kann der Faxempfang aktiviert werden. Faxe können in einen Ordner gesichert, per E-Mail weitergeleitet oder direkt ausgedruckt werden.

Energie sparen

◄236
Praxis,
Sicherheit,
Ruhezustand

Macs und PowerBooks können in einen energiesparenden Ruhezustand versetzt werden. In diesem Ruhezustand wird praktisch nur noch der RAM-Speicher mit Strom versorgt, um die enthaltenen Daten zu sichern. Durch Druck auf eine beliebige Taste wecken Sie den Mac wieder auf. Sie finden alles genauso vor wie vor dem Ruhezustand. Die Einstellungen können nur von Admin-Benutzern vorgenommen werden.

Ruhezustand

- **Ruhezustand aktivieren nach einer Inaktivität von:** Über einen Schieber lässt sich die Zeit nach der letzten Tastatureingabe oder Mausbewegung einstellen, nach der der Mac automatisch in den Ruhezustand versetzt wird.

- **Ruhezustand des Monitors aktivieren nach einer Inaktivität von:** Hier können Sie einzeln die Zeiten einstellen, nach denen der Bildschirm in den Ruhezustand geht. Eine sinnvolle und energiesparende Alternative zum Bildschirmschoner ist ein Ruhezustand des Bildschirms, der nach einer kürzeren Zeit beginnt als der Ruhezustand des Rechners. Der Bildschirm wird durch Bewegen der Maus geweckt.

310 ▶

Kontrollfeld »Schreibtisch & Bildschirmschoner«

- **Festplatte(n) wenn möglich in den Ruhezustand versetzen:** Ist diese Option aktiviert, wird die Festplatte nach einiger Zeit ausgeschaltet.

Zeitplan

Der Zeitplan erlaubt es, den Computer zu einem bestimmten Zeitpunkt automatisch zu starten und auszuschalten bzw. in den Ruhezustand zu versetzen.

Optionen

- **Aufwachen:** Hier können Sie bestimmen, dass Ihr Mac bei einem Telefonanruf aufwacht (z.B. um Faxe zu empfangen) oder auch bei administrativen Netzwerkzugriffen.

- **Nach Stromausfall automatisch neu starten:** Der Mac startet sich nach einem Stromausfall automatisch neu.

- **Prozessor-Leistung:** Bei einem PowerBook lässt sich zusätzlich für längere Batterielaufzeit der Prozessortakt reduzieren.

PowerBook

Am PowerBook lassen sich die Einstellungen für Batterie- und Netzbetrieb einzeln definieren. Im Menü »Energieeinstellungen optimieren« stehen Profile für unterschiedliche Einsatzzwecke zur Verfügung. Die Einstellungen können mit der Schaltfläche »Details einblenden« angezeigt und verändert werden. Der Batteriestatus kann in der Menüleiste als Batteriesymbol angezeigt werden. Mit einem Klick auf dieses Symbol lässt sich über ein Menü festlegen, ob zusätzlich die verbleibende Batteriezeit oder die prozentuale Batterieladung angezeigt wird.

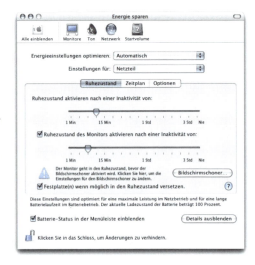

Erscheinungsbild

- **Erscheinungsbild:** Hier können Sie die Farbe der Bedienelemente (Schaltflächen, Rollbalken, Menüs etc.) bestimmen.
- **Auswahlfarbe:** Die Auswahlfarbe wird in der Textauswahl und für per Drag&Drop aktivierte Fenster etc. verwendet.

◀ 73
Praxis,
Fenster

- **Position der Rollpfeile:** Die Rollpfeile der Fenster aller Programme können auseinander – die Pfeile befinden sich am jeweiligen Ende der Rollbalken – oder zusammen – alle Pfeile sind unten rechts – positioniert werden.
- **Klicken in den Rollbalken bewirkt:** Ist die Option **»Blättern um eine Seite«** aktiviert, wird mit einem Klick in den Rollbalken der Inhalt eines Fensters so bewegt, dass die unterste Zeile am oberen Rand des Fensters erscheint. Ist **»Bewegen zu dieser Position«** aktiviert, springt der Rollgriff unter den Mauszeiger. Die Einstellung kann mit gedrückter ⌥-Taste umgekehrt werden.

- **Gleichmäßiges Bewegen verwenden:** Wenn diese Option aktiviert ist, wird der Fensterinhalt beim seitenweisen Blättern weitergeschoben, ist sie deaktiviert, wird zur nächsten Seite gesprungen.
- **Beim Doppelklicken in die Titelleiste das Fenster in das Dock ablegen:** Ein Doppelklick in die Titelleiste saugt das Fenster in das Dock.
- **Benutzte Objekte merken:** Mac OS X erstellt im Apple-Menü unter »Benutzte Objekte« eine Liste der zuletzt benutzten Programme und Dokumente. Hier kann über zwei Auswahllisten die Anzahl der aufgelisteten Programme und Dokumente ausgewählt werden.
- **Art der Schriftglättung:** Hier stehen vier Stufen für die Schriftglättung zur Verfügung. In den Stufen »Schwach«, »Mittel« und »Stark« wird Subpixelrendering verwendet.

184 ◄
Praxis,
Schriftglättung

- **Text nicht glätten für Schriftgröße xxx und kleiner:** Da die eingebaute Schriftglättung kleine Buchstaben unleserlich machen kann, kann hier die kleinste Schriftgröße bestimmt werden, bei der die Schrift geglättet wird.

Exposé

Wenn Exposé aktiviert wird, ordnet es, je nach aufgerufener Funktion, alle Fenster oder die Fenster des aktiven Programmes so auf dem Bildschirm an, dass alle Fenster nebeneinander angezeigt werden. Außerdem kann Exposé alle Fenster aus dem Bildschirm räumen, sodass der Schreibtisch frei zugänglich ist.

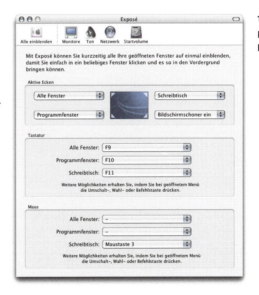

114f ◄
Praxis,
Exposé

- **Aktive Ecken:** Mit den vier Menüs kann eine Funktion bestimmt werden, die ausgeführt wird, wenn der Mauszeiger in die entsprechende Ecke gezogen wird. Zusätzlich zu den drei Funktionen von Exposé kann hier die Aktivierung des Bildschirmschoners ausgewählt werden.
- **Tastatur:** Für jede der drei Funktionen von Exposé kann eine Taste bestimmt werden. Die F-Tasten können zusammen mit den Tasten ⌘, ⌥, ⇧ und/oder ctrl eingestellt werden.
- **Maus:** Wenn eine Mehrtastenmaus angeschlossen ist, kann für alternativ jede der Aktionen eine Maustaste bestimmt werden. Auch hier können die Tasten ⌘, ⌥, ⇧ und/oder ctrl hinzugenommen werden.

Ink

◀196
Praxis, Ink

Mit Ink wurde in Mac OS X 10.2 eine systemweite Handschrifterkennung eingeführt. Auf einem Wacom-Grafiktablett können handschrift-
liche Texte geschrieben werden, die dann von
Ink in Computer-Text umgewandelt werden.
Das Kontrollfeld »Ink« erscheint nur in den
Systemeinstellungen, wenn ein Grafiktablett
angeschlossen ist. Für die Funktion des Tabletts
müssen die Wacom-Treiber installiert sein.

Die Handschrifterkennung wird mit der
Option **»Erkennung der Handschrift ist Ein«**
eingeschaltet. Wenn die Handschrifterkennung
eingeschaltet ist, erscheint die Ink-Werkzeugpalette auf dem Bildschirm.

Einstellungen

- **Schreiben überall ermöglichen:** Ist diese Option ausgewählt, kann mit dem Stift an jeder
beliebigen Stelle des Tabletts geschrieben
werden. Der Text wird in das oberste offene
Fenster eingefügt. Wenn die Option deaktiviert ist, können Sie nur im InkPad schreiben.
Der fertige Text kann dann mit der Schaltfläche »Senden« in das oberste Fenster eingefügt werden.
- **Meine Handschrift ist:** Hier können Sie einstellen, wie weit die Buchstaben innerhalb
eines Wortes bei Ihrer Handschrift auseinander stehen.
- **InkPad Schrift:** Hier wird der Zeichensatz für
das InkPad bestimmt.
- **Ink Fenster einblenden:** öffnet die Ink-Palet-
te, die zum InkPad erweitert werden kann.
- **Ink in der Menüleiste anzeigen:** Mit dem Ink-
Menü-Extra können Sie das Ink-Fenster ein-
und ausblenden, sowie die Option »Irgendwo
schreiben« aktivieren und deaktivieren.

Optionen

Mit drei Schiebereglern lässt sich die Geschwindigkeit verschiedener Aktionen von Ink einstellen. Als weitere Optionen kann die Handschrifterkennung gestartet werden, sobald der Stift angehoben wird und der Mauszeiger kann während des Schreibens ausgeblendet werden. Außerdem lässt sich das Schreiben mit einem Ton unterlegen.

Zeichen

Mit den Gesten können bestimmte Aktionen während der Texteingabe ausgeführt werden. Die Gesten können mit dem Häkchen einzeln deaktiviert werden. Bei einem Klick in die Zeile wird rechts eine Animation der Strichführung gezeigt.

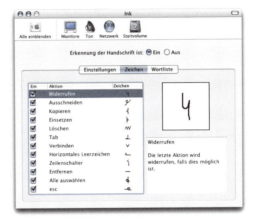

Wortliste

Mit der Schaltfläche **»Hinzufügen«** kann ein Wort eingegeben werden, dass häufig benutzt wird. Ist das Wort schon im allgemeinen Wörterbuch enthalten, wird es nicht in die Wortliste aufgenommen. Mit den Schaltflächen **»Bearbeiten«** und **»Löschen«** kann ein Eintrag gelöscht bzw. geändert werden.

Landeseinstellungen

Sprachen

◀ 41
Technik,
Programm-
Bundles

- **Sprachen:** Die meisten Mac-OS-X-Programme werden mit mehreren Sprachpaketen ausgeliefert. In der Liste können Sie bestimmen, welche Sprache in den Programmen verwendet werden soll. Ist diese Sprache nicht angelegt, wird die nächste Sprache in der Liste verwendet. Mit der Schaltfläche »Bearbeiten« können Sie die Sprachen auswählen, die in der Liste zur Auswahl stehen sollen.

  Das Apple-Menü wird immer in der Sprache des aktiven Programms angezeigt. Es ändert also eventuell beim Wechseln zwischen unterschiedlichen Programmen die Sprache.

- **Sortierung anpassen:** Hier wird das Verhalten des jeweiligen Sprachsystems bestimmt. Dadurch werden die Funktionen der Schreibhilfen innerhalb der Anwendungsprogramme beeinflusst.

Formate

Hier werden die Formate für Datum, Uhrzeit und Zahlen festgelegt. In dem Aufklappmenü »Region« kann einfach zwischen voreingestellten Länderformaten ausgewählt werden; mit der Schaltfläche »Anpassen« kann aber auch jeweils ein eigenes Format definiert werden. Hierdurch wird auch die Darstellung der Datumsangaben bzw. Zahlen in Anwendungsprogrammen beeinflusst.

Tastaturmenü

Auf der Seite »Tastaturmenü« wird die länderspezifische Tastaturbelegung ausgewählt. Wenn Texte in einer fremden Sprache geschrieben werden – z.B. Französisch oder Spanisch – kann im Tastatur-Menü-Extra oder mit einem Tastaturkürzel direkt die Tastaturbelegung gewechselt werden. Dann stehen die häufig verwendeten Sonderzeichen auf der obersten Ebene der Tastatur zur Verfügung.

- **Schriftsystem:** In der rechten Spalte wird das Schriftsystem angezeigt, in dem diese Sprache kodiert ist.

- **Optionen – Tastatur-Kurzbefehle:** Wenn Sie auf die Schaltfläche »Optionen« klicken, blendet sich ein Fenster ein, in dem Sie zusätzlich zum Tastaturkürzel ⌘Leertaste, mit dem das Schriftsystem während des Schreibens eines Textes gewechselt werden kann, das Tastaturkürzel ⌘⌥Leertaste zum Wechseln der Tastaturbelegung im gleichen Schriftsystem aktivieren können. Außerdem können Sie mit der Option **»Schrift und Tastatur synchronisieren«** bestimmen, dass die Tastatur automatisch in das System umschaltet, in dem ein ausgewählter Text erstellt wurde.

Zeichen-Palette

Wenn die Option »Zeichen-Palette« in der Liste der Tastaturbelegungen aktiviert ist, können Sie aus dem Tastatur-Menü mit dem Befehl »Zeichenpalette einblenden« ein schwebendes Fenster öffnen, in dem alle Unicode-Zeichen angezeigt werden.

188 ◄
Praxis, Zeichenpalette

Tastaturübersicht

Die Tastaturübersicht zeigt die aktuelle Tastaturbelegung an.

Monitore

Das Kontrollfeld »Monitore« passt sich an die unterschiedlichen Gegebenheiten der Hardware an. Lediglich die Seiten »Monitor« und »Farben« sind bei allen Macs erreichbar.

Monitore

- **Auflösungen:** In diesem Bereich werden die möglichen Monitorauflösungen in einer Liste angezeigt. Die Auflösung kann durch einen einfachen Klick in die entsprechende Zeile gewechselt werden.
- **Farben:** Hier kann aus einem Aufklappmenü die Farbtiefe ausgewählt werden.
- **Wiederholrate:** Hier kann aus einem Aufklappmenü die Frequenz des Monitors bestimmt werden.
- **Helligkeit und Kontrast:** Bei einigen Monitoren können hier die Helligkeit und der Kontrast des Bildschirms mit zwei Schiebern eingestellt werden.
- **Bildschirme in der Menüleiste anzeigen:** Mit dem Monitor-Menü-Extra kann zwischen mehreren Modi aus Farbtiefe und Auflösung gewechselt werden. Unter »**Benutzte Modi merken**« wird die Zahl der Modi bestimmt, die im Menü-Extra erscheinen sollen.

Anordnen

Wenn ein weiterer Monitor angeschlossen wurde, kann die Seite »Anordnen« geöffnet werden. Hier werden die Bildschirme miteinander gruppiert. Auch auf dem zweiten Monitor erscheint die Seite »Monitor« zum Einstellen der Farbtiefe. Mit der Schaltfläche »**Bildschirme erkennen**« auf der Seite »Monitore« können im laufenden Betrieb angeschlossene Monitore angemeldet werden.

- **Bildschirme synchronisieren:** Mit dieser Option zeigen beide Monitore das gleiche Bild.

Geometrie

Bei einem ColorSync-Monitor, den Apple-Studio-Displays mit Röhrenmonitor (hier muss der USB-Stecker des Monitors angeschlossen sein, sonst wird der Bildschirm nicht erkannt), beim iMac G3 oder eMac kann hier die Geometrie des Bildschirms eingestellt werden.

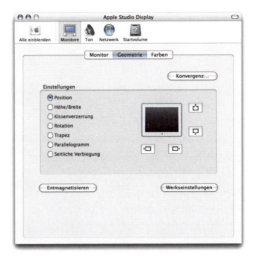

Farben

Hier kann ein vorhandenes ColorSync-Profil ausgewählt werden. Mit der Schaltfläche »Kalibrieren« wird der Kalibrierungs-Assistent gestartet.

190 ◄
Praxis, Farbmanagement

Netzwerk

◀ 122ff
Praxis,
Netzwerk

◀ 90
Praxis,
Admin-
Benutzer

Die Einstellungen im Kontrollfeld »Netzwerk«
können nur von Admin-Benutzern vorgenommen werden.

Assistent

Mit dieser Schaltfläche wird der »Netzwerk-
Assistent« gestartet, mit dem Sie Schritt für
Schritt eine Umgebung konfigurieren können.

Jetzt aktivieren

◀ 265
»Internet-
Verbindung«

Wenn Sie die Schaltfläche »Jetzt aktivieren«
klicken, werden die geänderten Einstellungen
aktiviert. Unter Umständen werden dafür vorhandene Verbindungen unterbrochen und neu
aufgebaut.

Umgebung

In diesem Aufklappmenü können Sie zwischen
verschiedenen Netzwerkumgebungen wechseln, für die Sie die Einstellungen einzeln vornehmen. Mit dem Befehl »Neue Umgebung«
legen Sie eine neue Umgebung an, mit »Umgebung bearbeiten« können Sie vorhandene Umgebungen umbenennen oder duplizieren.

Netzwerk-Status

Auf der Seite Netzwerk-Status werden die
aktiven Schnittstellen aufgelistet. Ein grünes,
gelbes oder rotes Licht zeigt dabei den Status
der jeweiligen Schnittstelle an. Außerdem wird
der Status detailliert beschrieben.

- **Konfigurieren:** Die Schaltfläche »Konfigurieren« oder ein Doppelklick auf die entsprechende Schnittstelle zeigt die Seite »TCP/IP«
  der jeweiligen Schnittstelle.
- **Verbinden bzw. Trennen:** Öffnet die zur
  Schnittstelle passende Seite im Programm
  »Internet-Verbindung«.

Zeigen

Hier können Sie zwischen den vorhandenen
Netzwerkschnittstellen auswählen und für jede
einzelne Einstellungen vornehmen.

- **Netzwerk-Konfigurationen:** In der eingeblendeten Liste können einzelne Netzwerk-
  schnittstellen für die ausgewählte Umgebung aktiviert, deaktiviert und in ihrer Priorität verschoben werden. Durch Duplizieren
  einer Netzwerkschnittstelle lassen sich auch

unterschiedliche IP-Adressen und Protokolle gleichzeitig auf einer Schnittstelle einsetzen (z.B. »AppleTalk« auf »Ethernet« mit fixer, privater IP für das interne Netzwerk und »PPPoE« auf »Ethernet Kopie« mit dynamischer, öffentlicher IP für das Internet).

TCP/IP

Auf der Seite »TCP/IP« werden die Einstellungen für Netzwerkverbindungen über das TCP/IP-Protokoll vorgenommen.

- **IPv4 konfigurieren:** In einem Aufklappmenü wird die Konfigurationsmethode ausgewählt. Diese und die Daten, die Sie in die folgenden Felder eintragen müssen, erfahren Sie von Ihrem Internet-Provider oder Netzwerkadministrator. Wichtig für Internet-Verbindungen ist dabei die Name-Server-Adresse (»DNS-Server«).

  Die »IP-Adresse«, die »Router«- und die »DNS-Server«-Adresse werden bei **PPP**-Serverkonfigurationen automatisch vom Server geliefert.

  Innerhalb eines Intranets wird häufig **DHCP** verwendet. Hier kann mit der Schaltfläche »„DHCP-Lease" erneuern« vom Server

eine neue IP-Adresse angefordert werden. Wenn im Netzwerk kein DHCP-Server vorhanden ist, wählt der Mac mit der Einstellung »DHCP« über IPv4-link-local selber eine IP-Adresse. Manche DHCP-Server teilen anhand der »DHCP-Client ID« den Clients immer die selben IP-Adressen zu. **BootP** wird nur noch sehr selten verwendet.

Bei der Konfigurationsmethode »**DHCP mit manueller Adresse**« wird die IP-Adresse manuell vergegeben, die restlichen Daten aber vom DHCP-Server angefordert.

Oder aber die IP-Adressen mit Subnetzmaske und Routeradresse werden im Netzwerk **manuell** vergeben.

Mit der Einstellung »**Aus**« wird IPv4 deaktiviert.

- **IPv6-Adresse:** Die IPv6-Adresse wird automatisch aus der Ethernet-Adresse (MAC) und weiteren Faktoren generiert. Mit der Schaltfläche »**IPv6 konfigurieren**« können aber auch manuell eine IPv6-Adresse und eine IPv6-Router-Adresse angelegt werden. Hier kann IPv6 auch deaktiviert werden.

122ff ◄
Praxis,
Netzwerk

◀122ff

Praxis,
Netzwerk

PPP/PPPoE

Die Seite »PPP« bzw. »PPPoE« ist für den Verbindungsaufbau über ein Modem bzw. DSL
und das PPP-Protokoll mit einem Internet-Provider verantwortlich. Die Internet-Verbindung
über das PPP-Protokoll kann manuell mit dem
Programm **»Internet-Verbindung«** (im Ordner
»Programme« ⌘⇧A)) hergestellt werden. Die
aktive Verbindung ist dann an einem rosafar-
benen Blitz im Symbol des Programms im Dock
zu erkennen.

In die Eingabefelder geben Sie den Namen,
das Kennwort und die Telefonnummer des PPP-
Zugangs ein.

- **Kennwort sichern:** Bei angekreuzter Option
  meldet sich die PPP-Software selbsttätig
  beim PPP-Server an. Ist sie nicht angekreuzt,
  müssen Sie im Programm »Internet-Verbindung« das Kennwort eingeben, bevor der
  Mac den Verbindungsaufbau mit dem Server
  startet.
- **PPP-Optionen** bzw. **PPPoE-Optionen:** Die
  Schaltfläche öffnet ein Fenster mit verschiedenen Einstellmöglichkeiten.
- **Den PPPoE-Status in der Menüleiste anzeigen:** Die Verbindung kann auch mit dem
  PPPoE-Menü-Extra hergestellt werden.

Verbindungs-Optionen

- **Bei Bedarf automatisch verbinden:** Eine PPP-
  Verbindung wird automatisch hergestellt,
  wenn z.B. im Internetbrowser eine Adresse
  eingegeben wird. Ist die Option nicht angekreuzt, muss die Verbindung im Programm
  »Internet-Verbindung« hergestellt werden.
- **Alle x Minuten nachfragen, um die Verbindung aufrecht zu halten**: Nach der eingestellten Zeit erscheint eine Abfrage. Wird
  diese nicht bestätigt, wird die Verbindung
  automatisch nach etwa 20 Sekunden beendet.
- **Verbindung trennen, falls sie für x Minuten
  nicht verwendet wurde:** Die Verbindung
  wird beendet, sofern keine Netzwerkaktivität
  festgestellt werden kann.
- **Beim Abmelden des Benutzers die Verbindung trennen:** Wenn der Benutzer sich mit
  dem Befehl »Abmelden« (⌘⇧Q) abmeldet,
  wird die Verbindung getrennt.
- **Erneut wählen, wenn die Gegenstelle be-
  setzt ist:** Hier kann die Anzahl der Anwahl-
  versuche und die Wartezeit dazwischen
  bestimmt werden.

Weitere PPP-Optionen

- **Über ein Terminalfenster verbinden (Befehls-zeile):** Wenn diese Option aktiviert ist, kann die Verbindung über ein Terminalfenster aufgebaut werden. Die benötigten Steuerbe-fehle für den Verbindungsaufbau werden per Tastatur eingegeben.
- **Ausführliches Protokoll:** Das Programm »Internet-Verbindung« zeichnet über jede Verbindung ein kurzes Protokoll auf, das im Programm mit dem Befehl »Verbin-dungsprotokoll« aus dem Menü »Fenster« eingesehen werden kann. Mit der Option »Ausführliches Protokoll« werden alle Ver-bindungsparameter aufgezeichnet.

- **Vor dem Wählen auf Freizeichen warten:** Wichtig für viele Telefonanlagen ist diese Einstellmöglichkeit. Ist sie nicht aktiviert, versucht das Modem auch ohne Freizeichen, eine Verbindung aufzubauen. Das Modem kann dann zuerst die Amtsziffer wählen und von der Telefonanlage ein Amt erhalten.

122ff ◄
Praxis,
Netzwerk

- **Wählart:** Mit »Ton« oder »Impuls« wird die Wählart eingestellt. Sie hängt von der Art der Telefonverbindung ab.
- **Lautsprecher:** Hier lässt sich einstellen, ob der Ton des Modems hörbar ist.
- **Modem-Status in der Menüleiste anzeigen:** Mit dem Modem-Menü-Extra kann eine In-ternet-Verbindung aufgebaut werden. Das Symbol zeigt den Status der Verbindung an.

Modem

Die Seite »Modem« ist für die Schnittstellen-verbindung von »PPP« zuständig.

- **Modem:** In einem Aufklappmenü lässt sich ein Modem für die PPP-Verbindung auswählen, dessen Modemskript sich im Ordner »Library/Modem Scripts« befindet. Die Skripte gängiger Modemmodelle – inklu-sive Infrarot-Verbindungen zu Handys und Nullmodemverbindungen – werden bei der Installation von Mac OS X in diesen Ordner gelegt. Skripte für weitere Modems lassen sich im Internet – in Treiberarchiven oder auf dem Apple-FTP-Server – oder auf der Mac-OS-9.x-CD finden.
- **Fehlerkorrektur und Kompression im Modem aktivieren:** Die Fehlerkorrektur und Kom-pression im Modem lässt sich abschalten, falls die Gegenstelle diese Funktionen nicht unterstützt.

◄130f

Praxis,
Netzwerk,
AirPort

AirPort

Auf der Seite »AirPort« werden Einstellungen
für das AirPort-Netzwerk vorgenommen.

- **Bevorzugtes Netzwerk:** In das Textfeld kann
  der Name eines AirPort-Netzwerkes ein-
  getragen werden. Ein Klick auf das Dreieck
  öffnet ein Menü, in dem alle erreichbaren
  Netzwerke aufgelistet werden.
- **Netzwerk-Kennwort:** Tragen Sie hier das
  Kennwort für das ausgewählte Netzwerk ein.
- **AirPort-Status in der Menüleiste anzeigen:**
  Das AirPort-Menü-Extra zeigt den Status der
  AirPort-Karte mit unterschiedlichen Sym-
  bolen an. Ein Klick auf das Symbol öffnet ein
  Menü, in dem Netzwerke ausgewählt oder
  angelegt werden können.

AppleTalk

Auf dieser Seite werden die Einstellungen für
Netzwerkverbindungen über AppleTalk vorgenommen. Ist die Option **»AppleTalk aktivieren«**

◄148ff

Praxis,
FileSharing

aktiviert, sind Verbindungen über natives
AppleTalk möglich. Weitere Einstellungen sind
nur in besonderen Fällen notwendig.

Proxys

Auf dieser Seite können für die Internet-Programme Proxys eingerichtet werden. Der Proxy für unterschiedliche Protokolle kann durch ankreuzen aktiviert werden. Wenn der jeweilige Proxy-Typ in der Liste ausgewählt ist, kann in das Texteingabefeld die Adresse und die Portnummer eingetragen werden.

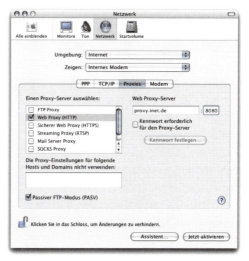

122ff ◀
Praxis,
Netzwerk

Ethernet

Auf dieser Seite können erweiterte Einstellungen für die Ethernet-Schnittstelle vorgenommen werden. Wenn im Menü »Konfiguration« die Option »Manuell (erweitert)« ausgewählt wurde, erscheinen weitere Auswahlmöglichkeiten.

- **Geschwindigkeit und Duplex:** Normalerweise handelt die Ethernet-Schnittstelle die Geschwindigkeit und den Duplex mit der Gegenstelle aus (autoselect). In den Menüs kann aber statt dessen eine feste Geschwindigkeit ausgewählt werden und der Halb- oder Voll-Duplex-Betrieb eingestellt werden.

- **Maximale Paketgröße (MTU):** Die maximale Paketgröße im Internet beträgt 1500 Bytes. Sogenannte Jumbopakete (9000 Bytes groß) verbessern das Verhältnis zwischen den Protokoll-Daten und den eigentlichen Daten. Ein eigener Wert wird beispielsweise in manchen Konfigurationen für die Internet-Anbindung über einen Router und DSL gebraucht.

135 ◀
Praxis,
Netzwerk,
MTU

QuickTime

◀ 34f
Technik,
QuickTime

»QuickTime« verleiht dem Mac Multimedia-Fähigkeiten. In QuickTime werden verschiedene Kompressions- und Konvertierungsroutinen für die Darstellung von Video-, Ton- und Bilddateien zusammengefasst.

QuickTime besteht aus verschiedenen Komponenten. Sie befinden sich im Ordner »System/Library/QuickTime«. Auf der Webseite <http://www.apple.com/de/quicktime/specifications.html> finden Sie eine Liste der von QuickTime unterstützten Datenformate.

Plug-In

Die hier vorgenommenen Einstellungen beziehen sich auf das QuickTime-Plug-In, mit dem Sie Multimedia-Inhalte direkt im Internetbrowser betrachten können.

◀ 139ff
Praxis, Inter-
netbrowser

MIME-Einstellungen

Mit der Schaltfläche »MIME-Einstellungen« können Sie bestimmen, welche Multimedia-Dateitypen mit QuickTime geöffnet werden. Die verschiedenen MIME-Typen (Multipurpose Internet Mail Extensions) können aktiviert und deaktiviert werden. Deaktivierte Typen können dann z.B. von einem anderen Plug-In verarbeitet werden.

Verbindung

- **Verbindungsgeschwindigkeit:** Auf manchen Internet-Seiten, die mit QuickTime 4 oder neuer erstellt wurden, sind verschiedene Versionen eines QuickTime-Films abrufbar. Je nach Geschwindigkeit Ihrer Internetverbindung können Sie die Filmversion auswählen, die sich in angemessener Zeit herunterladen lässt. Je höher die Geschwindigkeit eingestellt ist, desto größer ist die Filmdatei, die geladen wird.

- **Sofortige Wiedergabe:** Hier kann eingestellt werden, nach welcher Vorladezeit ein Stream abgespeilt wird.
- **Transporteinstellungen:** In einem weiteren Fenster können Sie das Transportprotokoll und den Port für die Übertragung von Quick-Time-Streaming bestimmen.

Musik

Hier werden die MIDI-Instrumente definiert, die beim Abspielen von MIDI-Dateien angesprochen werden. Vorgegeben ist der »Quick-Time Music Synthesizer«, dessen Sounds in QuickTime integriert sind. Sind zusätzliche MIDI-Instrumente an den Mac angeschlossen, kann mit »Als Standard verwenden« ein Standard-Instrument bestimmt werden.

Medienkennwörter

Hier bestimmen Sie, mit welchem Kennwort Sie Zugang zu gesicherten Multimedia-Dateien erhalten.

Aktualisierung

Sie können die neueste Version bestimmter QuickTime-Komponenten automatisch aus dem Internet beziehen. Ist die Option **»Automatisch nach Aktualisierungen suchen«** aktiviert, sucht QuickTime nach neueren Komponenten, sobald der QuickTime-Player oder eine andere QuickTime-basierte Software verwendet wird.

Registrierung

Wenn Sie **»QuickTime Pro«** registrieren, werden zusätzliche Funktionen von QuickTime (Import, Export, Kompression usw.) freigeschaltet.

268 ◄
QuickTime-
Player

Schreibtisch & Bildschirmschoner

Schreibtisch

Auf der Seite »Schreibtisch« bestimmen Sie Ihren persönlichen Schreibtischhintergrund. Dafür können Sie einfach eine Bilddatei in das Vorschaufeld ziehen oder ein Bild aus der Sammlungsvorschau anklicken.

In der Liste links können Sie zwischen verschiedenen Kategorien wählen. Die von Apple vorgegebenen Schreibtischbilder befinden sich im Ordner »Library/Desktop Pictures«. Mit dem Befehl »Ordner auswählen« können Sie einen beliebigen Ordner auf Ihrer Festplatte auswählen. Alle Bilddateien in diesem Ordner – JPEG-, TIFF-, PDF-Dateien etc. – werden dann in der Sammlungsvorschau angezeigt. Je nach Format kann das ausgewählte Bild zentriert, auf die Größe des Schreibtischs skaliert oder gekachelt dargestellt werden. Ist das Bild kleiner, als der Bildschirm lässt sich zusätzlich eine Hintergrundfarbe bestimmen. Im Bereich unten wird die iPhoto-Library angezeigt.

- **Bild ändern:** Ist diese Option aktiviert, wird das Hintergrundbild nach dem im Menü bestimmten Zeitraum automatisch gewechselt.

Bildschirmschoner

Auf dieser Seite kann ein Bildschirmschoner ausgewählt und konfiguriert werden. Die von Apple vorinstallierten Bildschirmschoner-Module befinden sich im Ordner »System/Library/Screen Savers«. Weitere Module können in den Ordner »/Library/Screen Savers« für alle Benutzer oder in den Ordner »*Privat*/Library/Screen Savers« für nur einen Benutzer hinzugefügt werden. Die Liste zeigt zuerst die Bildschirmschoner für jeden Benutzer und dann die privaten Bildschirmschoner. Mit »Choose Folder« kann ein Ordner ausgewählt werden,

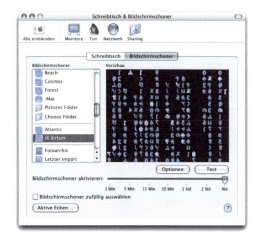

dessen Inhalt dann als Bildschirmschoner angezeigt wird. Ganz unten steht die iPhoto-Library zur Auswahl.

- **Vorschau:** In diesem Bereich wird eine Vorschau des ausgewählten Moduls angezeigt.
- **Optionen:** Hier können spezifische Einstellungen für das ausgewählte Modul vorgenommen werden.
- **Test:** Der Bildschirmschoner wird sofort gestartet, bis der Mauszeiger bewegt wird.
- **Bildschirmschoner aktivieren:** Hier können Sie die Zeit nach der letzten Mausbewegung oder Tastatureingabe einstellen, nach der der Bildschirmschoner aktiviert werden soll. Der Bildschirmschoner wird durch Bewegen der Maus oder Drücken einer beliebigen Taste beendet.
- **Bildschirmschoner zufällig auswählen:** Ist diese Option aktiviert, wird beim Aktivieren per Zufall ein Bildschirmschoner ausgewählt.
- **Aktive Ecken:** Für jede Ecke des Bildschirmes kann aus einem Menü eine Funktion ausgewählt werden. Sobald die Maus in die Ecke bewegt wird, in der die Funktion »Bildschirmschoner ein« ausgewählt wurde, wird der Bildschirmschoner aktiviert. Befindet sich der Mauszeiger in der Ecke des Bildschirms, mit der Funktion »Bildschirmschoner aus« belegt wurde, so wird der Bildschirmschoner auch nach der eingestellten Zeit nicht aktiviert. Außerdem stehen die Exposé-Funktionen für die Ecken zur Auswahl.

292 ◀
Kontrollfeld »Energie sparen«

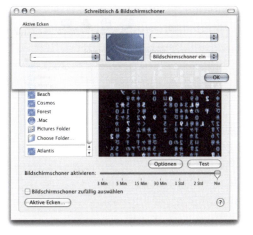

Sharing

◀ 90
Praxis,
Admin-
Benutzer

Im Kontrollfeld »Sharing« werden die Einstellungen für die Freigabe der Dateien auf dem Mac über das Netzwerk vorgenommen. Die Einstellungen stehen nur für Admin-Benutzern zur Verfügung.

- **Gerätename:** Mit dem hier festgelegten Namen erscheint der Mac in einem AppleTalk-Netz in der Liste der verfügbaren Server.
- **Rendevous-Name:** Rendevous ist eine neue Netzwerk-Technologie, mit der sich Rechner in Netzwerken ohne DNS-Server gegenseitig mit Namen erkennen können. Über den hier eingetragenen Namen (xxx.local) können die aktivierten Dienste von anderen Rechnern im Netzwerk aufgerufen werden. Der Name wird aus dem Gerätenamen generiert, kann aber mit der Schaltfläche »Bearbeiten« geändert werden.

◀ 137
Praxis, Do-
main-Namen

◀ 122ff
Praxis,
Netzwerk

◀ 302ff
Kontrollfeld
»Netzwerk«

- **Netzwerk-Adresse:** Ganz unten wird in einem erklärenden Text die aktuelle IP-Adresse angezeigt. Besteht einen Internet-Verbindung, so wird der Domain-Name, den der Internet-Provider vergeben hat, in den Text eingesetzt.

Dienste

◀ 148ff
Praxis, File-
Sharing

Auf der Seite »Dienste« können verschiedenen Server-Dienste gestartet werden. Die einzelnen Dienste werden durch Ankreuzen oder durch Klicken auf die Schaltfläche »Start« aktiviert. Entfernen des Häkchens oder Klicken auf »Stopp« deaktiviert den jeweiligen Dienst.

- **Personal File Sharing:** Ermöglicht den Datei-Zugriff über das Mac-eigene Apple-Share-Protokoll (afp://*Adresse des Rechners*). Benutzer, die im Kontrollfeld »Benutzer« angelegt wurden, können dann über das Netzwerk auf ihre privaten Ordner und die öffentlichen Ordner der anderen Benutzer zugreifen. Ein

Gast-Benutzer darf auf die öffentlichen Ordner der Benutzer zugreifen.

- **Windows File Sharing:** Der Samba-Server ermöglicht den Zugriff über das Windows-File-Sharing-Protokoll SMB (smb://*Adresse des Rechners*).
- **Personal Web Sharing:** aktiviert den Apache-Webserver. Über den Internetbrowser und das HTTP-Protokoll kann dann auf den Inhalt des Ordners »Library/Webserver/Documents« zugegriffen werden (http://*Adresse des Rechners*). Außerdem ist der Zugriff auf die Ordner »Sites« der jeweiligen Benutzer möglich. Deren Adresse lautet dann <http://*Internet-Adresse des Rechners*/~*Kurzer Name des Benutzers*/>.
- **Entfernte Anmeldung:** Mittels der Secure Shell »ssh« kann per UNIX-Kommandozeile über das Netzwerk auf den Mac zugegriffen werden (ssh -l *Adresse des Rechners*).
- **FTP-Zugriff:** Beim Verbindungsaufbau über das FTP-Protokoll meldet sich der Benutzer mit Namen und Passwort an und wird dann an seinen privaten Ordner weitergeleitet. Er kann dann durch die gesamte Hierarchie

navigieren und Dateien downloaden bzw. seinen Rechten entsprechend auch uploaden (ftp://*Adresse des Rechners*).

- **Apple Remote Desktop:** Der Apple-Remote-Desktop-Client ermöglicht die Administration und Steuerung der grafischen Benutzeroberfläche des Rechners über die Software »Apple Remote Desktop«.
- **Entfernte Apple Events:** Wenn diese Option aktiviert ist, können Programme auf diesem Mac per AppleScript mit dem Befehl »tell application "*Programmname*" of machine "eppc://*IP-Adresse*"« von anderen Macs aus über das Netzwerk gesteuert werden. (Ist der zu steuernde Rechner ein Rechner mit Mac OS X 10.2 oder neuer, kann hier auch anstelle der IP-Adresse der Rendevous-Name verwendet werden.) Wird die Option **»Events von Mac OS 9 zulassen«** aktiviert, muss zuerst ein Kennwort eingegeben werden, da Mac-OS-9-Rechner keine Benutzerverwaltung besitzen. Dieses Kennwort kann mit der Schaltfläche **»Kennwort festlegen«** geändert werden.
- **Printer Sharing:** Lokal angeschlossene Drucker können über das Netzwerk freigegeben werden.

Firewall

Wenn die Firewall mit der Schaltfläche »Start« aktiviert wurde, werden alle TCP-Ports verschlossen. Nur die in der Liste unten mit Häkchen versehenen Ports sind geöffnet. Aktivieren eines Dienstes auf der Seite »Dienste« öffnet automatisch den dazu gehörenden Port. Mit der Schaltfläche »Neu« kann ein zu öffnender Port aus einem Menü ausgewählt werden. Der Menüpunkt »Andere« erlaubt die Eingabe beliebiger Portnummern.

Internet

Auf der Seite »Internet« kann eine Internet-Verbindung für das lokale Netzwerk freigegeben werden. Internet-Sharing kann nur aktiviert werden, wenn eine Internet-Verbindung besteht. Im Menü »Verbindung gemeinsam nutzen« wählen Sie die Schnittstelle aus, die mit dem Internet verbunden ist und aktivieren die Netzwerk-Schnittstellen, über die das Internet an das Netzwerk freigegeben werden soll.

- **AirPort Optionen:** Hier können Sie Namen, Passwort, Kanal und Verschlüsselung des AirPort-Netzwerkes bestimmen, das für die Weitergabe der Internet-Verbindung hergestellt wird.

238f ◄
Praxis, Sicherheit im Netzwerk

134f ◄
Praxis, Internet-Sharing

181 ◄
Praxis, Drucker freigeben

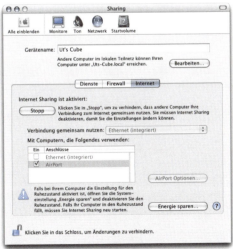

Sicherheit

◀ 234ff
Praxis,
Sicherheit

FileVault

Mit der Schaltfläche **»Hauptkennwort festlegen«** kann ein Kennwort festgelegt werden, mit dem alle FileVault-Images auf diesem Computer entschlüsselt werden können. Wenn Sie die Schaltfläche **»FileVault aktivieren«** klicken, werden Sie – nach Abfrage des Benutzerpasswortes – zuerst abgemeldet und Ihr privater Ordner wird auf ein verschlüsseltes Disk-Image verschoben. Danach können Sie sich ganz normal wieder anmelden.

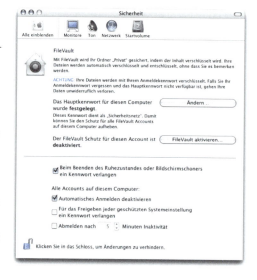

- **Beim Beenden des Ruhezustandes oder Bildschirmschoners ein Kennwort verlangen:** Sobald der Bildschirmschoner oder der Ruhezustand aktiviert wurde, wird Ihr Schreibtisch nicht mehr ohne Eingabe des Passwortes sichtbar. Mit einem Klick auf **»Benutzer wechseln«** wird das Anmeldefenster geöffnet.

Alle Accounts auf diesem Computer

- **Automatisches Anmelden deaktivieren:** Eine eventuell im Kontrollfeld »Benutzer« eingerichtete automatische Anmeldung wird deaktiviert. Beim Starten des Computers zeigt sich zuerst das Anmeldefenster.
- **Für das Freigeben einer geschützten Systemeinstellung ein Kennwort verlangen:** Systemeinstellungen, die geschützt werden können

sind beim Start des Programmes »Systemeinstellungen« geschützt und werden erst nach Klick auf das Schlösschen und Eingabe eines Admin-Passwortes freigegeben.
- **Abmelden nach xxx Minuten Inaktivität:** Nach der vorgegebenen Zeit ohne Tastatureingabe oder Mausbewegung wird der Befehl »Abmelden« (⌘⇧Q) ausgeführt. Nach weiteren 120 Sekunden werden dann alle Programme beendet, der Benutzer abgemeldet und das Anmeldefenster geöffnet.

◀ 59f
Praxis,
Software
akualisieren

Software-Aktualisierung

Mit dem Kontrollfeld »Software-Aktualisierung« können Bestandteile von Mac OS X über das Internet aktualisiert werden. Dafür stellt der Mac eine Internet-Verbindung her. Wenn aktualisierbare Software auf dem Apple-Server vorhanden ist, wird das Programm »Software-Aktualisierung« (im Ordner »System/Library/CoreServices«) gestartet. In diesem kann dann in einer Liste die gewünschte Software ausgewählt werden. Im unteren Bereich werden Informationen zur ausgewählten Software angezeigt. Ein Klick auf die Schaltfläche »Installieren« startet die Installation.

Nicht gewünschte Software kann mit dem Befehl **»Update ignorieren«** aus dem Menü »Aktualisieren« aus der Liste ausgeblendet werden. Mit dem Befehl **»Ignorierte Updates zurücksetzen«** aus dem Menü »Software-Aktualisierung« können diese erneut gesucht werden. Mit den Befehlen **»Nur laden«** oder **»Paket laden und behalten«** kann die Software auch für eigene spätere Installation mit dem »Installer« gesichert werden.

- **Nach Updates suchen:** Der Mac sucht nach dem mit dem Aufklappmenü eingestellten Zeitplan automatisch nach Software-Updates.
- **Wichtige Updates im Hintergrund laden:** Bestimmte Updates werden ohne Abfrage heruntergeladen und können dann sofort installiert werden.

- **Jetzt suchen:** Ein Klick auf diese Schaltfläche startet den Suchvorgang unabhängig von einem eingestellten Zeitplan.

Installiert Updates
In einer Liste werden die installierten System-Updates aufgelistet.

Startvolume

Wenn Sie dieses Kontrollfeld aktivieren, werden sämtliche Volumes nach startfähigen Systemen abgesucht. Aktivieren Sie eines der gefundenen Systeme, wird der Eintrag für das »boot-device« im NV-RAM und für den »blessed-Folder« im Hauptverzeichnisblock der Festplatte geändert und der Mac beim nächsten Neustart mit diesem System gestartet. Wenn Sie den Mauszeiger auf ein Objekt bewegen und ein wenig warten, werden detailliertere Informationen zu diesem System eingeblendet. Unter den Objekten wird angezeigt, welches System aktuell ausgewählt ist. Mit einem Klick auf die Schaltfläche »Neustart« können Sie Ihren Mac direkt vom ausgewählten System neu starten. Das Startvolume kann nur von einem Admin-Benutzer gewechselt werden.

50f ◄
Technik, Systemstart

22 ◄
Technik,
NV-RAM

38ff ◄
Technik,
Dateisystem

Sprache

Der Mac kann gesprochene Befehle erkennen
und geschriebene Texte vorlesen. Im Kontroll-
feld »Sprache« werden die dafür notwendigen
Einstellungen vorgenommen. Die zugehörigen
Systemkomponenten befinden sich im Ordner
»System/Library/Speech«.

- **Spracherkennungsmethode:** In einem Aufklappmenü können Sie die Software auswählen, mit der die Spracherkennung erfolgen soll. Wenn keine zusätzliche Software
installiert wurde, steht hier lediglich »Apple
Speakable Items« (auf englisch) zur Verfügung.

Spracherkennung

- **Ein/Aus:** Wenn die »Speakable Items« aktiviert sind, werden die Befehle im Ordner
»*Privat*/Library/Speech/Speakable Items«
auf gesprochenes Wort hin ausgeführt. Sie
können hier auch Aliase Ihrer Programme
ablegen, um diese per gesprochenem Befehl
zu starten.
- **Spracherkennung:** Auf dieser Seite stellen
Sie ein, unter welchen Umständen der Computer auf Ihre Befehle hören soll.

Standardstimme

Auf dieser Seite kann ein Standardsprecher
ausgewählt und die Geschwindigkeit des jeweiligen Sprechers eingestellt werden. Die – leider
nur englischsprachigen – Stimmen befinden
sich im Ordner »System/Library/Speech/Voices«.

Sprachausgabe

Mac OS X stellt Programmen eine Vorlese-
funktion zur Verfügung. Diese kann, wenn die
entsprechenden Optionen aktiviert sind und
Englisch die Standardsprache ist, auch Meldun-
gen des Systems und von Programmen oder
eine beliebige Textauswahl vorlesen.

Tastatur & Maus

Tastatur

Auf dieser Seite lassen sich Einstellungen vornehmen, die das Verhalten der Tastatur beeinflussen.

- **Wiederholrate** und **Ansprechverzögerung**: Hier können Sie mit zwei Reglern die Geschwindigkeit der Tastatur einstellen. In einem Textfeld lässt sich die Wirkung Ihrer Einstellungen kontrollieren.

Maus

Auf der Seite »Maus« passen Sie die Geschwindigkeit der Mausbewegung und des Doppelklick-Intervalls Ihren persönlichen Vorlieben an. Ist eine Maus mit Scrollrad angeschlossen, können Sie zusätzlich deren Geschwindigkeit einstellen.

Trackpad

Die Geschwindigkeit des Trackpads kann unabhängig von einer eventuell zusätzlich angeschlossenen Maus eingestellt werden.

- **Trackpad verwenden zum:** Bei einem PowerBook wird das Kontrollfeld »Maus« um einen weiteren Bereich erweitert. Das Trackpad kann auch als Maustaste verwendet werden. Wie weitreichend diese Funktion ist, kann in drei Stufen definiert werden.
- **Klicken:** Wenn diese Option aktiviert ist, kann durch Tippen mit der Fingerspitze ein Objekt markiert werden.
- **Bewegen:** Mit dieser Option kann ein Objekt bewegt werden, wenn mit der Fingerspitze noch ein zweites Mal auf das Trackpad getippt und dann die Fingerspitze bewegt wird (Anderthalbfachklick).
- **Bewegen durch Antippen beenden:** Ein aktiviertes Objekt bleibt so lange aktiviert, bis es ein weiteres Mal angeklickt wird.

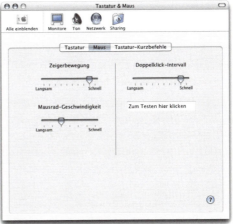

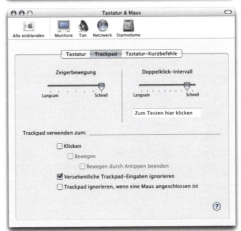

- **Trackpad beim Tippen ignorieren:** Durch Aktivieren dieser Funktion lässt sich beispielsweise verhindern, dass der Textcursor beim Schreiben versehentlich mit dem Daumen an eine andere Textstelle gesetzt wird.
- **Trackpad ignorieren, falls eine Maus angeschlossen ist:** Wenn eine externe Maus angeschlossen wird, wird das Trackpad deaktiviert.

◄ 287

Kontrollfeld »Bluetooth«

Bluetooth

Auf der Seite »Bluetooth« des Kontrollfelds »Tastatur & Maus« wird der Status der Bluetooth-Maus und -Tastatur angezeigt. Die Schaltfläche »Neues Gerät konfigurieren« öffnet den »Bluetooth Assistenten«.

◄ 64

Praxis, Tastatur-Kurzbefehle

Tastatur-Kurzbefehle

Auf dieser Seite können die Tastaturkurzbefehle in der Liste einzeln oder in Gruppen aktiviert und deaktiviert werden. Mit der Schaltfläche »+« können eigene Tastaturbefehle global oder in bestimmten Programmen definiert werden. Der Tastaturbefehl wird im entsprechenden Menü hinter dem angegebenen Menübefehl angezeigt, sobald das Programm neu gestartet wurde.

- **Tastatursteuerung einschalten:** Wenn diese Option aktiviert ist können mit der Tab-Taste zwischen Bedienelementen wie Texteingabefeldern und Schaltflächen wechseln. Das aktivierte Element bekommt einen blauen bzw. grauen Rand und kann dann mit der Leertaste bedient werden. Mit den Pfeiltasten können Sie in Aufklappmenüs blättern und den ausgewählten Menüpunkt mit der Eingabetaste auswählen oder es mit der Taste »esc« wieder schließen.

Ton

Mit dem Kontrollfeld »Ton« wählen Sie die Warntöne des Computers, die Lautstärke der Tonwiedergabe sowie den Ausgang für die Tonausgabe. Weitere Einstellungen können im Programm »Audio-Midi-Konfiguration« gemacht werden

- **Gesamtlautstärke:** Hier wird die Lautstärke der Lautsprecher eingestellt.
- **Lautstärke in der Menüleiste anzeigen:** Das Lautstärke-Menü-Extra zeigt anhand seines Symbols in der Menüleiste die aktuelle Laustärkeeinstellung an. Mit einem Klick erscheint ein Regler.

Toneneffekte

In einer Auswahlliste kann ein Warnton ausgewählt werden. Die zur Auswahl stehenden Warntöne befinden sich im Ordner »System/Library/Sounds«. Eigene Warntöne im AIFF-Format können in den Ordner »*Privat*/Library/Sounds« gelegt werden.

- **Warnton abspielen über:** Hier wird die Audio-Komponente ausgewählt, über die die Warntöne abgespielt werden.
- **Warnton-Lautstärke:** Die Lautstärke des Warntons wird im Verhältnis zur Gesamtlautstärke bestimmt.
- **In der Benutzeroberfläche Toneffekte ver-**

wenden: Bestimmte Aktionen – z.B. ein Objekt in den Papierkorb legen – werden mit Toneffekten unterlegt.

Ausgabe

Hier kann unter den verschiedenen installierten Audio-Komponenten der bevorzugte Tonausgang für Audio-Programme – wie beispielsweise iTunes – ausgewählt werden. Mit einem Regler lässt sich die Balance einstellen.

Eingabe

In der Liste kann eine Standard-Toneingabequelle gewählt werden. Unter »Eingangspegel« zeigt ein VU-Meter den aktuellen Pegel an, mit dem Regler »Eingangslautstärke« kann der Gain geregelt werden.

273 ◄
Audio-MIDI-Konfiguration

Farbauswahl

Die Farbwähler des Mac OS X

In Mac OS X können Farben in verschiedensten Programmen mittels eines Farbwählers ausgewählt werden. Innerhalb des Farbauswahl-Fensters kann zwischen unterschiedlichen Methoden der Farbraum-Darstellung gewählt werden.

Die Farbregler »RGB« und »HSV« sowie die »Web Save Colors« und das Spektrum-Bild basieren auf dem additiven RGB-Farbsystem. Der CMYK-Farbwähler simuliert die subtraktive Farbmischung des Vierfarbdrucks.

◄191f
Praxis,
Farbtheorie

Das Farbauswahl-Fenster

In der Symbolleiste oben können die verschiedenen Mischervarianten ausgewählt werden. Unter den Schiebewählern stehen vier Varianten zur Verfügung. Im Feld neben der Lupe wird die gewählte Farbe angezeigt. Bis zu 300 Farben können zum späteren Gebrauch per Drag&Drop in die kleinen Felder unten gezogen werden. Die Farbwähler befinden sich im Ordner »System/Library/Colorpickers«.

◄274
Referenz,
»DigitalColor
«Farbmesser

◄31f
Technik, Pro-
grammumg-
ebungen

Unterschiede zwischen Carbon und Cocoa

Die Farbregler in der Carbon- und der Cocoa-Programmumgebung unterscheiden sich ein wenig in der Bedienung. Die Mischer der Cocoa-Umgebung verwenden ein schwebendes Fenster, die ausgewählte Farbe wird direkt auf das ausgewählte Objekt im Dokument umgesetzt. In der Carbon-Umgebung verwenden die Farbregler ein normales Fenster mit zwei zusätzlichen Schaltflächen »OK« und »Abbrechen«. Die Änderung der Farbe wird erst umgesetzt, wenn das Fenster mit »OK« geschlossen wird.

Farbe einstellen

In allen Farbwählern kann die Farbe durch Klicken in Farbfelder und Verschieben von Reglern eingestellt werden. Alternativ können Werte in die Eingabefelder eingegeben werden.

Farbwerte aufnehmen

Sie können Farbwerte von einer beliebigen Stelle des Bildschirmes aufnehmen. Dafür klicken Sie auf die Lupe und bewegen den Lupen-Cursor über die betreffende Stelle des Bildschirms. Mit einem Mausklick wird der Farbwert in den Regler eingesetzt.

Der RGB-Farbwähler

Im RGB-Farbwähler werden die einzelnen Farbanteile – Rot, Grün und Blau – in Werten zwischen 0 und 255 eingestellt. Hierbei ist 0 die Farbe Schwarz (kein Licht) und 255 die jeweilige Farbe in voller Intensität. (0 entspricht also 0 % Intensität, 255 entspricht 100%.) Aufgrund der additiven Eigenschaft der Farbmischung hat das Zumischen von Schwarz keinen Einfluss auf die resultierende Farbe. So ergibt beispielsweise Schwarz in den Farbanteilen für Grün und Blau (Regler jeweils auf 0) plus 255 Rot ein reines Rot. Weiß wird erreicht, indem alle Farbanteile auf 255 eingestellt werden.

Der CMYK-Farbregler

Im CMYK-Farbregler kann die Sättigung jedes einzelnen Farbanteils – Cyan, Magenta, Gelb und Schwarz – prozentual eingestellt werden. Die Werte entsprechen der Größe des Farbpunkts im Druckraster. Hierbei ist 100 % die Druckfarbe mit voller Deckung. Bei 0 % ist sie bis auf Weiß abgeschwächt. Aus einer Mischung von 100 % Cyan, 100 % Magenta und 100 % Gelb entsteht bereits Schwarz. Diese Eigenschaft nutzen einige billigere Farbtintenstrahldrucker, die nur über drei Farbtöpfchen verfügen. Mit dem zusätzlichen Schwarz lässt sich die Helligkeit der Farbe bis hin zum reinen Schwarz regeln. Dies wird dann bei der Zerlegung von Bildern in ihre Farbanteile (der Vierfarbseparation) dadurch berücksichtigt, dass gleich gesättigte Buntfarben durch einen entsprechenden Anteil Schwarz ersetzt werden. Beim Vierfarbdruck zeigt sich immer wieder, dass die Druckfarben einen gewissen Verunreinigungsgrad aufweisen. Der Zusammendruck der Grundfarben Cyan, Magenta und Gelb ergibt kein reines Schwarz, sondern einen eher schlecht gesättigten Schwarzton mit bräunlicher Farbtendenz. Durch Zugabe von Schwarz lässt sich dies ausgleichen.

191f ◄
Praxis, Farbtheorie

Der HSV-Farbwähler

Das HSV-Farbmodell ist eine andere Visualisierung des RGB-Farbsystems. Hier werden die Farben des RGB-Farbsystems durch einen Farbzylinder visualisiert. Beim HSV-Farbzylinder sind die drei Grundfarben Rot, Grün und Blau (RGB) auf einem Kreis angeordnet. Dabei liegt Rot bei 0°, Grün bei 120° und Blau bei 240°. Der Farbkreis befindet sich auf der Oberseite des Farbzylinders. Zur Mitte des Kreises hin nimmt die **Sättigung** bis Null (Weiß) ab. Mit dem dritten Regler, der bei voller **Farbintensität** auf 100 % steht, wird die über Winkel und Sättigung definierte Farbe abgedunkelt. Dies entspricht der Bewegung entlang der senkrechten Achse des Zylinders, dessen Bodenfläche vollständig schwarz ist.

Der HSV-Farbwähler kann auch durch Eingabe der Werte für Farbwinkel, Sättigung und Helligkeit bedient werden. Dafür steht ein eigenes Regler-Fenster zur Verfügung.

Paletten

Hier können die Farben aus verschiedenen vorgegebenen Farbpaletten ausgewählt werden. Die Farbpaletten können im Menü »Palette« ausgewählt werden. Mit den mit den Befehlen aus diesem Menü lassen sich außerdem weitere Farbpaletten hinzufügen oder auch selbst erstellen. Eine Suchfunktion ermöglicht die Suche nach bestimmten Farbnamen innerhalb der ausgewählten Palette.

Websichere Farben

Speziell an die Bedürfnisse des Internets angepasst ist die Palette »Websichere Farben«. Alle
Farben werden in zweistelligen Hexadezimal-
zahlen pro Farbkanal angegeben, womit sich
theoretisch 16,7 Millionen Farben darstellen
lassen. In den Vorgaben des HTML-Formats
werden jedoch nur 216 Farben zugelassen.

Bild

Vorgegeben ist das Bild »Spektrum«. Hier wird
ein zweidimensionales Bild des RGB-Farbspek-
trums gezeigt. Das Farbspektrum wird dabei
von unten nach oben durchlaufen, die Farbsät-
tigung nimmt von links nach rechts ab. Mit den
Befehlen aus dem Menü »Palette« können aber
auch beliebige andere Bilder eingefügt werden.

Buntstifte

Beim Farbwähler »Stifte« steht eine Palette von
48 vordefinierten Farben zur Auswahl, die wie
bei einer echten Buntstiftsammlung eigene
Namen tragen. Die Buntstift stehen außerdem
noch einmal als Farbpalette zur Verfügung.

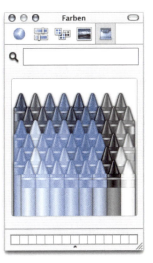

Jetzt übersichtlich

Anhang

⌘ Befehlstaste
⌥ Wahltaste
⇧ Umschalttaste
→ Richtungstaste nach rechts
← Richtungstaste nach links
↑ Richtungstaste nach oben
↓ Richtungstaste nach unten

Tastenkürzel

Allgemein	Funktion
⌘.	abbrechen
⌘ Tab	wechselt zum nächsten aktiven Programm
⌘⇧ Tab	wechselt zum letzten Programm
⌥ Programm wechseln	blendet die Fenster des letzten Programms aus
Eingabetaste	drückt in einem Dialog die aktive (pulsierende) Schaltfläche

Beim Systemabsturz	Funktion
⌘⌥ esc	Auswahlfenster »Sofort beenden«
⌘⌥⇧ esc	zwangsweises Beenden des Programmes
⌘⌥⇧ Einschalttaste	schaltet den Computer ohne Abfrage aus
⌘ctrl Einschalttaste	erzwingt einen Neustart

Beim Systemstart	Bedingung	Funktion
⌘⌥ P R	bis der Startgong ein zweites Mal erklingt	Zurücksetzen des P-RAMs und des NV-RAMs
⌘⌥ OF		startet in die Open Firmware-Kommandozeile
C	bis der graue Apfel erscheint	startet von CD-ROM
⌥	beim Starten (nur neuere Modelle)	ein Startvolume kann ausgewählt werden
⌘⌥⇧ Rückschritt	bis der graue Apfel erscheint	übergeht das Startvolume
T		aktiviert den FireWire-Disk-Modus
⌘S		UNIX Single User Mode
⌘V		Verbose Mode (zeigt eine Konsolen-Ausgabe statt des Startfensters)
⇧	beim Starten	sicherer Systemstart
⇧	während der Fortschrittsanzeige	keine automatische Anmeldung
⇧	beim Starten des Finders	der Finder öffnet keine Fenster

Bildschirmfotos	Funktion
⌘⇧3	ganzer Bildschirm
⌘⇧4	beliebiger Bildschirmbereich
⌘⇧4 danach Leertaste	Einzelelement freigestellt
zusätzlich ctrl-Taste	Screenshot in die Zwischenablage

Im Finder	Bedingung	Funktion
ctrl Mausklick		öffnet ein Kontextmenü
↓ bzw. ↑	in der Symboldarstellung auch → und ←	navigiert zwischen den Symbolen innerhalb eines Fensters
Tab bzw. ⇧ Tab	in der Symbol- und Listen-darstellung	wechselt zum nächsten bzw. vorherigen Symbol im Alphabet
Buchstaben		springt zu dem Objekt, das mit diesem Buchstaben beginnt
→ bzw. ←	in der Spaltendarstellung	wechselt in die höhere bzw. niedrigere Hierarchiestufe
→ bzw. ←	in der Listendarstellung	öffnet bzw. schließt den Unterordner
⌥ → bzw. ⌥ ←	in der Listendarstellung	öffnet bzw. schließt alle Unterordner
ctrl Tab bzw. ctrl ⇧ Tab	in der Listendarstellung	aktiviert die nächste bzw. vorherige Spaltensortierung
⌘ Anklicken eines Objekts		Hinzufügen in die Auswahl oder Entfernen aus der Auswahl
⇧ Anklicken eines Objekts	in der Listen- oder Spalten-darstellung	Hinzufügen bzw. Entfernen aller dazwischen liegenden Objekte aus der Auswahl
⌥ Doppelklicken eines Ordners		öffnet den Ordner und schließt das Fenster
⌘ Doppelklicken eines Ordners	in einem Fenster mit Symbolleiste	öffnet den Ordner in einem neuen Fenster
⌘ Bewegen eines Objekts		ordnet das Objekt in das Raster
⌥ Bewegen eines Objekts		kopiert das Objekt
⌘ ⌥ Bewegen eines Objekts		legt ein Alias des Objekts an
Zeilenschalter oder Eingabetaste		aktiviert das Textfeld des Objektnamens
⌘ Rückschritt		legt das Objekt in den Papierkorb
⌥ Schließfeld ⊗ (oder ⌘ ⌥ W)		schließt alle Finderfenster
⌥ Minimieren ⊖ (oder ⌘ ⌥ M)		saugt alle Fenster in das Dock
⌘ Bewegen eines Fensters		bewegt das Fenster, ohne es in den Vordergrund zu holen
⌘ Klick in den Titel		öffnet das Hierarchiemenü
⌘ Leertaste	bei zusätzlich aktiven Sprach-systemen	wechselt zum nächsten Sprachsystem
⌘ ⌥ Leertaste	bei mehreren Tastaturbelegungen	wechselt zur nächsten Tastaturbelegung innerhalb eines Sprachsystems

Die Ordnerstruktur des Dateisystems

Das Dateisystem von Mac OS X folgt einer klaren Struktur. Es ist in verschiedene Domains aufgeteilt. Jede Domain ist einem »Benutzer« zugeordnet. Dabei handelt es sich jedoch nicht nur um die Benutzer, die im Kontrollfeld »Benutzer« eingerichtet werden können, auch das System ist ein »Benutzer«. In jeder Domain gibt es einen Ordner **»Library«**, der die für die Verwaltung der entsprechenden Domain notwendigen Dateien enthält. Weitere Ordner für Dokumente können innerhalb der Domain angelegt werden.

Die erste Ebene (Root)

Die erste Ebene befindet sich auf der obersten Ebene der Startfestplatte. Sie enthält die (un-sichtbaren) Ordner aus dem BSD-UNIX sowie den Ordner **»Applications«**. (Die Ordner »tmp«, »etc« und »var«, die im klassischen UNIX auf der obersten Ebene liegen, werden im BSD in das Verzeichnis »private« gelegt, auf der obersten Ebene befinden sich Symbolic Links zu diesen Ordnern.)

UNIX-Ordner in der Domain auf der ersten Ebene	
.vol	
bin	
dev	
etc	(→ private/etc)
sbin	
tmp	(→ private/tmp)
usr	
var	(→ private/var)

Die zweite Ebene

Die zweite Ebene enthält drei Domains. Die wichtigste ist die System-Domain, die anderen bleiben für den Benutzer unsichtbar.

Domains der zweiten Ebene	
System	
Volumes	enthält interne und externe Festplatten oder Wechsel-platten, sowie über »Mit Server verbinden« gemounte-te Netzwerkvolumes
Network	hier werden Netzwerk-volumes eingebunden

Die dritte Ebene

Die dritte Ebene enthält die Domains der einzelnen Benutzer. Auch die Domain des Benutzers »Root« befindet sich auf dieser Ebene, sie wird jedoch als UNIX-Konvention im unsichtbaren BSD-UNIX-Ordner »private/var/root« abgelegt. Der Ordner »Benutzer/Für alle Benutzer« gehört eigentlich zur Domain auf der ersten Ebene.

Domains der dritten Ebene	
Users/ *Benutzernamen*	Home-Verzeichnisse der einzelnen Benutzer
private/var/root	Home-Verzeichnis des Benutzers Root

Was ist wo?

Im Ordner »Library« befinden sich die verschiedenen Komponenten, die zum Betrieb und zur Verwaltung der jeweiligen Domain benötigt werden. Einige der Komponenten sind nur im Ordner »Library« des Systems vorhanden, andere Komponenten sowohl im Ordner »Library« als auch in pivaten Librarys. Der Ordner »System/Library« ist für den Benutzer die verbotene Zone. Eigene Komponenten können in gleichnamige Unterordner im Ordner »Library« für alle Benutzer zugänglich gelegt werden oder nur für den jeweiligen Benutzer im Ordner »Privat/Library«. Diese Tabelle zeigt, welche Ordner welche Komponenten enthalten. Die Einträge in der Spate »Domain« zeigen an, in welcher Domain der Ordner bei einem neuen System vorhanden ist.

Ordner	Enthält	Domain		
Address Book Plug-Ins	Plug-Ins für das Programm »Adressbuch«		L	
Application Support	Zusatzdateien einzelner Programme		L	P
Assistants	Datein für den Systemassistenten			P
Audio	Audiounterstützung für Programme (Plug-Ins etc)		L	P
Caches	Cache-Dateien des Systems	S	L	P
CFMSupport	Programmbibliotheken für die Carbon-CFM-Programmumgebung	S	L	
Classic	Einstellungen für die Classic-Umgebung	S		
ColorPickers	Farbwähler	S		P
Colors	Paletten für die Farbwähler	S		
ColorSync	ColorSync-Profile und -Skripte	S	L	
Components	Komponenten für Carbon-Programme	S	L	
CoreServices	Programme für das System (z.B. Loginwindow, Finder, Dock, Help-Viewer)	S	–	–
Desktop Pictures	Schreibtischbilder		L	
Dictionnaires	Wörterbücher für die systemweite Rechtschreibprüfung	S		
Documentation	Hilfe-Dateien		L	
Displays	Eigenschaftsbeschreibungen für Monitore	S		
DTDs	Strukturdateien für lokale XML-Dateien (z.B. Preference-Dateien oder Info-Dateien)	S		
Extensions	Kernel Extensions (zusätzlich vorkonfiguriert in Extensions.kextcache und Extensions.mkext)	S	–	–
Favorites	Favoriten (Zu den Favoriten hinzufügen (⌘⇧T)			P
Filesystems	Dateisysteme	S	L	
Find	Dateien für die Indizierung von Texten (Nach Inhalt suchen)	S		
Filters	ColorSync Filter	S		
Font Collections	Zeichensatz-Sammlungen			P
Fonts	Zeichensätze	S	L	P

Ordner	Enthält	Domain		
Frameworks	Programmbibliotheken	S		
Image Capture	Komponenten des Programms »Digitale Bilder«	S	L	
iMovie	Komponente des Programmes iMovie			P
Java	Java-Klassenbibliotheken	S	L	
Keyboard Layouts	Tastaturlayouts	S	L	P
Keychains	Schlüsselbund-Dateien	S	L	
MonitorPanels	Komponenten des Kontrollfelds »Monitore«	S		
LocalePlugins	Plug-Ins für Locale	S		
LoginPlugins	Plug-Ins für das Programm »Loginwindow«	S		
Logs	Logdateien		L	
ModemScripts	Modem-Skripte	S	L	
MonitorPanels	Erweiterungen für das Kontrollfeld »Monitore«	S		
OpenSSL	Verschlüsselung für Zugriff über Terminalprogramme (»Kontrollfeld Sharing«)	S		
Packages	Pakete aus der Software-Aktualisierung		L	
Perl	Perl-Skripte	S	L	
PHP	PHP-Skripte	S		
PreferencePanes	Kontrollfelder des Programms »Systemeinstellungen«	S	L	
Printers	Druckertreiber	S	L	P
Preferences	Voreinstellungsdateien		L	P
PrivateFrameworks	Programmbibliotheken	S		
QuickTime	Komponenten von QuickTime	S	L	
QuickTimeJava	QuickTime für Java	S		
Reciepts	Installer-Paketquittungen		L	
Rulebooks	Wörterbücher für die eingebaute Rechtschreibkontrolle und Silbentrennung	S		
Screen Savers	Module für das Kontrollfeld »Bildschirmschoner«	S	L	
ScriptingAdditions	Komponenten für AppleScript	S		
Scripts	AppleScripts	S		
Services	Dienste für Programme (z.B. Rechtschreibprüfung)	S		
Sounds	Warntöne	S		P
Speech	Komponenten und Stimmen der Spracherkennung und -synthese	S		
StartupItems	Shellskripte für den Systemstart	S		
SystemConfiguration	Systemdateien	S		
SystemProfiler	Komponenten für den System Profiler	S		
TextEncodings	Text-Kodierungstabellen für den Carbon-CFM-Programme	S		
UserTemplate	Vorgabe der Ordnerstruktur für neue Benutzer	S		
UserPictures	Benutzerbilder für das Anmeldefenster		L	
Webserver	Dateien für den eingebauten Apache Webserver		L	

Ordnerlokalisierungen

In Mac OS X 10.3 werden einige Ordner je nach
Spracheinstellung des Benutzers lokalisiert
angezeigt. Die Tabelle ordnet die deutschen
Ordnernamen den englischen Ordnern zu.

Auf der obersten Ebene

Ordner	Deutsche Lokalisierung
System	System
Applications	Programme
Library	Library
Users	Benutzer
Shared	Für alle Benutzer
Utilities	Dienstprogramme

Im privaten Ordner

Ordner	Deutsche Lokalisierung
Desktop	Schreibtisch
Documents	Dokumente
Movies	Filme
Music	Musik
Pictures	Bilder
Public	Öffentlich
Sites	Web-Sites
Drop Box	Briefkasten

Tastatur

Am Mac ist die Tastatur vierfach belegt. Zusätzlich zu den bekannten Ebenen ohne Zusatztaste und mit ⇧-Taste finden sich mit gedrückter ⌥-Taste bzw. mit gedrückter ⌥- und ⇧-Taste weitere Sonderzeichen direkt auf der Tastatur.

Deutsch/Östereichisch

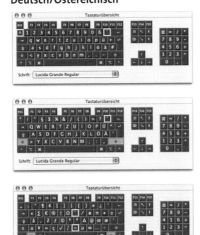

Schweizerisch

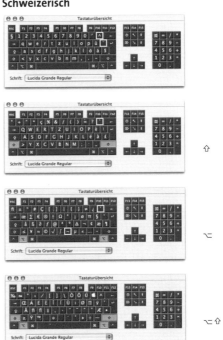

⇧

⌥

⌥⇧

Index